Über die Grundlehren der Glaubenswissenschaft

ORIGENES

DIE SCHRIFTEN DER KIRCHENVÄTER

Über die Grundlehren der Glaubenswissenschaft, Origenes
Jazzybee Verlag Jürgen Beck
86450 Altenmünster, Loschberg 9
Deutschland

ISBN: 9783849667504

Druck: Bookwire GmbH, Voltastr. 1, 60486 Frankfurt/M.

Cover Design: Basierend auf einem Werk von Andreas F. Borchert, CC BY-SA 4.0,
https://commons.wikimedia.org/w/index.php?curid=35892522

Der Text dieses Werkes wurde der "Bibliothek der Kirchenväter" entnommen, einem Projekt der Universität Fribourg/CH, die diese gemeinfreien Texte der Allgemeinheit zur Verfügung stellt. Die Bibliothek ist zu finden unter http://www.unifr.ch/bkv/index.htm.

www.jazzybee-verlag.de
admin@jazzybee-verlag.de

INHALT:

Einleitung. 2

Vorrede. 49

Erstes Buch. 54

    Erster Abschnitt. Von Gott. 54

    Zweiter Abschnitt. Von Christus. 61

    Dritter Abschnitt. Vom heiligen Geiste. 72

    Vierter Abschnitt. (V. Cap.) Von den vernünftigen Wesen. 80

    Fünfter Abschnitt. (VI. Cap.) Vom Ende oder der Vollendung. 85

    Sechster Abschnitt. (VII. Cap.) Vom Körperlichen und Unkörperlichen. 89

    Siebenter Abschnitt. (VIII. Cap.) Von den Engeln. 93

Zweites Buch. 97

    Erster Abschnitt. Von der Welt. 97

    Dritter Abschnitt. Vom Anfang der Welt und ihren Ursachen. 101

    Vierter Abschnitt. Der Gott des Gesetzes und der Propheten und der Vater Jesu Christi ist Einer. 107

    Fünfter Abschnitt. Ueber die Eigenschaften „Gerecht" und „Gütig".111

    Sechster Abschnitt. Von der Menschwerdung Christi. 116

    Siebenter Abschnitt. Vom heiligen Geist. 122

    Achter Abschnitt. Von der Seele. 125

    Neunter Abschnitt. Von der Welt (den Willensrichtungen der vernünftigen Geschöpfe, guter und böser, und deren Ursachen). 130

    Zehnter Abschnitt. Von der Auferstehung und dem Gerichte, (von dem Feuer und den Strafen der Hölle). 136

    Eilfter Abschnitt. Von den Verheißungen.[195] 142

Drittes Buch. 148
    Erster Abschnitt. Von der freien Selbstbestimmung 148
    Zweiter Abschnitt. Von den feindseligen Mächten. 167
    Dritter Abschnitt. (IV. Cap.) Von den bloß menschlichen Versuchungen. 181
    Vierter Abschnitt. (V. Cap.). Vom zeitlichen Anfang der Welt.[305] 186
    Fünfter Abschnitt (VI. Cap.). Vom Ende der Welt. 192
Viertes Buch. 200
    Erster Abschnitt. Von der göttlichen Eingebung der heiligen Schrift. 200
    Zweiter Abschnitt. Von der Art, die heil. Schrift zu lesen und zu verstehen. 206
Summarische Wiederholung. 226
Fußnoten 236

ÜBER DIE GRUNDLEHREN DER GLAUBENSWISSENSCHAFT

Bibliographische Angaben:

Titel Version: Einleitung Sprache: deutsch Bibliographie: Einleitung In: Origenes über die Grundlehren der Glaubenswissenschaft. Wiederherstellungsversuch von Dr. Karl Fr. Schnitzer, Professor an der Kantonsschule in Aarau. Stuttgart, Verlag Imle und Kraus, 1835. Unter der Mitarbeit von: Uwe Holtmann.

Titel Version: Über die Grundlehren der Glaubenswissenschaft (BKV) Sprache: deutsch Bibliographie: Über die Grundlehren der Glaubenswissenschaft (De principiis) In: Origenes über die Grundlehren der Glaubenswissenschaft. Wiederherstellungsversuch von Dr. Karl Fr. Schnitzer, Professor an der Kantonsschule in Aarau. Stuttgart, Verlag Imle und Kraus, 1835. Unter der Mitarbeit von: Uwe Holtmann.

EINLEITUNG

1.

Das vorliegende Werk verdient in mehr als einer Beziehung eine aufmerksame Behandlung: als Inbegriff der Hauptlehren einer eigenthümlichen theologischen Richtung und zumal als *erster Versuch* einer *christlichen Dogmatik;* dann in Rücksicht auf die Folgen, die es seinem Verfasser zuzog, und auf die Schicksale, die es selber erfahren hat. Diese vier Gesichtspunkte werde ich in der Einleitung festhalten, welche die Geschichte des Werkes erzählen soll. Die beiden ersten, auf den Ursprung und den Zweck desselben gerichtet, führen hauptsächlich von dem jetzigen Standpunkt der Wissenschaft zu einer neuen Betrachtung, und erfordern auch eine ausgedehntere Entwicklung, als sie hier gegeben werden kann. Jede christliche Dogmatik unserer Zeit enthält Elemente aus den verschiedensten vorausgegangenen Perioden, sie kann also nur auf dem Wege historischer Vermittlung zum Begriff gelangen und begriffen werden. Diese Vermittlung ist die dogmatische Aufgabe der Zeit, und spricht sich in der ganzen theologischen Richtung aus, thatsächlich aber durch die — nach einer fünfjährigen politischen Ueberschwemmung — neu erwachte Fruchtbarkeit auf dem Gebiete der historischen Theologie. Auf jenem Wege muß erkannt werden, aus welchen historischen und philosophischen Elementen die christliche *Glaubenswissenschaft,* oder das Christenthum überhaupt zum Wissen, sich gebildet hat. Ich möchte dieß als den eigentlich historisch-kritischen Standpunkt, gegenüber dem speculativ-historischen, welcher jetzt offen der mythische genannt wird, bezeichnen. Hier entsteht die Frage: können wir die Gestaltung der christlichen Dogmatik zurück bis zu ihrem Anfang, im ersten Auftreten als System, verfolgen? Und dann, wenn wir das können, wird die weitere Aufgabe seyn: diese erste Erscheinung eines Christenthums als Wissenschaft, einer Glaubenswissenschaft, so in ihre Elemente zu zerlegen und sie bis zum Ursprung zu verfolgen, daß hieraus erst die Grundlage der Dogmatik und ihr wesentliches Verhältniß zum Urchristenthum erkannt werden mag. Allernächst beschäftigt uns nur die erstere Frage. Ich habe zu zeigen, daß diese durch eine kritische Bearbeitung des vorliegenden Werkes von Origenes in der Hauptsache bejaht sey.

2.

Es ist das Erzeugniß eines Mannes und seiner Zeit. Der Verfasser desselben erhielt schon in früher Jugend eine Richtung die wir nicht mit Neander eine beschränkte, sondern eine eigenthümlich ernste und hohe nennen wollen. Magnus vir ab infatia, sagt, Hieronymus von ihm, an einem Orte, wo er ganz geharnischt ist, ihn zu verdammen (Apol. Adv. Ruf. I.). Es war die Stufe der Entsagung und Aufopferung, auf welcher Origenes göttliche Kraft und Begeisterung zu höherer Einsicht zu erlangen strebte. So wollte es der damalige Gang der Erkenntniß, der christlichen insbesondere: durch εγκρατεια, ασκησις zur θεωρια, γνωσις. Wie Origenes fast als Knabe auf jener Stufe bestand, dieß beweisen die wenigen Worte aus einem Briefe, den er seinem Vater Leonidas, dessen Loos zu theilen er von der Mutter verhindert ward, in das Gefängniß schrieb. Eusebius (KG. VI, 2.) hat sie als αγχινοιας και περι την θεοσεβειαν γενναιοτατης διαθεσεως τεκμηριον aufbewahrt: „Επεχε schreibt Origenes, μη δι'ημας αλλο τι φρονησης." Der Vater entsprach der Aufmunterung des Sohnes und starb im 10. J. Sever's (202 n. Chr.) den Märtyrertod. Origenes, der Aelteste von sieben Söhnen, 17 Jahre alt, hatte die unter Anleitung des Vaters begonnenen Studien [1] noch nicht vollendet, und wurde von einer reichen Frau in Alexandria aufgenommen und unterstützt. Er setzte seine Studien durch eigenen Fleiß so unermüdet fort, daß er bald durch Unterricht in der Grammatik reichlichen (δαψιλως) Unterhalt erwarb, und sich von seinem Weghause, das ihm wegen des gezwungenen Umgangs mit einem Häretiker drückend geworden war, lossagen konnte. Bei seiner Kenntniß der heiligen Schriften und seiner Hinneigung zur christlichen Lehrweise — er selbst besuchte zu gleicher Zeit die Vorträge des Katecheten Clemens [2] — gewann er schon als Lehrer der griechischen Literatur Viele für das Christenthum. Als aber die christlichen Lehrer durch die Verfolgung unter Sever von Alexandria vertrieben waren, füllte Or., Anfangs nur für sich, ihre Stelle aus. Bei dem großen Zulaufe, den er hatte, übertrug der Bischof Demetrius ihm allein das Lehramt des Katecheten. Ein eigentliches Amt war es nicht; wenigstens kein kirchliches, denn es wurde keine Weihe dazu erfordert. Es war wie der Beruf eines Philosophen, der öffentliche Vorträge hielt, διατριβη· daher bei Niceph. v. A. ιερα, χρισιανικη, θεια διατριβη· wie auch Or. früherer Beruf, die Grammatik zu lehren, bei Euseb. διατριβη heißt. Die übri- gen Ausdrücke bei Letzterem deuten an, daß der Katechet nicht einmal öffentliches Local hatte (εν οικω, ενθα κατεμενε, vergl. Valesius zu VI, 19. not. 26.), daß mehrere zugleich es versehen konnten, (αυτω μονω, ausnahmsweise), daß sie nur der Einwilligung des Bischofs (επιτετραμμενης) bedurften, und keine

Besoldung hatten, sondern höchstens von ihren Zuhörern unterstützt wurden (παρ'ετερων επικουρια) und endlich nach Belieben abtreten (απεδημησε, cf. Phot. Cod. 118. χωρις του οικειου επισκοπου γνωμης), oder Hülfslehrer anstellen (VI, 15.) konnten. Der Zweck des Unterrichts war Vorbereitung zum Christenthum, hauptsächlich für gebildete Heiden (ακουσομεοι τον λογον του θεου, von denen nicht einmal alle wirklich übertraten (πειραν της εν τοις ιεροις λογοις ικανοτητος τ'ανδρος ληψομενοι); und die Schule selbst hervorgerufen durch das Bedürfniß der gelehrten Alexandria. Die Lehrart war die jetzt sogenannte katechetische: denn Orig. sagt mit deutlicher Beziehung auf diese Schule (c. Cels. VI, 10.) „Andere suchen wir durch *Fragen* und *Antworten* so gründlich als möglich zu überzeugen, — und bemühen uns von den christlichen Lehren noch weit triftigere Gründe anzugehen, als diese sind, die ich hier angedeutet habe." Origenes erkannte sogleich in seiner neuen Stellung drei Dinge als unabweisbar nöthig: Zeit, Sorgenfreiheit, Kenntniß der philosophischen und der häretischen Systeme. Daraus entstand ein viertes: ein philosophisch-dogmatisches Lehrbuch für seinen Unterricht. Er gab also vorerst seinen Sprachunterricht auf, um sich ganz der Theologie widmen zu können. Dann verkaufte er eine Sammlung von ihm selbst sehr schön (φιλοκαλως) geschriebener Handschriften alter Classiker für eine tägliche Leibrente von 4 Obolen, um sorgenfrei zu seyn. Denn er nahm zu großer Betrübniß seiner zahlreichen Zuhörer (μυριους οσους λυπων) nie ein Geschenk an.

3.

Philosophisch war sodann der Unterricht der Katecheten von jeher gewesen. Athenagoras und Pantänus hatten den Philosophenmantel beibehalten: der erstere scheint nach der Angabe des Phil. Sidetes (Dodw. ad Iren. P. 497.) *neben* seinem wirklichen Amte als Vorsteher der Akademie (ακαδημαϊκης σχολης προϊσταμενος), den katechetischen Unterricht gegeben zu haben, und ist vielleicht ebendeßwegen von Euseb. nicht unter den Katecheten aufgezählt (VI, 6. und Ruf. versio VI, 3.) Clemens, (strom. I, 20. VII, 3.) erklärt die Philosophie für die Propädeutik des Gnostikers, für eine Mitarbeiterin in der Erforschung der Wahrheit. Clemens, und wahrscheinlich auch sein Ideal Pantänus, so wie Athenagoras [3] gehören zu der Classe der Eklektiker mit Hinneigung zum Platonismus (Φιλοσοφιαν ου την σωικην λεγω, ουδε την πλατωνικην — — αλλ'οσα ειρηται παρ'εκαση καλως, δικαιοσυνην μετ'ευσεβους επιστημης ειδιδασκοντα, τουτο συμπαν το εκλεκτικον φιλοσοφιαν φημι I, 7.) Dieß war seit Philo allgemeiner Charakter der alexandrinischen, christlichen und nichtchristlichen Schulen, und es war nur eine mehr asketische Richtung, die ihnen das Christenthum, η κατ'ευσεβειαν φιλοσοφια, gab. Das Ziel, das schon Philo der Wissenschaft setzt (ed. Mangey 35, 3, τελος — η προς τον γεννησαντα θεον εξομοιωσις; 2, 197, 45. και εις το ον βλεποντες εναργεις εικονας και τυπους ταις εαυτων διανοιαις διαχαραττωμεν: ad Gen. 6, 12. 194, 9. 692, 1. μη ζητει την του οντος πολιν εν κλιμασι γης — αλλ'εν ψυχη απολεμω και οξυδορκουση), dasselbe war es auch für Clemens (strom. 11, 10. ζητειν τον θεον — ητις αν θεωρια ειη μεγιστη, η εποπτικη, η τω οντι επιστημη η αμεταπτωτος λογω γενομενη — höchste, anschauliche, allein wahre, in ihrem Grunde unumstößliche Wissenschaft) und blieb das leitende Princip der katechetischen Schule. Denn es war die fruchtbarste Idee für die Vermittlung griechischer Spekulationen und praktischer Lehren des Christenthums, welche hauptsächlich Clemens sich zur Aufgabe gemacht und mithin auch seinem Zuhörer als Ziel seines Strebens, gesetzt hatte. In demselben vorwaltenden ängstlichen Eklecticismus des Clemens aber ist auch der Grund zu suchen, warum es bei ihm mit dem Christenthum nicht zur Wissenschaft, zum System kam, und seine Gnostik mehr eine erworbene Fertigkeit als ein Wissen, ein Begriff ist. Ueber den Lehrvortrag des Clemens dürfen wir einigermaßen nach seinen Schriften urtheilen. Zwar ist κατηχειν der Bedeutung nach, bloß mündlicher Vortrag, allein zu Folge Euseb. V, 10. war von jeher damit auch Unterricht durch Schriften verbunden (Πανταινος του κατ'Αλεξ. ηγειται διδασκαλειου ζωση φωνη και δια συγγραμματων τους θειων δογματων θησαυρους υπομνηματιζομενος). Clemens scheint in dreien seiner Schriften, die, ihrer Fassung nach, entweder aus seinem mündlichen Unterrichte hervorgiengen, oder ihm als Grundlage dienten, dem Protreptikos, dem Pädagogos und den Stromateen — drei Classen von Zuhörern im Auge zu haben. Im Eingang der zweiten Schrift (Παιδαγ. I, 1.) ordnet er sie nach der Lehrart der alten Philosophen so, daß die erste (προτρεπτικος) die ηθη, die zweite (υποθετικος) die πραξεις, die dritte (παραμυθικος) die παθη zum Gegenstand hat. Diese Eintheilung ist jedoch bloße Accomodation: denn er erklärt sich sogleich deutlicher, daß die erste die Bekehrung vom Heidenthum zum Christenthum, die zweite die Anweisung zu einem christlichen Leben, die dritte (die er noch erwarten läßt) die Einführung in die höhere Religionserkenntniß (την οντος αληθειας γνωσιν) bezwecke. Es ist klar, daß unter der letzten Schrift die Stromateen zu verstehen sind, in welchen er sich (17, 1.) wiederum auf den Pädagogos, als eine Vorarbeit, bezieht, und worin er hauptsächlich die Bildung zum „Gnostiker" behandelt. So kennen wir also den Gang des katechetischen Unterrichts unter Clemens. Die Lehrart selbst war, wie er Päd. 1, 1. gesteht, „mehr praktisch als methodisch", und in der eigentlichen Reli- gionsphilosophie — obwohl mit beständiger Festhaltung und Wiederholung der Hauptidee — fragmentarisch: weßhalb er den Inhalt der Stromateen für Reminiscenzen (υπομνηματα) aus dem Vortrage seiner früheren Lehrer erklärt [4] und sich mehrmals besonders VII, extr. wegen der Unordnung (αταξια) seines Vortrags entschuldigt. Aus jener Erklärung können wir auf den Gehalt des katechetischen Unterrichts vor Clemens zurückschließen und im Allgemeinen wenigstens die Folgerung ziehen, daß Origenes den gesammten Lehrbegriff seiner nächsten Vorgänger, die auch seine Lehrer waren [5] in den Schriften des Clemens, namentlich, den Stromateen, vor sich hatte. Allein dieser konnte ihm auch der Form nach nicht genügen. Die äußere Anregung zu philosophischer Forschung (εξετασαι) fand er nach seinem eigenen Zeugniß, das Uns Euseb. (17, 19.) nebst einem andern von Porphyrius über ihn aufbewahrt hat, in dem großen Zulaufe von Häretikern, von heidnischen Gelehrten und hauptsächlich von Philosophen, die von ihm im Christenthum unterrichtet seyn wollten. Er suchte nun sowohl die Lehrmeinungen der Häretiker als die Behauptungen der Weltweisen zu prüfen. Um dieß Verfahren zu entschuldigen, beruft er sich auf das Beispiel des Pantänus und des nachmaligen Bischofs Heraklas, welcher schon 5 Jahre vor ihm („πριν εμε αρξασθαι ακουειν εκεινων των λογων") den Unterricht des Lehrers der Philosophie genossen habe. Auch ohne das ausdrückliche Zeugniß des Porphyrius, daß er unsern Origenes in der Schule des Ammonius Sakkas kennen gelernt habe, wußten wir, wer unter dem damaligen „διδασκαλος των φιλοσοφων μαθηματων" zu verstehen sey. Wenn nun Porphyr sagt „εγω κομιδη νεος ων ετι εντετυχηκα" und wenn Heraklas selbst Schüler des Origenes und Mitarbeiter im katechetischen Unterricht, jeden Falls jünger als dieser, schon lange vorher den Ammonius gehört hat, so haben wir hierin Beweises genug, daß Origenes erst auf äußere Aufforderung hin, die Schule des heidnischen Philosophen betreten habe. Dieß stimmt auch mit seiner frühern Abgeschlossenheit überein. Die Absicht, überall die Leute aufzusuchen, welche sich besonderer Einsichten rühmen, erklärt Origenes dann auch auf seinen Reisen durch einen großen Theil der damals bekannten Welt verfolgt zu haben (Cels. VI, 24. Vorr. zu π. A. §. 2,). Ueberhaupt konnte in seiner, Zeit und in seinen Umgebungen keine religiöse oder philosophische Lehre außer Berührung mit seinem Bildungsgange bleiben. So war ihm auch die Weisheit der Indier (nach einer merkwürdigen Stelle π. A. III, 2, 9.) nicht unbewußt die Wurzel orientalischer Philosophie. Und wenn er sich öfter, sogar für eine christliche Allegorie auf den Rabbi beruft, so war dieß sicher ein Essäer (I, 3, 4.), dessen nähere Bekanntschaft er der allegorischen Exegese wegen gemacht hatte. Denn die pharisäischen Auslegungen, und die der Grammateus betrachtet er als eine schlechte Sophisterei (IV, 2, 10.). Seine Bekanntschaft aber mit der Philosophie gieng vorzugsweise aus dem Studium ihrer Schriften hervor. Außer Plato las er unausgesetzt die Bücher der platonischpythagoräischen Eklektiker (des Numenios, Kronios, Moderatus, Nikomachos, Longinus) und der Stoiker (des

Apollophanes, Chärmon, Kornutus). Wenn diese Schriften besonders dadurch für ihn an- ziehend waren, daß sie vielleicht durch allegorische Spielereien seinem Hang zu tieferer oder künstlicher Schriftauslegung nährten, so waren sie doch auch nicht ohne Einfluß auf seine philosophische Bildung. Plato selbst beherrscht ihn fast ganz und selbst in seiner Sprache ist dieß ausgeprägt. Nicht bloß wird ihm von einigen Alten vorgeworfen, daß er die Sprache des Evangeliums mit platonischen Redensarten vermische; er gebraucht wirklich die letztern wie seine eigenen (z. B. c. Cels. 17, 43. und öfters). Zwar ist es der Plato seiner Zeit, dessen Ideen ihn gefesselt haben; Plato, wie diesen die alexandrinische Mystik zu begreifen und zu deuten gewohnt war, und von dem ein einfältiger Witz sagte, η Πλατων φιλωνιζει, η Φιλων πλατωνιζει; dennoch aber erhob sich Origenes über den gewöhnlichen Platonismus seiner Zeit, weil das Eigenthümliche dieser Philosophie der Idealismus, die geistigere Weltansicht in ihm mit *Klarheit* und *reinsittlicher Tendenz* hervortrat. Dieß kann nicht anders als ein Gewinn seines gründlichern Studiums der klassischen Philosophie verbunden mit seiner strengsittlichen Lebensweise genannt werden. Es ist hier Nichts von einer περι θεων εμφυτος γνωσις (Philo. de myster. Aegypt. I, 3.). Nichts von jener Idee der intellectuellen Anschauung eines aus dem Urgrund emamirenden Lichtes, welche sich erst neben und nach ihm in *Plotin* ausbildete; „der menschliche Geist muß vermöge seiner Freiheit, die sein unveräußerliches Wesen ist, durch Reinheit des Herzens und klaren Verstand die *Erkenntniß* (γνωσις) sich zum Eigenthum machen." Diese in der That freie Richtung des Gedankens mußte unsern Origenes auf eine hohe Stufe der Speculation stellen, wenn ihm seine Zeit angemessene Mittel an die Hand gab, um den Gedanken zu vollenden, oder ihn in den Stand gesetzt hätte, die dargebotenen Mittel frei genug zu gebrauchen.

4.

Das Mittel, das ihm seine Zeit bot, um die idealere Ansicht im Christenthum zu begründen, oder, wie Andere wollen, dieses selbst zu idealisiren, war bekanntlich die allegorische Interpretation. Es müßte über jene Zeitrichtung überhaupt höchstwichtige Aufschlüsse geben, wenn der Ursprung dieser Erklärungsmethode evident nachgewiesen wurde. Bis jetzt ist die vulgäre Meinung, die alexandrinischen Juden, Aristobul, Philo, haben sie, sey es *erfunden* oder von den Griechen *entlehnt* und ausgebildet. Die heidnischen Schriftsteller und Philosophen behaupten das letztere: Porphyr sagt geradezu (in einem Briefe bei Euseb.), Origenes habe sie aus den Stoikern gelernt. Gewiß ist, daß Hellenen sie in gleichem Sinne wie Philo angewandt haben. So beruft sich Origenes mehreremal (z. B. c. Cels. I, 15.) auf den Numenios als allegorischen Ausleger der Propheten, um dem heidnischen Philosophen ein Beispiel aus seiner eigenen Secte entgegenzustellen. Dadurch ist jedoch die Sache um Nichts klarer: denn wenn gleich Plato schon Neigung zum Allegorisiren der Mythen hatte, so war es ihm offenbar mehr um poetische Ausschmückung, als um die Entwicklung einer Geheimlehre aus Symbolen zu thun. Dieses Streben ist rein orientalisch, sein Ursprung muß im Orient gesucht werden. Mit ihm werden wir auch den Ursprung der allegorischen Erklärungsweise gefunden haben. Die Griechen übertrugen sie auf Alles: die homerischen Allegorien sind bekannt genug; aber keine Spur von geschichtlichem Zusammenhang läßt sich zwischen der platonischen Mythendeutung und jener alexandrinischen Hermeneutik entdecken.

5.

Der Verfasser von „Philosophie der Geschichte, oder über die Ambition" sieht in ihr den Ausfluß einer unmittelbar-göttlichen Urtradition, welche von den Patriarchen her durch das Judenthum hindurchgehe und von Christus bestätigt bis in's Christenthum hereinreiche. Wollen wir nun von der besondern Tendenz dieses Buches, das als Zeugniß von einer gegenwärtigen Zeitrichtung immerhin merkwürdig ist, ganz absehen, so hat doch der Verfasser, aus seiner großen Belesenheit in den jüdischen Schriften mehr als wahrscheinlich gemacht, daß schon unter den Juden vor Christus eine mystische Interpretation herrschte. Und wenn der Nehmliche nachweist, daß von Esra an diese überlieferte Mystik mehr äußerliche Formen betraf, indem die symbolische Bibelschrift (die große Quadratschrift) ihr Hauptgegenstand wurde, so haben wir hier vielleicht eine Spur, von welcher aus der Uebergang jener orientalisch-mystischen Interpretation in das Judenthum bestimmt werden könnte. Um diese Zeit nehmlich, da die Bücher des A. T. in neuer Schrift vielfach verbreitet wurden, und die allegorische Auslegung an den Inhalt selbst noch nicht angeknüpft war, ist es natürlich, daß sich die Zahlen- und Buchstaben-Mystik an die äußeren Zeichen heftete. Und weiterhin ist es ebenfalls wahrscheinlicher, daß der Uebergang von der Symbolik bey Schriftzeichen zur allegorischen Auslegung des Inhalts, als daß derselbe umgekehrt gemacht wurde. Das erstere war immer ein Fortschritt. *Neander* (KG. Bd. I. S. 36. der ger. Ausg.) scheint eigentlich den Pharisäern die allegorische Bibelauslegung als ihre Erfindung zuzuschreiben, wiewohl er (S. 52) auch von den Therapeuten bemerkt, daß sie alte theosophische Bücher gehabt haben, die dazu Anleitung gaben. Auf historisch-kritischem Wege versucht es aufs Neue *Gfrörer*, der jüdisch-alexandrinischen

Mystik auf den Grund zu kommen, in einem Werke, dessen Vollendung wir in Bälde zu erwarten haben (kritische Geschichte des Urchristenthums, 2r Bd., welcher die Untersuchung der Midraschim und des Talmuds enthalten wird.)

6.

Für unsern jetzigen Zweck mögen diese Hinweisungen genügen: denn in dem religiösen und philosophischen Bewußtseyn der alexandrinischen Kirchenlehrer war der Ursprung ihrer Interpretation keine Frage. Clemens sagt (Strom. V, p. 682. Ed. Potter): „die Geheimnisse des Alten Testaments oder die Wahrheiten, welche in jenen Büchern verborgen liegen, sind bis auf die Zeiten der Apostel unbekannt geblieben; Jesus hat sie seinen Aposteln geoffenbart, und diese haben sie wiederum den Eingeweihten (τους αγιοις) mitgetheilt." Diese Geheimnisse, meint der gute Clemens (VI, 15. p. 806.), habe auch Er mit einigen andern Gelehrten und Gläubigen seiner Zeit mündlich empfangen: für diese werde das Alte Testament ein ganz neues Buch, indem sie jetzt Dinge darin lesen, welche die Juden Sclaven des Buchstabens, nie hätten lesen können. Diese Aeußerungen kommen ohne Zweifel aus voller Ueberzeugung, so sehr sie auch ihre apologetische Tendenz verrathen. Die Auslegung durch Allegorieen war mannigfaltig und willkührlich. Philo läßt sich hierin noch ganz gehen und gibt z. B. von der Himmelsleiter vier verschiedene Deutungen, welche die Luft, die Seele, die Askese und endlich den Weltlauf zum Gegenstand der Allegorie machen. Man konnte also leicht einwenden, wie wissen nun die Christen, welches der wahre Sinn ist? Und hierauf gibt es keine bessere Antwort als die obige.

7.

Die biblischen Allegorieen sind also die Geheimlehre der alexandrin. Kirchenväter, die sogenannte disciplina arcani, eben insofern der Aufschluß derselben von Christus hergeleitet wurde. So wenigstens bei Clemens, wenn er einerseits auf den mündlichen Vortrag verweist: απορρητα λογω πιστευεται, ου γραμματι· andererseits den öffentlichen Widerspruch scheut: μεγας ο κινδυνος τον απορρητον λογον εξορχησασθαι τοις αφειδως παντα αντιλεγουσιν. Origenes steht auch hier auf einem freiern Standpunkt. Er schreibt zwar den Trägern der Offenbarung bestimmt die Kenntniß des höhern Sinnes zu, kennt aber keine Ueberlieferung desselben. Ihm ist die γνωσις nichts Traditionelles; die Auslegungskunst beruht auf dem freierworbenen Verständniß. Denn c. Cels. VI, 6., wo er entschieden von ungeschriebenen Lehren Christi redet, gibt er nicht die geringste Andeutung, daß Er solche zu besitzen wähne. Vielmehr verweist er vor und nach einzig auf das fleißige Studium des einfachen Schriftsinns, wodurch allein das höhere Licht angefacht werden könne. Ausdrücklich erklärt er sich aber gegen jede Tradition von Geheimlehren c. 13., wo er die drei Kreise des christlichen Bewußtseyns gestützt auf 1 Cor. 12, 8. 9. so beschreibt: Glaube, Erkenntniß, Weisheit (πιστις, γνωσις, σοφια) die höhern Kreise aber denen zutheilt, welche *sich vor den Andern auszeichnen*. Ebenso ist im 4. Buch unsers Werkes sittliches Verdienst und ernstes Forschen als die Bedingung höherer Einsicht dargestellt (vgl. c. Cels. VI, 42.).

8.

Die Allegorie war für seine Zeit überhaupt diejenige Form, unter welcher allein höhere Erkenntniß mitgetheilt wird. In sofern bildet sie durchaus keinen Differenzpunkt zwischen den alexandrinisch-christlichen Lehrern und den übrigen spekulativen Richtungen, Philo, Gnosis, Neuplatonismus; nur gegen den grassen Chiliasmus, die Buchstabentheologie, traten jene durch die Voraussehung der Allegorie in entschiedenen Gegensatz, und mußten sie auch als das einzige Mittel zur Bestreitung dieser Art von Gegnern betrachten. Alle andern gebrauchen zu gleichem Zwecke die Allegorie. Der Unterschied liegt demnach nur in der Behandlung, dem Princip der Anwendung, und in dem Umfang, welcher derselben eingeräumt wird.

9.

Von den Gnostikern unterscheidet sich die alexandrinische Richtung wesentlich durch die Behandlung, weil für die Gnosis die Allegorie nothwendiges Element der Speculation ist und diese selbst nur in der Allegorie sich bewegt; [6] während Origenes die reinen Begriffe aus gegebenen Allegorieen abstrahirt. Demgemäß ist die Gnosis in der Anwendung sowohl als im Umfang der Allegorieen unbeschränkt; bei Orig. ist beides bestimmt. Anders dagegen ist das Verhältniß zum Neuplatonismus, welcher seine Ideen wie Origenes aus *gegebenen* Vorstellungen, denen der Mythologie entwickelt, aber, nachdem er sie durch die allegorische Hülle hindurchgeführt, eben diese vernichtet; [7] während bei Origenes die gegebene Allegorie die stets gültige Auctorität für die Resultate der Speculation und eine unerschöpfliche Fundgrube für neue Ideen bleibt. Eine größere Verwandtschaft findet Statt zwischen Philo und Origenes, indem Beide gewisse und in einem bestimmten Umfange gegebene Allegorien voraussetzen: wiewohl Philo sich darin wieder entfernt, daß er doch auch in der Spekulation selbst allegorische Formen gebraucht. In der Behandlung der Allegorie gehen zwar Beide von dem Grundsatze aus, daß in den göttlich eingegebenen Schriften, mit dem Bewußtseyn der Verfasser, alle Ideen der Philosophie mitenthalten seyen; dabei läßt es jedoch Origenes dahingestellt seyn (c. Cels. IV, 39 u. a.), ob Plato aus Moses geschöpft habe; während Philo, und noch sein Vorgänger Clemens [8] geradezu die hellenische Philosophie für einen Raub erklären, der an Moses begangen worden. Vielmehr ist Origenes geneigt, auch die Ideen der griechischen Philosophie als unmittelbare Erleuchtungen des Logos anzuerkennen, sofern sie mit den in der göttlichen Allegorie niedergelegten Ideen übereinstimmen. Clemens und Origenes sind darin ganz einverstanden, daß sie überhaupt nur *Auslegung der Allegorie* zulassen, dieß charakterisirt sie im Allgemeinen. Auch in Bezug auf den Umfang, in welchem die Allegorie zu suchen sey, gilt dasselbe. Wenn Philo natürlich nur die Uebersetzung der LXX. (neben dem hebräischen Original) und einige Apokryphen annahm, so enthält für jene weiter auch das Ganze, was wir canonisches neues Testament, was wir apokryphische Bücher von späterer Entstehung nennen, der Brief des Barnabas, das Buch des Hermas, Enochs, Mosis' Himmelfahrt u. a., welche augenscheinlich voll mystischer Allegorien sind, durchgehends Allegorie. [9] Selbst wenn ihnen, namentlich dem Origenes, Zweifel über die Aechtheit solcher Schriften bewußt sind, wirkt dieß nicht auf ihre Glaubwürdigkeit und Beweiskraft. Es ist also ein geschlossener Kreis von heiligen Büchern, in welchen die göttlichen Wahrheiten absichtlich unter der allegorischen Hülle niedergelegt sind. Der Unterschied des Alters, sowie des Grades der allegorischen Form derselben ist in dem dogmatischen Bewußtseyn des Alexandriners völlig [10] aufgehoben. Und es ist auch natürlich auf seinem Standpunkt eine kritische Scheidung dieser Art undenkbar, indem eigentlich nur er, der allegorisirende Exeget den richtigen Begriff von Inspiration festhalten kann, vor welchem jene Fragen ganz verschwinden. [11] Dagegen führte dieses Bewußtseyn den Origenes consequent auf zwei andere wesentliche Punkte. Die Auslegung selbst mußte wissenschaftliche Haltung gewinnen. Daher stellte Er zuerst eine Theorie derselben auf, die

1. auf der Unterscheidung des dreifachen Schriftsinnes beruht: des buchstäblichen, des moralischen, und des übersinnlichen, welche nach der Analogie von Leib, Seele, Geist der somatische, psychische, pneumatische sind.

2. auf dem Grundsatz daß jede Schriftstelle einen pneumatischen, nicht jede aber einen buchstäblichen Sinn habe, so daß in vielen Fällen Buchstabe und Geschichte, an sich *unwahr* und bedeutungslos, nur Träger des idealen Sinnes sey (π. A. IV, 1, 7.).

3. in der Aufgabe: überall nur einen der Idee Gottes würdigen Sinn zu finden.

Wenn auch in mancher Hinsicht die Polemik sowohl gegen die Gnostiker, die die Auctorität des A. Testaments vernichteten, als gegen die Aeußerlichkeit und Zusammenhangslosigkeit der chiliastischen Ansicht, den Origenes auf diese Theorie hingeleitet haben mag, so lag sie offenbar nothwendig im Begriff seiner Theologie.

Der andere Punkt ist die Frage nach dem eigentlichen und ursprünglichen Ausdruck der Allegorie, welche die biblische Kritik in Origenes hervorrief. Bei der canonischen Gültigkeit der LXX. stellte er eine sechsfache Vergleichung derselben mit 5 andern griechischen Uebersetzungen und, so gut er konnte, mit dem hebräischen Texte an: die bekannte Hexapla, deren Bruchstücke Moutfaucon gesammelt hat. Diese Untersuchung, sollte man glauben, habe der allegorischen Interpretationsweise gerade entgegengewirkt, sie lag aber ebenso nothwendig in seinem Princip von der einzigen und absoluten Auctorität des *Wortes* im strengen Sinne, des einzelnen selbst. Daß diese kritische Arbeit seinen Glauben an die Inspiration der LXX. nicht erschütterte, beweist sein Briefwechsel mit dem Julius Afrikanus, dessen bescheidene Zweifel an der Richtigkeit der Uebersetzung er sehr ernstlich zurückweist.

10.

Aus den angezeigten philosophischen und historischen Elementen hat sich in Origenes, zugleich im Conflikt mit der Zeit, namentlich mit der Gnosis, die eigenthümliche Ansicht gestaltet, welche wir sein Glaubenssystem nennen. Es ist ebendaher nicht ein Glied in der Entwicklungsreihe der Gnosis, sondern der *Anfang der dogmatischen* Reihe. Wenn selbst einige Seiten desselben große Verwandtschaft zeigen mit der hellenisirenden Gnosis des Valentin, welchen er vor Andern bekämpft, oder mit dem Neuplatonismus, so liegt der Grund nicht im Prinzip, sondern in einzelnen von beiden angenommenen platonischen Ansichten. Jenes ist bei Origenes hauptsächlich ein anderes, neues. Die Gnosis ist dem Princip nach Spekulation über alle Religionsformen, welche sie nur als Vermittlung des Begriffs der Religion betrachtet; [12] die Glaubenswissenschaft, wie sie in Origenes zum Begriff gekommen ist, schließt sich bestimmt an *eine* positive Religion an, welche sie ebendaher auch über die Philosophie stellt, und in welcher sie die letztere involvirt findet. Das Christenthum ist dem Origenes wesentlich eine *Heilsanstalt*. Nach den Begriffen seiner Zeit und nach seinem bis daher angedeuteten Bildungsgange sollte die Heilung nicht bloß die *Sünde*, sondern vorzüglich und zuerst den *Irrthum* in Wissenschaft und Religion zum Gegenstand haben: der wesentliche Inhalt des Christenthums mußte daher ihm und seiner Zeit als *Lehre*, als Erkenntniß (θεια φιλοσοφια) erscheinen. Diese den ersten Jahrhunderte eigene Ansicht, daß das Christenthum wesentlich *Lehre* sey, aus welcher der ganze Gang der Theologie in jener Zeit zu erklären ist, entwickelte sich demnach nicht sowohl, wie es neuerdings dargestellt wird, aus dem Gegensatz zum Juden- und Heidenthum, oder aus irgend einer Polemik gegen die gnostischen Systeme, als vielmehr aus der Richtung der Zeit, namentlich der alexandrinischen Schule. In Origenes kam diese Ansicht zum klaren Bewußtseyn, ihm wurde sie Axiom. Denn der Glaube, das reale Mittel der Heilung muß ihm auf das Ideale, auf philosophische Ueberzeugung gegründet seyn (πιστευω=πεπιστευμαι), und wird somit selbst zum Begriff, d. h. Dogma.

In diesem Sinne lehrte er, wie uns sein Schüler Gregor der Wunderthäter (Panegyr. in Orig. §. 8 —14.) erzählt, in demselben Sinne verfaßte er auch für seinen öffentlichen Unterricht [13] eine seiner ersten Schriften, in welcher er gleich zu Anfang der Vorrede (§. 1, 2.) jenes Axiom ausspricht und die bis dahin kirchlichgewordenen Dogmen der philosophischen Untersuchung unterzieht. Dieß ist das Werk ΠΕΡΙ ΑΡΧΩΝ.

11.

Ueber die Zeit der Abfassung desselben haben wir folgende Angaben: Eusebius sagt (17, 24.), daß es vor der Entfernung des Origenes von Alexandria, also vor dem Jahr 231. geschrieben sey. Natürlich, wenn wir finden werden, daß es vielleicht das Meiste zu jener Entfernung (μεταναστασις nennt es Euseb.) beitrug. Außerdem setzt Euseb. die Abhandlung über die Auferstehung, eine Erklärung der 25 ersten Psalmen, acht Theile des Commentar's zur Genesis, und die 5 ersten des Commentar's zum Johannes (übereinstimmend mit Origenes in Joh. VI, 1. μεχρι γε του πεμπτου τομου, ει και ο κατα την Αλεξανδρειαν χειμων αντιπραττειν εδοκει, τα διδομενα υπγορησαμεν) in jene Zeit. In der Reihe dieser Werke also haben wir dem vorliegenden seine Stelle zu suchen. Den Commentar in Joh., nennt Origenes am Anfange desselben seine erste Arbeit (απαρχας των πραξεων) seit seiner Rückkehr nach Alexandria. Er war nehmlich im Jahr 218. zu Mammäa, Mutter des Kaisers Alex. Severus, nach Antiochia berufen worden und kehrte 219. zurück. Da es nun nicht wahrscheinlich ist, daß er in den Jahren 219 bis 231, neben seinem Unterricht und den schon begonnenen kritischen Arbeiten, alle obgenannten Werke geschrieben habe; noch mehr, da er in dem ganzen Werke περι Αρχων nirgends sich auf die Erklärung des johanneischen Evangeliums beruft, wozu er soviel Gelegenheit hatte, vielmehr in den ersten Abschnitten des 1. Buchs weitläufige Exegesen aufnimmt, die sich in jenem Commentar wieder finden; endlich, wenn er in letzterem (praef. 3.) schon den eifrigen Förderer seiner gelehrten Arbeiten (εργοδιωκτην), Ambrosius nennt, den er in π. A. noch nicht zu kennen scheint; so ist wohl kein Zweifel, daß das Werk vor dem Jahr 218. geschrieben wurde. Dazu kommt noch, daß Origenes π. A. die LXX zum Theil nach Lesarten gebraucht, von denen in den Ueberresten seiner kritischen Arbeiten keine Spur zu finden ist, während er in spätern Schriften (Matth. XV, 14.) dem gereinigteren Texte folgt. In dem Werke selbst bezieht sich Origenes auf die Erklärung des 2. Psalms und die Abhandlung von der Auferstehung. Von dem Commentar über die Genesis spricht er bei Gelegenheit der zwei Stellen Gen. 1, 1. und 1, 2., mithin nur von dem ersten tomus (π. A. I, 5, 3. II, 3, 6.); der *dritte* tomus enthält nach den vorhandenen Fragmenten die Schöpfung des vierten Tages, und die Erklärung des sechsten Tagewerks fällt also dem vierten und fünften tomus zu; diese Erklärung aber läßt eben Origenes π. A. I, 2, 6. noch erwarten; folglich ist entschieden das Werk π. A. nach dem ersten und vor dem vierten oder fünften tom. des Commentars in Genes, geschrieben, d. h, mitten unter seinen ersten exegetischen Arbeiten über das alte Testament. Nun beruft sich Origenes ferner in unserm Werke mehrmals auf den Lehrer im Hebräischen (doctor hebraeus, sagt Rufin) und es ist bekannt, daß er erst nach seiner Zurückkunft von Rom die hebräische Sprache zu lernen anfieng (Eus. VI, 16.). Nach allem diesem müßten wir die Abfassung zwischen die Jahre 212 und 215 setzen, und wir möchten wohl wenig irre gehen, wenn wir das Jahr 213 annehmen, da Eus. (VI, 19.) erzählt, daß „einige Zeit vor Ausbruch eines Krieges" (Stroth vermuthet die Unruhen unter Caracalla, im J. 215) ein arabischer Fürst den Origenes eiligst habe rufen lassen, um ihm seine Lehren vorzutragen (κοινωνησοντα λογων αυτῳ). Was könnte diesen eiligen Ruf (μετα σπουδης απασης) eher veranlaßt haben als das Bekanntwerden ebendieses Werkes?

12.

Hat nun Orig. dasselbe so früh geschrieben, — im J. 203. hatte er den Sprachunterricht aufgegeben (VI, 3.), — so sehen wir um so mehr darin seinen ersten Versuch einer philosophischen Behandlung der Dogmatik. Damit stimmt auch das Urtheil des Marcellus von Ancyra (Euseb. in Marcell. 4.) überein, obwohl dieses nur als eine subjective Ansicht gelten kann: ετι γαρ των του Πλατωνος μεμυημενος [14] δογματων και της των αρχων παρ'αυτῳ διφορας Περι Αρχων γεγραφε βιβλιον; noch ganz versenkt in Ideen der platonischen Philosophie schrieb er das Buch.

13.

Der Titel läßt eine verschiedene Deutung zu, je nachdem man αρχαι auf Objecte bezieht, oder formal als Principien eines Systems versteht: Grundwesen oder Grundlehren. Für das erstere scheint der Sprachgebrauch jener Zeit zu sprechen. Longin soll ein Buch περι Αρχων geschrieben haben (Porphyr. vita Plotini); wenn er aber dabei φιλαρχαιος heißt, und Plotin darüber äußerte, Longin sey zwar Philolog, aber nichts weniger als Philosoph, so hätten die αρχαι dort einen ganz andern Sinn (Alterthümer). Dagegen besitzen wir noch unter gleichem Titel ein Werk von dem letzten Neu-Platoniker Da- mascius (Wolfs Anecdota graeca III, p. 195.), welches wirklich die Ursache alles Daseyns „ob sie ein Außerweltliches sey oder mit zum Weltganzen gehöre", zur Aufgabe hat. Uebrigens verstehen auch die Neuplatoniker unter "πλατωνικαι αρχαι" formale Principien; so Proclus (Theol. plat. I, 5.): δει δε εκαστα των δογματων ταις πλατ. αρχαις αποφαινειν συμφωνα, wo die Bedeutung von αρχαι noch genauer fixirt ist durch den Beisatz: και ταις των θεολογων μυεικαις πραρδοσει. In gleichem Sinne nimmt sie auch Marcellus in der angeführten Stelle. αρχικος γαρ ο λογος bei Clem. Al. Str. IV 13. und VI, 17. heißt lediglich „ein wesentlicher Punkt, Hauptartikel." Bei den Gnostikern dagegen und ebenso auch in dem — dem Orig. zugeschriebenen — dial. c. Marcionitas sind αρχαι reale Principien, die Urwesen. Der Sprachgebrauch gibt also keine Entscheidung, und wir sehen uns somit auf den Verfasser selbst gewiesen. Wie Clemens sich erklärt: η φρονησις — ανευ θεωριας προσδεξαμενης τον αρχικον λογον — πιστις λεγεται, wo offenbar αρχ. λ. Glaubensartikel sind: so setzt Orig. (c. Cels. III, 12.) αρχη für „Inhalt des Glaubens" „σαφως δη το σεμνον της παρισταμεν ημετερας (von den Christen im Allgemeinen spricht er) αρχας περισταμεν." Und ganz speziell kommt αρχη χριστου, τουτεστι στοιχειωσις, im Gegensatz zu τελειωσις vor π. Αρχων IV, 1, 7. gerade wie πιστις zur γνωσις nach Clemens Ausdruck. Hier wäre es also *Glaubens-Artikel.* Zwar gebraucht er es auch vom höchsten Weltschöpfer (in Joh. tom. I, 22.), und ganz ihm folgend erklärt Methodius das „εν αρχη" Joh. 1, 1. als „πατερα και ποιητην των ολων, εν ω ην (ο χριστος)", bei Photius cod. 235. [15] Hingegen gibt Origenes ebendaselbst (in Joh. I, c. 18—21.) 6 Bedeutungen von αρχη an, die einen theologischen Werth haben. Darunter eine „ως μαθησεως", als Princip der Wissenschaft, das er ebenfalls in doppeltem Sinne nimmt: διττη η ως μαθησεως αρχη, η μεν τη φυσει, das objective, η δε ως προς ημας, das subjective (oder formale) Princip. Beides erklärt er als στοιχεια der einzelnen Wissenschaft, z. B. der Grammatik und gerade diesen Ausdruck scheint er nach Rufins Uebers. (elementa, Vorr. § 10.) von dem gebraucht zu haben, was er dem Werke περι

Αρχων zu Grunde legt; von den in der Kirche geltenden Hauptdogmen. Da nun dieß wirklich die Realprincipien seiner Dogmatik sind, diese aber eine Wissenschaft seyn soll, so glaube ich den Sinn des Origenes durch den Ausdruck „Grundlehren der Glaubenswissenschaft" am richtigsten getroffen zu haben. Jedenfalls unvollständig und dem Ganzen des Werkes so wenig als dem entsprechend, was Orig. in der Vorrede *ausdrücklich* als Gegenstand seiner Prüfung und philosophischen Entwicklung bezeichnet, sind die Erklärungen von Rößler (Bibl. d. K.V. II, S. 80.): „freie Untersuchungen über die *letzten Gründe der Dinge";* und Neanders: „über die* Grundprincipien alles Daseyns" *(KG. I, S. 794.). Uebrigenß widerspricht Rößler (S. 85.) seiner eigenen Erklärung, wenn er sagt, „daß der Verfasser da gesucht habe,* die Lehren des Christenthums *mit sich selbst, mit der Schrift und mit der Philosophie zusammen zu stimmen und also in gewissem Verstande systematisch zu machen", und „daß man es als die erste Probe eines scholastischen Vortrags über* christliche Lehrartikel* nehmen könne." Diese beiden Urtheile sind so wahr, daß sie den Inhalt und Zweck des Werkes vollkommen charaktensiren. Die lateinische Uebersetzung von Rufin hat „de principiis vel potestatibus" welches letztere einseitig, nur den Begriff von αρχαι enthält, wovon 1,5. handelt; Hieronymus behält überall den griechischen Titel bei, was auch Münscher und Neander, wie es scheint, im Zweifel über die richtige Erklärung, thun. Stollberg redet bald von „Grundsätzen" (K.G. IX, S. 204.), bald von „Grundlehren" (ebd. XIV, S. 187.).

14.

Ein Blick auf den Inhalt wird unsere Erklärung rechtfertigen.

Nachdem Or. in der Vorr. dargelegt hat, was als apostolische, d. h. neutestamentliche (wie überhaupt der Gegensatz des Alten und Neuen Testaments durch Propheten und Apostel bezeichnet wird), und als kirchliche, d. h. öffentlich verkündigte Lehre gilt; schließt er so: oportet igitur (nach Rufins, Uebersetzung) velut *elementis* ac *fundamentis hujusmodi* uti secundum mandatum "Illuminate vobis lumen scientiae" eum, qui cupit *seriem* quandam *et corpus* ex horum omnium ratione conficere: ut manifestis et necessariis assertionibus *de singulis quibusque quid sit in vero rimetur,* et unum, ut diximus, corpus efficiat etc. Ein solches εν σωμα der christlichen Wahrheit will demnach auch der Verf. darstellen, gebaut auf eine philosophische Untersuchung, für welche blos die *Gegenstände des Glaubens* (die αρχαι der πιστις) an sich und außer ihrer nähern Begriffsbestimmung als bekannt und *unmittelbar gültig vorausgesetzt* werden. Zu dem Ende, hat sie Or. in der *Vorrede* zum Werke selbst zusammengestellt.

Man würde ebendaher sehr Unrecht thun, wenn man mit einigen Dogmenhistorikern in dieser Zusammenstellung ein bestimmtes Symbol erblicken wollte, was damals eigentlich gar nicht existirte (vergl. Neand. K. G. I, 2. S. 354. über συμβολον). Erstlich fehlen dazu die eigentlichen Ausdrücke einer Glaubensformel; dann herrscht nicht die Ordnung in der Aufzählung, die sich für eine kirchliche Formel eignete; und, was das wichtigste, Origenes selbst gibt sie, sogar nicht für das aus, sondern beruft sich immer auf die Lehre „in den Kirchen." Vergleichen wir besonders den §. 2. der Vorrede, so ergibt sich, daß Origenes in dieser bloß seine Beobachtungen darüber, wie die Hauptlehren aus den apostolischen Schriften (wozu er auch die Apokryphen des A. Testaments zählt) und den mündlichen Unterricht in den Gemeinden aufgefaßt werden, niederlegt, um durch sie die Grenzen für die freie philosophische Untersuchung festzuhalten.

15.

Man sieht dort auch, daß er das formale Princip der Dogmatik als gegeben voraussetzt, in der göttlichen Auctorität der heiligen Schrift, worüber er sich Vorr. §. 5. deutlich genug ausspricht; und wenn das Ganze als unzusammenhängend und systemlos erklärt wird, so ist dieß ein Vorwurf, der alle nachherigen Compendien bis auf die neuere Zeit ebenso trifft, und, naher angesehen, nicht einmal wahr. Es ist hier durchaus der Ort nicht, zu polemisiren; wenn man jedoch die Leichtfertigkeit bedenkt, mit welcher Origenes System in den Lehrbüchern der Dogmen- und Kirchengeschichte (*Neandern* ausgenommen, bei welchem nur die Uebersicht vom Princip aus vermißt wird), ja auch in Monographien obenhin genommen wird, so möchte hier um so mehr ein gedrängter Umriß desselben erfordert werden. Da das ganze vorliegende Werk den Beleg dazu bildet, kann ein solcher auch kürzer gefaßt seyn. Die Vergleichung mit andern Darstellungen (z. B. um die neueste zu nennen, in Hase's Kirchengeschichte) mag zeigen, ob die gemachte Ausstellung wahr ist. Daß namentlich Origenes die Auctorität der Schrift zu beweisen, und seine Auslegungsprincipien zu entwickeln, dem vierten Buche vorbehalten hat, darf man ihm nicht zum Vorwurf machen. Denn, davon abgesehen, daß es sogar philosophischer seyn könnte, zuerst die Wahrheit ihres Inhalts darzulegen, und, darauf die formale Begründung ihrer Gültigkeit folgen zu lassen, stützt sich Or. *Beweis* für die formale Göttlichkeit der Schrift auf die großen Wirkungen des Christenthums und auf die Bewährung der Weissagungen; was eine frühere Darlegung ihres Inhalts hinlänglich rechtfertigt. Ueberhaupt aber fällt jener Punkt selbst unter die wesentlichen Artikel der Pistis, unter welchen er Vorr. §.

8. aufgezählt wird. Im Einzelnen hält nun zwar Or. keine strenge Ordnung, kehrt aber doch immer wieder zu der Reihenfolge zurück, die er sich selbst in der Vorrede vorgeschrieben hat. Eine tiefere Ansicht, ein System liegt dennoch zu Grunde: denn die Hauptideen bleiben immer: die Gottheit in ihrem dreifachen Seyn als Vater, Sohn und Geist, und in abstracto die All- macht, Weisheit und Heiligkeit. Unter diese drei Gesichtspunkte fallen auch die 3 ersten Bücher, wovon das erste vorzugsweise die *schaffende Gottheit* (Sohn, und Geist in ihrem Verhältniß zum Vater) begreift: das zweite die Welt (abgesehen von ihrem Ursprung aus göttlicher Allmacht, was, in das erste Buch fällt) als eine Ordnung aus göttlicher Weisheit, insbesondere die *vernünftigen Wesen* und ihr Urbild, *den λογος,* der in jener weiteren Beziehung die göttliche Sophia ist; in dem dritten wird die sittliche Seite des Menschen und der vernünftigen Wesen überhaupt in ihrem Verhältniß zur *göttlichen Heiligkeit* untersucht. Diese Eintheilung beruht auf einer Ansicht, die Origenes selbst im 1. B. 3, 5. auseinandersetzt.

16.

In jedem dieser drei Gesichtspunkte hat Origenes Etwas, was ihn vor seinen sowohl Vorgängern als Nachfolgern auszeichnet, und das wir noch besonders im Verhältniß zu seinem nächsten Vorgänger Clemens hervorheben wollen.
1. Festgehalten wird von Beiden die Vorstellung des Einen Gottes in der Idee der unendlichen Schöpferkraft, mit Unterordnung aller andern Eigenschaften und persönlichen Gestaltungen der Gottheit; daher Clemens fast immer Gott „παντοκρατωρ„ nennt. Dieß geschieht im Gegensatz gegen den Polytheismus im Allgemeinen; gegen die Vorstellungen der philosophischen Secten von der Gottheit; besonders aber gegen die Häretiker, die den Weltschöpfer des Moses (δημιουργος) von dem höchsten, allmächtigen Gott trennen: (ουδε τον θεον λεγουσι παντοκρατορα, Ep. Cor. ad Paulum Rößler Bibl. d. K. V. IV. S. 357.). Was aber Clemens über den Logos, den Sohn, in der Hauptstelle Strom. VII, 2. sagt, das sind ideologische Floskeln, die ebensowenig einen klaren Begriff geben, als sonst wo, so oft auch der Buntweber von seinem Logos redet, ein Begriff zu Stande kommt. Die universelle Richtung des Origenes geht vorzüglich von der Idee der *absoluten Geistigkeit Gottes* aus: und hierin hatte er eine große Parthei unter den Orthodoxen zu bekämpfen, die Massiv- gläubigen (s. die Anm. zu I, 1.). In dieser Idee begreift Origenes auch das Grundwesen des Logos; Vernunft ist nichts anderes, denn Offenbarung des Geistes: also der Logos ist die Vernunft, der Ausdruck, das Wort des absoluten Geistes, wie hinwiederum, das Urbild, die ideale Einheit alles Vernünftigen (I, 3. 6.), insofern Alles λογικον nur ist als μετεχον του λογου (θειου). Daher Methodius in ev. Joann. aus Origenes die

Erklärung von λογος gibt: μετα την αναρχον αρχην τον πατερα αρχη αυτος των αλλων γινεται. Eine τριας im Sinne der spätern Homousie ist dem Origenes gänzlich unbekannt, so wie dieser Terminus selbst. Ja auch, das Wort τριας (αγια) kommt weder c. Celsum, noch in Joann. vor; und in Jerem. hom. XVIII, 9. deutet Origenes allegorisch auf die Dreigestalt der Gottheit ohne das Wort τριας zu gebrauchen. Nur in Matth. XV, 31. ist beziehungsweise von αρχικη τριας die Rede, und in der Glosse zu Ps. 144, 3., welche Grabe aus einer Catena eines Cod. angl. aushebt, heißt es: παντων μεν των γεγονοτων η θεωρια πεπερασθαι, μονη δε η γνωσις της αγιας *τριαδος* εστιν απεφαντος. Hier ist die Authentie zweifelhaft; einige solche Sätze in den Catenen gehören dem Didymus an, oder der Sammler der Catene kann den Ausdruck der Kürze wegen oder in anderer Absicht substituirt haben. Derselbe Fall ist bei der Stelle in Basil. περι πν. α. aus Origenes in Joh. VI., wo sie sich nicht findet: τη θεοτητι της προσκυνητης τριαδος. Schon das Beiwort ist verdächtig. Vielmehr scheint der Ausdruck τριας von der Trinität zuerst von Theophilus von Antiochia (Apol. ad Antol. II, §. 22.) gebraucht worden zu seyn. Immerhin ist der Ausdruck bei Origenes höchstselten.

Der Sohn ist durchaus abhängig vom Vater die Manifestation der absoluten Geistigkeit, und so die ewige Zeugung: der heilige Geist wieder eine Entfaltung der absoluten Heiligkeit; daher immer die successive Unterordnung bei Origenes „Vater, Sohn, heiliger Geist." Nur die Bezeichnung dieser dritten Hypostase mit dem allgemeinen Namen πνευμα hinderte ihn, den Begriff in seiner ganzen Schärfe darzustellen. Damit hängt denn die in der ascetischen Schrift περι ευχης ausgesprochene Ansicht von bloßer Anrufung des Vaters zusammen, weil ihm in der Andacht die ganze Fülle der Gottheit *urwesentlich* nahe zu seyn, und die Anbetung des Herausgetretenen, menschgewordenen Sohnes vielleicht zu anthropomorphistisch schien. Auch der Begriff der Schöpfung ist unter dem angegebenen Princip schärfer gefaßt. Εξ ουκ οντων im Gegensatz zu dem μη ον welches Nichtseyn (die παλαια αταξια des Clem. str. VI, 16.) immerhin ein Chaos, die *äußere Bedingung* des Seyns wäre, ist dem Origenes bloße Bestimmung des Anfangs der Zeit, (worüber eine ziemlich spitzfindige Erklärung Comment. in Joh. II, 7. 8.). Der Grund aber und die Macht der Schöpfung ist die Vernunft Gottes (λογος). 2. In der Lehre von der Weltordnung und den Weltzwecken stimmen sie nur insofern überein, als beide in dem Weltablauf einen Erziehungsplan, einen Läuterungsprozeß der Geister, zum Zwecke der Vergeistigung erkennen. Origenes gieng hierin um Vieles weiter als der ängstliche, geheimthuende, ohne Zweifel sich selbst unklare *Clemens* (strom. VII, 2. τα δ'αλλα σιγω, δοξαζων τον κυριον und I, 2. α λεγειν εφυλαξαμην). Er adoptirt hierin unbedingt den platonischen Idealismus. Es gibt eine erste und zweite Schöpfung, die geistige und die materielle; welche letztere nur durch die erstere nothwendig gemacht wurde. Alle Körper sind von gefallenen Geistern bewohnt, auch die Gestirne sind belebt. Die Körper bilden eine Stufenreihe von Reinigungsorten: die feinsten und glänzendsten sind die höchste, die groben und finstern die niedrigste Stufe. Diese Einrichtung und Mannigfaltigkeit der physischen Welt ist nach den Willensrichtungen der ersten Schöpfung der Geister, die gefallen oder *erkaltet* sind, der Psychen (ψυχη von ψυχος). Da aber alle Geister durch ihre Freiheit mehr oder weniger von Gott abgekommen sind, so ist im jetzigen Weltzustand ψυχη auch der Inbegriff der geistigen Schöpfung, IV, 2, 16.

Jede Welt enthält immer die Keime einer neuen: zu gewissen Zeitfristen kann auch alles Daseyn vernichtet werden, und die Schöpfung beginnt von neuem, εξ ουκ οντων. Die Reihe der Welten ist daher unendlich, weil immer wieder Geister abfallen, die eine materielle Welt zu ihrer Reinigung nöthig machen. Das Ziel der Welten, die reine Geistigkeit auch der geschaffenen Wesen, oder die Rückkehr in ihren Ursprung (αποκαταστασις των ολων) steht in unendlicher Ferne. Demnach ist der ewig zeugende, im Sohne, auch der ewig schaffende Gott, in der Welt. Doch ist die erste Schöpfung endlich, der Zahl nach bestimmt, weil eine unendliche Geisterwelt auch der unendliche Geist (Gott) nicht umfassen könnte. Die Erlösung ist allgemein (universal), und geschieht an den Menschen durch die Vermittlung der Seele, mit der der Logos schon in der ersten Schöpfung (προϋπαρξια) sich verbunden (Christus); daher die Christologie bei Origenes in die Kosmologie fällt. Dieß sind die Hauptsätze des zweiten Buchs. Auffallend ist hier, wie ihn das System in der Christologie zu so ganz scholastischen Wendungen nöthigt, und ich möchte behaupten, daß in seiner Darstellung die ganze scholastische Begriffsbestimmung des Deushomo, der communio naturarum bereits in ihren Elementen vorgebildet liege.

3. Der dritte Punkt ist derjenige, über welchen Clemens, ungeachtet seiner praktischen und pädagogischen Tendenz, am wenigsten eine klare, consequente Ansicht hat. Zwar geht er von dem freien Willen des Menschen aus; nimmt aber, der allegorischen Auslegung der Genesis ganz vergessend, (Str. III, 16.) eine Erbsünde und (11, 19.) den Tod als Folge der ersten Sünde an; und behauptet endlich mit stoischem Ernste, daß der wahre γνωεικος völlig heilig und rein sey, und keinem Uebel unterworfen. (VII, 11—13.) Ganz anders Origenes. Er findet die einzig mögliche Theodice in der Annahme einer, diesem Daseyn vorangegangenen Schuld des Einzelnen, welche Jedem in dem jetzigen Daseyn seine Stelle anweist. Neben dieser Schuld des Einzelnen behauptet er den unverwüstlichen Besitz der Freiheit des Willens, welche zugleich die Ursache aller Veränderungen der Geister- und Körperwelt und der Haupthebel ist, den gefallenen Geist (Menschen, Dämonen, oder thierische Seele) zu seiner Würde zurückzubringen. *Die Heiligung* ist die Unterstützung dieser Rückkehr durch

Christus und durch die Mittel der Gnade (das πνευμα αγιον), welche jedoch dem freien Willen nie vorgreift. Geistige und physische Uebel (Verstockung. z. B. und leibliche Drangsal) sind Besserungsmittel nach dem Plane der göttlichen Erziehung. Es gibt überall keine göttliche Strafe. Wer durch alle Reinigungsstrafen hindurch an keine Rückkehr denkt, der trägt die ewigen Strafen in seinem Gewissen. Doch ist der Funken des Göttlichen, die sittliche Freiheit, in dem verderblichsten Wesen noch mächtig genug, daß alle zur Rückkehr in Gott gelangen und selbst der Teufel selig wird (III, 6, 5. 6.).

17.

Betrachten wir nun die ganze Lehre im strengeren Zusammenhang vom Princip aus. In den Formen des, nach wem und oder nach was immer benannten, Idealismus wird sich der Begriff des origenischen Systems also darstellen:

1. Gott — die absolute Idee in unmittelbarer Selbstanschauung, dich ουσια an sich — tritt ewig aus sich heraus (υιος), und wird ewig seiner *selbst bewußt* (λογος) persönliches und substanzielles Selbstbewußtseyn Gottes, der Logos. Erste υποστασις.

2. Mit diesem Heraustreten ist eine in unendlicher Reihe fortgehende Selbstoffenbarung Gottes, durch die *ideale Schöpfung* gesetzt, welche durch den Logos mit Gott vermittelt wird, (τα λογικα) Zweite υποστασις.

3. Diese ideale Schöpfung ist aber als selbstbewußte (λογικη) wesentlich *persönliche Geisterwelt* (Νοες, νοεραι υποστασεις auch κτισις νοερα genannt) in welcher Persönlichkeit zugleich die *Freiheit* (το αυτεξουσιον) als unveräußerliches Moment des individuellen Bewußtseyns mitgesetzt ist. Keine Emanation.

4. Gott ist sich seiner in dieser Schöpfung nur mittelbar bewußt, durch den Logos: mithin kann sie, als unter dem allgemeinen, unendlichen Bewußtseyn Gottes inbegriffen, auch *der Zahl nach* nur* endlich seyn, und steht zum Seyn Gottes im Gegensatz des Endlichen zum Unendlichen. Keine Immanenz Gottes in der Welt (11, 9, 1.).

5. Der individuelle Geist tritt in den Gegensatz gegen die absolute Idee: daraus entwickelt sich vermöge der Freiheit mehr oder weniger eine feindliche oder entfremdende Richtung gegen Gott: der Fall. Indem dadurch die Geisterwelt (νους) von ihrem Gottesbewußtseyn (λογος, dem πνευματικον) aufgibt, wird sie *Psyche*.

6. Diesem Abfall der Freiheit von dem Urgrund wird eine endliche, nothwendige Schranke gesetzt: die Materie. Sofern durch dieselbe die Rückkehr der in sich verkehrten Geister, abermal durch die Vermittlung des Logos, möglich werden soll, ist durch den Logos die Materie geschaffen. Die Materie

hat aber bloß correctionelle Bedeutung, als Kerker der Psychen; an sich ist sie negativ, Schranke der Idee, des wahren Seyns (του αληθινου).

7. Um aber in den Psychen selbst wieder das göttliche Bewußtseyn (die ομοιοτης του θεου) anzufachen, hat der Logos, das persönliche und substanzielle Selbstbewußtseyn Gottes, sich vorerst in einzelnen Geistern geoffenbaret (Prophetie): dann aber mit einem, vom Ursprung an reinen Geiste verbunden, welcher nicht durch Abfall, sondern durch freie Aufgebung seiner Selbstständigkeit an den Logos, Psyche geworden; durch diese tritt der Logos, in die Erscheinungswelt (ενσωματιζεται); der *wirkliche Christus* (II, 6, 3. flg.).

8. Indem nun von dem Logos (als σωτηρ) das Gottesbewußtseyn an die abgefallenen Geister mitgetheilt wird, und in diesem die ομοιοτης του θεου sich erneuert, kommt die absolute Idee zu einem dritten Selbstbewußtseyn in der Rückkehr der Wesen zur höhern Ordnung der Geister, in der *Heiligung,* als heiliger Geist (πνευμα αγιον I, 3, 7. 8.); dritte υποστασις.

9. Wie Alles von Gott, dem Urgrund, ausgegangen ist, muß zuletzt auch Alles zu ihm zurückkehren: die absolute Idee kehrt wieder in sich zurück, sie ist selbst das πνευμα, indem dieses die ganze Schöpfung durchdrungen haben wird: Einheit des Selbstbewußtseyns Gottes mit dem der ganzen idealen Welt. Αποκαταστασις III, 5, 1.

10. Nothwendig, wie ihre Entstehung, ist dann auch die Vernichtung der Materie, als bloßer Schranke. Da aber die Schöpferkraft, die Allmacht, unendlich ist, und immer neue Welten geschaffen werden, so ist auch für jedes wiederholte Heraustreten der Geister aus dem Gottbewußtseyn (der νοες aus dem πνευμα) die Schranke an sich gesetzt. Daher bleibt im System des Origenes die Lehre von der *Auferstehung* immer *problematisch,* da die Fortexistenz der Materie von zukünftigen Entwicklungsepochen der Geister abhängt; wiewohl er am Schlusse (Summ. Wied. §. 7.) sich zu einer, in unendlicher Ferne liegenden, absoluten Weltvergeistigung, d. h. Rückkehr in die Idee, bekennen muß.

18.

Wir haben noch von den Folgen, die das Werk seinem Verfasser brachte, und dann von seinen eigenen Schicksalen und seiner gegenwärtigen Gestalt zu reden. *Eine* wahrscheinliche, rühmliche Folge ist oben angedeutet. Diese scheint wirklich allgemein gewesen zu seyn; auch den Beifall seines Bischofs Demetrius erwarb Origenes durch Rede und Schrift. Aber bald darauf, als sein Ruhm den Neid des Bischofs erregte, wurde das Werk π. Α. in der Hand pfäffischer Rache ein Mittel zu seiner Verfolgung und Verdammung. Und weil für jene immer noch freiere Zeit die unschuldige Meinung noch nicht hinreichte zur

Verketzerung, wurde die Verläumdung zu Hülfe gerufen. Zwar kam Neid und Verfolgung erst nach seiner ersten Reise nach Palästina, wo er zum erstenmal öffentlich in der Kirche auftrat, im J. 215., und nach der zweiten im J. 228., auf welcher er, von den Bischöfen Theoktistos und Alexander ohne Vorwissen des Demetrius zu Cäsarea in Palästina zum Presbyter ordinirt worden war; aber die frühere Veranlassung muß doch, auch nach Euseb. Worten (VI, 8 ορων [Δημητριος] μεγαν τε και λαμπρον και παρα πασι βεβοημενον) der Ruhm des Schriftstellers gewesen seyn. Die Werke, welche Eus. VI, 24. nachdrucksvoll προ της απ'Αλεξανδρειας μεταναστασεως setzt, sind oben angeführt, und da man vor Andern die Schrift π. Αρχων verketzerte, während er in andern vereinzelt das Gleiche aussprach, konnte nicht gerade diese die erste Veranlassung seyn? Daher wohl auch jenes mönchische Epitaphium auf Origenes bei Isidor. Hisp. 8, 5.

„*Sola mihi casum* περι Αρχων *dicta dederunt,* His me collectis undique tela premunt." eine Wahrheit enthalten mag. Wenn nur dieses Werk mit dem schimpflichen Brandmal, welches dem Or. angehängt wurde, in die genannte Berührung kam, so können wir nicht umhin, zu versuchen, eine Schuld der Geschichtschreiber gegen Origenes abzutragen und ihn gegen die entehrende Anklage zu schützen. Wir entheben uns dafür der Mühe, ihn von dem Vorwurf der Ketzerei zu befreien.

19.

Entmannt soll er sich haben, nach *Eusebius* aus einem doppelten Grunde: „um des Himmelreichs willen", und „weil auch Frauen in seine Schule kamen." Das haben nicht nur alle Kirchenschriftsteller nachgesagt, sondern die Schmach ist so bekannt geworden, daß selbst der humane Herder den Namen des Origenes zur Bezeichnung eines in anderm Sinne entmannten Schriftstellers gebrauchen kann (Werke zur Litt. und K. I, S. 83.). Und warum? „Es ist die armselige Neigung, sagt Wieland in den Abderiten (11, 1.), jeden Dummkopf für einen unverwerflichen Zeugen zu halten sobald er einem großen Mann irgend eine überschwengliche Ungereimtheit nachsagt." [16] Dennoch ist derselbe Wieland, der den Democrit vertheidigt, gegen Orig. ungerecht genug, ihm als Triebfeder der entehrenden Handlung den Wunsch zu unterschieben, „eine Pagode zu werden." — Aber Euseb. war ja ein großer Verehrer des Ori- genes; er würde es ohne Grund nicht erzählt haben. — Ist er deswegen auch ein kritischer Geschichtschreiber? Es wird übrigens nicht nöthig seyn, alle die Zeugnisse von der einfältigen Leichtgläubigkeit desselben zu wiederholen, welche vor Heinichens Ausgabe der Kirchengeschichte zu lesen sind; ein neueres von Scaliger kann genügen: „Nullus plura *errata* in scriptis suis reliquit, nullius plures *halucinationes* exstant hodie." Und wer erzählt es sonst? Nicephorus, der den Euseb. abschrieb. Kein gleichzeitiger Schriftsteller spricht davon; selbst die Synodalschlüsse erwähnen dieser Anklage nicht einmal. Der Verdacht gegen dieselbe wird verstärkt durch die neue Erdichtung eines gegen Or. sehr gehässigen Schreibers, des Epiphanius (haer. 64, 2.), der von der Verfolgung durch Demetrius Nichts wissen will, aber unter Anderem, dem Origenes Abfall zum Heidenthum, wodurch er allein der angedrohten Schändung durch einen Mohren habe entgehen können, Schuld gibt; eine Beschuldigung, die unter der Menge falscher Angaben bei diesem Schriftsteller ganz verschwindet, um so mehr aber auch an der Glaubwürdigkeit jenes Gerüchtes Zweifel erregen muß, da Epiphan. dieses blos mit den Worten anführt: „Weiter sagt man von ihm", und am Ende hinzusetzt: „*Andere sagen ihm auch noch Anderes* nach." Orig. wich aus Alexandria 231, sobald er den neuen Sturm herannahen fühlte. Demetrius versammelte eine Synode, und ließ den Origenes „aus Alexandria verbannen, doch ohne ihn der Priesterwürde zu berauben." So lautet der Beschluß nach Photius aus bibl. cod. 118. (aus Apol. Pamphili 2.) Da Or. in Palästina Aufnahme fand, berief Demetrius eine zweite Versammlung, ließ die Absetzung des Or. unterschreiben und erklärte im Circularschreiben seine Excommuncation. Nur die Bischöfe von Palästina, Alexander von Jerusalem und Theoktist von Cäsarea, Firmilian, Bischof in Kappadokien, und die von Arabien und von Achaja (Euseb. VI, 27. Rufin in Hier. II.) verließen ihn nicht. Sie selbst aber, die ihn ordinirt hatten, mußten doch nach dem canon 21 handeln: ο ακρωτηριασας εαυτον μη γιγνεσθω κληρικος, welcher älter ist als die Nicenersynode. Wie hätten sie diesem und der Anklage des Demetrius vor allen Bischöfen τοις ανα την οικουμενην (Eus. VI, 8.) zum Trotz auf ihrer Ordination beharren können, wie hätte Alexander in einem Privatschreiben im Dem. (Hieron. cat. 62.) den Or. rechtfertigen können, wenn das Hinderniß wirklich vorhanden war? Zwar glauben Viele (auch Rößler 4. B. S. 236.), jener Canon sey erst auf die That des Origenes gemacht worden, weil sich sonst kein Beispiel dazu in der Kirche finde. Ob der Grund richtig, wird sich unten aus Or. eigener Erklärung ergeben. Für das Alter der can. apost. will ich nicht an die Untersuchungen von Beveridge appelliren; ich bemerke blos, daß Obiges durch eine Synode, die über Orig. Urtheil sprach, geschehen mußte; dieß ist aber nicht der Fall. Vielmehr heißt es in einem spätern Synodalschreiben von Alexandria, nach dem, was Justinian in seinem Erlaß an Menas daraus anführt: χειροτονηθεις αυτος πρεσβυτερος υπο του κανονικης τε και μιας χειρος αληθινης — und weiter werden ihm blos vorgeworfen, βλασφημοι ομιλιαι. Eus. selber VI, 23. bezieht ebenfalls, der entehrenden Anklage c. 8. ganz vergessend, die Bewegung gegen Or. nur auf die πρεσβυτεριου χειροθεσιαν durch *fremde* (προς των τηδε) Bischöfe. Auch Orig. spricht in einem Briefe, den er in dieser Angelegenheit an seine Freunde in Alexandria schrieb, nur von verdrehten und verfälschten Lehrsätzen, nach welchen er verurtheilt worden, und führt überhaupt gegen Demetrius eine kräftige Sprache. Zwar haben wir diesen Brief nur im Auszug; allein so viele Schriftsteller, namentlich Hieronymus, welcher uns den Auszug in seiner Invective adv. Ruf. I. aufbewahrt hat, würden nicht versäumt haben, darauf hinzuweisen, wenn Or. wirklich in einem Briefe jener Anklage erwähnte. Am Schlusse desselben Briefes (bei Hieron. c. Ruf. II.) sagt Or. „er überlasse seine Verläumder dem göttlichen Urtheil, und müsse sie mehr bedauern als hassen." In Job tom. VI, 1. sagt er von jener Zeit: „Bis zum 5. Theil haben wir, wenn auch der Sturm in Alexandria drohte, die Erklärung hindurchgeführt, indem Jesus den Winden und Wellen des Meeres gebot. Als er aber hereinbrach, zogen wir hin und wichen aus Aegypten, indem der Herr, der sein Volk aus demselben geführt hat, auch uns rettete. Dann aber, als der Feind (Demetrius) am heftigsten gegen uns schnaubte, in seinen neuen Schriften, die wahre Feinde des Evangeliums sind, und *alle Winde der Bosheit in Aegypten* gegen mich weckte, da berief mich die Weisheit, lieber zu stehen gegen den Kampf und *meine Ehre zu behaupten* (τηρησαι το ηγεμονικον)" u. s. w. Daraus geht denn doch hervor, daß Demetrius die besagte Beschuldigung in der öffentlichen Anklage nicht gebrauchen konnte, sondern sie nur unter der Hand ausgestreut wurde, ueberdieß aber leidet sie auch an innerer Unwahrscheinlichkeit. Euseb. sagt „δια το, νεον οντα, και γυναιξι τα θεια προσομιλειν, ως αν πασαν την αισχρας *διαβολης υπονοιαν αποκλεισειε,* — ουκ ην δε αρα δυνατον, *καιπερ βουλομενῳ,* τοσαυτον εργον επικρυψασθαι. Kann der Widerspruch klarer seyn? Er wollte dadurch den Argwohn abschneiden, und doch die Sache selbst geheim halten. Man sieht, wie selbst der leichtgläubige Euseb, für das Unglaubliche nach Gründen suchte, die es selbst unglaublich machen. Auch die Anm. Stollbergs (K.G. VIII. G. 42b.) „wahrscheinlich wollte Or. diese Handlung nur eine Zeitlang geheim halten" kann dem Widerspruch nicht abhelfen. Denn wozu dieß? — Euseb, sagt ferner, Demetrius habe Anfangs die That gelobt, nachher aber (ου μακροις δε χρονοις υστερον), als der Neid kam und der Haß ausbrach, dagegen getobt. War doch Demetrius, — zumal im Rückblick auf den 21. canon und auf das Verbot in der bürgerlichen Gesetzgebung, Dio Cass. 67. und Justin. Mart. Apol. 1, 29. ανευ γαρ της του ηγεμονος (der Präfect war Felix) επιτροπης *τουτο πραττειν απειρησθαι* οι εκει — seiner eigenen Ehre schuldig, nicht dazu zu schweigen, um so mehr, da es schon allgemein bekannt war; — „γνους δητα *υστερον*" heißt es von ihm; also müßte das Gerücht durch manchen Mund gelaufen seyn, bis es zum Bischof kam; und doch hätte er ihm den katechetischen Unterricht gelassen? und ihn sogar noch belobt? Die Metropolitanen waren so unpolitisch nicht. Wenn je in der Verfolgung gegen Origenes das Gerücht von Demetrius in Anregung gebracht wurde, so mußte es auch erst entstanden seyn. Allein man beruft sich auf Origenes eigene Beichte über jene That. Es bedarf blos der wörtlichen Anführung der Stellen, um zu zeigen, daß diese das Unglaubliche des Gerüchtes noch vermehren.

20.

Die Stelle Matth. 19, 12. — aus deren Mißverständniß die That hergeleitet wird — erklärt er (tr. 15. in Matth. §. 1.) also: „Wir werden die zwei verschiedenen Auffassungen dieser Stelle auseinandersetzen, ehe wir uns über die richtige erklären. Es haben Einige (vielleicht meint er die Secte der Valesier, Praedest. 37.) die dritte Art des Verschnittenseyns, nach Analogie des angenommen körperlichen Sinnes der beiden andern, ebenfalls körperlich verstanden, und es gewagt, sich selbst einem ähnlichen Verschneiden zu unterwerfen; wodurch sie nicht blos vor den unserm Glauben Fremden, sondern überhaupt bei solchen in *Schmach und Schande* gefallen sind (υποβεβληκασι ονειδεισμῳ ταχα δε και αισχυνῃ), die allen menschlichen Handlungen eher verzeihen, — weil sie nicht einsahen, daß auch diese Worte geistig zu verstehen sind (οτι και ταυτα πνευματι ειρηται)." Darf man hinzusetzen, Or. rede hier aus eigener Erfahrung, wenn man sich auf Nichts anderes als diese Stelle selbst berufen kann? — §. 2. fährt er, nach eigener Erklärung von Luc. 22, 35. 36. 10, 4. gleich der π. A. IV, 1, 2. also fort §. 2.: „So haben gar Einige vor unserer Zeit (των προ ημων) keinen Anstand genommen, in eigenen Schriften dazu aufzufordern, den dritten Eunuchismus, ganz ähnlich den zwei ersteren, an sich selbst zu vollziehen" — die Glosse eines Co. Holm. sagt hiezu noch bescheiden genug: οιμαι αινιττεσθαι αυτον το περι αυτου ιστορουμενον — „wir aber, wenn wir auch einmal Christus, den Logos Gottes, nach dem Fleisch und dem Buchstaben verstanden, erkennen ihn jetzt anders, und *stimmen nicht mit denen,* die den dritten Eunuchismus an sich selbst vollziehen, überein, als hätten sie die richtige Auffassung (ουκ ευδοκουμεν ως καλως εξειληφοσι); auch würden wir uns nicht so lang mit der Warnung vor einer solchen Auffassung aufgehalten haben, wenn wir nicht Leute *gesehen* (εωρακειμεν), die jene Verschneidung wagten, und nicht Menschen gefunden hätten, die ein feuriges Gemüth wohl zu einem solchen Wagstück bringen könnte." Dann führt er aus den „προ ημων" an: den Philo und den Sextus, und mit Beziehung auf deuteron. 23, 14. fragt er: „ει γαρ η χειρ αποκοπτεται *επιλαμβονομενη* διδυμων ανδρος, πως ουχι και ο εαυτον δι'αγνοιαν οδου, φερουσης επι σωφροσυνην, τοιαυτῃ περιστασει *επιδεδωκως*"; und doch auf eine jugendliche „αγνοια οδου" gründet selbst Neander die Möglichkeit jenes abscheulichen Verbrechens, über das Or., auch unter Voraussetzung der αγνοια, vor aller Welt das Todesurtheil (αποκοπτεσθω) spricht. Hören wir ihn weiter: „davon nicht zu reden, was einer an sich erführe (α παθοι αν τις), wenn, wie die Aerzte sagen, der Samengang vom Kopfe in die Mannestheile gehemmt wird, welcher den Wachsthum der Haare um das Kinn erzeugt, so daß die, welche sich körperlich entmannen zu müssen glauben, des Bartes beraubt werden." Spricht er hier auch aus Erfahrung? Dann ist er ein ausgeschämter Mensch.

21.

Aus allen diesen entschiedenen Erklärungen hat man daß einzige Participium „χριστον θεου τον λογον *κατα σαρκα και κατα γραμμα ποτε νοησαντες*, νυν ουκετι γιγνωσκοντες", herausgerissen zur Unterstützung einer Mähre. Einmal spricht aber das ημεις δε — ου stark genug den Gegensatz aus, um das Participium in seiner wahren Stellung zu erkennen: „Ungeachtet (neben) meiner früheren Verehrung des Buchstabens kann ich doch eine solche Auslegung nie gut heißen"; denn daß man ihm von seiner frühern strengen Askese Einwürfe machen konnte, wird nicht bestritten, aber Askese ist noch nicht Entmannung. Alsdann ist dieß nicht der einzige Fall, daß er sich an eine frühere asketisch-strengere Auslegung zurückerinnert; bei ganz andern Veranlassungen geschieht dasselbe, z. B. c. Cels. VII, 25. Hom. in Levit. V, §. 5. extr. Strom. X., bei Hieron. Comment. in ep. ad Rom. 11, 14 ed. de la R. p. 498. Zugleich ist es auch als Ausdruck seiner Bescheidenheit zu fassen: denn so beschränkt, wie Neander voraussnimmt, kann seine Richtung nie gewesen seyn, wenn er schon *als Knabe* dem Vater mit seinen Fragen nach einem tiefern Schriftsinn lästig Wurde (Eus. VI. 3.). ως μηδ'εξαρκειν αυτω τας απλας και προχειρους των ιερων λογων εντευξεις, ζητειν δε τι πλεον και βαθυρατος ηδη θεωριας — τι αρα εθελαι δηλουν τα της γραφης αναπυνθανομενος βουλημα." Ich, füge noch zwei Stellen hinzu, die von der völligen Unbefangenheit seines Urtheils über diesen Punkt zeugen. Die eine ist Comm. In ep. ad Rom. II, 13., wo er jene fleischliche Auslegung von Matth. 19, 12. gänzlich ignorirt, und in schöner Ironie frägt: erunt ergo cupabiles, qui continentiae et virginitatis obtentu necessariis naturae officiis non ministrant, et erunt ad nuptias cogendi omnes qui secundum Evangelii leges »semet ipsos castrarunt propter regnum Dei« habentes exempli hujus auctorem ipsum Dominum Jesum? Nach Rufin's Person.

Die andere Stelle ist c. Cels. VII, 48. „die Athener haben einen Oberpriester, der die Geschlechtstheile mit Schierling einreiben muß ——— allein unter den Christen finden sich Viele, die keines Schierlings bedürfen, um Gott rein und unbefleckt zu dienen. Das Wort des Herrn ist ihnen das Mittel, alle Lüste zu dämpfen."

Wie konnte aber ein so häßliches Gerücht entstehen? wird man fragen. Die Absicht, in welcher es ausgestreut wurde, erklärt sich von selbst; eben so leicht der Entstehungsgrund. Or. Stand von Jugend auf in dem, damals heiligen, Rufe äußerster Enthaltsamkeit und Härte gegen sinnliche Bedürfnisse (Eus. VI, 3.), den selbst sein häufiger Umgang mit wißbegierigen und frommen Frauen, wie einer Herais (VI, 5.) nicht schwächen konnte. Nichts konnte aber den Neid einer unheiligen Klerisei mehr reizen als dieses; und nirgends fand die Verläumdung mehr Glauben, als wo sie eine fast übermenschliche Enthaltsamkeit (Eus. VI, 3. Epiph. 64.) auf so gemein-natürliche Ursachen zurückführte und dem gemeinsten Sinne begreiflich machte. Wie aber das Gerücht nach hundert Jahren und sogar bei Eusebius Glauben fand darüber verweise ich auf das oben Gesagte, und erinnere an die kräftigen Worte Wielands. Mögen die künftigen Geschichtschreiber behutsamer mit dieser Beschuldigung verfahren!

22.

Mosheim (comment. de rebus chr. ante Const. M. pag. 674.) erklärt den Zwiespalt des Orig. und Demetrius aus dem Bestreben des erstern, Presbyter zu werden, und des letztern Weigerung, ihn zu ordiniren. Origenes habe dann die versagte Würde auswärts gesucht und gefunden; darüber habe sich Demetrius zwar geärgert, doch aber den Orig., weil er seiner nicht entbehren können, auf seine Lehrstelle zurückberufen: weil nun dieser sein Ansehen im Presbyterium und vor den Laien seine dogmatischen Grundsätze habe geltend machen wollen, so sey der Bischof auf's Neue aufgebracht worden, Orig. habe sich geflüchtet, und sey dann von der Versammlung aller ägyptischen Bischöfe und einiger (τινες bei Photius) Presbyter zuerst seines Lehramtes entsetzt worden, denn eine geistliche Versammlung in Alexandria habe damals noch niemand aus der Stadt verbannen können; weil aber Demetrius ein schärferes Urtheil erwartet, habe er eine zweite Synode blos einiger Bischöfe „die auch das erstemal seiner Meinung beigetreten waren" (συνυπογραψαντων των συμψηφων αυτω γεγενημενων Phot. a. a. O.) gehalten, mit Ausschließung, der mildergesinnten Bischöfe und des ganzen für Or. Parthei nehmenden Presbyteriums, und die Absetzung von der Priesterwürde und den Kirchenbann gegen denselben unterzeichnen lassen. Dazu, weil man damals nur über Verbrecher und hartnäckige Irrlehrer den Bann ausgesprochen, seyen denn seine Lehrsätze vorzüglich aus dem Werke π. Αρχων gebraucht worden.

Die Combination ist nicht übel, beruht aber auf einem ganz unerwiesenen und wirklich falschen Grunde. Ehrgeiz ist dasjenige, was dem Orig. seine bittersten Feinde nicht nachsagen; und nach Euseb. ausdrücklichen Worten wurde ihm die Würde eines Presbyter ungesucht übertragen und er zu öffentlichen Vorträgen in den Gemeinden dringend aufgefordert. Die erste Verweisung aus Alexandria ist nicht wie eine politische Verbannung anzusehen, dazu vermochte freilich das geistliche Collegium nichts; sondern es ist ein geringerer Grad der Ausschließung, da die völlige Excommunication, nach den angeführten Worten bei Photius, Anfangs nicht durchgieng. Insofern konnte jene auch Statt finden, nachdem Orig. bereits Alexandria verlassen hatte. Ueber die weitern Umstände sind wir mit Mosheim einverstanden.

23.

Origenes suchte seine Ruhe am Grabe des Herrn: von da besuchte er wieder Cäsarea und eröffnete daselbst unter dem Schutze seines Freundes Theoktistos eine Schule, die fast blühender wurde, als die alexandrinische. Sein vorzüglichster Schüler war hier Gregor, der Wunderthäter, welcher vor seinem Abgang von Cäsarea dem Or. jene bekannte Lobrede hielt. Ein herzlicher Brief des Origenes an ihn ist uns in der Philokalie aufbehalten (vgl. Neand. KG. III. S. 819.) Von hier aus schrieb Or. den obengenannten Brief an seine Freunde in Alexandria, wahrscheinlich dieselben, die sich geweigert hatten, seine Absetzung und Ausschließung zu unterschreiben. Daß er später auch Fabian, Bischof von Rom, ετεροις τε πλειστοις αρχουσιν εκκλησιων περι καθ'αυτον ορθοδοξιας geschrieben, ist wahrscheinlich ein eusebianisches Mährchen, und der Brief, den Hier. ep. 65. als »poenitentiam« bezeichnet, ohne Zweifel *unterschoben*. Demetrius starb zwar noch in demselben Jahre; allein, so scheint es, die aufgereizte Stimmung in Alexandria gegen Origenes dauerte fort. Zwar kam Heraklas auf den Bischofsstuhl, und von ihm, dem Schüler, Gehülfen und Nachfolger des Orig. in der Katechetenschule dürfen wir auf keinen Fall glauben, was Justinian (ep. ad Menam) aus dem Synodalschreiben des abscheulichen Theophilus, Bischofs von Ale- xandria, vom J. 401. anführt: (αρξαμενον αυτου βλασφημους ομιλιας ομιλειν, ο κατ'εκεινο μακαριτης Ηρακλας ο επισκοπος, ως αροτηρ — εκ μεσου του καλου σιτου εξετιλεν ως του πονηρου ζιζανιου οντα), so wie Gennadius de vir. ill. 33. Dieß ist schon ein Irrthum in der Zeit, weil Heraklas noch Orig. Gehülfe war, als dieser Alexandria verließ. Aber auch aus den Worten des Eusebius „«Ηρακλα διδασκαλειον καταλειπει" läßt sich nicht auf eine freundliche Verabredung zwischen ihm und Heraklas schließen. Gedenkbar ist es immerhin, daß Heraklas aus Amtseifer oder aus andern Gründen die Beschlüsse seines

Vorgängers Demetrius und seiner Synode selbst gegen seinen Freund aufrecht erhalten zu müssen glaubte. Doch die Anfeindung von dieser Seite ließ nach; aber schwerer trafen auch ihn die Verfolgungen von Seiten der römischen Kaiser. Zu Alexandria wurde im J. 247 der große Verehrer des Orig., Dionysios, zum Bischof erwählt, welcher unter der bald eintretenden decianischen Verfolgung (250) dem Or. einen Trostbrief in den Kerker schrieb; allein Origenes sah Alexandria nie wieder, und starb im J. 254 zu Tyrus, [17] im 69. Jahre seines arbeitvollen Lebens: in jeder Hinsicht Αδαμαντιος (der Diamantene), obgleich er von Person klein war, denn er spricht (epist. fragm.) von seinem σωματιον, das der Motion bedürfe, und Euseb. (VI, 39.) erzählt, daß ihm auf der Folter die Beine nur bis zum vierten Grad ausgespannt werden durften.

24.

Das Werk περι Αρχων, das fortan bei allen Händeln, die den Origenes berührten, vor andern genannt wurde, gelangte in den nächsten drei Jahrhunderten noch dreimal zu einer größern Wichtigkeit, in der Geschichte dogmatischer Streitigkeiten. Dieß geschah in den arianischen Streitigkeiten, dann während der pelagianischen, und endlich in der Wuth des Kaisers Justinian gegen die neuen Origenisten, zum Theil auch πρωτοκτισται genannt, so daß die drei Ideen, welche in dem Werke, als dogmatischem Versuch, besonders hervortreten: vom Verhältniß des Vaters und Sohns, von der Willensfreiheit, und von der Präexistenz der Seelen, nach einander in die Geschichte eingriffen.

Hauptquelle für die frühere Geschichte des Buches ist Photius Biblioth. und die Briefsammlung des Hieronymus. Die Briefe selbst aber sind in den verschiedenen Ausgaben von Erasmus, Vallars, und Martianay verschieden geordnet, daher wir sie meistens nach den Ueberschriften citiren.

Der erste Angriff um das Jahr 290. kam von Seiten des Bischofs Methodius von Tyrus, in drei kleinern Schriften: περι αναστασεως, περι των γρνητων, περι αυτεξουσιου (letztere, nach Neander dem Maximus zugehörig), von denen Phot. cod. 234. 35. 36. Auszüge liefert, worin die hieher gehörigen Lehren des Werkes π. A., wiewohl ohne Benennung derselben bekämpft werden, aber so schwach, daß man, besonders in den letztern Stücken, oft nicht weiß, will Meth. den Orig. nachahmen oder widerlegen. So ist wohl auch zu verstehen, was Euseb. bei H. apol. In Ruf. 1. von M. sagt: qui haec et haec de Originis locutus est dogmatibus. Sokrates (hist. eccl. 6. 13.) läßt ihn später widerrufen, woran uns wenig gelegen ist.

In Alexandria suchte der Bischof Peter durch Schriften, auf welche Justinian sich beruft, die Verketzerung des Orig. und seiner Werke wieder aufzuregen;

dieser fand aber einen beredten Vertheidiger an Pierius, Vorsteher der Katechetenschule, welcher der zweite Origenes genannt wurde. Auch von ihm hat nur Phot. Cod. 119. Auszüge. Bis zum arianischen Streite blieb nun, was Origenes Namen trug, in Ruhe. Der Presbyter Pamphilus kaufte von allen Schriften des Origenes Exemplare, schrieb mehrere selbst ab, und stiftete diese Sammlung nebst andern in die Kirche zu Cäsarea. Marcellus von Ancyra (v. Asterium) griff zuerst in den Arianern den *Origenes* an; gegen ihn schrieb (336) Eusebius, welcher viele Stellen aus Marcellus, darunter auch kleinere Auszüge aus π. Αρχων in seiner Schrift anführt, die noch vorhanden ist. Im Verein mit Pamphilus schrieb Eusebius die Apologie des Origenes in 6 Büchern, von denen ein Theil des sechsten in einer lateinischen Uebersetzung von Rufin noch vorhanden ist. Sie enthält meistens Belege aus π. A. I., zur Vertheidigung der rufinisch-origenischen Trinitätslehre gegen die neun Anklagen von Seiten der Orthodoxen; und nach diesem entstellten Bruchstücke zu urtheilen, wäre das 6. Buch der Apologie eigentlich eine Rechtfertigung der Bücher π. Αρχων gewesen. Allein Hieron. am Ende des Briefes an Pamm. und Ocean. erklärt, daß das 6. Buch der Apologie nicht nur von Rufin verfälscht, sondern schon im griechischen Text vom Anfang an eusebianisch, dann nicenisch nnd kurz das Flickwerk eines Späteren sey: indem er ausdrücklich behauptet, daß Pamphilus gar nie etwas Eigenes geschrieben habe. Indessen verweist Euseb. in der KG. öfter auf jene Apologie, und es läßt sich leicht denken, daß er seinem Freunde zu Lieb ihre beiden Namen als Verfasser genannt habe. Beide angeblichen Verfasser waren Arianer und erzählen, daß nicht nur die Werke des Origenes, sondern selbst die Leser derselben von der Gegenparthei verfolgt und verketzert werden, vor andern die, welche er mit Muse und Nachdenken ausgearbeitet und namentlich das π. A. Der Abt Pachomius habe bei seinem Sterben seine Mönche hoch und theuer beschworen, diese Schriften nicht zu lesen.

25.

Athanasius bestreitet einige Lehren des Origenes, ohne ihn zu nennen, z. B. den Fall der Seelen aus dem Range eines Geistes (de vita Anton.); aber gerade auf die Lehre von der ewigen Zeugung des Logos wie sie π. A. I, 2, vorgetragen wird, beruft er sich, unter ehrenvoller Erwähnung des Orig. (πολυμαθης και φιλοπονος); er bedauert ihn, daß er (ο αθλιος) um des Wortes Willen verschrieen werde, „συγχωρησιν πασης αμαρτιας γενησεσθαι και τοις ανθρωποις και τοις δαιμοσι παρα θεου" (περι της κ. φ. Κοινωνιας, 49. doch, ebendarum gilt ja diese Schrift für unächt!); und entschuldigt ihn mit einer Wendung, die in π. A. häufig vorkömmt: „α μεν γαρ ως ζητων, ταυτα μη ως αυτου αλλα προς εριν — επιφερει" (de decr. Nic.). Ebenso milde giengen auch Basilius und Gregor von Nazianz mit seinen Dogmen um. Sie sollen, wie das *spätere* griechische Vorwort angibt (των κατα θεια σοφων Βασιλειου και Γρηγοριου) die bekannte Sammlung für Hermeneutik und Exegese aus Origenes, die *Philokalie* veranstaltet haben, worin als Grundlage (c. 1.) der größte Theil des 4. Buchs, π. A. und weiterhin auch (c. 20.) der 1. Abschnitt des III. περι αυτεξουσιου aufgenommen ist, weil dieser hauptsächlich viele Erklärungen schwieriger Stellen enthält: denn der Zweck war bloß Exegese. Die Sammler haben deßwegen auch einzelne Stellen weggelassen. Daß sie Anderes absichtlich geändert hätten, kann man nicht geradezu behaupten, da der Abweichungen nur wenige und, diese unbedeutend sind. Jedenfalls hat diese Philokalie mit der Zeit noch andere Zusätze erhalten, z. B. c. 23. Einen großen Dienst leistete der Erhaltung der origen. Werke ein Freund des Nazianzeners, Euzoius, Bischof von Cäsarea, welcher die zerstörten Handschriften in der origenischen Bibliothek des Pamphilus wiederherstellen ließ (Hier. de sacr. eccl.). Einige Sätze aus Orig., doch ohne namentliche Anführung bekämpft Cyrill von Jerus. in seinen Catechesen; was übrigens nur ein Zeugniß ist von der um sich greifenden Wirksamkeit seiner Lehren. In diese Zeit fällt auch ein dem Origenes zugeschriebenes Werk Dialogus contra Marcionitas, welches einige Beziehung auf das unsrige haben konnte. Die Hauptperson im Dialog ist Adamantios, und dessen Namen trägt auch der Titel. Sehr spät ist es jedenfalls, 1) weil ein *christlicher* Kaiser darin genannt wird (νυν δε του βασιλεως οντος θεοσεβους), welcher die heidnischen Tempel zerstöre und christliche aufbaue; 2) weil καθολικη εκκλησια erklärt wird δια το καθ'ολου του κοσμου ειναι; 3) wegen der nicenischen Bedeutung, die das Wort ομοουσιος darin hat; 4) weil der heilige Geist nach demselben επι της ευχαριστιας ερχεται, offenbar im Sinne cyrillischer oder pseudobasilianischer Liturgie. Merkwürdig aber ist, daß außerdem die Unterredung, wenn sie wirklich dem *Origenes* Adamantios angehören wollte, ziemlich historisch treu gehalten ist: indem nur die zwei Häresien, Marcioniten und Valentinianer, zum Theil auch mit origenischen Waffen bekämpft werden. Eine apologetische Tendenz, um den Origenes als Orthodoxen darzustellen, läßt sich in dieser Zeit (wahrscheinlich noch unter Constantin) nicht denken, wo Origenes nicht angegriffen wurde. Ich sehe daher in diesem Machwerke den Rest von einem ganz eigenen Literaturzweige, und vermuthe, daß (analog den Märtyrerlegenden in ecclesia pressa) in der triumphirenden und disputirenden Kirche öfter solche Beschreibungen von Agonen der Kirchenfehden gegen die Häretiker fabrizirt worden seyen, wie der Dialog. Ob dieser gerade zu Ehren, unsers Origenes oder eines andern Adamantios gemacht sey, ist ohne Bedeutung. Unglücklicherweise begannen aber jetzt schon die Versuche, den Origenes aus seinen Schriften als rechtgläubig nach dem nicänischen Symbol darzustellen was auf die Erhaltung und unverfälschte Ueberlieferung jener Urkunden selbst leicht hätte verderblich wirken können. Für unser Werk that dieß Didymus, der letzte berühmte [18] Katechet in Alexandria (um's J. 380.); welcher Commentare über π. Αρχων schrieb, die aber verloren gegangen sind. Auch von Evagrius und Andern hat man ähnliche Schriften, die eine verbesserte origenische Dogmatik seyn wollten. In jenem Werke περι τριαδος, das Min- zerelli im J. 1763 aufgefunden und 1769 herausgegeben hat, gebraucht Didymus ganz des Orig. Entwicklung π. A. 1 und 2., behauptet aber doch eine ομοουσιος τριας mit völliger Gleichheit (ισοτης) der drei Hypostasen. Eine ähnliche Anwendung von Orig. Grundsätzen machte wiederum Gregor von Nyssa, der Verfasser einer Anweisung zur apologetischen Darlegung der christlichen Dogmen (λογος κατηχητικος), im Geiste von περι Αρχων was ihn beinahe um seinen ganzen orthoxen Ruf gebracht hätte. [19]

Doch weicht diese Schrift darin wieder von Orig. ab, daß sie schon in dem Beweise des ersten Lehrsatzes (der nicänischen Triunität) Spuren von scholastischer Spitzfündigkeit zeigt. Die ganz entgegengesetzte Richtung erhielt Or. Lehre unter den nach ihm genannten Sekten. Es entstanden damals schon zwei origenische Partheien, die orthodoxe hauptsächlich in Asien und Alexandria, und die heterodoxe unter den Mönchen in Aegypten: beide aus Mißverstand erzeugt, die letztere, die Alles übertrieb, und die andere, die auch das Individuellste unter orthodoxen Preßzwang bringen wollte.

26.

Ein unbedingter Verehrer der ächt origenischen Lehren scheint dagegen Johannes, Bischof von Jerusalem, gewesen zu seyn: wenigstens gibt sich Epiphanius, in einem weitläufigen Briefe an ihn (v. J. 392.), in der Sammlung des Hieronymus, alle mögliche Mühe, ihn von der Heterodoxie der origenischen Dogmatik zu überzeugen. Johannes blieb bei seinen Ansichten. Dieß war der Anfang neuen Streites über Orig., den Epiphanus „Arii patrem, et aliarum haereseon radicem" nennt. Die erneuerte Aufmerksamkeit des Orients auf Orig. Schriften, zog nun auch das Abendland herbei. Nach *Hieronymus* Angabe hatten schon Ambrosius von Mailand, Eu- seb. von Vercelli und Victorinus von Petavis Einiges von Origenes übersetzt. Er selbst war Anfangs ein eifriger Freund der origen. Exegese, und hatte daraus manches Goldkörnlein, wie er selbst gesteht, in seine Commentare übertragen; allein schwach und ehrgeizig, und daher auch servil, wie er war, wollte er es nun doch mit dem orthodoxen Bischof von Cypern halten, und zog sich dadurch (J. 395.) nicht nur Verachtung, sondern selbst Ausschließung aus seiner Kirche von Seiten des Johannes zu. Worüber er sich (ad Pammach.) jämmerlich beklagte: „ego *misellus* dum in solitudine delitesco, a tante ponifice repente truncatus *Presbyteri nomen amisi."* *In demselben Briefe gibt er sich Mühe, die ungeheuren Irrthümer des Johannes aufzudecken, und sich dagegen zu purgiren.* Diese Irrthümer sind die wörtlichen Lehren des Werkes περι Αρχων: *„nec filium videre posse patrem, nec spiritum videre posse filium; animas propter peccata e coelo in corpora, tanquam in carcerem, esse dejectas; futurum, ut diabolum et daemones peccatorum aliquando poeniteat, et cum sanctis in coelo regnent: carnem neutiquam resuscitatum iri, neque membra denue simul esse compingenda"* etc. Sich selbst entschuldigt mit der Wendung: *„Sicut interpretationem scripturarum Origeni semper attribui, ita dogmatum* constantissime abstuli veritatem" (ad Theophil. Ep. 92.). *„Si mihi creditis, Origenistes nunquam fui: si non creditis,* nunc esse cessavi."*

Unterdessen war auch der römische Presbyter Rufinus Toranius von Aquileja, der mit Melania den Orient besucht hatte, ein Vertrauter des Pelagius, mit Origenes Werken näher bekannt geworden. Er übersetzte, und zwar zum erstenmal (quis Latinorum ausus est unquam? Hier.) nach seiner Rückkehr in Rom, angeblich auf Bitten des Macarius (was Hieron. bestreitet), das Werk περι Αρχων (397). Um dieser Schrift unter den Abendländern Eingang zu verschaffen, schickte er die obgenannte Uebersetzung des VI. Buchs der Apologie von Pamphilus, übereinstimmend, wie natürlich, mit der Uebers. von π. A. und eine eigene Abhandlung über die Verfälschung der Schriften des Orig. durch die Häretiker voraus, von der er selbst in der Vorrede zur Uebersetzung von π. A. sagt: „in quo evidentibus ut arbitror probamentis, corruptos esse in quam plurimis ab haereticis et malevolis libros ejus, ostendimus, et istes praecipue, quos nunc exigis ut interpreter, περι αρχων etc. Und darauf gründet er seine Freiheit in der Uebersetzung. Sein Grundsatz ist: »Hic vero noster (Origenes) quantum potuit, id egit, ut creatoris fidem et creatarum rerum rationem quam illi (philosophi) ad impietatem traxerunt, *ad pietatem* ipse *converteret.«* Aus diesem Satze leitet, er nun ab: »sicubi ergo nos in libris ejus aliquid contra id invenimus, quod ab eo caeteris locis pie *de trinitate* fuerat definitum, veluti adulteratum hoc et alienum aut praetermisimus, aut secundam eam regulam protulimus, quam ab ipso frequenter invenimus affirmatam.« Wenn er freilich dann auch die Frage auswirft: „qui P. et filium *unius* substantiae, quod graece ομοουσιον dicitur, designavit, in consequentibus capp. statim *alterius* substantiae et creatum dicere poterat eum, quem paulo ante de ipsa natura Dei patris pronunciaverit natum" so beruht dieß auf einem Mißverständniß des Griechischen, welches Orig. selbst, theils Sum. Wied, §. 8. über die ομοουσια, theils Vorr. §. 4. aufklärt.

Rufin handelt insofern als ein orthodoxer Origenist, wie Hieronymus, indem er das, was in sein System taugt, annimmt, das andere übergeht; weil er nicht Arianer war, verwarf er die Trinitätslehre des Origenes, und weil er Pelagianer war, behielt er seine Sätze von der Willensfreiheit und der Präexistenz bei. Wenn er aber, von dem Vorurtheil der Verfälschung durch andere ausgeht, um selbst mit dem Schein des Rechts fälschen zu können, so war hierin Hieronymus viel redlicher. Gleichwohl nimmt Rufin in der ganzen ersten Hälfte seiner praefatio, in welcher er die Uebersetzung origenischer Homilien von seinem „frater et collega" aufzählt ohne ihn zu nennen, gerade den Hieronymus zum Vertreter jenes Verfahrens und behauptet von ihm: „qui cum ultra septuaginta libellos Originis transtulisset in latinum — elimavit omnia interpretando atque purgavit, ut nihil in illis, quod a fide nostra discrepet, latinus lector inveniat." Dieser boshafte Seitenblick weckte den Zorn zuerst der vornehmen Römer, Pamachius und Oceanus, Freunde des Hieronymus, daß sie diesen, der noch in Asien war, aufforderten (ep. Pam. et Oc.) „ut supra dictum librum Originis, quemadmodum ab ipso auctore editus est, *ad fidem* tuo sermone manifestes et quae a *defensore* eius *interpolata* sunt, prodas." Und nur jener boshaften Anspielung auf Hieronymus Neigung für Origenes, nicht also der einfältigen Behauptung von einer Verfälschung der Schriften des Origenes (die später ebenso grundlos der Patriarch Germanus auf die origenischlautenden Stellen bei Gregor von Nyssa anwandte), auch nicht dem unverschämten, unkritischen Verfahren des Rufin, nur seiner boshaften Laune hatte man es zu danken, daß der um die Ehre der Orthodoxie ängstlich bekümmerte Hieronymus endlich sich zu einer wortgetreuen Uebersetzung des Werkes Περι Αρχων entschloß, um gegen alle damals verketzerten Lehren desselben zu Felde ziehen zu können.

27.

Diese Uebersetzung war um so wünschenswerther, als Rufin nicht bloß in dogmatischer Hinsicht, sondern auch in der Ausführung der Sätze und Beweise sich Freiheiten erlaubte, worüber er sich (praef. ad π. Αρχ.) weiter so erklärt: „si qua sane, veluti peritis jam et scientibus loquens (Orignes), dum breviter transire vult, obscuris protulit, nos, ut manifestior fieret locus, ea quae de ipsa re in aliis eius libris apertius legeramus, adjecimus"; doch damit könnte man am Ende noch zufrieden seyn, wenn es nur wahr ist, was er hinzusetzt; „nihil tamen nostrum diximus, sed licet in aliis locis dicta *sua* tamen *sibi* (!) reddidimus."

Hieron. stellt nun in der Antwort (ad Pamm. et Ocean.) die hauptsächlichen Irrlehren des Orig. zur Warnung auf, und geht dann, wie auch in der folgenden apol. ad. Rufin. Zuerst darauf aus, zu beweisen, daß die von Rufin ausgegebene „Apologia Pamphilii pro Origene" gar nicht dessen Werk sey, indem es die ersten 5000 Zeilen ausgenommen, welche dem 6. Buche der Apologie, von Eusebius, entlehnt seyen, überall das gerade Gegentheil von dem behaupte, was Pamphilus als Arianer den Origenes hätte sagen lassen. Am Schlusse desselben

Briefes sagt er von seiner Uebersetzung, die er ihnen zusendet „quid sustinuerim, vestro judicio derelinquo, dum et mutare quippiam de graeco non est vertentis, sed evertentis, et eadem ad verbum exprimere, nequaquam ejus qui servare velit eloquii venustatem." Die Uebersetzung hatte um so mehr werth, als sie nach einem Exemplar aus der Bibliothek des Pamphilus gemacht zu seyn scheint, und wie noch aus Ueberresten zu schließen, ganz getreu war. Ueber das Schicksal derselben gibt uns ein späterer Brief des Hieron. (ad Avitum, mit der Aufschrift: quid cavendum sit in libris περι Αρχων) einige Auskunft: „Ante annos circiter decem sanctus vir Pammachius ad me cujusdam (Rufini) schedulas misit, quae Originis π. A. Interpretata volumina continerent, imo vitiata, hoc magnopere postulans, ut graecam veritatem latina servaret translatio et absque interpretis patrocinio romana lingua cognosceret. Feci ut voluit, misique ei libros: quos cum legisset, exhorruit et reclusit scrinio. A quodam fratre, qui habebat coelum Dei sed non secundum scientiam, rogatus, ut traderet ad legendum quasi statim reddituro, propter angustiam temporis fraudem non potuit suspicari. Qui acceperat libros, adhibitis notariis opus omne descripsit, et multo celerius quam promiserat codicem reddidit. Et quia difficile, grandes libros de rebus mysticis disputantes notrarum servare compendia, praesertim qui forim dicantur, ita in illis confusa sunt omnis, ut et ordine et sensu carcant. Quam ob rem petis Avite, ut ipsum ad te exemplar dirigam, quod a me olim translatum et nulli alii traditum, a superdicto fratre perverse editum est. Accipe igitur: sed ita, ut scias detestanda tibi esse plurima etc. etc." Dann folgen die sämmtlichen gegen die damalige Orthodoxie anstössigen Stellen des Werkes π. A. nach der wörtlichen Uebertragung des Hieronymus. Dieser Brief ist das Einzige, was uns von den Bemühungen des Hieronymus um jenes Werk übrig geblieben, und nicht das Geringste unter Allem, was wir noch von dem Werke selbst besitzen. So dankbar wir aber auch dafür sind, so läßt sich doch nicht verkennen, daß Hieronymus durch sein Zeter, das er über allen Origenismus und besonders über das Werk π. Αρχων fast in allen seinen Briefen erhob (unter Andern warnte er auch den Augustinus davor, der den Inhalt durch ihn kennen lernen wollte), und durch das Verfahren, das er mit Original und Uebersetzung beobachtete, sehr viel zu Vernachläßigung origenischer Schriften und so namentlich zum Verluste des Werkes π. Αρχων beitrug.

Rufins Uebersetzung ist nicht verloren gegangen. Aber sie kostete ihn noch manchen Schweiß. Zunächst, als die Uebersetzung des Hieronymus auf die besagte Weise auskam, schrieb er drei Jahre lang an einer Apologie und Invective gegen Hieronymus in zwei Büchern (das zweite noch vorhanden): Hieronymus antwortete ihm in ebenso vielen; zum Theil in ebenso kläglichem Ton, wie alle seine Pönitenzbriefe in Sachen des Origenes geschrieben sind.

Der Hader dieser beiden Männer [20] regte Freunde und Feinde wieder auf: die Sache kam zunächst vor den römischen Bischof Anastasius, der zufällig von Origenes noch gar Nichts gehört hatte, und also mit um so größerer Gemüthsruhe ihn und sein Werk verdammen konnte; was er im I. 399. der Dame Marcella zu Gefallen wirklich that. Dieß ist die erste Verurtheilung des Werkes περι Αρχων: die Bannbulle ist an den Verehrer desselben, Johannes von Jerusalem, gerichtet: Rufin, welcher sich nicht stellte, kam dießmal mit einem strengen Verweis davon.

Der schon genannte Epiphanius, der in solchen Dingen einen feinen Geruch hatte, gieng nach Alexandria, hielt dort mit dem rachsüchtigen Bischof Teophilus ein Concil im J. 401. später ein anderes zu Constantinopel im J. 403. und sprach die Verurtheilung des Origenes [21] und seiner Werke sammt ihrem Uebersetzer Rufin öffentlich aus: er schrieb auch an Theotimus, Bischof der Scythen und verlangte das Gleiche von ihm; der Scythe antwortete: „er wolle weder den Ruf eines längst selig entschlafenen Mannes besudeln, noch die Anmaßung haben, zu verdammen, was keiner seiner Vorfahren verworfen habe" (Socr. H. E, VI, 12.).

Der Spanier *Avitus* fand (nach Orosius Bericht zu schließen) größeres Gefallen an den Irrlehren des Werkes π. A. als an den väterlichen Warnungen des Hieronymus, und war im Begriff, diesen Lehren in seinem Vaterlande, wo Pelagianer und Priscillianisten bereits Fuß gefaßt hatten, Eingang zu verschaffen; wenn nicht Orosius (so erzählt er selbst) dazwischen getreten wäre, und die neuaufkeimende Secte mit einem augustinischen Schreiben in der Hand erstickt hätte (410.). Indessen frohlockte Hieronymus über die Bannsprüche, und übersetzte sie (Theoph. ep. synod. und litt. Pasch. a. 401—404.), bannte die Marcella das „principium damnationis haeretico-rum" und schrieb Anklagen gegen die Origenisten.

Das ganze fünfte Jahrhundert hindurch herrscht alsdann Stille über Origenes und seine Schriften, welche nur vor dem Schlusse desselben unterbrochen wird (496) durch das Decret eines Concilium zu Rom: Origenis nonnulla opuscula, quae vir beatus Hieronymus *non repudiat* legenda suscipimus. Das kommt unserem Werkchen nicht zu gut: und gleich darnach heißt es noch: vituperandus Eusebius, quod in laudibus atque excusatione Origenis schismatici (?!) unum conscripserit librum. Dieß war das 6. Buch der Apologie des Pamphilus.

28.

Um das Jahr 530 gab es Unruhen unter den Mönchen des heil. Saba: dieser klagte deßwegen den Origenismus an und verlangte persönlich von dem Kaiser

Justinian die förmliche Verdammung des Origenes. Justinian ließ sich von dem Patriarchen von Constantinopel, Menas, berichten, der den Origenes und namentlich die Schrift περι Αρχων als die Quelle aller Ketzereien darstellte. Auf allerhöchsten Befehl wurde nun jener Erlaß ausgefertigt (ipso jubente dictata est in Orig. damnatio, sagt Liberatus von Carthago brev. 23.), welcher unter dem Namen epist. Justiniani ad Menam bekannt und in Mansi Concil. nova et ampliss. coll. t. IX. p. 487. aufgenommen ist. Mansi setzt ihn unter das Jahr 545. Der Titel lautet: λογος του ευσεβεστατου ημων βασιλεως Ιουστινιανου, καταπεμφθεις προς Μηναν, τον αγιωτατον και μακαριωτατον αρχιεπισκοπον της ευδαιμονος πολεως και πατριαρχην, κατα Ωριγενους του δυσσεβους και των ανοσιον αυτου δογματων. Nachdem darin die Irrlehren des Or. aufgezählt sind, heißt es: ει τοινυν απαντες ειρετικοι επι ενος τυχον η δευτερου δογματος παρατροπη εκβεβληνται της αγιωτατης εκκλησιας, υποβληθεντες αναθεματι μετα των ιδιων δογματων, τις ολως χριστιανων ανεξεται Ωριγενους τε και των πονηρων αυτου συγγραμματων αντιποιεισθαι, του τοσαυτας μεν ειρηκοτος βλασφημιας, *πασι δε σχεδον αιρετικοις τοσαυτην υλην απωλειας και βλασφημιας παρεχομενου και δια τουτο και δια των αγιων πατερων εκπαλαι υπο αναθεμα γενομενου μετα των μυσαρων αυτου δογματων;* — Origenes muß sodann der Apostel des Heidenthums und des Manichäismus (ινα των Ελληνων μυθολογιας και την μανιχαικην αυτου πλανην εισαγαγη) und der Vater der arianischen Häresie seyn. Merkwürdig aber ist besonders, wie stark die Ketzerei der προυπαρξις (Präexistenz) vor andern hervorgehoben wird, wodurch diese Urkunde an sich schon das Zeitalter des monophysitischen Streites und der πρωτοκτισται und ισοχριστοι verräth. Nach einer weitläufigen Widerlegung des Origenes wird Menas aufgefordert, die Bischöfe und Aebte in Constantinopel zu versammeln und durch sie über die Dogmen des Origenes das Anathema auszustoßen. Von der Verhandlung sollen Abschriften an alle Kirchen-Vorsteher und Aebte versandt werden, damit sie durch ihre Unterschrift das Anathem bekräftigen; auch soll Keiner neu angestellt werden, ehe er den Origenes verflucht hätte, u. s. w. Endlich zeigt der Kaiser darin an, daß er denselben Erlaß an den Pabst Vigilius und an die Patriarchen von Alexandria, Antiochia und Jerusalem habe ergehen lassen. Doch, für uns das Wichtigste ist der Anhang, in welchem eine Reihe von solchen Irrthümern *mit des Origenes eigenen Worten aus dem Werke περι Αρχων* aufgezählt werden: und zum Glück sind es meistens solche Punkte, in welchen die Treue der Uebersetzung Rufins an sich schon verdächtig ist. Es sind 23 Fragmente, aus denen der Erlaß am Ende neue Sätze herauszieht, um über sie das Anathem zu sprechen.

 Der Anschluß der Fragmente beweist, daß das Werk selbst bereits nicht mehr allgemein bekannt und verbreitet war. Der Erlaß ist ungefähr vom Jahre 538.

Die darin berufene Synode wurde im J. 541 gehalten; und es ist wenigstens wahrscheinlich, daß diese tolle Wuth nicht ruhte, bis das Urtheil auf dem nächsten ökumenischen Concil (553) bestätigt wurde, was viele Schriftsteller erzählen (Nikephorus, Cyrill, Sophronius, Cedrenus, Photius und die 6. Synode), obgleich die Acten des 5. Concils selbst nichts davon sagen. Gewiß geschah dieß, wenn nicht damals, auf dem ersten lateranischen (649).

29.

Vor das Ende des sechsten Jahrhunderts gehört noch Leontius von Byzanz, der in seinen Schol. Act. 10 eine summarische Darstel- lung der Lehre des Or. von der προυπαρξις gibt, nach π. A. I, 5. und III, 8., jedoch ohne namentliche Anführung des Werkes. Mit dieser hat Maximus, der Märtyrer, in seinen schol. zu Dionys. Areop. de hierarch. coel. c. 6. einige kurze Sätze desselben Werkes I, 4. 5. 6. 7., z. B. κατα την αναλογιαν της παρατροπης εκαστον των ουρανιων ταγματων σωμασιν ενδεθηναι λεπτοτεραις — — ο θεος προειδως αυτων την της εφεσεως κινησιν και τας αυτων ταξεις αξιας αυτων παρηγαγεν — μετα δε το επι πασι τελος παλιν απορρευσις και καταπτωσις γενεται — —.

Noch hat aus dem Werle π. A. Einiges Johannes von Damask, in seinen sacra parallela: Ex Antip. Bostr. [22] adv. Origenem (Opp. Ed. Lequien II, p. 770.): υμων εστι φωνη· οτι ονομα ασωματου ουκ ισασιν ου μονον οι πολλοι αλλ'ουδε η γραφη (aus Vorr. §. 8.) και παλιν οτι εν τῳ κηρυγματι και το ειναι τινας αγγελους και δυναμεις κρειττονας λειτουργικας της σωτηριας των ανθρωπων παραδεδοται· ποτε δε εκτισθησαν και τινα τα περι αυτους, ουδαμως τις εσαφηνισεν (aus §. 10.) — Εν τῳ ουν εκκλησιαστικῳ κηρυγματι περιεχομενης της ακριβους ταυτης καταληψεως ορατε, οτι περ ουκ ηρξατο ο θεος δημιουργειν και τους νοας· πως τε ταξεως και γνωσεως μετεσχον, και πως μετεπεσον, και εις ποσας διαφορας διῃρεθησαν· μετα πασης αυθεντιας δογματιζοντες. Του δε κηρυγματος μη περιεχοντος ταυτα ουτως ακριβως, ειδεναι φαινεσθε· οτι περ της προτερας μακαριοτητος αποσταντες δια την του πρωτου ητταν την γενομενην εν αυτοις γεγονασιν απο νοων αγγελοι, αρχαγγελοι και τα εξης· αποσταντες δε (κατα την γενομενην νεαν γραφην) της του θεου ενωσεως, αρχειν τε και κυριευειν των επι πλειω σαλευθεντων λαχοντες, και εις διακονιαν αποστελλομενοι δια τους μελλοντας κληρονομειν σωτη- ριαν, αυτοι ταυτης σαλευθεντες και δεομενοι του επαναξοντος. Dieses Stück ist der Inhalt von II, 5. 2. (vergl. mit II, 9, 6. III, 2, 2. 11.), wo es jedoch mit andern Fragmenten aus Hieron. und Justinian zusammentrifft, mit denen es nicht verwoben werden kann. Da überhaupt Origenes in den 4 Büchern nie mehr ausdrücklich von dem öffentlichen κηρυγμα ausgeht, wohl aber an die Darstellung dieses in der Vorr. (§. 5.) schon Folgerungen anknüpft, so mag dieses Bruchstück zu §. 10. der Vorr.

selbst gehören. Vielleicht aber hat der Verf. der Streitschrift einen Commentar (von Didymus oder Evagrius) zu dem Werke π. Α. zugleich im Auge: ich erlaube mir deswegen keine Einschaltung. Antipater führt hierauf gegen Orig. an: Ps. 109, 20. und schließt seine Widerlegung: ει δε μη γε „και αυτος" διαρρηδην βοα, διαμαρτυρομαι ενωπιον του θεου και των εκλεκτων αγγελων.

Aus demselben Antip. gibt Johannes ferner: και εν φωνη του αρχαγγελου φησιν (Origenes) σημαινεσθαι την του κυριου παρουσιαν· περι μεν γαρ τοι των Χερουβιμ και Σεραφιμ *ουδεν δυναμεθα* λεγειν, δια το μαθειν τον συγγραφεα παρα του Εβραιου (weil Orig. von seinem Hebräer gelernt hat, *οστις και εστι ο παρ'αυτου σημαινομενος Εβραιος*), „οτι ο υιος και το πνευμα το αγιον *τουτοις* (π. Α. I, 3. 4.) σημειουνται (so ist zu lesen für σεμνυνεται)." In Bezug auf I, 7, 1. will der Verfasser einen Widerspruch bei Or. entdecken, wenn er sage: „αγγελους της ιδιας αξιας αποσταντες και καταπτωσιν υπομειναντας επι τοσαυτη δοξη μαρτυρεισθαι υπο του πνευματος του αγιου." Dann läßt er den Or. sagen: οτι της πρωτης μακαριοτητος αποσταντες εις διαφορα ταγματα σωματωθεντες απεμερισθησαν· αλλ'ο διαβολος, εφη, δεδεικται οτι τοιουτος μεν ουκ εκτισθη, εξ ιδιας δε πονηριας εις τουτο κατεπεσεν· δηλου ουν, οτι κακεινοι εξ ιδιας, ανδραγαθιας εις τουτο ηλθον.

Offenbar gehört diese Stelle zu I, 7, 2.

Johannes selbst wirft auch einen gehässigen Seitenblick, auf die Präexistenz, hom. in Sabb. S. VI, p. 818. την δε ψυχην τω θειω δημιουργησας και ζωοποιω εμφυσηματι (ο δη φημι το πνευμα το αγιον)· *ου προτερον υπαρξουσαν εμπεδησας τω σωματι·* απαγε της Ωριγενους φληναφιας το δυσηχες και ατοπον! und in seiner διηγησις της ορθοδοξου πιστεως spricht er mehrmals das Verdammungsurtheil über Orig. Ueberhaupt will Huet bemerkt haben, daß die Griechen viel wüthender gegen Origenes seyen, als die Lateiner; was er aus dem Widerstand der Letztern gegen das 5. allgem. Concil wegen der Verdammung der drei Kapitel erklärt, mit welcher Verdammung auch die des Origenes verbunden wurde. Ist diese Vermuthung richtig, so wäre die größere Nachsicht der Lateiner wirklich eine traditionelle Bestätigung der letztern Angabe, welche, wie oben gesagt, nicht völlig constatirt ist.

30.

Der Letzte, der uns von dem Daseyn und dem Inhalte des griechischen Textes περι Αρχων Kunde gibt, ist Photius (bibl. cod. 8.), welcher (cod. 117.) auch von einem Anonymus spricht, der eine Vertheidigung des Origenes in 6 Büchern geschrieben („φησι μηδεν αυτον [Or.] κατα δοξαν εσφαλθαι περι της τριαδος" — „er sey nur im Kampf gegen den Sabellianismus [??] zu weit gegangen") und Stellen aus dieser Schrift aushebt, die auf π. A. Bezug haben. — Photius sagt (c. 8.) ανεγνωσθη Ωριγενους το περι Αρχων λογοι δ'ων ο μεν πρωτος περι πατρος και υιου και αγιου πνευματος· εν ᾧ πλειστα βλασφημει, τον μεν υιον υπο του πατρος πεποιησθαι λεγων, το δε πνευμα υπο του υιου· και διηκειν μεν τον πατερα δια *παντων των οντων*, τον δε υιον μεχρι *ων λογικων μονον*, το δε πνευμα μεχρι *μονον των σεσωσμενων*. Λεγει δε και αλλα παραλογωτατα και δυσσεβειας πληρη· μετεμψυχωσεις τε γαρ ληρωδει και εμψυχους τους αστερας, και ετερα τουτοις παραπλησια. Εστι δε ο μεν πρωτος μυθολογουμενος λογος περι πατρος και, ως εκεινος φησι, περι χριστου, και περι πατρος και, ως εκεινος φησι, περι χριστου, και περι αγιου πνευματος, ετι και περι λογικον φυσεων. Ο δε δευτερος περι κοσμου και των εν αυτῷ κτισματων· και ετι, οτι εις νομου και προφητων και οτι ο αυτος παλαιας και καινης διαθηκης θεος· και περι της του σωτηρος ενανθρωπησεως· και οτι το αυτο πνευμα εν Μωσει και τοις αλλοις προφηταις και αγοις αποστολοις· ετι περι ψυχης, περι αναστασεως, περι κολασεως, περι επαγγελιων. Ο δε τριτος περι αυτεξουσιου, πως ο διαβολος και αι αντικειμεναι δυναμεις, κατα τας γραφας, στρατοσιον τῳ ανθρωπινῳ γενει· οτι γενητος ο κοσμος και φθαρτος, απο χρονου αρξαμενος· Ο δε τεταρτος περι τελους· οτι θειαι αι γραφαι· τελος, οπως δει αναγινωσκειν και νοειν τας γραφας.

Die Eintheilung nach den 4 Büchern stimmt bis auf das letzte mit der rufin. Uebersetzung überein, welche den Abschnitt vom Weltende (περι τελους) gewiß mit Recht noch zum dritten zählt. Einige Kapitel am Ende des ersten Buchs hat Photius unter φυσεις λογικαι zusammengefaßt. Im Uebrigen ist seine Kapitel-Eintheilung sehr genau und ohne Zweifel die ursprüngliche.

Seit Photius († 891) findet sich keine Spur mehr von dem Urtexte dieses Werkes. Daß derselbe in einigen Bibliotheken noch vorhanden sey, behauptet zwar Andreas Rivetus (crit. sacra II, 12.) und Gale, welcher sich (nach Cave hist. litt. I, pag. 120) auf Nikl. Fuller (misc. sacr. 4, 13.) beruft; dieser meint aber wahrscheinlich nur die Fragmente, und *Huet* versichert, daß er in Frankreich, Italien, Deutschland und Spanien vergeblich nachgeforscht habe.

31.

Es ist die Frage, ob nach diesem an eine Widerherstellung des Werkes zu denken sey. Wir müssen, ehe wir bejahen, zwei Vorurtheile aus dem Wege räumen. Das eine ist: die Urschrift des Origenes sey schon frühe von Ketzern verfälscht worden. Man beruft sich dafür auf den Brief, den er nach Alexandria schrieb; allein dort spricht er ausdrücklich nur von *Disputationen,* die er mit Ketzern gehalten, und die entweder ganz falsch niedergeschrieben oder in Abschriften verfälscht worden seyen. Von seinen eigenen Werken ist dort überall gar nicht die Rede; und die Tradition von einer Verfälschung derselben durch Ketzer, beruht auf einem bloßen Mißverständniß jenes Briefes. Wo eine Verfälschung wirklich statt fand, geschah sie, wie aus unserer Erzählung erhellt, der Orthodoxie zu Lieb: und auch dieß läßt sich erst von der rufinischen Uebersetzung mit Gewißheit sagen. Denn Drehung und Ausdeutung der origenischen Sätze in Commentaren oder dem unsrigen ähnlichen Werken der sogenannten Origenisten hatte doch keine nachweisliche Folge für die Ueberlieferung des wesentlichen Inhaltes des Werkes π. A.; was aber durch Rufin verfälscht wurde, das verräth uns theils die bekannte Richtung seines Zeitalters und seine eigene insbesondere, theils sein offenes Geständniß in den beiden Vorreden zum ersten und zum dritten Buch des Werkes, und endlich am sichersten die Opposition des *Hieronymus*. Außerdem ist das, was von Marcellus Ancyranus an bis auf Photius herab als anstößig und ketzerisch aus dem Urtexte ausgehoben wird, nach Inhalt und Ausdruck so übereinstimmend, daß wir mit Grund voraussetzen dürfen, überall, wo wir auf griechische Fragmente des Werkes stoßen, dem ursprünglichen Texte ganz nahe zu seyn.

Neben diesen Hilfsmitteln zur Wiederherstellung aber steht uns noch ein anderes zu Gebot: und hier haben wir ein zweites Vorurtheil gegen uns. Origenes soll in seinen späteren Schriften ganz anders sich ausgesprochen haben, als in diesem jugendlichen Werke. Diese Meinung hegen sehr angesehene Dogmenhistoriker, und unterstützen sie durch Berufung auf asketische Schriften, wie die exhortatio ad martyrum und einige Homilien. Es ist klar, daß hier nur von Veränderung asketischer Ansichten die Rede seyn kann, und es mag Niemand wundern, wenn der erfahrne, vielgeplagte Mann den Jüngling tadelte, der die Gefahr und Verfolgung aufsuchen zu müssen geglaubt hatte. Im Gegentheil aber bleibt er seinen dogmatischen Ansichten auch in asketischen Schriften so sehr getreu, daß er in der περι ευχης, die er bald nach seiner Vertreibung aus Alexandria geschrieben haben muß, ganz dieselben Lehren wiederholt, in denen wir die ursprünglichen des Werkes π. Αρχων erkennen (vgl. unten Seite 151.) Uebrigens vergleiche man einen seiner frühesten Commentare, den zum Johannes, mit seinem vielleicht letzten Werke, gegen den Celsus; man wird nicht Eine dogmatische Lehre finden, die nicht in beiden gleich vorgetragen würde. Demnach haben wir, wo sichere Fragmente uns nicht zu Gebot stehen, ein Mittel der Kritik in der Vergleichung mit den andern dogmatischen Schriften des Origenes. Und so wird es keine Frage mehr seyn, ob Wiederherstellung des *wesentlichen Inhalts* dieses Werkes möglich sey.

32.

Zu Grunde liegen muß nun — die größeren Stücke III, 1. und IV, 1. 2. aus der Philokalie ausgenommmen — die rufinische Uebersetzung, durch welche allein den Fragmenten, ihr Ort angewiesen wird. Ist dieser ausgemittelt, so verräth oft ein kleiner Zug der Uebersetzung den Uebergang im Original. Bei sehr vielen Bruchstücken ist die Uebersetzung wörtlich getreu, was schon oben bemerkt wurde; für den größern Theil des Uebrigen bestätigt es H. in der Apol. advers. Ruf. 1. (ed. Erasmi Ep. tom. II, p. 200.) misitis exemplaria ejusdem translationis, cum praefatione, laudatrice mea. Quae cum legissem contulissemque cum Graeco, illico animadverti, quae Origenes de *patre et filio et sp. S.* impie dixerat, quae romanae aures ferre non potebant, ia meliorem partem ab interprete commutata; *caetera* autem *dogmata* de angelorum ruina, de animarum lapsu, de resurrectionis praestigiis, de mundo vel mundis Epicuri, de restitutione omnium in aequalem statum et multo his deteriora, quae longum est retexere, *ita vertisse, ut tu graeco* invenerat, vel de commentariolis Didymi, qui Origenis apertissimus promulgator est, exaggerata et *firmiora posuisse*. Alius forsitan dicet: Si veritatis fidem in translatione conservas, cur alia mutas, alia *dimittis intacta?* Wo dieß nicht der Fall ist, gilt *Hier.* wenigstens als erste Instanz; die letzte muß der Zusammenhang und Origenes selbst seyn. Auf Vergleichung mit andern orig. Schriften wird in den Noten hie und da durch Citation der entsprechenden Stelle hingewiesen. Wo endlich der Inhalt origenisch, gilt für die Aechtheit der Fassung vorzüglich die Regel, die mehreren Handschriften im Collegium S. Petri zu Cambridge beigeschrieben ist „Cognoscitur Origenis sermo per auctoritatum abundantiam"; und diese um so mehr da, als die Schriftstellen auch bei Rufin nach abweichenden Lesarten des N. Testaments oder getreu nach den LXX. gegeben sind; was nicht selten vorkommt.

Ich habe mich bestrebt, der ganzen Uebersetzung das Gepräge einer Uebersetzung aus dem Original zu verleihen, und dazu manche Stellen vorher in's Griechische zurückübersetzt. Es werden in den Anmerkungen solche namhaft gemacht, welche ohne Rückübersetzung gar nicht verständlich sind. Zu diesem Zwecke hat der Uebersetzer einen Maasstab an den Uebersetzungen Rufins von andern Werken des Origenes, welche zugleich griechisch vorhanden sind.

33.

Weniges ist noch über die Ausgaben zu bemerken: denn von Codicibus zu urtheilen, ohne auch nur einen davon gesehen zu haben (vid. Lommatzsch. proleg. zu Orig. Commentar. in Johannem), dieß halte ich für ein müssiges Ding. Rufins Uebersetzung erschien nie anders als in den Ausgaben der sämmtlichen Werke. Die erste lateinische Folioausgabe ist die von Merlin, sie führt auf dem Titel die Verlagsfirma „in aedibus Joannis Parvi (Jean — petit) et Je- deci Badii Ascensii" unter der Vorrede von Merlin die Jahrszahl: 1512. Von ihm sagt de la Rue: „parum curasse videtur Rufini abprecationem in fine prologi", *daß nehmlich Keiner, dem sein ewiges Heil lieb sey, etwas von oder zu seiner Uebersetzung thun solle.* Merlin's Verbesserungen sind abgeschmackt, lächerlich, und ganz kritiklos. Vor dem zweiten Bande (III. und IV. tom.) steht eine Apologie, worin Merlin beweist: Origenis bonum virum fuisse neque asseruisse errorea cum proposito fallendi ecclesiam. Schön gedruckt und auf schönem Papier, aber sehr nachläßig ist die Ausgabe von Erasmus, 2 Voll. fol. Basil. Froben. 1545. Diese ist seltener; in vielen Bibliotheken hab' ich einen spätern Abdruck aus der gleichen Officin, jedoch ohne Namen eines Herausgebers und ohne die nette Abhandlung „de vita doctrina, libris, ratione decendi et phrasi Origenis" von Erasmus gefunden. Etwas besser als diese drei ist die lateinische Folioausgabe von Gènebrard, Paris 1574. Er hat wenigstens in dem Werke π. A. die in der Philokalie vorhandenen Stücke neu überseht. Die Philokalie wurde zuerst herausgegeben von Tarin, Paris 1624. (diese Jahrszahl führt mein Exemplar; man findet sonst 1619. angeführt, allein ich sehe nichts von einer altera editio) mit einer, wie meine Anmerkungen beweisen, öfters fehlerhaften latein. Uebersetzung; jedoch enthalten die „notae" gute kritische Winke.

Die beste Ausgabe ist die von dem gelehrten Benediktiner Charles de la Rue (Kürze halber oft bloß *Rue* citirt) in der Ausgabe sämmtlicher Werke, griechisch und lateinisch, nebst der Philokalie, der Apologia Pamphili, dem Panegyricus von Gregor, und des Bischofs Huetius Origeniana: IV. voll. Fol. Paris 1656— 59. Der vierte Band wurde nach dem Tode des Herausgebers von seinem Bruder Vincenz vollendet. Hier sind der rufinischen Uebersetzung im I. Vol. *beinahe* alle griechischen Fragmente des Werkes π. Αρχων, einige Parallelstellen, so wie eine reiche varietas lectionum beigegeben; und dieser Ausgabe verdanke ich sehr viel.

Die *Würzburger* Octavausgabe des Origenes ist ein Nachdruck der Pariser *ohne* die Noten; die Ausgabe von *Lommatzsch* (Berlin 1831. kl. 8.), wovon jetzt 3 Theile erschienen sind (zunächst nur die exegetischen Schriften), ein solcher *mit* den Noten, und correcter. Andere Bearbeitungen des Werkes π. A. gibt es nur in größeren Sammlungen, und hievon verdient eine besondere Erwähnung: *Rößlers* Bibliothek der Kirchenväter, 2. Band, (Leipz. 1776.), in welchem ein deutscher Auszug der *rufinischen* Uebersetzung mit dogmatischen, und nach dem Geschmack seiner Zeit theilweise gegen Origenes polemischen Bemerkungen enthalten ist. Die übrigen patristischen Sammlungen, wie *Schramm's,* Analysis patrum, *Weissenbach's* medulla theol. patrist., und *Lumper's* hist. theol. crit. sanct. Patrum, enthalten bloß kurze sogenannte Analysen (vielmehr *Auszüge*) durchgängig nach der rufinischen Uebersetzung, ohne allen Werth.

FUßNOTEN

1. Ens. VI, 2. Ταις θειαις γραφαις ενησκημενος — προαχθεις υπο του πατρος εν τοις Ελληνων μαθημασι (Mathematik, Grammatik, Logik und Rhetorik). Vielleicht aus diesem Grunde hält Leander den Leonidas für einen Rhetor. Unrichtig heißt er bei Suidas „επισκοπος" woher wohl die Glosse zweier codd. vatic. von Hieron. catalog. 54. „episcopo."
2. VI, 6. Εις εκεινο του καιρου (da Or. selbst schon Lehrer war, c. 3—5.) και τον Ωριγενην των φοιτητων γενεσθαι αυτου. Die Lesart παιδα οντα des Cod. Medic. hält sich gegen die übrigen Auctoritäten nicht, und erklärt sich leicht als Glosse, die Jemand nöthig fand, weil vorher schon von der eigenen Wirksamkeit des Origenes die Rede ist. Von den Knabenjahren des Or. sagt Eus. (3.) ausdrücklich: ο πατηρ — εξ απαντος αυτον ενηγε τοις ιεροις ενασκεισθαι παιδευμασι. Der Brief Alexanders aber (VI, 14.), der des Clemens als Lehrers erwähnt, hat keine Beziehung auf die Knabenjahre des Origenes.
3. Pantänus wird zwar Eus. V. 10. ein „ehmaliger Stoiker" (απο φιλοσ. — των στωικων ορμωμενος) genannt: hingegen heißt er bei Phil. Sid. „Pythagoräer." Sonst z. B. Anast. Sin. Contempl. in Hex. I. u. VII. kommt er immer mit Clemens zusammen vor: Pantaenus et Cl. eorumque asseclae; auch ist die einzige dogmat. Aeußerung, die wir von Pantänus haben, „ως ιδια θεληματα γιγνωσκειν θεον τα οντα" (Guerike de schola alex. II, p. 106.) durchaus nicht stoischen Ursprungs. Vergl. auch Or. bei Euseb. VI, 19.
4. In einer Stelle (I, 1.), die auch Eus. V, 11. anführt „ειδωλον ατεχνως και σκιαγραφια των εναργων και εμψυχων εκεινων, ων κατηξιωθην επακουσαι λογων τε και ανδρων μακαριων", unter denen er den Pantänus vorzüglich heraushebt: „υστατω δε περιτυχων — δυναμει δε αρα πρωτος ην — αναπαυσαμην εν Αιγυπτω etc. Ebenfalls enthielten auch die υποτυπωσεις des Clemens nach dem Zeugnisse des Eus. 17, 13. „του Πανταινου εκδοχας και παραδοσεις", hauptsächlich Schrifterklärungen (14. πασης της ενδιαθηκου γραφης διηγησεις).
5. Alexander, nachmals Bischof von Jerusalem, schreibt an ihn (17, 14): Πατερας γαρ ισμεν τους μακαριους εκεινους τους προοδευσαντες — Πανταινον τον μακαριον ως αληθως και κυριον

και ιερον Κλημεντα — και ει τις ετερους τοιουτος δι'ων σε εγνωρισα κτλ. — Μακαριους ανδρας und κυριους nannten auch die damaligen Philosophen ihre verstorbenen Lehrer. Damascius bei Phot. cod. 242. P. 1070.

6. D. Baur, die christliche Gnosis, S. 239: „Form und Idee bilden ein so unzertrennliches Ganzes, daß das Bewußtseyn ihres Unterschiedes wenigstens nie hindurchgedrungen ist, — — und das ganze System scheint seine eigenthümliche und selbstständige Bedeutung zu verlieren, sobald man seine Ideen der Form entkleidet."
7. Ebend. S. 459. Wiewohl hier auch für die Gnosis (?) ein Gleiches behauptet wird.
8. Vergl., das ebengenannte Werk S. 520—34.
9. π. A. IV, 2, 11. S. 273.
10. π. A. IV, 2, §. 2. besonders §. 8.
11. π. A. IV, 2, §. 2. besonders §. 8.
12. Dr. Baur a. a. O. Seite 21. folgg.
13. Προς διδαχην π. A. III, 1, 1. Seite 250. Note o) Chemnitz de lectione patrum (Rechenb. Summ. hist. p. 753.): Clementi successit in schola κατηχησεως; *unde* etiam conscripsit *summam doctrinae christianae,* cui titulum fecit περι Αρχων. Etwas Anderes waren die κατηχητικα βιβλια, Anfangsgründe (Katechismen) im Christenthum, dergleichen Euseb. dem Theophil. Antioch. beilegt. Hieron. nennt sie breves elegantesque tractatus.
14. Andere lesen μεμνημενος, was man vertheidigen konnte, weil μυεισθαι sonst den Acc. des Gegenstandes hat; allein der Zusammenhang erfordert dieses: »initiatus.«
15. Diese, wie mir scheint, nicht genug beachtete Erklärung setzt entschieden eine polemische Tendenz des Johannes gegen die Gnostiker voraus, die den δημιουργος, hier αρχη, nicht für den höchsten Gott hielten, und könnte zu einem wichtigen Resultat über den johanneischen Prolog führen.
16. Aehnlich Niebuhr röm. Gesch. III. S. 2.
17. Zwar Photius (bibl. cod. 118.) macht diese Angabe zweifelhaft; siehe jedoch Neander KG. S. 809. Anm. Uebrigens soll sein Grabmal noch zu den Zeiten der Kreuzzüge neben dem Hochaltar in der Cathedrale zu Tyrus gezeigt worden seyn, Guil. Tyr. Hist. sacr. XIII. pag. 3.

18. Sein Nachfolger Rhodon verlegte die Schule nach Side, wo sie ausstarb (μετηγαγε την διατριβην εν τη πολει Σιδή κατα τους χρονους του μεγαλου Θεοδοσιου, Phil. Sidet. fragm.)
19. Ueber den Origenianismus Gregor's siehe die kürzlich erschienene Schrift von Dr. Rupp „Gregor's Leben und Meinungen" im Anhang.
20. Die Geschichte desselben erzählt Stollberg in einem Anhang zum 8. u. 9. Bd. der K. Gsch. Ausführlich.
21. Dabei gieng es so zu, daß z. B. jener Teophilus einem gewissen Ammonius, der für einen Origenisten um Gnade bat, eine Kette umwarf, die Augen zerschlug und zuschrie: Αιρετικε, αναθεματιζε Ωριγενην!
22. Das Zeitalter des Antipater ist unbekannt. Cave setzt ihn 640 ohne Angabe eines Grundes. Der Damascener nennt ihn Bischof von Bostra, und seine Schrift την κατα των βλασφημιων του δυσωνυμου Ωριγενους πραγματειαν.

VORREDE.

1.

Wer glaubt und überzeugt ist, daß Gnade und Wahrheit durch Jesum Christum geworden, und daß Christus nach seinem eigenem Ausspruch (Joh. 14, 6.) die Wahrheit ist, [1] der sucht die Anweisung zu einem seligen Leben gewiß nirgend anders als in den Worten und in der Lehre Christi. Unter Christi Worten verstehen wir aber nicht bloß die, welche er in seiner menschlichen Erscheinung gesprochen: denn auch vorher war Christus als göttliches Wort in *Moses* und den Propheten. Ohne dieß göttliche Wort, wie konnten sie weissagen von Christo? Zum Beweis dafür wäre leicht aus den heiligen Schriften zu zeigen, daß *Moses* und die Propheten von Christi Geist erfüllt sprachen und thaten, wie sie gethan; allein wir bemühen uns, das vorliegende Werk in möglichster Kürze abzufassen. Daher mag es an dem einzigen Zeugniß von *Paulus* im Brief an die *Hebräer* (11, 24—26.) genügen: „durch den Glauben wollte *Moses,* da er groß ward, nicht mehr ein Sohn der Tochter *Pharao's* heißen, und erwählte lieber, mit dem Volk Gottes Ungemach zu leiden, als die zeitliche Ergötzung der Sünde zu haben, weil er die Schmach Christi für größeren Reichthum hielt als die Schätze Aegyptens." Daß er aber auch nach seiner Erhöhung in seinen Aposteln geredet hat, davon zeugt ebenfalls *Paulus* (2 Kor. 13, 3.): „oder [2] verlangt ihr Zeugniß von dem, der in mir redet, von Christus"?

2.

Weil jedoch viele Christusbekenner nicht bloß in unwichtigen Dingen, sondern in sehr wesentlichen Punkten nicht übereinstimmen, über Gott, über den Herrn Jesum Christum, oder über den heiligen Geist, jedoch nicht über diese allein, sondern auch über gewisse erschaffene Geister, [3] theils Himmels-Fürsten, theils heilige Mächte, wie über Gewalten und göttliche Kräfte, so schien es mir nothwendig, vorerst für diese im Einzelnen sichere Grenzen und Grundsätze zu bestimmen; sodann auch über Anderes Untersuchungen anzustellen. Ich bin bei den mancherlei Vorspiegelungen von Wahrheit unter Griechen und Ausländern ganz davon abgestanden, sie bei Solchen zu suchen, die sie durch falsche Voraussetzungen begründen wollen: weil ich erkannt habe, daß Christus der Sohn Gottes und von ihm allein die Wahrheit zu erkennen und so ist auch da, wo so Viele meinen, das Aechtchristliche zu haben, und doch großentheils von den Früheren gänzlich abweichen, daneben auch die ursprüngliche Lehre, wie sie von den Aposteln überliefert wurde und noch in den Kirchen gilt, bewahrt worden ist, nur das als Wahrheit anzuerkennen, was in keinem Punkte dieser Urlehre widerspricht. [4]

3.

Nur ist dabei zu bemerken, daß die Apostel, wenn sie im Glauben an Christus predigten, über manche Lehrgegenstände auch denen, die an Erforschung göttlicher Wissenschaft weniger Antheil zu nehmen schienen, alle nöthigen Aufschlüsse ertheilten, wobei sie jedoch die Untersuchung der Gründe ihrer Behauptungen denen überließen, die mit besondern Geistesgaben, namentlich der Unterredung, der Weisheit und der Wis- senschaft ausgerüstet wären; von Andern dagegen nur sagten, daß sie seyen, nicht aber, wie und aus welchen Gründen? offenbar, um den Nachdenkendern unter ihren Schülern, die zugleich Liebhaber der Weisheit waren, Stoff zur Uebung zu geben, woran sie ihre Geisteskräfte zeigen könnten, sofern sie sich für die Mittheilung der Weisheit fähig und tüchtig machten.

4.

Beispiele der erstern Gattung, die nach der apostolischen Lehre als entschieden vorgetragen werden, sind folgende: „Daß Ein Gott sey, der Alles erschaffen und geordnet, und aus dem Nichtseyn [5] Alles in das Daseyn gerufen hat: Gott, der von der ersten Erschaffung und Ordnung der Welt der Gott aller Gerechten war, *Adams, Abels, Seths, Enos, Enochs, Noah's, Sem's, Abrahams, Isaaks, Jakobs,* der zwölf Erzväter, des *Moses* und der Propheten; und daß dieser Gott in den letzten Tagen, wie er durch seine Propheten vorher verheißen hatte, unsern Herrn, Jesum Christum gesandt habe, zunächst um Israel, dann aber nach der Untreue des israelitischen Volkes auch die Heiden zu berufen. Dieser gerechte Gott und gute Vater unsers Herrn Jesu Christi hat selbst das Gesetz, die Propheten und die Evangelien gegeben, insofern er Gott der Apostel, und des Alten und Neuen Bundes Gott ist." „Daß eben dieser Jesus Christus, der gekommen ist, vor aller Erschaffung aus dem Vater geboren sey. Nachdem er dem Vater bei der Weltschöpfung gedient (denn durch ihn ist Alles geschaffen, Joh. 1, 3., [6] hat er in den letzten Tagen sich selbst erniedrigt und ist Mensch geworden im Fleische, obgleich er Gott war, und auch der Menschgewordene blieb, was er als Gott war. [7] Er nahm einen Leib an, dem unserm ähnlich, bloß darin verschieden, daß er von einer Jungfrau und aus dem heiligen Geiste geboren war." „Daß dieser Jesus in Wahrheit geboren worden und gelitten habe, und nicht bloß zum Scheine, sondern in der That eines wirklichen Todes gestorben sey. Denn er ist wahrhaftig von den Todten auferstanden und nach der Auferstehung mit seinen Jüngern umgegangen, und dann erst erhöhet worden." Zudem hat man dem Vater und Sohn auch noch den heiligen Geist an Ehre und Würde gleichgestellt. Nur ist dar- über nicht ganz entschieden, ob er geschaffen oder unerschaffen, [8] oder ob er gleichfalls für Gottes Sohn zu halten sey oder nicht. Dieß muß erst, so viel möglich, nach der Schrift untersucht und gründlich erforscht werden. So viel jedoch wird in den Kirchen bestimmt gelehrt, daß derselbe Geist jeden der heiligen Männer, Propheten und Apostel, erleuchtet habe, und daß nicht ein anderer Geist in den Alten, ein anderer in denen gewesen, die während der Erscheinung Christi erleuchtet wurden.

5.

Ferner wird gelehrt: „daß die Seele, nachdem sie aus der Welt geschieden, ihr eigenthümliches Wesen und Leben beibehalten und ihrem Verdienste gemäß werde belohnt werden; und zwar soll sie ewiges Leben und Seligkeit erlangen, wenn ihre Handlungen dieses gestatten: oder dem ewigen Feuer und den Strafen anheimfallen, wenn ihrer Sünden Schuld sie dazu verdammt. Daß aber auch eine Zeit der Todtenerweckung erscheinen werde, da eben dieser Körper, der in Verwesung gesäet, unverweslich auferstehen wird" (1. Kor. 15, 42.). Auch das ist nach der Kirchenlehre gewiß, „daß jede vernünftige Seele freie Willensbestimmung habe, und in einem Kampfe mit dem Teufel und seinen Dienern und andern feindlichen Mächten begriffen sey, weil diese sie in Sünden verwickeln wollen, wir dagegen uns von dieser Last zu befreien streben." Eine deutliche Folge hievon ist, daß wir nicht einer Nothwendigkeit unterworfen sind, die uns immerhin wider unsern Willen zwänge, Gutes oder Böses zu thun. Denn wenn wir im Besitze eines freien Willens sind, so können zwar einzelne Mächte uns zur Sünde reizen, andere dagegen zu unserem Heile unterstützen; keineswegs aber sind wir durch ein Verhängniß gezwungen, recht oder unrecht zu handeln, wie diejenigen meinen, die dem Lauf der Gestirne entscheidenden Einfluß auf menschliche Handlungen, sowohl freie als unfreie zuschreiben. Ueber den Ursprung der Seele hingegen, ob sie nämlich mit dem Samen, so daß die Keime ihres Wesens in dem leiblichen Samen eingeschlossen lägen, [2] oder auf anderem Wege entstehe: ob dieser Entstehungsgrund ein geschaffener (endlicher) oder unerschaffener (unendlicher) sey, und ob sie von außen dem Körper einverleibt werde, darüber hat die Kirchenlehre nichts Entschiedenes aufgestellt.

6.

Von dem Teufel und seinen Dienern und von den feindlichen Mächten behauptet die Kirchenlehre nur das Daseyn: über Wesen und Ursprung derselben hat sie sich nicht ausgesprochen. Unter dem Volke [10] herrscht die Meinung der Teufel sey ein Engel gewesen und habe nach seinem Falle auch viele andere Engel zum Abfalle beredet, [11] die nunmehr seine Engel genannt werden.

7.

Ferner lehrt die Kirche, daß diese Welt geschaffen sey und einen bestimmten Anfang in der Zeit habe, auch im Verlauf ihrer Verwesung werde wieder aufgelöst werden. Was aber vor der Welt gewesen, oder nach der Welt seyn werde, darüber ist das Volk nicht genau unterrichtet, denn in der kirchlichen Lehre kommt keine klare Bestimmung darüber vor.

8.

Nach diesem (lehrt sie), daß die heilige Schrift von dem göttlichen Geiste geschrieben sey, und neben dem in die Augen fallenden Sinn noch einen tiefern, der Menge verborgenen Sinn habe. Denn das Geschriebene sind Zeichen gewisser Geheimnisse und Bilder göttlicher Dinge. Darin ist die ganze Kirche einverstanden, daß das ganze Gesetz geistig zu verstehen sey; allein, auf was das Gesetz hinweise sey nicht Allen bekannt, sondern nur solchen, denen in Bezug auf Weisheit und Erkenntniß eine besondere Gnade des Geistes zu Theil würde.

9.

Die Benennung ασωματος (unkörperlich) ist nicht allein im gemeinen Sprachgebrauch, [12] sondern auch in der heiligen Schrift unbekannt. Wollte man uns aus dem Buche „die Lehre Petri" die Stelle anführen, wo der Herr sagt: ich bin nicht ein körperloses Gespenst; [13] so würde ich antworten, daß jenes Buch nicht unter die kirchlich geltenden Schriften [14] gehört; und es wäre zu zeigen, daß es weder von *Petrus,* noch von einem andern göttlich erleuchteten Manne herrührt. Dieß auch zugegeben, so ist der Sinn von ασωματος in jener Stelle nicht derselbe, wie bei griechischen und ausländischen Schriftstellern, wenn die Weltweisen von unkörperlicher Natur sprechen. Denn hier heißt „körperloses

Gespenst" in dem Sinn, daß die Gestalt oder der Umriß eines gespenstischen Wesens nicht unserm festern und sichtbaren Körper ähnlich ist; und nach dem Sinne des Verfassers würde die Stelle so viel sagen: er habe nicht einen Körper, wie die Gespenster, von Natur fein und dünn wie die Luft, der deswegen von dem Volke für unkörperlich gehalten und so genannt werde, sondern es habe einen festen und handgreiflichen Leib. Im gemeinen Leben nennt der Unerfahrene freilich Alles, was nicht von der Art ist, körperlos; wie man die uns umgebende Luft unkörperlich nennen will, weil sie kein solcher Körper ist, der angetastet und festgehalten werden kann und dem Drucke widersteht. Untersuchen wir nun, ob vielleicht unter einem andern Namen dasselbe, was die griechischen Philosophen *unkörperlich* nennen, in der Schrift vorkommt. Selbst von Gott fragt sich, ob er körperlich [15] und auf gewisse Art gestaltet zu denken sey: oder ob er ganz anderer Natur als die Körper sey; was in der öffentlichen Lehrform nicht bestimmt bezeichnet wird. Das Nemliche ist auch in Absicht auf Christus und den heiligen Geist, wie überhaupt von jedem vernunftbegabten Wesen zu untersuchen.

10.

Auch das enthält die kirchliche Lehre, daß es gewisse Engel Gottes und gute Mächte gebe, die ihm zu Vollbringung der Erlösung der Menschen dienen. Wann sie jedoch geschaffen, welcher Art und welchen Ortes sie seyen, [16] wird nirgends bestimmt gesagt. Ebenso wird über das Belebtseyn oder die Leblosigkeit der Gestirne [17] öffentlich nichts gelehrt. Dergleichen Hauptsätze (εοιχεια) nun müssen zu Grunde gelegt werden, nach der Anweisung: „zündet euch das Licht der Erkenntniß an" (*Hosea* 10, 12.), wenn man nach Anlage derselben ein zusammenhängendes Ganzes (εν σωμα) construiren will: in dem Maße, daß das Wahre in jedem Einzelnen durch klare und bündige Schlüsse gesucht, und theils mit Belegen aus der Schrift, theils durch strenge Folgerungen, wie gesagt, als ein Ganzes dargestellt wird.

ERSTES BUCH.

ERSTER ABSCHNITT. VON GOTT.

1.

Ich, weiß, daß Manche selbst mit Berufung auf die heilige Schrift behaupten wollen, Gott sey ein körperliches Wesen, weil sie bei *Mos.* (4, 24.) lesen, er sey ein verzehrend Feuer, und bei *Johannes* „Gott ist ein Geist". [18] Feuer und Geist können sie nur für etwas Körperliches halten. Ich möchte sie fragen, was sie von der Stelle (1 Joh. 1, 5.) sagen: „Gott ist ein Licht"? Er ist ein Licht, das die Erkenntnißkraft derer erleuchtet, die die Wahrheit fassen (Ps. 35, 10.); denn „die Leuchte Gottes" ist nichts anders als die göttliche Kraft, vermöge welcher der Erleuchtete in Allem die Wahrheit erschaut, und Gott selbst als Wahrheit erkennt. In eben diesem Sinne heißt es auch: in Deinem Lichte sehen wir das Licht: d. h. in dem Worte, der Weisheit, die Dein Sohn ist, in diesem sehen wir Dich, den Vater. Muß er nun wohl, weil er das Licht heißt, dem Sonnenlicht ähnlich gedacht werden? Wie soll das auch nur einigermaßen einen erträglichen Sinn geben, daß man aus dem körperlichen Lichte die Gründe des Wissens und der Wahrheit schöpfe?

2.

Stimmen sie aber hierin unserer Erklärung bei, wie sie die Einsicht in die Natur des Lichts an die Hand gibt, und gestehen sie, daß Gott nicht als Körper gedacht werden könne wie das Licht; so muß dasselbe, auch bei dem verzehrenden Feuer zugegeben werden. Was soll denn Gott verzehren, sofern er Feuer ist? Etwa körperliche Stoffe, Holz, Heu, Stoppeln? Was findet man darin der Ehre Gottes würdig, daß er ein Feuer ist, das solche Dinge verzehrt? Wohl verzehrt Er — arge Gedanken, sündliche Lüste, schlechte Handlungen in den Seelen der Gläubigen, indem er denen, die seines Worts, und seiner Weisheit fähig werden, in Gemeinschaft seines Sohnes einwohnt (Joh. 14, 23.), alle ihre Mängel und Leidenschaften verzehrt und sie zu einem reinen und Seiner würdigen Tempel bildet. Denen die wegen des Ausspruchs Joh. 4, 24. Gott für ein körperliches Wesen halten, glaube ich Folgendes entgegnen zu müssen: es ist in der Schrift gewöhnlich, das der festern und gröbern Maße

Entgegengesetzte mit dem Namen Geist zu bezeichnen, wie 2 Kor. 3, 6., wo offenbar unter Buchstabe das Sinnliche, unter Geist das Uebersinnliche zu verstehen ist, was wir ja auch das Geistige nennen. So sagt der Apostel (ebd. V. 15. 16. 17.): „Aber auf den heutigen Tag, wenn Moses gelesen wird, hängt die Decke vor ihrem vor ihrem Herzen. Wenn es aber sich bekehrete zu dem Herrn, so würde die Decke abgethan. Denn der Herr ist der Geist; wo aber der Geist des Herrn ist, da ist Freiheit." So lange man sich nicht zu dem geistigen Verständniß wendet, liegt eine Decke auf dem Herzen, durch welche, nehmlich das gemeine Verständniß, die Schrift selbst verschleiert zu sein scheint. Dieß ist der Sinn des Ausdrucks (Exod. 34, 35.): „es lag eine Decke auf dem Angesichte Mosis, wenn er zum Volke sprach", d. h. wenn das Gesetz öffentlich verlesen wurde. So bald wir uns aber an den Herrn wenden, wenn das göttliche Wort und der göttliche Geist uns das geistige Verständniß eröffnet, dann fällt die Decke und wir schauen mit unverhülltem Angesicht die Klarheit des Herrn in der Schrift.

3.

Auch der heilige Geist, wenn gleich Viele seiner theilhaftig sind, kann nicht als körperliches Wesen gedacht werden, als ob er körperlich theilbar wäre und getheilt auf jeden einzelnen übergienge. Nein, er ist eine heiligende Kraft, an welcher Alle Theil haben, die sich durch ihn heiligen lassen. Um leichter verstanden zu werden, will ich, zwar von ganz unähnlichen Dingen, ein Beispiel anführen. Viele haben Theil an der Heilkunde: ist das aber so zu verstehen, daß diese alle von einem Körper, der Heilkunde genannt wird, Theile an sich gerissen und dadurch sich derselben theilhaftig gemacht haben? Oder ist es nicht eher so zu nehmen, daß der sich der Heilkunde theilhaftig macht, welcher mit Eifer diese Wissenschaft erlernt? Freilich findet zwischen dem heiligen Geiste und der Arzneikunde keine eigentliche Aehnlichkeit Statt: doch beweist die Vergleichung so viel, daß etwas, woran Viele Antheil haben, nicht gerade ein Körper seyn müsse. Der Geist nehmlich unterscheidet sich in so weit von der Heilkunde, als er eine geistige Selbstständigkeit besitzt, die der Heilkunde nicht zukommt. [19]

4.

Gehen wir nun auf den Ausdruck der Evangelisten selbst über und zeigen, wie genau er aus dem Bisherigen erklärt werden muß. Es fragt sich, wann und zu wem und auf welche Frage der Herr jenes „Gott ist ein Geist" gesagt habe? Wir finden ganz deutlich, daß er es im Gespräch mit der Samariterin gesagt hat, die der Meinung war, auf dem Berge Garizim, nach dem Glauben der Samaritaner, müsse man Gott anbeten. Die Frau hatte ihn, den sie für einen Juden ansah, gefragt, ob man in Jerusalem oder hier auf dem Berge anbeten müsse (Joh. 4, 20.). Auf diese Meinung der Samaritanerin, die nach dem äußern Vorzug des sichtbaren Ortes urtheilte, ob Gott von den Juden in Jerusalem oder von den auf dem Berge Garizim richtiger verehrt werde, antwortet der, Herr, der wahre Verehrer Gottes müsse von dem Vorzug des körperlichen Ortes ganz absehen, und Gott im Geist und in der Wahrheit anbeten (V. 23. 24.). Zu bemerken ist, wie folgerichtig er Geist und Wahrheit verbindet: wie er nehmlich dem Körperlichen den Geist gegenüberstellt, ebenso stellt er die Wahrheit dem Schatten oder Bilde gegenüber. Die zu Jerusalem im Dienste des Schattens oder Bildes anbeteten, verehrten Gott nicht im Geist und in der Wahrheit; und eben so wenig die auf dem Berge Garizim.

5.

Wenn wir nun jede Erklärung, die dem Begriff Gottes etwas Körperliches unterlegt, nach Kräften widerlegt haben, so müssen wir auf der andern Seite bekennen, daß Gott in Wahrheit unbegreiflich und unermeßlich ist. Denn wenn wir auch eine Ahnung, eine Vorstellung [20] von Gott haben, können müssen wir doch annehmen, daß er weit über diese Vorstellung erhaben sey. Sähen wir z. B. Jemand, der kaum einen Funken Licht, oder höchstens das Licht einer schwachen Laterne ertragen könnte, dessen Sehkraft aber mehr Licht nicht fassen würde, so wäre es vergeblich, ihm die Klarheit und den Glanz der Sonne anschaulich machen zu wollen. Müßten wir ihm nicht sagen: unendlich und unaussprechlich vorzüglicher und herrlicher als all das Licht, das du siehst, ist der Glanz der Sonne?" So hat unsere Vernunft, so lange sie in den Kerker ihres Leibes verschlossen, und nach Verhältniß, ihrer Theilnahme an dem Irdischen stumpfer und schwächer geworden ist, zwar in Vergleich mit der körperlichen Natur einen großen Vorzug, vermag aber doch, wenn sie zur Anschauung des Uebersinnlichen emporstrebe kaum was ein Funken oder der Schein einer Leuchte. Was ist aber unter allem Geistigen oder Uebersinnlichen so unvergleichbar, so unaussprechlich und unendlich vorzüglich, wie Gott? dessen Wesen, auch vom reinsten und klarsten menschlichen Verstande nicht durchdrungen und erschaut werden kann.

6.

Zwecklos kann es denn doch nicht erscheinen, zu deutlicher Verständigung auch noch ein anderes Bild zu gebrauchen. Bisweilen können unsere Augen nicht den Lichtstoff selbst, das Wesen der Sonne, anschauen, wenn wir aber ihren Widerschein oder ihre Strahlen betrachten, die durch die Fenster und andere Oeffnungen eindringen, so können wir daraus schließen, wie mächtig der Lichtstrom selbst seyn müsse. Eben solche Strahlen sind Gottes Geschöpfe, und das Meisterwerk der Vorsehung, dieses Weltall, im Vergleich mit seinem eigenthümlichen Wesen. Wenn nun auch unsere Vernunft für sich allein Gott an sich nicht schauen kann, so erkennt sie doch aus der Pracht seiner Werke, und der Schönheit seiner Geschöpfe den Urheber des Alls. Nicht also als Körper, oder an einen Körper gebunden darf Gott gedacht werden: sondern nur als übersinnliches, durchaus reines, jeder Vermischung unfähiges Wesen, das nicht ein Mehr oder Weniger in sich vereinigen kann — in jedem Sinne als Monade, so zu sagen als Einheit (ενας), als Vernunft [21] oder als die Quelle, woraus jede geistige Natur oder Vernunft ihren Ursprung hat. Die Vernunft aber bedarf zu ihrem Thun und Treiben keines räumlichen Ortes oder sinnlicher Größe, noch körperlicher Gestalt und Farbe, noch irgend einer andern Eigenschaft des Körpers oder der Materie. Weswegen auch jenes einfache und ganz geistige Wesen in seinem Thun und Treiben keine Zögerung zuläßt, weil sonst die Einfachheit der göttlichen Natur eine Beschränkung erleiden würde, oder das, was das *Urwesen* von Allem ist, zusammengesetzt und mannigfaltig erschiene, und zur Vielheit würde, was einzig und fern von aller körperlichen Vermischung in dem ursprünglichen Wesen der Gottheit allein bestehen soll. Daß aber eine Vernunft nicht des Raums bedarf, um ihrer Natur gemäß zu wirken, das geht schon aus der Betrachtung unserer eigenen Vernunft hervor. Wenn diese in ihren Grenzen bleibt und sonst kein Hinderniß vorhanden ist, so kann sie durch räumliche Verhältnisse in ihrer freien Bewegung nicht gehemmt werden: eben so wenig wird ihre Bewegung durch die Beschaffenheit des Ortes gefördert. Will man auch einwenden, daß z. B. die auf der See, die der Sturm hin und her treibt, weniger klar denken, als die auf dem Lande: so ist das nicht Folge der Ortsverschiedenheit, sondern der Erschütterung und Betäubung des Körpers, an den der Geist gebunden ist. Denn es scheint der Natur des menschlichen Körpers entgegen zu seyn, daß er auf dem Wasser lebe, und in diesem Mißverhältniß faßt er die Aeußerungen der Vernunft schief und unzusammenhängend auf, und gibt also auch ihre geistigen Blitze nur schwach von sich. Es ist dasselbe, wie wenn einer zu Lande vom Fieber geplagt wird.

Muß man doch hier nicht dem Orte, sondern der Krankheit die Schuld geben, wenn einem in der Fieberhitze die Vernunft den Dienst versagt, weil der Körper, gestört und verwirrt, nicht mehr in seinem natürlichen Maaße dem Geiste dient. Denn nur, sofern wir Menschen ein aus dem gegenseitigen Einfluß von Leib und Seele zusammengesetztes lebendes Wesen sind, ist es möglich, daß wir die Erde bewohnen. Gott aber, der Urgrund alles Daseyns, darf nicht zusammengesetzt gedacht werden: sonst würden wir auf Bestandtheile gerathen, die dem Urgrund vorausgegangen sind, und aus welchen jedes Zusammengesetzte zusammengesetzt wäre. Aber auch der körperlichen Größe bedarf die Vernunft zu ihrer Thätigkeit oder Bewegung nicht, wie z. B. das Auge, das sich beim Anschauen größerer Gegenstände erweitert, bei kleineren hingegen zusammenzieht, und auf Einen Punkt hinrichtet. Geistiger Größe bedarf allerdings die Vernunft, weil sie nicht körperlich, sondern geistig wächst. Denn nicht im Verhältniß des körperlichen Wachsthums erstarkt die Vernunft bis in's 20—30. Lebensjahr, sondern durch Unterricht und Uebung wird eines Theils die Verstandeskraft geschärft, andern Theils kommt das ihr Eingeborne zum Bewußtseyn. So wird der menschliche Verstand nicht durch körperlichen Zuwachs, sondern durch Bildung und Uebung eines Höhern fähig. Diese aber können ihm nur deßwegen nicht schon in der Wiege zu Theil werden, weil der Bau der Glieder, die er als Werkzeuge seiner Thätigkeit gebraucht, noch zu schwach ist und keine Anstrengung aushält, mithin auch zur Erlernung einer Wissenschaft keineswegs tauglich machen kann. [22]

7.

Gegen die Ansicht, daß die Vernunft, und die Seele überhaupt, materiell sey, habe ich einzuwenden: Wie könnte sie die Begriffe und Bezeichnungen so großer, schwieriger und tiefgedachter Wahrheiten fassen? Woher hätte sie die Gedächtnißkraft? Woher die Betrachtung des Unsichtbaren? Wie nur käme ein Körper zu der Einsicht in übersinnliche Dinge? Man müßte etwa nur annehmen, wie die leibliche Gestaltung und Bildung der Augen und Ohren etwas zum Sehen und Hören beitrage, und wie überhaupt die Glieder, wie sie Gott erschaffen, vermöge ihrer natürlichen Einrichtung für ihre natürlichen Zwecke besonders geeignet sind, so sey auch die Vernunft eine bequeme und geschickte Einrichtung zu dem Zwecke, sich Dinge vorzustellen und darüber nachzudenken, und die ganze Lebensthätigkeit herbeizuführen. Wie man aber Gestalt und Farbe der Vernunft, sofern sie sich nur in Gedanken bewegt, beschreiben könnte, sehe ich nicht ein. Zur Bestätigung und Erläuterung dessen, was ich über Vernunft und Seele gesagt habe, in Bezug auf ihren Vorzug vor jeder körperlichen Natur, möge noch folgendes dienen: jedem leiblichen Sinne entspricht ein eigenthümlicher, für ihn empfindbarer Gegenstand, auf den er gerichtet ist; wie dem Auge die Farbe, Gestalt, Größe; dem Gehör Stimmen und Töne; dem Geruch Düfte, gute und üble Ausdünstungen; dem Geschmack die Speisen; dem Tastsinn Warmes und Kaltes, Hartes und Weiches, Rauhes und Glattes. Daß aber der innere Sinn weit vortrefflicher als alle die genannten Sinne sey, darüber ist Jedermann einig. Ist es aber nicht verkehrt, wenn den niedrigen Sinnen entsprechende Gegenstände gegeben sind, die höhere Kraft aber, der innere Sinn, keine Selbstständigkeit haben, sondern nur eine dem Körper anhängende Eigenschaft seyn soll? Wer dieses behaupten kann, beschimpft sein eigenes besseres selbst, und versündigt sich zugleich auch an Gott, indem er ihn ebenfalls als körperliches Wesen betrachtet, das von jeder körperlichen Natur auf körperliche Weise begriffen und empfunden werden könne. Ein solcher gibt auch nicht zu, daß eine Verwandtschaft des Geistes mit Gott Statt finde, daß jener gleichsam das ideale Abbild von diesem [23] sey, und dadurch eine Ahnung des göttlichen Wesens haben könne, und zwar um so mehr, je freier und reiner er von dem körperlichen Stoffe ist.

8.

Weniger Gewicht mögen diese Erläuterungen bei denen haben, die über göttliche Dinge aus der heiligen Schrift belehrt seyn wollen, und also auch daraus den Beweis verlangen, daß das Wesen Gottes über die körperliche Natur erhaben sey. Wohlan, sagt nicht der Apostel das Nehmliche, *Col.* 1, 15.? Die göttliche Natur ist nicht dem Einen sichtbar, dem Andern unsichtbar; denn der Apostel sagt nicht, „das den Menschen oder den Sündern unsichtbare Ebenbild Gottes", sondern ganz entschieden sagt er von der göttlichen Natur „das unsichtbare Ebenbild Gottes." Ebenso sagt *Johannes* Ev. 1, 18. jedem, der es verstehen kann, daß es kein Wesen gibt, für welches Gott sichtbar wäre, nicht als ob er seiner Natur nach sichtbar wäre, und nur dem Anblick des schwächern Geschöpfes entginge, sondern weil er an sich durchaus unsichtbar ist. Fragt man mich aber, was ich denn vom eingebornen Sohne denke, ob ich behaupte, daß auch für ihn Gott unsichtbar sey, sofern er an sich unsichtbar ist, so möge man meine Antwort weder gottlos noch ungereimt finden; denn ich werde sogleich den Grund davon angeben. [24] *So folgewidrig es ist, zu sagen, der Sohn könne den Vater sehen, eben so ungereimt ist es, zu behaupten, der heilige Geist sehe den Sohn. — Ein anderes ist sehen, ein anderes erkennen: erscheinen und sehen ist Sache der körperlichen, erkannt werden und erkennen, Sache der vernünftigen Natur. Was nun einmal Eigenschaft der Körper ist, das kann weder vom Vater noch vom Sohne gedacht werden. Was aber zum*

Wesen der Gottheit gehört, d. i. Vater und Sohn bekennt. Zudem heißt es im Evangelium (Matth. 11, 27.) nicht: „Niemand siehet* den Vater, außer der Sohn &c.", sondern: „Niemand *kennt* den Sohn, denn nur der Vater, und Niemand den Vater, außer der Sohn." Woraus deutlich hervorgeht, daß, was bei körperlichen Dingen sehen und gesehen werden heißt, beim Vater und Sohn erkennen und gekannt seyn genannt wird, im Sinne des Bewußtseyns, nicht der vergänglichen Anschauung. Und eben weil von der übersinnlichen und unsichtbaren Natur weder das „sehen" noch das „gesehen werden" behauptet werden kann: so heißt es im Evangelium auch nicht, der Vater werde vom Sohne, oder der Sohn vom Vater — *gesehen,* sondern *„erkannt."*

9.

Hält man mir endlich entgegen: „Selig sind die reines Herzens sind, denn sie werden Gott *schauen*" (Matth. 5, 8.); so wird, wie mich dünkt, meine Behauptung dadurch nur bestätigt. Denn was ist dieß „Gott in dem Herzen schauen" anders, als das obenerläuterte Begreifen und Erkennen durch die Vernunft? Sehr häufig nehmlich werden die Benennungen der Sinneswerkzeuge auf die Seele übertragen, und man spricht von Augen des Geistes; dieß ist das Vermögen der Vernunft sich etwas Vernünftiges begreiflich zu machen. So heißt „mit Ohren hören" — tiefere Einsicht in etwas haben. So könnten wir auch sagen, die Seele habe Zähne, wenn sie vom Brode des Lebens ißt, das vom Himmel gekommen ist. Und auf ähnliche Art spricht man auch von dem Dienste der übrigen Glieder, indem die Benennungen der Körpertheile auf die Seelenkräfte übertragen werden. Daher sagt *Salomo* (Prov. 2, 5.): und du wirst göttlichen Sinn finden, [25] weil er wohl weiß, daß zweierlei Sinne in uns sind, die eine Gattung sterblich, vergänglich, menschlich; die andere unsterblich, geistig — die er hier göttlich nennt. Durch diesen göttlichen Sinn also, nicht durch den äußern, sondern durch den eines reinen Herzens, das die Vernunft ist, kann Gott von den Erwählten gesehen werden. „Herz" kommt nehmlich in allen Schriften des alten und neuen Bundes sehr häufig statt Geist, statt der vernünftigen Kraft vor. — Nachdem wir nun insoweit, obwohl tief unter seiner Würde, nach menschlicher Schwachheit das Wesen Gottes begreifen, können wir auf die Lehre von Christus übergehen.

ZWEITER ABSCHNITT. VON CHRISTUS.

1.

Vor Allem ist der Unterschied festzuhalten zwischen der göttlichen Natur in Christus, insofern er der eingeborne Sohn des Vaters ist, und der menschlichen Natur, die er in den letzten Zeiten nach der Heilsanstalt Gottes angenommen hat. Es fragt sich also zuerst, was das heiße: der eingeborne Sohn Gottes? Er hat sonst noch viele und verschiedene Namen, je nach den Umständen und Ansichten der Namengeber. So heißt er die Weisheit bei *Salomo* (Spr. 8, 22 ff.); auch der Erstgeborne bei dem Apostel (Kol. 1, 15.); beides ist dasselbe, der Erstgeborne ist seinem Wesen nach nichts anderes als die Weisheit. Endlich nennt ihn der Apostel auch „göttliche Kraft und göttliche Weisheit" (1 Kor. 1, 24.).

2.

Man glaube ja nicht, daß wir etwas Unwesenhaftes bezeichnen, wenn wir ihn die Weisheit Gottes nennen; in welchen Falle wir ihn nicht als bestimmtes weises Wesen, sondern nur als Eigenschaft, die den Weisen ausmacht, betrachteten, indem er dann nur in dem Bewußtsein der seiner Kraft und Einsicht fähigen Geister inwohnte. Wenn nun einmal der Begriff richtig gefaßt ist, daß der *eingeborne Sohn Gottes* seine *an sich selbstständige Weisheit sey,* so weiß ich nicht, wie unsere Wißbegierde sich dahin verirren sollte, zu vermuthen, es möchte gerade diese Wesenhaftigkeit (υποστασις) etwas Körperliches enthalten, da doch alles Körperliche nach Gestalt, Farbe oder Größe bezeichnet wird. Wer hat aber je bei gesunden Sinnen Gestalt, Farbe oder Raumgröße bei der Weisheit gesucht, sofern sie Weisheit ist? Wer kann ferner die Ansicht oder Ueberzeugung haben, daß Gott auch nur den geringsten Augenblick außer der Zeugung dieser Weisheit gewesen, [26] wenn er nur einigermaßen fromm von Gott zu denken gelernt hat? Entweder wird er behaupten, Gott habe die Weisheit nicht zeugen *können*, ehe er sie zeugte, so daß er sie, die vorher nicht war, erst in's Daseyn rief; oder, er habe sie zwar zeugen können, aber (was, von Gott gesagt, ruchlos wäre) nicht *wollen*. Offenbar ist eins so ungereimt und so gottlos als das andere. Denn entweder wäre Gott vom Nichtkönnen zum Können fortgeschritten, oder hätte er das Können unterdrückt und verschoben. Daher müssen wir uns Gott als den ewigen Vater des eingebornen Sohnes denken, der aus ihm seinen Ursprung und sein Wesen hat, jedoch ohne irgend einen Anfang, nicht blos ohne den, der nach Zeitverhältnissen bestimmt wird, sondern selbst ohne einen solchen, der nur der reinen Vernunft und dem abgezogensten Verstande begreiflich ist. Somit ist die Zeugung der Weisheit vor jeden nennbaren oder denkbaren Anfang zu setzen. Eben in Beziehung auf diese Selbstständigkeit der Weisheit, insofern aller Bildungstrieb der künftigen Schöpfung, sowohl der ursprünglich bestehenden, als der nochwendig sich entwickelnden, in dem Vorherwissen begründet und geordnet ist, sagt die Weisheit bei *Salomo* selbst von sich, sie sey geschaffen als der Anfang der Wege Gottes. Sie enthält in sich Ursprung-, Form und Gestaltung des gesammten Schöpfung.

3.

So wie wir aber gesehen haben, daß die Weisheit „der Anfang der Wege Gottes" sey, und wie sie geschaffen heißt, als Etwas an sich, das den Urgrund aller Schöpfung bildet und erhält: so ist es auch zu verstehen, wenn sie „das Wort Gottes" ist, insofern sie allem Uebrigen, d. h. der ganzen erschaffenen Welt die Geheimnisse und die Tiefen eröffnet, die immerhin in der Weisheit Gottes verschlossen liegen. Denn sie ist gleichsam der Träger des Offenbarung göttlicher Geheim- nisse; und der Ausdruck in den „Thaten des *Paulus*"[27] „er ist das Wort, ein lebendiges Wesen" scheint mir vollkommen richtig. Erhabener und deutlicher spricht jedoch Johannes am Anfang seines Evangeliums, wo er durch eine bestimmte Erklärung das Wort als „Gott" bezeichnet. Wer hingegen dem Wort oder der Weisheit Gottes einen Anfang gibt, sehe zu, daß er sich nicht an dem ungezeugten Gott selbst versündige, wenn er läugnet, daß dieser von Ewigkeit Vater gewesen und das Wort gezeugt habe; und von jeher in allen frühern Zeiten oder Jahrhunderten, oder wie man es nennen mag, im Besitze der Weisheit gewesen sey.

4.

Dieser Sohn ist nun auch „die Wahrheit und das Leben" von Allem, was ist. Mit Recht; denn wie sollte das Geschaffene leben ohne Lebensgrund? Wie würde das Bestehende in Wahrheit bestehen, wenn es nicht aus der Wahrheit stammt? Wie könnte es vernünftige Wesen geben, wenn nicht die Vernunft [28] Allem vorausgienge? Woher würden die Weisen kommen, wenn es keine Weisheit gäbe? Da es aber einmal Wesen geben sollte, die dem Leben entsagten und sich den Tod wählten (eben weil sie dem Leben entsagten; denn den Tod wählen ist nichts anders als dem Leben entsagen), und doch nicht die nothwendige Folge war, daß das zum Leben einmal Bestimmte gänzlich zu Grunde gienge, so mußte noch vor dem Tode eine Kraft in's Mittel treten, die den künftigen Tod vernichtete. Es mußte eine Auferstehung [29] geben, die eben in der selbstständigen Weisheit Gottes, in dem Wort und dem Leben gegründet wäre. Weil sodann wirklich einige Geschöpfe, insofern ihnen das Gute nicht von Natur, d. h. wesentlich inwohnte, sondern nur beigegeben war, nicht immer unverführbar und unveränderlich bleiben und stets in gemessenem Gleichgewicht des nehmlichen Guten beharren wollten, sondern verführt und verändert aus ihrem Zustand fielen, so *wurde* das Wort und die Weisheit Gottes der Weg, um die Verirrten zum Vater zurückzuführen. Was wir nun von der *Weisheit* Gottes gesagt haben, das wird sich vollkommen auch darauf anwenden lassen, daß der *Sohn* Gottes, der Weg, daß er das Wort (λογος), die Wahrheit, und daß er die Auferstehung sey: weil, alle diese Bezeichnungen von Handlungen und Eigenschaften desselben hergeleitet sind, und nicht im Geringsten etwas Körperliches dadurch angedeutet wird, was eine Größe, Gestalt, Farbe bezeichnete; wie etwa, die Kinder der Menschen oder der anderen Geschöpfe dem Samen, aus dem sie erzeugt sind, entsprechen oder irgend was von denen, in deren Leib sie gebildet und ernährt werden, bei der Geburt mit zur Welt bringen. Ein frevelhaftes Gerede, wäre es, zu sagen, daß Gott in der Zeugung seines eingebornen Sohnes und in Bezug auf das Wesen desselben mit irgend einem in der Zeugung begriffenen Menschen oder Thiere Aehnlichkeit habe. Im Gegentheil muß es etwas Außerordentliches und Gotteswürdiges seyn, dem durchaus nichts, sey es in der Wirklichkeit oder in Gedanken und Gefühlen, an die Seite gestellt werden darf, um nach menschlicher Weise begreiflich zu machen, *wie* der unerschaffene Gott Vater eines eingebornen Sohnes wird. Dem die Zeugung ist so ewig und lückenlos, wie die Erzeugung des Glanzes aus dem Lichte. [30] Nicht durch An- nahme eines lebendigen Odems [31] wird der Sohn ein Aeußeres, sondern er ist von Natur Sohn.

5.

Laßt uns nun sehen, wie wir das Gesagte mit Stellen der heiligen Schrift belegen können. Der Apostel *Paulus* sagt (*Kol.* 1, 15.), der eingeborne Sohn sey das Bild des unsichtbaren Gottes und der Erstling der ganzen Schöpfung. An die *Hebräer* (1, 3.) schreibt er: er sey der Abglanz seiner Herrlichkeit und das Ebenbild seines Wesens. Auch am Buch der Weisheit, das dem *Salomon* zugeschrieben wird, finden wir folgende, so zu sagen, Zeichnung von der Weisheit Gottes: „*Sie ist das Hauchen der göttlichen Kraft, und ein Strahl* [32] *der Herrlichkeit des Allmächtigen,* darum kann nichts Unreines zu ihr kommen. Denn sie ist ein Glanz des ewigen Lichtes, und ein unbefleckter Spiegel der göttlichen Wirksamkeit und ein Bild seiner Vollkommenheit" (Weish. 7, 25. 26.). *Die Weisheit* aber nennen wir, wie gesagt, etwas, das in nichts Anderem als in dem Grunde alles Seyns sein Bestehen hat, woraus auch jede Weisheit geboren ist, weil jeder Grund (η αρχη των παντων) eben der ist, der allein von Natur Sohn ist, und deßwegen der Eingeborne heißt. [33]

6.

Sehen wir ferner, wie es zu verstehen sey, wenn er „das unsichtbare Ebenbild" besitzt, um auch darin zu zeigen, in welchem Sinne Gott wirklich Vater seines Sohnes sey. Und zwar erstlich wollen wir es von der Seite aufnehmen, wie man auf menschliche Weise etwas Ebenbild nennt. Bild heißt bisweilen das, was auf irgend einem Stoffe, sey es Holz oder Stein, gemalt oder geschnitzt ist. Ein andermal heißt der Erzeugte ein Ebenbild seines Erzeugers, wenn er in keinem Zuge die Aehnlichkeit mit demselben verläugnet. Das erstere Beispiel läßt sich, denke ich, anwenden auf den, der nach Gottes Bild geschaffen ist den Menschen, worauf ich später in der Erklärung jener Stelle der Genesis zurückkommen werde. Dem andern kann die Ebenbildlichkeit [34] des Sohnes Gottes, wovon hier die Rede ist, namentlich insofern zur Seite gestellt werden, als er das unsichtbare Ebenbild des unsichtbaren Gottes ist, so wie wir von Adam geschichtlich wissen, daß sein Sohn Seth sein Ebenbild war (Gen, 5, 3.). Diese Ebenbildlichkeit begreift auch die Einheit des Wesens von Vater und Sohn. Denn wenn alles, was der Vater thut auch der Sohn auf gleiche Weise thut, so bildet sich eben dadurch, daß der Sohn alles so thut, wie der Vater, das Bild des Vaters im Sohne ab, der immerhin aus ihm geboren ist, wie sein Wille aus dem Denken [35] hervorgeht. Darum glaube ich auch, daß der Wille des Vaters hinreichen muß zum Daseyn dessen, was er will. Denn bei seinem Wollen bedarf er keines weitern Mittels als dessen, welches mit dem Entschluß des Willens gegeben ist. So wird demnach auch der Sohn von ihm gezeugt. Dieß ist eine nothwendige Voraussetzung derer, die außer Gott, dem Vater, nichts Unerschaffenes [36] aner- kennen. Denn man hat sich dabei sehr zu hüten, daß man nicht in den ungereimten Irrthum derer gerathe, welche nach willkührlichen Vorstellungen die göttliche Natur als Partheien betrachten und Gott Vater an sich theilen; was man doch von einem unkörperlichen Wesen ohne die größte Versündigung, ja ohne große Thorheit kaum denken kann. Es ist auch wider allen gesunden Menschenverstand, eine wirkliche Theilung eines unkörperlichen Wesens anzunehmen. Wie also der Wille aus dem denkenden Wesen hervortritt, ohne einen Theil desselben abzureißen, noch von ihm getrennt, und getheilt zu werden, auf gleiche Weise ist auch die Zeugung des Sohnes durch den Vater zu denken, als seines Ebenbildes, das er, wie er selbst von Natur unsichtbar ist, ebenfalls unsichtbar gezeugt. Denn der Sohn ist der »Λογος« und deswegen nichts Sinnlich-Wahrnehmbares an ihm. Er ist die *Weisheit,* und in der Weisheit läßt sich nichts Körperliches denken. Er ist „das wahre Licht, das alle Menschen erleuchtet, die in die Welt kommen"; allem es hat nichts gemein mit dem Lichte dieser Sonne. So ist also der Sohn Gottes, als das unsicht- bare Ebenbild des Vaters, diesem gegenüber nicht die *Wahrheit an sich,* sondern in seinem Verhältniß zu uns, die wir die absolute Wahrheit in Gott nicht fassen können, erscheint er als ebenbildliche Wahrheit, so daß die Herrlichkeit und Macht dessen, *der größer ist,* in ihrer Beschränkung geschaut wird im Sohne: der Vater ist unergründliches Licht; Christus der Abglanz dieses Lichtes, der für unsere Schwachheit immer noch groß ist; [37] für uns, denen er den Vater offenbart, ist er das Bild, vermittelst dessen wir den Vater erkennen (Joh. 14, 9.). Er offenbart ihn aber dadurch, daß er selbst begriffen wird: denn von wem Er begriffen wird, von dem wird auch der Vater begriffen (Joh. 14, 9.).

7.

Da wir den Ausspruch *Pauli* (Hebr. 1, 3.) angeführt haben, worin er sagt, er sey der Abglanz der Herrlichkeit Gottes und das Ebenbild seines Wesens so wollen wir sehen, was darunter zu verstehen. „Gott ist ein Licht", sagt *Johannes.* Der Glanz dieses Lichtes also ist der eingeborne Sohn, der unzertrennbar wie der Glanz vom Lichte aus ihm hervorgeht, und die ganze Schöpfung erleuchtet. Wie wir nun oben erklärt haben, inwiefern er der Weg sey, der zum Vater führt, inwiefern das Wort, das die Geheimnisse der Weisheit und Wissenschaft offenbart und dem vernünftigen Geschöpfe mittheilt, inwiefern die Wahrheit, und die Auferstehung und das Leben: so müssen wir folgerichtig auch die Bedeutung des Glanzes verstehen; der Glanz nehmlich ist dasjenige, wodurch das Licht an sich wahrgenommen und erkannt wird. Indem dieser *Glanz* die schwachen und vergänglichen Augen der Sterblichen sanfter und zarter berührt und allmählich gleichsam gewöhnt, die Klarheit des Lichtes zu ertragen, durch Entfernung alles dessen, was das Sehen verdeckt und hindert (*Luca.* 6,42. „Wirf den Balken aus deinem Auge"): macht er sie fähig, die Herrlichkeit des Lichtes aufzunehmen, auch darin gewissermaßen der Mittler zwischen dem Menschen und der Wirkung des Lichtes.

8.

Wenn er ferner bei dem Apostel nicht bloß der „Abglanz der Herrlichkeit", sondern auch „das Ebenbild seines Wesens" heißt, so scheint es mir keine müßige Frage zu seyn, in welchem Sinne denn außer dem Wesen Gottes an sich (was immer darunter begriffen seyn mag) noch ein Anderes das Ebenbild dieses Wesens genannt werde? Nun siehe, ob der Sohn Gottes nicht etwa darum, weil er als Wort und Weisheit Gottes allein den Vater kennt, und ihn offenbart, wem er will, nehmlich denen, die sich des Wortes und der Weisheit fähig gemacht haben, insofern er also Gott kennen und begreifen lehrt, — das Ebenbild seines Wesens ausdrücken könne: oder ob nicht auch das das Ebenbild des Wesens Gottes heiße, daß die Weisheit sich selbst als das Ursprüngliche darstellt, was sie den übrigen offenbaren will, und woraus Gott von ihnen erkannt werden soll. [38] Um uns aber diese Vorstellung noch mehr zu verdeutlichen, wollen wir uns eines, wenn auch nicht ganz zutreffendes, doch insoweit passenden Beispiels bedienen, als der Sohn, der, obwohl er göttliche Gestalt hatte, sich erniedrigte, gerade durch seine Erniedrigung uns die Fülle der Gottheit näher bringen will. Wie wenn es eine Bildsäule gäbe, die vermöge ihrer Größe die ganze Welt ausfüllte, und vermöge ihrer Unerreichbarkeit auch unsichtbar wäre: und es würde eine andere Bildsäule mit Gliederbau und Gesichtszügen, zwar durchaus gleich an Gestalt und Stoff, nur an Größe von jener verschieden, aufgestellt, damit, wer jene unermeßliche nicht betrachten könnte, doch diese sehen und somit sich sagen könnte, er habe jene gesehen, da sie beide durchaus ähnlich gebaut und gegliedert sind: gerade so etwa wird auch der Sohn Gottes, indem er sich der Gleichheit mit dem Vater entäußert und uns den Weg zu dessen Erkenntniß bahnt, das Ebenbild des Wesens Gottes. Weil wir die in der Größe seiner Gottheit ruhende Herrlichkeit des wunderbaren Lichtes nicht anschauen könnten, so gelangen wir durch den Anblick des uns erschienenen Abglanzes zur Anschauung des göttlichen Lichtes. Uebrigens wird das Gleichniß von den Bildsäulen, als leblosen Dingen, nur insofern zuläßig gefunden, als der Sohn Gottes, in niedrige Menschengestalt gekleidet vermöge seiner Verwandtschaft mit den Werken und Eigenschaften des Vaters eine unendliche und unsichtbare Größe in sich offenbarte; wie er selbst zu seinen Jüngern sagt: wer mich siehet, siehet den Vater (Joh. 14, 9.), und: ich und der Vater sind Eins (Joh. 10, 30.). Aehnlich ist auch zu verstehen die Stelle: „daß der Vater in mir ist, und ich in ihm" (V. 58.).

9.

Betrachten wir nun auch den Sinn der obigen Stelle aus dem Buche der Weisheit (7, 25. 26.) In dieser Erklärung bezeichnet *Salomo* gewisse Eigenschaften als einzelne Merkmale der Weisheit Gottes: er nennt die göttliche Kraft, Herrlichkeit, ewiges Licht, Wirksamkeit und Vollkommenheit. Er sagt aber nicht, die Weisheit sey der Hauch „der Herrlichkeit des Allmächtigen", oder „des ewigen Lichtes", oder „der Wirksamkeit des Vaters und seiner Vollkommenheit." Es wäre unpassend, dergleichen Dingen ein Hauchen zuzuschreiben; nein, ganz eigentlich nennt er die Weisheit ein Hauchen der göttlichen „Kraft." Unter Kraft Gottes verstehen wir nun diejenige, vermöge deren er thätig ist, durch die er alles Unsichtbare und Sichtbare ordnet, erhält und regiert, und die überall ausreicht, soweit seine Fürsehung geht, und Alles wie Eines umfaßt. Der Hauch also und so zu sagen, der Lebensgeist dieser so unermeßlichen Kraft geht zwar aus der Kraft, wie der Wille aus dem Gedanken hervor; gleichwohl aber wird der Wille Gottes selbst nichtsdestoweniger auch zur Kraft Gottes. Mithin gibt es eine andere gleich wesentliche Kraft, [39] welche die Schrift einen Hauch nennt der ursprünglichen und unerschaffenen Kraft Gottes, welcher Alles, was ist, aus ihr hervorbringt. [40] Es gibt aber keine Zeit, wo sie nicht war. Denn wollte man sagen, sie habe früher nicht bestanden, sondern sey erst zum Daseyn gelangt, so gebe man den Grund an, warum der Vater, der sie in's Daseyn rief, das nicht früher gethan. Setzt man nun je einen Anfang, von welchem aus jener Hauch aus der Kraft Gottes hervorgegangen, so fragen wir wiederum, warum wird der Anfang nicht früher gesetzt? und indem wir so immer nach dem Frühern fragen, und bei jener Antwort mit der Frage weiter hinaufgehen, werden wir endlich zu dem Grundsatz gelangen, daß, weil Gott immer konnte und wollte, auch nie ein Grund oder eine Möglichkeit vorhanden seyn konnte, daß er das Gute, das er wollte, nicht hatte. Daraus erhellt, daß jener Hauch der göttlichen Kraft ewig ist, und keinen Anfang hat ausser Gott selbst. Er konnte keinen andern Anfang haben, als das selbst, woraus er ist und wird, Gott. Und zwar sollte er nach dem Ausdruck des Apostels (1. Cor. 1, 24.), nicht bloß Hauch der göttlichen Kraft, sondern Kraft aus Kraft heißen.

10.

Sehen wir nun, was das bedeute: „er ist ein Strahl der Herrlichkeit des Allmächtigen"; für's erste, was die Herrlichkeit des Allmächtigen, und dann: was der Strahl derselben sey? Wie man nicht Vater seyn kann, wo kein Sohn ist, noch Besitzer ohne Besitz, noch Herr ohne Sclaven; [41] so, kann auch Gott nicht allmächtig heißen, wenn er Niemand hat, an dem er seine Macht ausübe; folglich ist zum Erweis der *Allmacht* Gottes nothwendig, daß *Alles* vorhanden sey. Denn will man, Gott habe einige Zeiten oder Räume, oder wie man das nenne, durchlaufen, als die Schöpfung noch nicht dastand: so gibt man unstreitig zu erkennen, daß Gott in jenen Zeiten oder Räumen nicht allmächtig war und erst nachher allmächtig wurde, sobald er Gegenstände hatte, seine Macht zu äußern. Demnach mußte er aber Fortschritte gemacht haben, und vom Niedrigern zum Höheren aufgestiegen seyn; wofern man nicht etwa in Zweifel zieht, daß es ein Höheres sey, wenn er allmächtig, als wenn er es nicht ist. Ist es [42] aber nicht ungereimt, daß Gott vom Nichthaben dessen, was ihm gebührt, zum Haben gelangt sey? Denn wenn er zu *keiner* Zeit *nicht* allmächtig war, so muß auch das *immer* gewesen seyn, vermöge dessen er allmächtig ist: und zwar immer unter seiner Macht stehend und von ihm abhängig. Doch davon mehr, wo von seinen Geschöpfen die Rede seyn wird. Nur kurz zwar, doch zur Sache gehörig, will ich hier, wo von der Weisheit die Frage ist, die Bemerkung vorausschicken, inwiefern die *Weisheit* „der reinste Strahl der Herrlichkeit des Allm." sey; damit es nicht scheine, als werde die Eigenschaft der Allmacht in Gott früher gesetzt, als das Entstehen der *Weisheit,* vermöge dessen er Vater heißt. Wer das annehmen möchte, der höre, wie sich die Schrift deutlich genug darüber erklärt; Ps. 103, 24. „Du hast alles in *Weisheit* geordnet"; u. Joh., 1, 3. Alles ist durch *Ihn* gemacht, und ohne *Ihn* ist Nichts gemacht &c."; und lerne daraus, daß die Eigenschaft der Allmacht in Gott nicht früher seyn kann, als die Vaterschaft: denn durch den Sohn *ist* er allmächtig. Durch den öfters genannten Ausdruck wird eben zu verstehen gegeben, daß die *Weisheit,* durch welche Gott allmächtig, ist, an der Herrlichkeit der Allmacht Antheil habe. Denn durch die Weisheit, welche Christus ist, hält Gott Alles in seiner Gewalt, nicht blos vermöge der Macht des Gebieters, sondern auch vermöge freien Dienstes des Untergebenen. Zu weiterem Beweise von der Einheit (und Gleichheit) der Allmacht des Vaters und Sohnes dient auch die Stelle (Off. 1, 8.): „Das sagt der Herr, der da ist, und war und seyn wird, der Allmächtige." Denn wer ist „der seyn wird", ausser Christus? Und wie es Niemand anstößig findet, daß Christus Gott sey, wenn der Vater Gott ist: so darf man sich auch daran nicht stoßen, der Sohn Gottes allmächtig genannt wird, wenn der Vater allmächtig heißt". Sagt er doch selbst (Joh. 17, 10.) „Alles, was mein ist, das ist dein, und was dein ist, ist mein." Wenn Alles, was des Vaters ist, auch Christi ist, unter Allem, was ist, aber auch die Allmacht des Vaters begriffen ist, so muß unstreitig auch der Sohn allmächtig seyn, damit Alles, was der Vater hat, auch der Sohn besitze. „Und ich bin verklärt in ihnen", heißt es weiter. „Denn im Namen Jesu werden sich alle Kniee beugen derer die im Himmel, auf der Erde und unter der Erde sind, und alle Zungen werden bekennen, daß Jesus der Herr sey &c." (Phil. 2, 10. 11.). Mithin ist der Strahl der Herrlichkeit Gottes vermöge dessen, daß er allmächtig ist, die reine absolute [43] Weisheit selbst, verherrlicht durch den Ausfluß der Allmacht oder Herrlichkeit. Um jedoch die Herrlichkeit der Allmacht näher zu erklären, füge ich noch folgendes hinzu. Gott ist als Vater allmächtig, weil er Macht hat über Alles, Himmel und Erde, Sonne, Mond und Sterne, und über alles was in ihnen ist. Diese Macht übt er aus durch *sein Wort* (λογος), weil im Namen Jesu sich alle Kniee beugen werden, derer die im Himmel, auf der Erde und unter der Erde sind. Mithin ist es auch Jesus, dem Alles unterthan ist, er ist es, der in Allem mächtig ist und durch den Alles dem Vater unterthan ist: denn durch die Weisheit, den göttlichen Logos, nicht durch Gewalt und Nothwendigkeit ist ihm Alles unterworfen. Und eben darin, daß er Alles in seiner Hand hält, beruht die Herrlichkeit; die reinste und lauterste Herrlichkeit der Allmacht aber ist, daß durch das *Wort* und die *Weisheit,* nicht durch Gewalt und Nothwendigkeit Alles unterthan ist. „Die reinste und lauterste", sage ich, zur Unterscheidung von einer Herrlichkeit, welche nicht eigentlich und richtig Herrlichkeit heißt. Jede veränderliche, dem Wechsel unterworfene Natur kann zwar auch durch Werke der Weisheit und Gerechtigkeit verherrlicht werden: allein weil in ihr die Weisheit und Gerechtigkeit nur *zufällig* ist, und das Zufällige auch wieder abfallen kann, so kann auch ihre Herrlichkeit niemals recht und lauter seyn. Daher kommt auch nur der Weisheit Gottes, die sein eingeborner Sohn ist, reine und wahrhafte Herrlichkeit, weil nur er unwandelbar und wechsellos und jedes Gute in ihm *wesentlich* ist, das niemals einer Veränderung oder einem Wechsel unterworfen ist.

11.

Drittens heißt die Weisheit „Glanz des ewigen Lichtes"; dessen Bedeutung schon im Vorigen dargelegt ist, indem wir die Sonne und den Glanz ihrer Strahlen als Beispiel angeführt und den Sinn dieses Gleichnisses nach Kräften erläutert haben. Nur eines möchte noch hinzuzufügen seyn. Ewig heißt eigentlich, was weder einen Anfang seines Seyns gehabt hat, noch irgendwann ein Ende desselben haben kann. Sagt nun Johannes (I. 1, 5.) „Gott ist ein Licht", und die *Weisheit* ist der Glanz seines Lichtes; so ist die Weisheit, weil er nicht blos Licht, sondern ewiges Licht ist, ebenfalls ewig, und der Abglanz der Ewigkeit. Wird dieses recht verstanden, so ist der Sinn, daß das Seyn des Sohnes unmittelbar vom Seyn des Vaters abhängig ist, doch nicht der Zeit nach, nicht von einem Anfang aus, ausser, wie gesagt, von *Gott* selbst.

12.

Auch als „unbefleckter Spiegel der Wirksamkeit (ενεργεια) Gottes" wird die Weisheit bezeichnet. Die Wirksamkeit der göttlichen Kraft nun ist eine gewisse Lebendigkeit, durch welche der Vater in der Schöpfung, in der Vorsehung, im Gericht und in der natürlichen Ordnung der Dinge wirkt. Wie nun in einem Spiegel alle Bewegungen und Handlungen dessen, der ihn beschaut, ganz getreu durch das Abbild wiedergegeben werden: so will es auch die Weisheit von sich verstanden wissen, wenn sie „der unbefleckte Spiegel der väterlichen Kraft und Wirksamkeit" heißt; wie Christus, der die Weisheit ist, selbst von sich sagt „die Werke, welche der Vater thut, die thut auch der Sohn auf gleiche Weise" (Joh. 5, 19.), und „der Sohn kann nichts aus sich selbst thun, er habe es denn zuvor vom Vater gesehen." Inwiefern nun der Sohn in nichts von dem Vater verschieden ist, hinsichtlich der Werke, und auch nicht ein anderes Thun ist des Vaters, ein anderes des Sohns, sondern in Allem, so zu sagen, Eine und dieselbe Bewegung beider; so heißt der Sohn ein unbefleckter Spiegel, so daß dadurch keiner Unähnlichkeit zwischen Vater und Sohn Raum gegeben ist. Wie reimt es sich aber mit dem Evangelium, wo gesagt wird: „nicht Aehnliches thue der Sohn wie der Vater, sondern dasselbe auf gleiche Weise", wenn man mit Einigen die Vergleichung von Schüler und Lehrer zu Hülfe nimmt und sagt, der Sohn thue das in der Körperwelt, was der Vater vorher in der geistigen vorgebildet habe?

13.

Endlich steht noch zu untersuchen, was „das Bild seiner Vollkommenheit" sey. Ich glaube, es läßt sich hier dasselbe denken, was oben von dem Bilde [44] gesagt ist. So halte ich dafür, daß man auch von, dem Heilande recht gut sagen kann, er sey das Bild der Vollkommenheit Gottes, aber nicht das Vollkommene an sich; vielleicht auch, er sey als Sohn vollkommen, aber nicht absolut vollkommen. Wie er ein Bild ist des unsichtbaren Gottes, und darum Gott, jedoch nicht derjenige, von dem Christus selbst sagt (Joh. 17,): „Daß sie dich, *der du allein wahrer Gott* bist, erkennen"; so ist er auch ein Bild der Vollkommenheit, doch nicht wie der Vater unwandelbar vollkommen. [45] Denn dieser ist die Ur- vollkommenheit, aus welcher der Sohn geboren, und ebendarum auch das Bild der Vollkommenheit des Vaters ist. Es gibt auch nicht eine andere, besondere Vollkommenheit in dem Sohne, als die des Vaters; daher er selbst sagt (Marc. 10, 18.): Niemand ist *gut* denn der einige Gott. Der Sohn ist nur insofern gut, als es der Vater ist, dessen Ebenbild er ist, und seine

Vollkommenheit urständet aus nichts Anderem, als der Urvollkommenheit des Vaters. Es ist somit keine Lästerung irgend einer Art, zu sagen, „Niemand ist vollkommen ausser Gott, dem Vater": als ob damit Christo oder dem heiligen Geiste die Vollkommenheit abgesprochen würde, vielmehr ist, wie gesagt, die Urvollkommenheit nur in Gott dem Vater zu denken, während Sohn und Geist die Natur seiner Vollkommenheit in sich darstellen, die nur in dem ihre Quelle hat, dem sie entstammen. Wenn nun aber in der Schrift auch noch andere Dinge, wie Engel, Mensch, Diener, Schatz, Herz oder Baum — „gut" heißen, so ist dieß alles uneigentlich gesprochen, indem sie nur beziehungsweise Gutes enthalten, nicht ihrem Wesen nach gut (d. h. vollkommen) sind. Es wäre zu viel, und muß für eine andere Zeit und Arbeit vorbehalten bleiben, alle Namen des Sohnes Gottes aufzuzählen als da sind: „das wahre Licht, die Pforte, die Gerechtigkeit oder Rechtfertigung, die Erlösung" und andere, und die Bedeutung eines jeden auseinanderzusetzen. Genug hievon: wir können nun zu der nächstfolgenden Untersuchung fortschreiten,

DRITTER ABSCHNITT. VOM HEILIGEN GEISTE.

1.

Das Nächste ist, die Lehre vom heiligen Geiste kürzlich zu entwickeln. Wer immer an eine Vorsehung glaubt, bekennt sich auch zum Glauben an einen ewigen Gott, der Alles erschaffen und geordnet, und erkennt in ihm den Vater des Weltalls, daß dieser einen Sohn habe, behaupten nur wir, so sonderbar und unglaublich dieß denen vorkommen mag, die bei Griechen und Nichtgriechen für Philosophen gelten. Zwar scheinen auch Einige [46] von diesen eine Vorstellung gehabt zu haben, wenn sie behaupten, daß Alles durch den Logos entstanden sey; wir dagegen, getreu der Lehre, die wir unumstößlich gewiß für göttliche Eingebung halten, sind der Ueberzeugung, daß, der höhere und göttlichere Begriff von Sohn Gottes auf keine andere Weise entwickelt und erkennbar gemacht werden könne, als allein aus den vom heiligen Geiste eingegebenen Schriften, nehmlich der Evangelisten und Apostel, und, worauf Christus selbst hinweist, des Gesetzes und der Propheten. Von dem Daseyn des heiligen Geistes aber konnte Keiner auch nur eine Ahnung haben, [47] der nicht mit Gesetz und Propheten vertraut war, oder sich zum Glauben an Christus bekennt. Von Gott dem Vater läßt sich nehmlich, obgleich er unaussprechlich ist, doch die Vorstellung aus der sichtbaren Welt und aus den Ahnungen des menschlichen Geistes entnehmen: und diese kann überdieß durch die heilige Schrift bestätigt werden. Auch von dem Sohne Gottes, wenn gleich Niemand den Sohn kennt, denn nur der Vater bildet sich der menschliche Geist die richtigen Begriffe nach der heiligen Schrift, und zwar nicht blos nach dem Neuen, vielmehr auch nach dem Alten Testament, vermöge der bildlich auf Christum bezogenen Thaten der Heiligen, in welchen entweder seine göttliche oder die von ihm angenommene Menschennatur vorgebildet ist.

2.

Ueber den heil. Geist aber belehren uns viele Schriftstellen, wie David im 50. Ps. sagt: Nimm deinen heiligen Geist nicht von mir; und Daniel (4, 6.): der heilige Geist, der in dir ist. Im Neuen Testament dagegen bieten sich überreiche Zeugnisse dar, wo von ihm gesagt ist, daß er auf Jesum herabgekommen, wo der Herr selbst nach seiner Auferstehung die Jünger anweht mit den Worten: Nehmet hin den heiligen Geist (Joh. 20, 22.); wo der Engel der Maria verkündet, der heilige Geist wird über dich kommen; und wo Paulus schreibt: Niemand kann den Herrn Jesum anrufen, ohne in dem heiligen Geist (1 Cor. 12, 3.). In der Apostelgeschichte wird durch Händeauflegen der Apostel in der Taufe der heilige Geist mitgetheilt. Alles hinlängliche Zeugnisse, daß das Wesen des heiligen, Geistes solche Kraft und Hoheit in sich trage, daß eine heilsame Taufe ohne [48] Anrufung des Vaters, Sohnes und heiligen Geistes nicht verrichtet werden könne, und dem unerschaffenen Gotte und seinem eingebornen Sohne auch der Name des heiligen Geistes beigesellt werden müsse. Wer staunt nun nicht über die Hoheit des Geistes, wenn er hört, daß wer den Sohn lästert, Vergebung hoffen könne, wer aber den heiligen Geist gelästert habe, weder in dieser noch in jener Welt Vergebung erlangen werde?

3.

Daß nur von Gott Alles Erschaffene stammt, und kein Geschöpf ist, das nicht von ihm sein Daseyn empfangen hätte, beweisen viele Stellen der Schrift, wodurch alle die falschen Meinungen von einer Gott gleichewigen Materie, oder von unerschaffenen Geistern, denen Gott nicht sowohl das Daseyn, als Maaß und Ordnung gegeben hätte, verworfen und niedergeschlagen werden. In dem Buche des Hermas „der Hirte oder der Führer zur Buße" [49] heißt es: „Vor allem glaube, daß Ein Gott ist, der Alles erschaffen hat, der Alles aus dem Nichtseyn hervorgerufen: der selbst Alles begreifend, von Niemand begriffen wird." Auch im Buche Enoch liest man Aehnliches. — Nur vom heiligen Geiste konnten wir bis auf diese Stunde keine Stelle der heiligen Schrift finden, worin er Geschöpf genannt würde: nicht einmal in dem Sinne, wie es nach dem obigen Salomo von der Weisheit gebraucht, oder wie die Worte. „Leben, Wort" und andere vom Sohne Gottes zu verstehen sind. [50] Gleichwohl müssen wir annehmen, daß auch der heilige Geist, wenn nach Joh. 1, 3. durch den Logos Alles gemacht ist, durch ebendenselben geschaffen sey. Und vielleicht ist eben der Geist, der nach der Schöpfungsgeschichte auf den Wassern schwebte, nichts anderes als der heilige Geist, wie ich dieß in meiner Erklärung zu dieser Stelle genommen habe, natürlich nicht im geschichtlich-wirklichen, sondern im geistigen Sinne.

4.

Dann haben wohl auch schon einige meiner Vorgänger bemerkt, daß so oft im Neuen Testament der Geist ohne nähere Bestimmung genannt wird, der *heilige* Geist zu verstehen sey, wie in Gal. 5. 22. die Frucht des Geistes ist &c., und Gal. 3, 5. Ich glaube aber, daß sich auch im Alten Testament jene

Unterscheidung anwenden läßt, wo es heißt: „der dem Volke, das auf der Erde ist, den Odem gibt und den Geist denen, die darauf gehen." *Ohne Zweifel* ist Jeder, der die Erde (das Irdische und Vergängliche) betritt, des heiligen Geistes theilhaftig, sofern er ihn von Gott empfängt. Es sagte mir auch der Hebräer, [51] jene zwei sechsflügelichten Seraphim bei Jesaias, die gegeneinander rufen und sprechen: „Heilig, heilig, heilig ist Gott, der Herr Zebaoth" seyen der eingeborne Sohn Gottes und der heilige Geist; und ich glaube, daß auch in dem Liede Habakuks die Worte, „in Mitten zweier Wesen wirst du erkannt werden", von Christus und dem heiligen Geiste zu verstehen seyen. Denn alles Wissen von dem Vater wird nur mitgetheilt durch die Offenbarung des Sohnes im heiligen Geiste, so daß diese beiden, die der Prophet lebende Wesen nennt, der Grund des Wissens von Gott dem Vater sind. Wie von dem Sohne gesagt wird, daß Niemand ausser ihm den Vater sehe, als wem er ihn will offenbaren, so sagt der Apostel (1 Cor. 2, 10.) von dem heiligen Geiste: uns hat Gott geoffenbaret durch seinen Geist; denn der Geist erforscht alle Dinge, auch die Tiefen der Gottheit. Ja selbst der göttliche Erlöser, wo er der göttlichen und *tiefern Lehren* erwähnt, die seine Jünger noch nicht fassen könnten, sagt zu den Aposteln: Ich habe euch noch viel zu sagen, — — wenn aber der Tröster, der heilige Geist kommt, der wird euch Alles lehren &c. (Joh. 16, 12.). Wie demnach der Sohn, der allein den Vater kennt, ihn nur offenbart, wem er will: so ist anzunehmen, daß auch der heilige Geist, der allein die Tiefen der Gottheit erforscht, Gott offenbart, wem er will. Denn „der Geist weht wo er will" (Joh. 3, 8.). Uebrigens darf man sich das nicht so denken, als ob der Geist nur vermittelst der Offenbarung des Sohnes erkenne. Denn wenn er nur durch diese den Vater erkennt, so kommt er aus dem Mitwissen zur Erkenntniß; nun ist es aber ebenso unfromm als ungereimt, einen heiligen Geist zu bekennen und ihm Mangel an Wissen zuzuschreiben. Er war aber auch nicht zuvor etwas Anderes, als heiliger Geist, so daß er auf dem Wege der Entwicklung heiliger Geist geworden wäre; und man kann nicht sagen, er habe, als er noch nicht heiliger Geist gewesen, nichts vom Vater gewußt, und erst nachdem er zur Erkenntniß gekommen, sey er heiliger Geist geworden; in diesem Falle würde er gewiß nie mit dem Wesen des unwandelbaren Gottes, Vaters und Sohnes zusammengedacht. Dieß ist nur insofern möglich, als er von Ewigkeit heiliger Geist war. Es sind jedoch die Worte „von Ewigkeit" und „war" und ähnliche Zeitbestimmungen, die wir gebrauchen, unverfänglich und mit Nachsicht zu nehmen, sofern ihre Bedeutung, eine endliche und zeitliche ist, das aber, wovon wir hier nach, mensch- licher Weise reden, seiner Natur nach alle Begriffe des endlichen Verstandes übersteigt.

5.

Hier scheint es mir am rechten Orte zu seyn, nach der Ursache zu fragen, warum der, welcher durch Gott wiedergeboren wird zur Seligkeit, sowohl des Vaters, als des Sohnes, wie des heiligen Geistes bedarf, und derselben nicht theilhaftig würde ohne die drei, auch nicht des Vaters oder des Sohnes innewerden kann, ohne den heiligen Geist. Bei dieser Frage müssen wir wohl vor allem die eigenthümliche Thätigkeit des heiligen Geistes und die eigenthümliche des Vaters und Sohnes beschreiben. [52] Gott der Vater nehmlich, der das All zusammenhält, reicht bis zu jedem Einzelnen, indem er jedem aus seinem eigenen Seyn das Daseyn mittheilt, denn er ist der Seyende: geringer im Verhältniß zum Vater ist der Sohn, der nur die vernünftige Welt durchdringt: denn er ist der zweite nach dem Vater. Noch eine Stufe niedriger steht der heilige Geist, welcher nur über die Heiligen sich verbreitet; so daß dem zu Folge die Macht des Vaters über dem Sohne und heiligen Geiste steht; größer ist wiederum die des Sohnes, als die des heiligen Geistes; und ebenso steht auch die Macht des heiligen Geistes weit über den übrigen heiligen Wesen. Die eigenthümliche Kraft des heiligen Geistes also beschränkt sich nicht erst durch die leblose oder belebte, die vernünftige oder vernunftlose Natur, denn sie geht nicht auf die vernünftige Welt, die noch im Argen liegt, sondern ganz allein auf diejenigen vernünftigen Wesen, die sich zum Bessern wen- den und Christi Wege gehen, d. h. in guten Werken und in Gott bleiben.

6.

Daß aber die Thätigkeit des Vaters und Sohnes in Allen, Sündern wie Heiligen, ist, dieß geht daraus hervor, daß alle vernünftigen Wesen des Logos theilhaftig sind und eben dadurch den Samen der Weisheit und Gerechtigkeit in sich tragen, welcher ist Christus. Der Ausspruch „ich bin, der ich bin" (Ex. 3, 14.) beweist, daß Alles was ist, aus Gott urständet, und mithin die Thätigkeit des Vaters alles Seyn, Gutes und Böses, Vernünftiges und Unvernünftiges durchgreift. Auch lehrt Paulus, daß Alle an Christo Theil haben, Röm. 10, 8.; Christus, will er sagen, ist in Aller Herzen, weil sie nur durch Theilhaftigwerdung des Wortes vernünftig sind (λογου μετεχοντες λογικοι εισιν). So sagt Christus Joh. 15, 22. „wenn ich nicht gekommen wäre, so hätten sie keine Sünde &c.", was denen wohl verständlich ist, die wissen, bis zu welchem Zeitpunkt der Mensch ohne Sünde ist, und von wo an er der Sünde verfallen ist. Der Mensch hat Sünde von dem Innewerden der Vernunft an; sobald er nehmlich des Erkennens mächtig ist, und die ihm inwohnende Vernunft die Unterscheidung des Guten und Bösen an die Hand gibt, so daß er mit Bewußtseyn Böses thut, dann ist er der Sünde verfallen. Daher heißt es: „sie haben keine Entschuldigung für ihre Sünde", sobald ihnen der göttliche Logos den Unterschied des Bösen und Guten zu Gemüthe geführt hat. Daß ferner die ganze Menschheit nicht von der Gemeinschaft Gottes ausgeschlossen ist, lehrt der Erlöser im Evangelium: das Reich Gottes ist in Euch (Luc. 17, 21.). Ist es aber nicht wohl dasselbe, wenn Genes. 2, 7. gesagt wird: „Er blies ihm ein den Odem des Lebens &c."? Ist dieser allgemein allen Menschen gegeben, so haben alle einen Theil aus Gott.

7.

Ist es dagegen vom heiligen Geiste zu verstehen, weil Einige gefunden haben wollen, daß Adam Prophet gewesen, [53] so darf man es eben deswegen nicht allgemein, sondern nur in Beziehung auf die Heiligen nehmen. Auch zur Zeit der Fluth, da alles Fleisch den Weg des Herrn verlassen hatte, finden wir den Ausspruch Gottes über die Unwürdigen und Sünder: mein Geist wird fortan nicht in jenen Menschen bleiben, weil sie Fleisch sind; zum klaren Beweis, daß der gött- liche Geist von jeden Unwürdigen genommen wir . Vergleiche Ps. 103, 29., wo vom heiligen Geiste gesagt ist, er werde nach Vertilgung der Sünder sich ein neues Volk schaffen, das den alten Menschen durch die Erneuerung im Geiste ablegen und ein neues Leben beginnen werde. Mit vollem Recht sagen wir also, der heilige Geist wohne nicht in Allen, nicht in denen, die Fleisch sind, sondern nur in den Wiedergeborenen. Daher wurde auch von den Aposteln nach der Taufhandlung durch Händeauflegen die Gnade und Offenbarung des heiligen Geistes mitgetheilt. Und selbst der göttliche Erlöser spricht nach seiner Auferstehung, als schon das Alte vergangen und Alles neu geworden war, als ein neuer Mensch und der Erstling unter denen, die da schlafen, zu den durch den Glauben an seine Auferstehung ebenfalls erneuerten Aposteln: nehmet hin den heiligen Geist. Dieß ist es, was der Herr im Evangelium von den neuen Schläuchen sagt (Marci 9, 16. 17). Sonach geht die Thätigkeit des Vaters und Sohnes ohne Ausnahme auf die ganze Schöpfung: der Wirksamkeit des heil. Geistes haben sich nur die Frommen zu erfreuen. Daher heißt es: „Niemand kann Jesum einen Herrn heißen, ohne durch den heiligen Geist" (1 Cor. 12, 3.); und an einer andern Stelle werden die Apostel (Apostelgesch. 1, 8.) nur erst später gewürdigt, ihn zu empfangen. Daraus leite ich auch die Folge ab, daß einer, der sich an des Menschen Sohn versündigt hat, Vergebung erlangen kann, weil der der göttlichen Vernunft ($\lambda o \gamma o \varsigma$) Theilhaftige, wenn er aufhört vernünftig zu handeln, in Unwissenheit und Thorheit gefallen seyn kann und deswegen Verzeihung verdienen mag; wer aber einmal der Mittheilung des heiligen Geistes gewürdigt und wieder rückfällig geworden ist, der hat durch Werk und That den heiligen Geist gelästert. Nur glaube man nicht, wir haben dadurch, daß wir dem heiligen Geiste blos Thätigkeit in den Heiligen zuschreiben, die Wirksamkeit des Vaters und Sohnes dagegen auf Gute und Böse ergehen lassen, den Geist dem Vater oder Sohne vorgezogen oder ihm einen höhern Hang angewiesen; der Schluß wäre ganz unrichtig. Wir haben nur die Eigen- thümlichkeit seines Wirkens beschrieben. [54] Auch der Vater hat wieder eine eigenthümliche Thätigkeit ausser jener, vermöge welcher er Allem das Daseyn verleiht: und der Sohn hat einen eigenen Wirkungskreis in denen, welchen er die Vernünftigkeit verleiht, indem er schafft, daß sie, was sie sind, recht sind. Ebenso ist auch die Gnade des Geistes, die den Würdigen zukommt, durch Christum vermittelt, von dem Vater gewirkt nach Verdienst derer, die derselben fähig werden. Dieß meint der Apostel, wenn er die ganze göttliche Wirksamkeit als Eine darstellt, 1 Cor. 12, 4. 5. 6. Es sind mancherlei Gaben, aber es ist Ein Geist &c. &c., was mithin eine Gabe des Geistes heißt, wird vermittelt durch den Sohn und gewirkt vom Vater. „Alles, aber wirkt Ein- und derselbe Geist", 1 Cor. 12, 11.

8.

[55] Doch, nehmen wir den Faden der Untersuchung wieder auf. Gott als Vater gibt Allem das Seyn: die Einwirkung Christi, weil er die göttliche Vernunft ist, schafft die Vernünftigkeit. Das Vernünftige nun kann verdienstvoll oder schuldig seyn. Weil es der Tugend und der Sünde fähig ist. Dazu kommt nun nothwendigerweise die Mitwirkung des heiligen Geistes, damit das, was seinem Wesen nach nicht heilig ist, es werde durch Mittheilung desselben. Wenn wir also das Seyn aus dem Vater, die Vernünftigkeit aus dem Logos, die Heiligung aus dem heiligen Geiste empfangen, so wird wiederum Christi, sofern er die Gerechtigkeit ist, nur derjenige theilhaftig, der schon durch den heiligen Geist geheiligt ist; und wer durch die Heiligung des Geistes bis auf diese Stufe gelangt ist, der wird nichts destoweniger die Gabe der Weisheit durch die Wirksamkeit des Vaters erhalten. Dieß nehme ich für den Sinn der paulinischen Rede, „es sind mancherlei Wirkungen, aber es ist Ein Gott, der da wirket Alles in Allen". Daher ist auch die Wirksamkeit des Vaters, vermöge welcher Alles ist, herrlicher und erhabener; während einer durch das Innewerden Christi, als der Weisheit, der Erkenntniß und der Heiligung, noch fortschreitet und zu hohem Stufen gelangt; und durch Inwohnung des heiligen Geistes erst reiner und geläuterter wird, und nur erst nach Reinigung und Vertilgung aller Flecken der Unwissenheit und Verderbniß zu dem Grade von Reinheit und Lauterkeit gelangt, daß sein von Gott empfangenes Seyn so ist, wie es Gottes, der das Seyn

immerhin rein und vollkommen gibt, würdig ist: daß das Seyn gleich würdig ist, wie der Urheber des Seyns. So wird auch, wer den Zwecken seines Urhebers vollkommen entspricht, ein ewiges und unendliches Bestehen der Tugend von Gott erlangen. Um dahin zu gelangen, und damit unaufhörlich und unzertrennlich, neben dem, der ist, das sey, was von ihm erschaffen ist, bedarf es der Weisheit, um dasselbe durch die fortwährende Kräftigung und Heiligung des heiligen Geistes, vermöge welcher es allem Gott fassen kann, zur Vollkommenheit zu führen. So können wir also nur durch die fortgesetzte Einwirkung des Vaters, Sohnes und Geistes auf uns, durch die verschiedenen Stufen der Vervollkommnung, wenn je einmal, das heilige und selige Leben anschauen: in welchem wir, da wir nur durch viele Kämpfe dahin gelangen konnten, auch so verharren müssen, daß uns niemals eine Uebersättigung von diesem Gute anwandeln darf; vielmehr, je mehr wir von jener Seligkeit genießen, um so mehr muß auch die Sehnsucht danach in uns erweitert und verstärkt werden, indem wir Vater, Sohn und Geist immer inbrünstiger fassen und festhalten. Wenn je einmal einen von denen, die auf der höchsten Stufe des vollkommenen Lebens stehen, Uebersättigung ergreifen sollte, so glaube ich doch nicht, daß er plötzlich entleert würde und abfiele: sondern er müßte allmählich und Stufenweise versinken. Und wenn auch einer augenblicklich zu Fall käme, so wird er, wenn er sich wieder besinnt und umkehrt, doch nicht ganz fallen, sondern sich bald erholen und das Versäumte wieder einbringen können.

9.

56 Um ein solches Versehen (Cap. IV. *Schwachheitssünde*) zu verdeutlichen, wollen wir uns eines Gleichnisses bedienen. Ein Geometer z. B., ein Arzneikundiger u. dgl. der seine Wissenschaft durch langen Unterricht und eigene Uebung vollkommen erlernt hat, ein solcher hat wohl nicht zu befürchten, daß er als Gelehrter einschlafe, und wenn er aufwache, von seiner Kunst nichts mehr wisse. (Eine zufällige Verletzung oder Schwächung kann nicht hieher gezogen werden, sie entspricht dem beabsichtigten Gleichnisse nicht). So lang also der Arzt, oder Geometer sich im Nachdenken über seine Kunst und in verständigen Versuchen übt, bleibt ihm auch seine Wissenschaft. Wofern er aber sich der Uebung und dem Fleiße entzieht, fällt ihm anfangs Eines nach dem Andern aus, dann Mehreres, und so vergißt er mit der Zeit Alles. Doch ist es möglich, daß er, wenn er von anfänglichen und unbedeutenden Rückschritten wieder umkehrt und es nicht weiter kommen läßt, das Verlorne einhole und das Halbvergessene wieder lerne. Dasselbe ist es bei dem, der sich auf göttliche Wissenschaft und Weisheit legt, dessen Kenntniß und Fleiß alles

Aehnliche unvergleichbar weit übertreffen muß: mögen wir nun auf den Wachsthum des Wissens sehen, oder auf dessen Abnahme in Folge des angenommenen Gleichnisses; zumal wenn wir den Ausspruch des Apostels (2 Cor. 3, 18.) beherzigen, daß wir die (Vollkommenen,) die Herrlichkeit Gottes von Angesicht zu Angesicht schauen werden.

10.

Jedoch, wir sind da, wo wir die göttliche Einwirkung des Vaters, Sohnes und Geistes auf uns entwickeln wollten, auf eine Abschweifung [57] gerathen, und haben dabei die Lehre von der Seele, wenn auch nur kurz, berühren zu müssen geglaubt. Indem wir aber nun zu der Lehre von der vernünftigen Schöpfung übergehen, finde ich es geneigter, von den vernünftigen Wesen überhaupt nach ihrer dreifachen Abstufung in einem eigenen Abschnitt zu reden.

VIERTER ABSCHNITT. (V. CAP.)
VON DEN VERNÜNFTIGEN WESEN.

1.

An die möglichst kurze Darstellung der Lehre von dem Vater, dem Sohne, und dem heiligen Geiste, reiht sich die Untersuchung über vernünftige Wesen an; und zwar über ihre Abstufungen, ihre Ordnungen, und die Dienste der heiligen, wie der bösen Mächte; endlich auch über solche, die zwischen den guten und bösen in der Mitte stehen, und noch im Kampfe [58] begriffen sind. Wir finden in der hl. Schrift häufig die Namen von Ordnungen und Verrichtungen guter oder böser Engel. Vorerst geben wir diese; dann die Frage nach ihrer Bedeutung. Einige gute Engel nennt Paulus (Hebr. 1, 14.) „dienstbare Geister", ferner finden wir bei ihm (ich weiß nicht, woher [59]) die Benennung „Thronen, Herrschaften und Fürstenthümer" u. s. w. und nach Aufzählung aller dieser setzt er, andeutend, daß es noch andere Stände und Ordnungen vernünftiger Wesen gebe (Eph. 1, 21.), hinzu: (Christus sey) über alles, was genannt mag werden, in dieser und jener Welt. Er gibt somit zu verstehen, daß es außer den genannten noch andere gebe, die in dieser Welt genannt werden, ohne von ihm aufgezählt oder sonst Jemanden bekannt zu seyn, und wieder andere, die in dieser Welt nicht, sondern nur in der zukünftigen werden genannt werden.

2.

Nun wird aber alles Vernünftige, das die Grenzen und Vorschriften der Vernunft überschreitet, durch die Verletzung des Guten sündhaft. Alle vernünftige Schöpfung also ist der Ehre und des Vorwurfs fähig: der Ehre, wenn sie nach der ihr inwohnenden Vernunft zum Bessern fortschreitet, des Vorwurfs, wenn sie von der Bahn des Rechten abweicht; mithin unterliegt sie auch der Belohnung und Bestrafung. Dieß muß denn auch vom Teufel selbst und seinen Anhängern die seine Engel heißen, gelten. Doch um mit unserm Gegenstande bekannt zu werden, wollen wir zuerst ihre Namen aufzählen. Der Name Diabolos, Satan, Poneros kommt häufig vor; auch wird er als Kind Gottes bezeichnet. Ebenso werden Engel von ihm, und der „Fürst dieser Welt" genannt; ob dieß der Teufel selbst oder ein Anderer sey, wird nicht klar gemacht. Auch kommen Fürsten dieser Welt vor, die eine Weisheit besitzen, „welche zu nichte werden" soll. Ob dieß nun eben jene Mächte sind, mit denen wir im

Kampfe leben, oder andere, dieß scheint mir kaum ermittelt werden zu können. Nach den Herrschaften werden nehmlich auch Mächte genannt, gegen die wir zu kämpfen haben; dasselbe haben wir auch gegen die Fürsten dieser Welt, und gegen die Herrscher der Finsterniß zu thun. Ferner spricht der Apostel von Geistern der Bosheit unter den Himmlischen. Was ist nun besonders von den bösen und unreinen Geistern, den Dämonen, in den Evangelien zu halten? Wiederum werden himmlische Wesen mit gleichem Namen genannt, welche übrigens im Namen Jesu die Knie beugen, oder beugen werden: ferner irdische und unterirdische, wie sie Paulus der Reihe nach aufzählt. In der Lehre von den vernünftigen Naturen dürfen dann auch wir Menschen nicht übergangen werden, die wir immerhin für vernunftbegabte Geschöpfe gelten; ebenso ist nicht zu vergessen, daß unter uns Menschen Klassen gemacht werden, wenn es heißt, (Deut. 32, 9.): „Des Herrn Theil ist sein Volk Jakob, Israel [60] die Schnur seines Erbes:" Als ein Theil der Engel werden auch die übrigen Völker (V. 8.) aufzählt: Als der Höchste die Völker vertheilte, und die Söhne Adams zerstreue, da setzte er der Völker Grenzen, nach der Zahl der *Engel Gottes*. Mithin ist unter den übrigen der vernünftigen Wesen auch die Vernünftigkeit der menschlichen Seele ein Gegenstand der Untersuchung. [61]

3.

Wir haben nun die Namen so vieler Gattungen von dienstbaren Geistern, deren wirkliches Daseyn nicht bestritten werden kann, [62] so fragt sich, ob der Urheber aller Dinge einige von ihnen gleich von Anfang so heilig und selig erschaffen habe, daß sie für das Gegentheil schlechthin unempfänglich wären: andere so, daß sie sowohl des Guten als des Bösen fähig werden könnten; wieder andere so, daß sie für die Tugend durchaus unempfänglich waren. Nehmen wir nun zuerst die Namen besonders vor, so früge sich, ob die „heiligen Engel" seit ihrem Daseyn immer heilig waren, es sind und seyn werden, ohne jemals einen Flecken der Sündhaftigkeit annehmen zu können? ferner, ob die sogenannten „heiligen Gewalten", vom Augenblick ihrer Schöpfung an, gegen irgend welche, und zwar solche Untergebene ihre Macht auszuüben anfingen, deren ursprüngliche Bestimmung die Unterwürfigkeit wäre? ob die „Mächte" von Natur Machtvollkommenheit haben, oder durch ihr Verdienst, durch den Lohn der Tugend, dazu gelangt sind? Ob die „Thronen" den unbe- weglichen Sitz der Seligkeit, [63] die „Herrschaften" ihre Herrschaft durch den bloßen Willen des Schöpfers, zugleich mit ihrem Hervortreten in's Daseyn, als natürliches, unentreißbares Vorrecht erhalten, nicht aber vermöge ihres Fortschreitens erreicht haben? Wollten wir dieß so unbedingt bejahen, so müßten wir folgerichtig dasselbe auch von den Geistern der entgegengesetzten Bestimmung gelten lassen. Wir müßten sagen, daß die Mächte, gegen die wir zu kämpfen haben, eben jenes starre Widerstreben gegen alles Gute nicht in Folge einer freiwilligen Abweichung vom Guten angenommen, sondern wesentlich und ursprünglich in sich tragen. Ebenso müßten die Fürsten der Finsterniß, die bösen, die unreinen Geister, die Dämonen u. s. w. nicht durch die Verkehrtheit ihres Zweckes, sondern durch ihr Verhängniß gefallen seyn. Ist aber dieß ungereimt (wie es denn gewiß ungereimt ist, die Ursache des Bösen in den bösen Geistern, abgesehen von der Richtung ihres freien Willens, schlechthin dem Schöpfer zuzuschreiben); wie sollten wir nicht genöthigt seyn, ebenso auch in den guten und heiligen Kräften keine Urwesentlichkeit des Guten anzuerkennen, welche, wie wir bewiesen haben, nur Christo und dem heiligen Geiste und natürlich auch dem Vater zukommt? Denn das Göttliche [64] leidet keine Zusammensetzung, so daß ihm jene Eigenschaft erst zufallen könnte. Und daraus geht denn hervor, daß [65] aller Abfall die natürliche Folge der eigenen Willensrichtung ist; und daß, sowie die höheren Geister nicht nach einem Vorzugsrechte, sondern nach ihrem sittlichen Verdienst ihren Rang behaupten, die vernünftigen Geschöpfe überhaupt nur durch Trägheit und Erschlaffung in irdische Leiber versanken, und, weil sie in ihrem frühern Zustande gesündigt haben, hier gleichsam an einem Strafort sich befinden. Sie fallen aber, wie wir schon (Absch. 4. §. 9.) gezeigt haben, nicht plötzlich, sondern sinken allmählich von einer Stufe zur andern, bis sie auf die unterste, die fleischliche gelangen, nachdem sie verschiedene Umwandlungen durchgemacht haben.

4.

Damit es übrigens nicht scheine, wir reden von so hohen und wichtigen Dingen nur nach den Folgerungen der Vernunft und wollen dem Leser bloße Muthmaßungen als Ueberzeugung aufdringen, sehen wir uns nach Zeugnissen der Schrift um, kraft deren unsere Ansicht glaubhafter würde. Vorerst, was lehrt die Schrift von den bösen Geistern? Wir finden bei Ezechiel (c. 26. und 33.) zwei Weissagungen an den Fürsten von Tyrus, deren erste man, ohne die zweite gelesen zu haben, leicht auf einen wirklichen Fürsten von Tyrus beziehen könnte. Setzen wir inzwischen die erste ganz bei Seite: und nehmen einen Beleg aus der zweiten, weil diese offenbar nicht von der Person eines Menschen, sondern von einer höhern Macht zu verstehen ist, [66] welche gefallen und zum Gemeinen und Schlechten herabgesunken; so ergibt sich daraus aufs klarste, daß jene feindlichen und bösartigen Mächte nicht als solche erschaffen, sondern erst aus guten zu schlechten geworden sind; und daß ebenso jene seligen Geister nicht ihrem Wesen nach so beschaffen sind, daß sie für das Gegentheil, auch wenn sie sich vergäßen und ihren seligen Zustand, einen Augenblick außer Acht setzten, schlechthin unempfänglich wären. Denn wenn der sogenannte Fürst von Tyrus, wie es heißt, „unter den Heiligen und ohne Wandel" war, „im Lustgarten Gottes," mit der Krone der Herrlichkeit und Schönheit geschmückt, wie konnte er geringer seyn, als irgend der Heiligen Einer? Können wir uns doch jene heiligen und seligen Kräfte mit keiner größeren Auszeichnung denken, warum sollte er also nicht zu diesen gehören? Betrachten wir nur die eigenen Worte Ezechiels (c. 28, 12. sqq.), wer würde dabei an einen Menschen oder einen Heiligen, geschweige an einen Fürzen von Tyrus denken? was wird er von den „feurigen Steinen" halten, unter denen Jemand „wandelte"? Was läßt sich „Fleckenloses vom Tage seines Werdens an" denken, das nachher sich voll „Frevel" fand, so daß es auf die Erde ver- stoßen wurde? Und doch ist dem also. Ein deutlicher Beweis, daß, was hier von einem Fürsten von Tyrus gesagt, von einer widerstrebenden Kraft zu verstehen ist, die zuvor heilig und selig gewesen, von ihrer Seligkeit aber, nachdem Frevel in ihr erfunden worden, herabgestürzt und auf die Erde geworfen ist, und daß er also nicht seiner ursprünglichen Bestimmung nach in diesem Zustande sich befand. Vielleicht ist hier ein Engel gemeint, dem der besondere Dienst des tyrischen Volkes und die Hut ihrer Seelen aufgetragen war. Was für ein Tyrus, ob das phönicische oder ein ideales, und welche tyrische Seelen, die Bewohner des irdischen oder die des idealen Tyrus gemeint seyen, dieß zu untersuchen, ist dieses Orts nicht. Es sind dieß zu wichtige und geheimnißvolle Gegenstände, als daß wir sie nur so im Vorbeigeben mitnehmen dürften: sie erfordern vielmehr ein eigenes Werk.

5.

Ein Aehnliches ist es mit den Aeußerungen des Jesaja (14, 12. flg.) über ein anderes dämonisches Wesen. Offenbar war es nach diesen ein „Lichtträger," der vom Himmel fiel; denn, wäre er, wie Einige meinen, [67] das Wesen der Finsterniß, wie könnte er vorher der Träger des Lichtes geheissen haben? Wie könnte er mit dem Morgen aufgehen, wenn er keine Gemeinschaft mit dem Lichte hatte? Der Herr vergleicht seinen Fall mit einem Blitz (Luc. 10, 13.); ganz bezeichnend, er war einst ein Licht. Nun vergleicht der Herr seine eigene glorreiche Ankunft (Matth. 24, 27.) ebenfalls mit dem Blitze. Mithin muß auch der Gefallene einst im Himmel gewesen seyn, zu den Heiligen gehört und an dem Lichte Antheil gehabt haben, vermöge dessen es „Engel des Lichtes" gibt, und die Apostel von dem Herrn „das Licht der Welt" genannt werden. So war auch er ein Licht, ehe er sich verkehrte und in solche Tiefe fiel, daß seine Herrlichkeit in den Staub getreten, und seine Gestalt in einen irdischen Körper verwandelt wurde. [68] Dieß ist eben das Loos der, Gottlosen, daß sie durch ihre frühere Trägheit in irdische Körper versunken sind, und deßwegen heißt auch jener der Fürst dieser Welt, nehmlich dieser irdischen Behausung. Denn er übt eine Herrschaft aus über alle, die in gleiche Verkehrtheit mit ihm gefallen sind: wie gesagt ist, „die Welt liegt im Argen", d. h. im Abtrünnigen. Daß er der Abtrünnige sey, sagt der Herr auch bei Hiob (40, 20): Wirst du den Drachen herziehen mit dem Hamen, den Abtrünnigen? [69] daß der Drache hier der Teufel ist, ist klar. Gewiß gehört aber dazu eine grenzenlose Selbstvergessenheit und Trägheit, wenn Geister so weit versinken und entkräftet werden, daß sie vermöge ihrer Lasterhaftigkeit an den groben Körper des unvernünftigen Viehes gefesselt [70] werden können. Wenn also feindliche Kräfte genannt werden, die früher ohne Wandel gewesen, die Wandellosigkeit aber außer dem Vater, Sohn und Geiste Niemand wesentlich zukommt, sondern, alle Heiligkeit des Geschöpfes nur zufällig ist, das Zufällige aber auch abfallen kann: wenn ferner nicht nur jene widerstrebenden Kräfte einmal fleckenlos waren, sondern unter denselben auch solche, die jetzt noch ohne Wandel sind; so folgt, daß überhaupt kein Wesen weder von Natur wandellos, noch von Natur befleckt seyn könne. Diesen Folgerungen gemäß müssen wir annehmen, daß einige (Geister) freiwillig in der Zahl der Heiligen und im Dienste Gottes seyen, andere durch eigene Schuld von der Heiligkeit abgefallen, und sich soweit verirrt haben, daß sie sich gerade auf das entgegengesetzte Extrem wandten; so wie wir auch von uns annehmen, daß es ganz in unsrer freien Bewegung liege, ob wir heilig und selig seyen, oder durch Trägheit und Selbstvergessenheit soweit sinken, daß eine ganz entgegengesetzte Macht in uns zur Herrschaft gelangt. [71]

FÜNFTER ABSCHNITT. (VI. CAP.) VOM ENDE ODER DER VOLLENDUNG.

1.

Das Ende (die Vollendung)[72] ist die Erscheinung der in sich vollendeten Welt. Ich habe jedoch gleich zu bemerken, daß zum Verständniß so tiefer und schwieriger Gegenstände ein gebildeter und reiner Sinn erforderlich ist, wenn je Einer nach dem Verständniß derselben ein Verlangen trägt: damit nicht, wer die Sache unfruchtbar fände, sie für eitel und nutzlos erkläre, oder wer schon zum Voraus dagegen eingenommen ist, sie sonst verketzere [73] und nicht nach Gründen, sondern aus persönlichem Vorurtheil verdächtige. Uebrigens wird die Sache hier mit Vorsicht vorgetragen, indem wir mehr eine Untersuchung einleiten, als Behauptungen aufstellen. Was die Kirchenlehre bestimmt enthält, haben wir oben angegeben, wo wir bestimmte [74] Lehrsätze aufstellten. Hier handelt es sich nur um Fragen. Die Vollendung also wird eintreten, wenn Jeder nach Verhältniß seiner Vergehungen gestraft werden wird: die Zeit der Vergeltung weiß Gott allein. Jedoch nehmen wir an, daß die Güte Gottes durch Christum, nach Besiegung und Unterwerfung seiner Feinde, alles Erschaffene zur Einheit der Zwecke zurückführen werde. So redet die Schrift, Ps. 110, 1. und wenn der prophetische Sinn dieser Rede nicht klar genug ist, hören wir den Apostel 1 Cor. 15, 25., und wenn auch hier das „unter die Füße legen" nicht verständlich wäre, so sagt er im Nachfolgenden: Ihm muß alles Unterworfen werden. — Diese Unterwerfung unter Christus ist nun wohl keine andere, als die auch uns wünschenswerthe der Apostel und überhaupt der Heiligen unter seinen Bekennern. Sie bezeichnet das Heil aus Christus für die, die ihm unterthan sind. Ps. 62, 1.

2.

Von jenem Ende, da alle Feinde Christo sich unterwerfen werden, und der letzte Feind, der Tod, vernichtet seyn, und Christus, dem dann Alles unterthan ist, die Herrschaft in die Hände des Vaters niederlegen wird; von jenem Ende, sage ich, wollen wir zurückgehen auf den Anfang. Denn immer ist Ende und Anfang gleich. [75] Wie nun Alles Ein Ende, so hat Alles auch Einen Anfang: wie die Vielheit Ein Ende hat, so entspringen die Veränderungen und Abstände der Vielheit aus Einem Anfang, und werden nur durch die Güte Gottes, durch die

Unterwerfung unter Christum, und durch die Einigung [76] des heiligen Geistes zu Einem Ende, das dem Anfang gleich ist, hingeführt. Denn indem Alles im Namen Jesu die Kniee beugen wird, gibt es ja eben damit seine Unterwerfung zu erkennen. In der dreifachen Bezeichnung „was im Himmel, auf der Erde und unter der der Erde ist", nehmlich das ganze All. Sofern aber dieses All nicht die wesentliche Vollkommenheit ist, geht es von seinem Ursprung ab, und in unendlichem Wechsel und unzählbaren Spaltungen auseinander: und das Einzelne durchläuft nach seinem innern Werthe die verschiedenen Stufen. Nur in der Gottheit haftet das unwandelbare Gute. Allen übrigen Wesen ist es zufällig und somit verlierbar; auch sind diese nur zufällig und somit verlierbar; auch sind diese nur so lang in einem seligen Zustande, als sie an der Heiligkeit und Weisheit, an der Gottheit selbst, Antheil haben. Denn wenn sie diesen Antheil vernachläßigen oder verleugnen, und nicht stets über sich wachen, so ist es ihre eigene Schuld, daß sie dann früher oder später, mehr oder weniger zu Falle kommen. Eben um dieser Verschiedenheit willen hat das göttliche Gericht, das Jedem nach seinen bessern oder schlimmeren Bestrebungen sein Verdienst zumißt, gewisse Ordnungen bestimmt. So wird der, welcher dem Anfang, zu dem wie gesagt das Ende zurückkehren soll, am meisten treu geblieben, in der künftigen Weltordnung seine Stelle entweder als Engel, oder als urwesentliche Kraft, oder als Gewalt, oder als Herrscherstuhl über Unterthanen, oder als Herr über Diener bekommen. Dieß Alles nach Verhältniß ihrer Fortschritte in der Gottähnlichkeit. Diejenigen dagegen, welche zwar gestrauchelt und gewankt haben, doch nicht völlig gesunken sind, werden jenen zur Leitung und Besserung untergeben werden, und ihnen Dienste und Handreichung thun, um dereinst von ihnen gebildet in den Stand der Seligen zurückgeführt werden zu können. Und vielleicht wird gerade aus diesen, die den Engeln und Fürsten und Gewalten unterthan sind, oder anstatt ihrer, das Menschengeschlecht in einer der folgenden Weltordnungen wiederhergestellt, wo nach der Weissagung Jesaja's Himmel und Erde neu seyn werden. [77] Von welcher Wiederbringung auch Christus im Gebete Joh. 17, 20—23. spricht; wie auch Paulus, in Hinsicht auf dieselbe, tröstet (Eph. 4, 13.) und ermahnt. (1. Cor. 1, 10.).

3.

Uebrigens ist nicht zu vergessen, daß es auch Geister gibt, die dem Ursprung gänzlich entfremdet und so sehr in Verderben und Bosheit versunken sind, daß sie jene Durchbildung, vermöge welcher das Menschengeschlecht durch den Beistand der höhern Geister wieder herangezogen wird, nicht verdienen: sondern im Gegentheil als Feinde und Widersacher der zu erziehenden auftreten. [78] Daher die Kämpfe, in welche das Le- ben des Sterblichen verwickelt ist, mit denen, die völlig abgefallen sind, dem Teufel und seinen Engeln, und mit den übrigen Gestalten des Bösen, die der Apostel unter den feindlichen Kräften begreift. Es ist nun kein Zweifel, daß auch aus den Reihen dieser Wesen noch einige, da sie doch noch die Freiheit des Willens haben, irgend einmal in einer der künftigen Welten zum Guten umkehren können. Wenigstens steht diese Seite der Geisterwelt weder in dieser noch in jener (der unsichtbaren) Weltordnung der endlichen Wiederbringung entgegen. Inzwischen sind alle jene Geister nach Maasgabe ihres Werthes und Verdienstes theils in der sichtbaren, theils in der unsichtbaren Welt so gestellt und verwendet, daß sie, wenn sie sich zum Guten bekehren wollen, entweder in der ersten, oder zweiten, oder auch in der letzten der Welten den Erziehungszustand des Menschengeschlechtes durchlaufen, und so zu ihrem Uranfang zurückkehren. Zum Theil freilich erst, nachdem sie in jenem Zustande längere oder kürzere Strafen und Qualen getragen, und durch die Leitung der Engel, oder noch höherer Kräfte auf den Weg der Besserung gebracht worden. Und nachdem sie so die verschiedenen Erziehungsstufen unter der himmlischen Führung durchlaufen haben, mögen sie wieder zum unsichtbaren und Unvergänglichen Wesen der Gei- ster [79] gelangen. Es folgt aber zugleich aus dieser Entwicklung, daß alle vernünftigen Wesen von einer Stufe auf die andere übergehen, und somit diese alle nacheinander durchlaufen können, je nachdem sie in Folge ihres freien Willensgebrauches größere Fortschritte im Guten oder Rückschritte machen; und daß daher auch alle den Gang der Menschheit durchgehen können, nicht auf einmal, sondern in öfteren Zwischenräumen, ebenso, daß wir und die Engel in einer künftigen Ordnung Dämonen werden, wenn wir nachgelassen haben, und wiederum Dämonen, wenn sie sich zur Tugend ermannt haben, zur Würde der Engel gelangen werden.

4.

Da aber Paulus einen Unterschied macht zwischen dem Sichtbaren oder Zeitlichen und Unsichtbaren oder Ewigen: so fragt sich's, inwiefern das Sichtbare gerade das Zeitliche sey, ob etwa darum, weil nach dieser Zeit in dem künftigen Daseyn, wo die Zerspaltung des Uranfänglichen zur Einheit zurückgeführt werden soll, überall Nichts seyn wird, oder weil nur die äußere Form des Sichtbaren vergehen, das Wesen aber darum nicht verändert wird. Paulus scheint für das letztere zu seyn, wenn er sagt: „die Gestalt (σχημα) dieser Welt vergeht" (1 Cor. 7, 13.). Und dasselbe scheint David anzudeuten Ψ. 102, 27. „Die Himmel — werden veralten wie ein Kleid" &c. Denn wenn die Himmel verwandelt werden, so geht doch nicht unter, was verwandelt wird; ebenso, wenn die Gestalt der Welt vergeht, ist es nicht eine Vernichtung des Stoffes, sondern eine bloße Umwandlung der Form und Beschaffenheit. Denselben Sinn hat die Stelle Jes. 66, 22. Die Erneuung des Himmels und der Erde, die Umwandlung der gegenwärtigen Form der Welt erwartet ohne Zweifel diejenigen, welche auf dem oben nachgewiesenen Wege zum Ziele der Seligkeit fortschreiten, welchem Ziele sich auch die Feinde unterwerfen sollen, und in welchem Gott Alles in Allen seyn wird. Wenn ich nun sage, daß dann die Körperwelt ganz aufhören werde, so bleibt dabei unbegreiflich, wie so viele und so große Wesen ohne Körper leben und fortdauern könnten, da es doch dem Wesen des Vaters, Sohnes und Geistes eigen ist, ohne körperlichen Stoff und außer aller Berührung der Materie gedacht werden zu können. [80] Ein Anderer sagt vielleicht, daß in der Vollendung aller körperliche Stoff so rein und lauter seyn werde, wie man sich den reinen Himmelsäther denkt. Das Gewissere aber weiß allein Gott, und etwa dessen Freunde durch Christum und den heiligen Geist.

SECHSTER ABSCHNITT. (VII. CAP.) VOM KÖRPERLICHEN UND UNKÖRPERLICHEN.

1.

Was wir oben von den vernünftigen Wesen als Anhang zu der Lehre von Gott (dem Vater, dem Sohne und dem Geiste) vorgetragen haben, sind mehr Schlüsse des Verstandes als wirkliche Glaubenslehren. Nun setzen wir im Folgenden die Betrachtung unseres kirchlichen Dogma's fort. *Geschaffen* sind alle vernünftigen Wesen und Seelen, heilige oder unheilige. Diese alle aber sind ihrer Natur nach unkörperlich. Gleichwohl sind sie nichts desto weniger erschaffen, weil Alles (nach Joh. 1, 2.) von Gott durch Christum erschaffen ist. Auch Paulus, der sie ihrer Zahl und ihrem Range nach beschreibt, erklärt Alles für Geschöpfe Christi (Col. 1, 16.) das Sichtbare und Körperliche, wie das Unsichtbare und Vergängliche; dieses Unsichtbare aber ist doch wohl nichts Anders als die unkörperlichen, geistigen Wesen. Nun führt er von diesen Körper- und Geisterwesen im Fol- genden einzelne Arten an, wie Thronen, Herrschaften, Fürstenthümer, Gewalten und Kräfte. Dieß leitet unsere Betrachtung auf Sonne, Mond und Sterne, welche wohl auch zu den Fürstenthümern (αρχαι) gehören dürften, da sie (Gen. 1.) zur Herrschaft über Tag und Nacht geschaffen sind. Oder kommt ihnen bloß die Herrschaft über Tag und Nacht allein zu, und gehören sie nicht in jene Reihe von Herrschaften, weil sie es bloß mit der Beleuchtung zu thun haben?

2.

Wird nehmlich unter dem Geschaffenen ein Unterschied gemacht zwischen dem „was im Himmel" und dem „was auf Erden" ist, so gehört unbedenklich das, was am Firmamente ist, das ja eben Himmel genannt wird, mithin jene Lichter am Firmamente auch zu dem Himmlischen. Da wir ferner im Verlaufe unserer Untersuchung klar gemacht haben, daß Alles Erschaffene des Guten und Bösen fähig sey, [81] so ist die Meinung, die Einige von den Gestirnen haben, daß sie unwandelbar und für Gegensätze unempfänglich seyen, ungereimt. Diese Meinung hatten Andere auch von den heiligen Engeln, und die Ketzer sogar von den Seelen, die sie geistige Naturen nennen. [82] Vorerst wollen wir sehen, was die Vernunft über Sonne, Mond und Sterne an die Hand gibt (ob sie denn wirklich der Wandelbarkeit unfähig sind); und dafür auch so viel möglich Bestättigung aus der Schrift suchen. Sagt doch schon Hiob, daß die Sterne nicht nur der Sünde theilhaftig werden können, sondern in der That von der Berührung mit der Sünde *nicht rein* sind, Hiob 25. 5. Dieß ist nun nicht von ihrem körperlichen Glanze zu verstehen, etwa so, wie wir sagen würden, dieses Kleid ist nicht rein; denn, wird es so verstanden, so fällt der Vorwurf auf den Urheber zurück, dessen Werk unrein gescholten würde. Vermögen sie nehmlich nicht durch eigenes Bestreben einen reineren, oder durch Nachläßigkeit einen weniger reinen Lichtkörper um sich zu werfen, warum werden sie als nicht reine Sterne angeklagt, da sie doch nicht dafür gerühmt werden können, wenn sie rein sind?

3.

Doch wir müssen vor allem diesem untersuchen, ob sie als lebende und vernunftbegabte Wesen gedacht werden dürfen; ferner, ob ihre Seelen zugleich mit ihren Körpern entstanden seyen, oder ob sie ein früheres Daseyn haben; endlich auch, ob sie mit dem Weltende sich auch ihrer Körper entäußern werden, und ebenfalls, wie wir aus diesem Leben abtreten, die Beleuchtung der Welt aufgeben werden? Zwar möchte es als große Verwegenheit angesehen werden, solche Dinge zu untersuchen; da es uns aber nur um den Gewinn der Wahrheit zu thun ist, so finden wir die Erforschung derselben, unter dem Beistande des göttlichen Geistes, keineswegs ungereimt. Wir glauben, daß sie schon dadurch als lebende Wesen bezeichnet seyn dürften, weil es heißt, daß sie Befehle von Gott empfangen, was doch offenbar nur vernünftigen Wesen möglich ist. Er sagt nehmlich: „ein Gebot hab' ich allen Sternen gegeben". [83] Welches ist nun dieses Gebot? offenbar dieß, daß jedes Gestirn, in der ihm angewiesenen Ordnung und Bahn den ihm verliehenen Glanz der Welt gebe. Denn einem andern Gesetze folgen die Wandelsterne, einem andern die Fixsterne. Eben dieß ist aber ein Beweis, daß ebenso wenig die Bewegung jener Körper ohne Seele möglich ist, als überhaupt beseelte Wesen ohne Bewegung seyn können. Zumal, da die Sterne in so schöner Ordnung kreisen, daß ihr Lauf auch nicht im geringsten gehemmt wird, ist es eine unbegreifliche Albernheit, [84] zu glauben, daß diese Ordnung, diese genaue Beobachtung des Gesetzes von vernunftlosen Wesen gefordert oder geleistet werde. Bei Jerem. (7, 18.) heißt die Selene sogar die „Königin des Himmels." [85] Wenn also die Sterne beseelte, vernünftige Wesen sind, so muß es wohl Fortschritte und Rückschritte unter ihnen geben. Hiob (im Bildad) spricht also in jenen Worten von der sittlichen Reinheit.

4.

Haben wir nun erwiesen, daß die Sterne lebende und vernünftige Wesen sind, so haben wir weiter zu untersuchen, ob sie zugleich mit der Erschaffung ihrer Körper, (Gen. 1, 16.) auch belebt wurden, oder ob der Schöpfer unabhängig vom Geiste erschaffenen Körpern den Geist einhauchte? Ich vermuthe das letztere. Uebrigens lohnt es der Mühe, dieß aus der Schrift zu erweisen. Durch Schlüsse ist wohl die Behauptung leicht zu erhärten: allein etwas schwerer ist es, sie durch Zeugnisse der Schrift zu unterstützen. Durch Schlüsse nehmlich so: Wenn die Menschenseele, die offenbar als Menschenseele [86] niedrigern Ranges ist, nicht erst mit dem Körper gebildet, sondern erweislich erst von außen eingehaucht wurden; so gilt dasselbe in höherem Grade von denen, die wir himmlische Wesen nennen. Wenn nun die Seele des Menschen erst mit dem Körper gebildet würde, wie könnte jener (ich meine den Jakob) seinen Bruder in Mutterleibe untertreten haben? Oder wie kann die Seele oder die Bildung derselben erst mit dem Körper entstanden seyn, wenn jene schon in Mutterleibe, vom heiligen Geiste erfüllt wurde? (ich erinnere an Johannes, der bei dem Gruße der Maria in Mutterleibe hüpfte); oder wie konnte die Seele dessen mit dem Körper gebildet seyn, der schon vor seiner Bildung in Mutterleibe von Gott gekannt und geheiligt war, ehe er aus dem Schooße der Mutter hervorgieng? Wir müßten nur annehmen, daß Gott Einige nicht nach Recht und Verdienst mit dem heiligen Geiste erfülle. Wie stimmt aber dieß zu dem Ausspruch: „Ist ein Unrecht bei Gott? das sey ferne!" Röm. 9, 14., oder: „Ist ein Ansehen der Person bei Gott?" ib. 2, 11. Dieß wäre aber die Folge der Annahme, daß die Seelen zugleich mit den Körpern ins Daseyn treten. [87] Nun sind auch die Gestirne vernünftige Wesen, sie müssen also ebenfalls vorhanden gewesen seyn, ehe sie in Körper kamen; ja, wie wir Menschen um gewisser Vergehen willen mit diesen dichten und trägen Körpern bekleidet wurden, so mögen wohl auch die Sternenwesen diesen oder jenen Körper mit mehr oder weniger Klarheit bekommen haben. Und jene Thronen und Gewalten und Kräfte bewohnen wohl diejenigen Körper, die sie nach Wunsche oder zum Dienste erhalten haben. Die Dämonen dagegen sind wegen ihren schweren Vergehen an Luftkörper gebunden. Soviel wir also aus der Vergleichung des Menschen mit den Gestirnen erschließen können, hatte die Seele der Sonne ihr Daseyn vor ihrer Einkleidung in den Körper. Ich glaube, es nun auch aus der Schrift nachweisen zu können.

5. Sehen wir, welche eigentliche Bezeichnung der Gestirne in der Schrift vorkomme. Paulus spricht (Röm. 8, 19—23.), von einer Creatur, die der Eitelkeit unterworfen ist, jedoch frei werden wird. Welche Creatur? frage ich, welcher

Eitelkeit unterworfen? und wie soll sie frei werden? Es antwortet der Apostel (V. 19.): „das ängstliche Harren der Creatur wartet der Offenbarung der Kinder Gottes und nicht allein wir, sondern auch sie, die Creatur, seufzet und ängstigt sich mit uns immerdar". [88] Was ist nun ihr Seufzen, welches sind die Aengsten? Doch wir müssen vorher noch erklären, was die Eitelkeit sey, der sie unterworfen ist? Ich meinestheils glaube, daß diese nichts anders, denn die Körper bedeute: denn wenn gleich der Sternkörper ätherischer Natur ist, so ist er doch materiell. Daher scheint mir auch Salomo die ganze Körperwelt als eine Belästigung und Hemmung des Schwunges der Geister zu bezeichnen, wenn er ausruft: alles ist eitel. Dieß ist die Eitelkeit, welcher die Creatur unterworfen ist, und zwar eine Creatur, die immerhin noch das Höchste und Herrlichste in der ganzen Erscheinungswelt ist, die Sonne, der Mond, die Sterne; dieß, daß sie an Körper gebunden, und berufen sind, dem Menschengeschlechte zu leuchten. Denn nicht mit Willen haben sie diesen Dienst übernommen, (ουχ εκουσα heißt es Röm. 8, 20.), sondern weil es Der wollte, der sie unterworfen hat, der denen, die ohne ihren Willen der Eitelkeit unterworfen sind, die Hoffnung gibt (V. 21.), „frei zu werden von dem Dienste des vergänglichen Wesens, wenn die Zeit der Wiederbringung der Herrlichkeit der Kinder Gottes gekommen seyn wird". [89] In dieser Hoffnung der Erfüllung jener Verheißung seufzet und duldet indessen die Creatur mit, aus einer gewissen Zuneigung zu denen, welchen sie dient. Vielleicht läßt sich auf diese unfreiwillige Unterwerfung unter die Eitelkeit auch jene Aeußerung Pauli anwenden; ich wünschte abzuscheiden und bei Christo zu seyn (Phil. 1, 23.). Ich denke, [20] so würde wohl auch die Sonne sprechen: ich wünschte abzuscheiden und bei Christo zu seyn? Paulus setzt hinzu: aber um euretwillen, ist es nöthiger im Fleische zu bleiben; ebenso die Sonne: es ist nöthiger, in diesem Himmelskörper zu bleiben, um der Offenbarung der Kinder Gottes willen. Dasselbe gilt auch vom Monde und von den übrigen Gestirnen. Was wird nun aber die Befreiung der Creatur seyn? Wenn Christus das Reich dem Vater übergeben haben wird, dann werden auch jene Wesen zu der Einheit zurückkehren, in welcher Gott Alles in Allem seyn wird. [21] In der Vollendung der Welt aber, wann die Seelen der vernünftigen Wesen von dem Herrn aus ihren Winkeln und Kerkern entlassen werden, werden einige langsamer gehen, aus Trägheit, andere ihres Eifers wegen in eiligem Fluge hinschweben. Da sie aber alle freien Willen haben, und aus eigener Entschließung entweder die Tugend oder das Laster in sich aufnehmen können, so werden die ersteren in einem weit schlimmeren Zustande sich befinden, als jetzt. Die Letztern werden ein besseres Loos finden; denn je nach der verschiedenen Willensrichtung werden sie in verschiedene Stände eintreten; so daß aus Engeln Menschen oder Dämonen, und aus diesen wieder Menschen oder Engel werden können.

SIEBENTER ABSCHNITT. (VIII. CAP.) VON DEN ENGELN.

1.

Auf gleiche Weise müssen wir auch bei den Engeln annehmen, daß es nicht von ungefähr sey, wenn dem Einen dieser, dem Andern jener Dienst obliegt; wie dem Raphael das Geschäft des Arztes, dem Gabriel die Sorge für den Krieg, dem Michael das Vorbringen der Gebete der Sterblichen. Vielmehr müssen sie ebenfalls durch ihren sittlichen Werth und durch den Eifer, den sie vor dem Bau der jetzigen Welt gezeigt haben, zu diesem Range gelangt seyn. So ist nun in der Reihe der Erzengel Jedem ein anderes Geschäft übertragen; Andere dagegen haben ihren Rang in der Reihe der Engel erhalten, und sind unter diesem oder jenem Erzengel als ihrem Oberhaupte thätig. Dieß ist jedoch Alles nicht ohne Plan, sondern nach Gottes gerechtem Urtheil so geordnet. Dem einen Engel ist die ephesinische Gemeinde, dem andern die Gemeinde von Smyrna anvertraut: dieser ist der Engel des Petrus, dieser des Paulus. Ja selbst den Geringsten in der Gemeinde muß der oder jener Engel als Schutzgeist beigegeben seyn, der allezeit das Angesicht des Vaters im Himmel sieht. Solche Dienste aber sind nicht von ungefähr oder in Folge eines natürlichen Vorzugs; sondern nach Verdienst und Kräften des Einzelnen von Gott dem gerechten Spender der Gaben verliehen. [22]

2.

Hiebei [23] habe ich über die Meinung von der Verschiedenheit der geistigen Naturen einiges zu bemerken. Fern sey von uns die alberne und gottlose Dichtung von einer Wesensverschiedenheit der geistigen Naturen, unter den himmlischen wie unter den menschlichen [24] Seelen, welche verschiedene Urheber derselben voraussetzt, weil es ungereimt sey, von Einem und demselben Urheber eine Verschiedenheit des Wesens der vernünftigen Geschöpfe abzuleiten. Freilich wäre das ungereimt; aber den Grund der Verschiedenheit, kennen sie nicht. Sie wollen nicht begreifen können, daß Ein Urheber ohne Rückficht auf Verdienst die einen zu Thronen und Herrschaften berufen, andere denselben unterworfen habe. Allein es ist das, wie ich denke, aus der von uns gegebenen Entwicklung leicht zu widerlegen, und zu zeigen, daß sie ebenfalls aus ihrer frühern Seligkeit gesunken zu verschiedenen Diensten eingekörpert und an ihren Bestimmungsort gewiesen wurden. Vom Teufel ist es oben bewiesen worden, daß er nicht als solcher erschaffen, wurde, sondern aus eigener Bosheit soweit gefallen; folglich müssen auch sie aus Tugendhaftigkeit soweit gelangt seyn, [25] indem der Grund der Verschiedenheit und Mannigfaltigkeit der Geschöpfe in ihrer besseren oder trägern Willensrichtung auf das Gute oder auf das Schlechte, nicht in einer Ungerechtigkeit des Weltordners ruht. Um dieß von den himmlischen Wesen klar zu machen, wollen wir uns einiger Beispiele von menschlichen Ereignissen bedienen, und aus dem Sichtbaren das Unsichtbare zu erkennen suchen. Jene geben ohne Zweifel zu, daß Paulus oder Petrus zur geistigen Natur gehöre. Wenn nun Paulus gegen die Frömmigkeit gehandelt, indem er die Gemeinde Gottes verfolgte; wenn Petrus die schwere Sünde begieng, seine Verläugnung mit einem Schwur zu bekräftigen; wie konnten diese Pneumatischen (nach jener Ansicht) in solche Sunden verfallen, zumal sie (die Gnostiker) immer das Wort im Munde führen: „ein guter Baum kann nicht faule Früchte bringen"? Wenn ja ein guter Baum nicht faule Früchte bringen kann, Petrus und Paulus aber, jener Meinung zu Folge, aus der Wurzel des guten Baums waren, woher sollen sie denn sonst jene schlechten Früchte gebracht haben? Antworten sie darauf, was sie gewöhnlich bei der Hand haben, daß nicht Paulus verfolgt habe, sondern ein anderer, der in Paulus war; daß nicht Petrus verläugnet habe, sondern ein anderer in ihm; wie kommt es denn, daß der Paulus, der doch nichts gefehlt hatte, sagt: „Ich bin nicht werth, ein Apostel zu heißen, weil ich die Gemeinde des Herrn verfolgt habe"? Warum hat Petrus, wenn ein Anderer sündigte, bitterlich geweint? Doch genug zur Widerlegung jenes Aberwitzes.

3.

In unserm Systeme, gibt es überall kein vernünftiges Geschöpf, das nicht gleich empfänglich wäre für das Gute wie für das Böse. Wem wir aber sagen, daß keine Natur des Bösen schlechthin unfähig sey; so behaupten wir deßwegen nicht, jede Natur habe Böses aufgenommen d. h. sey böse geworden. Wie man sagen kann, die ganze menschliche Natur ist der Schiffahrt fähig, deßwegen aber nicht jeder Mensch zu Schiffe geht; ferner, jeder Mensch kann eine Sprache erlernen, oder die Heilkunde ohne daß deßwegen jeder Mensch ein Sprachverständiger oder Heilkundiger seyn muß; ebenso folgt auch daraus, daß ich sage, jede Natur ist des Bösen fähig, noch nicht, daß jede Böses angenommen. Unserer Ansicht zu Folge ist selbst der Teufel nicht unfähig zum Guten: dem ungeachtet wollte er das Gute nicht, und will es noch nicht. [26] Denn, wie die aus den Propheten angeführten Beispiele lehren, war er wirklich gut, solang er noch unter dem Cherubim weilte. Und wie Er die Empfänglichkeit für's Gute wie für das Schlechte in sich trug, und nur mit selbstischer Abneigung vom Guten sich zum Bösen kehrte: ebenso hängen andere Wesen nur in soweit dem Guten an, als sie aus freier Willens- richtung das Böse fliehen. Ausschließend das Eine oder das Andere ist kein Wesen außer dem göttlichen, welches die Urquelle alles Guten ist; und Christus, der die Weisheit, mithin der Thorheit unfähig; die Gerechtigkeit, also der Ungerechtigkeit unfähig, der Logos, folglich der Unvernunft schlechthin unfähig ist. So läßt auch das Wesen des Geistes keine Befleckung zu, denn er ist wesentlich heilig. Wo aber ein anderes Wesen heilig ist, so ist dieses eine Mittheilung [27] des heiligen Geistes, nicht sein natürliches Eigenthum. Es ist Zugabe, mit, bin kann es auch wieder verloren gehen. So kann man auch Gerechtigkeit als ein Erworbenes besitzen, das eben darum auch wieder entfallen kann. Auch Weisheit besitzen wir nur als Erworbenes, indem in unsrer Macht steht, durch Eifer und vermöge eines sittlichen Lebens weise zu werden, und wir immer an Weisheit zunehmen, je mehr wir Eifer und sittlichen Werth besitzen. Denn die Güte Gottes, so weit es ihrer würdig ist, [28] fordert Alle auf, und lockt sie zum seligen Ziele, wo aller Schmerz, Trauer und Seufzen verschwindet.

4.

Ich glaube nun, daß die bisherige Darstellung klar gemacht hat, daß der Rang eines Jeden im Geisterreiche lediglich von seinem Verdienste abhänge, wenn wir auch nicht immer im Stande sind, die Handlungen anzugeben, durch welche sie zu diesem oder jenem Range gekommen sind. Es ist genug an dem Ausspruch Pauli, daß vor Gott kein Ansehen der Person stattfinde, um seine Unpartheilichkeit zu beweisen. Der Engeldienst, die Mächte, die Thronen und Gewalten sind einzig Folge des Verdienstes; und es zeigt sich darin eine herrliche Mannigfaltigkeit des Berufes jener einzigen und höchsten Ordnung der vernünftigen Schöpfung. Dasselbe ist es mit den entgegengesetzten Kräften. Auch sie haben sich an den Ort ihrer Bestimmung begeben, nicht, weil sie diese von ihrem Werden an in sich trugen, sondern vermöge ihrer freien Richtung auf das Schlechte: seyen sie nun Fürsten und Mächte der Finsterniß, oder Geister der Bosheit, oder unreine Dämonen. Dieß ist denn die andere Reihe der vernünftigen Wesen, die sich dem Schlechten so sehr ergeben haben, daß sie nicht sowohl aus Unvermögen, als aus Widerwillen nicht zurückkehren; denn die Wuth zu freveln ist ihnen zur Lust und Freude geworden. Die dritte Ordnung der vernünftigen Schöpfung bilden endlich die, welche von Gott für geeignet erkannt werden, das Menschengeschlecht zu beseelen: [99] die Menschenseelen, welche jedoch durch sittliche Besserung sich wieder zu der ersten Ordnung aufschwingen können. Dieß thun die, welche Kinder Gottes heißen, oder Kinder der Auferstehung, oder Feinde der Finsterniß, Freunde und Kinder des Lichts. Es sind diejenigen, welche ihre Glieder tödten, die irdischen nehmlich, nicht allein die körperliche Natur, sondern auch die gebrechlichen Seiten der Seele überwältigen, sich mit Gott vereinigen und von Neuem Geister werden, bis sie endlich herangebildet zu ganz vollkommenen Geistern mit dem ewigen Geiste ungetheilt Eins werden. [100] Wenn dagegen die Seele vom Guten abfällt, sich dem Bösen zuwendet und immer mehr in demselben fortschreitet, so wird sie, wofern sie nicht umkehrt, aus Unvernunft zum Vieh, und aus Bosheit zum wilden Thiere. Und wie wir oben an dem Beispiele des Drachen gesehen, der im Meere haust (Hiob 40, 20.): so erwählt sie sich für ihren vernunftlosen Zustand (προς το αλογωθηναι) das Leben im Wasser; vielleicht auch zieht sie nach Verhältniß ihres tieferen Verfalls in das Laster irdische Leiber von diesem oder jenem vernunftlosen Geschöpfe an. Uebrigens muß ich bemerken, daß dieß Alles keine Glaubenslehren sind, sondern bloße Fragen und Entwürfe, um diese Gegenstände nicht ganz unberührt zu lassen.

ZWEITES BUCH.

ERSTER ABSCHNITT. VON DER WELT.

1.

Zwar haben wir im ersten Buche im Allgemeinen von der Welt und Weltordnung gesprochen; doch ist noch über die Welt, an sich betrachtet, über deren Anfang und Ende und über das, was innerhalb dieser Grenzen durch die göttliche Vorsehung geordnet ist, sowie [101] über das, was vor ihr war und nach ihr seyn wird, einiges zu bemerken. Vorerst lehrt die Anschauung, daß jeder Zustand derselben, sofern er wandelbar und mannigfaltig ist, nicht allein aus vernünftigen und göttlichern Naturen und mancherlei Körpern besteht, sondern ebensowohl aus stummen Thieren, dem Wild, dem Raubthier, dem Vieh, den Vögeln und den Wasserthieren; hernach aus verschiedenen Räumen, dem des Himmels nehmlich, und dem der Erde und des Meeres, und dem mittleren, dem Luftraum; endlich aus den Gewächsen der Erde. Bei dieser Mannigfaltigkeit [102] der Welt, und bei dieser großen Verschiedenheit der vernünftigen Wesen, um deren willen die ganze übrige Mannigfaltigkeit ist, [103] welche andere Ursache ihres Bestehens (zumal, wenn wir auf das endliche Ziel sehen, zu dem nach der Erörterung im 1. Buche Alles Zerspaltene wieder zurückgeführt werden soll), ist wohl anzunehmen, als die Mannigfaltigkeit des Abfalls derer, die auf verschiedene Weise der ursprünglichen Einheit sich entwandt und in ihrer Abwendung von jenem Urzustand des Guten das Eine und untheilbare Gute durch die Verschiedenheit der Willensrichtung in verschiedene Charaktere [104] zerspalten haben.

2.

Vermöge seiner unaussprechlichen Weisheit aber, vermöge welcher er alle möglichen Erscheinungen auf irgend einen guten und allgemeinförderlichen Zweck zu lenken weiß, hat Gott die einander so vielfach entfremdeten Geschöpfe wieder in eine gewisse Uebereinstimmung der Neigung und Thätigkeit gebracht, so daß sie bei den verschiedensten Richtungen doch nur zur Erfüllung und Vollendung des Einen Weltzwecks beitragen. Denn es ist nur Eine Kraft, die das Mannigfaltige der Welt zusammenholt und die verschiedenen

Bewegungen zu Einer Thätigkeit vereinigt; sonst würde die unermeßliche Welt durch den Zwiespalt der Geister in Trümmer gehen. Zu diesem Zwecke hat wohl Gott, der Allvater, nach dem unaussprechlichen Plane seiner Weisheit, zum Heile seiner Geschöpfe die Einrichtung getroffen, daß der einzelne Geist, die einzelne Seele, oder wie wir die vernünftigen Wesen nennen wollen, [105] nicht wider die Freiheit des Willens, doch durch einen unwiderstehlichen Drang [106] zu einem andern Ziele hingetrieben wird, und ihm auf diese Weise, die Willensfreiheit, genommen zu seyn scheint. Dieß ändert allerdings schon den natürlichen Charakter. Die verschiedenen Richtungen werden aber in Einklang gebracht dadurch, daß die einen der Hülfe bedürfen, andere helfen können, wieder andere denen, die fortschreiten, Hindernisse verursachen, woran ihr Eifer sich bewähren kann, und durch deren Ueberwindung sie sich nachher nur um so fester stellen.

3.

Obwohl also die Welt nach verschiedenen Wirkungskreisen geordnet ist, darf gleichwohl ihr Zustand nicht als ein widersprechender und sich störender gedacht werden; vielmehr denke ich mir die Welt, ähnlich unserm Körper, der aus vielen Gliedern zusammengefügt und doch von Einer Seele regiert ist, als ein unermeßliches, lebendes Wesen, das gleichsam von Einer Seele, der Kraft und Weisheit Gottes, zusammengehalten wird. Ich glaube dieß auch in der heiligen Schrift erkennen zu müssen, wenn der Prophet sagt: bin ich es nicht, der Himmel und Erde erfüllet? (Jerem. 23, 24.). Man vergleiche damit Jes. 66, 1, und was der Herr sagt, Matth. 5, 34. und besonders aus der Predigt des Paulus zu Athen Act. 47, 28. Denn wie können wir in Gott „leben, weben und seyn" wenn nicht, deßwegen weil er durch seine Kraft die Welt zusammenhält? Wie ist der Himmel Gottes Stuhl und die Erde seiner Füße Schemel, wie der Herr sagt, wo nicht insofern, als seine Kraft im Himmel wie auf Erden Alles erfüllet? Ich meine nicht, daß Jemand auf solche Stellen hin Anstand nehme zu bejahen, daß Gott der Allvater die ganze Welt mit der Fülle seiner Kraft durchdringe und umfasse. Wenn wir nun aber den Grund der Mannigfaltigkeit der Welt in der Verschiedenheit der Willensrichtung der Vernunftwesen nachgewiesen haben, so ist nunmehr eine weitere Frage, ob sie wohl auch einen ihrem Entstehen ähnlichen Ausgang haben werde. Denn ohne Zweifel wird sich auch am Ende dieser Welt noch eine bedeutende Verschiedenheit und Mannigfaltigkeit finden, und diese wird wiederum den Grund zu den Ungleichheiten der nächstfolgenden Welt abgeben.

4.

Wenn dieß nach der bisherigen Entwicklung Wahrheit ist, so kommen wir, weil eine Mannigfaltigkeit der Welt ohne Körper nicht bestehen kann, zunächst darauf, das Wesen der Körperwelt zu untersuchen. Die Erfahrung lehrt, daß die körperliche Natur verschiedener Umwandlungen fähig sey, so daß sie aus Allem Alles werden kann: wie z. B. Holz in Feuer, Feuer in Rauch, Rauch in Luft verwandelt wird. Ueberdieß wird auch öligte Flüssigkeit in Feuer verwandelt. Auch die Nahrungsmittel lebender Geschöpfe beweisen die Möglichkeit einer Verwandlung. Wie übrigens Wasser in Erde, oder in Luft, Luft in Feuer und Feuer in Luft übergehe, ist zwar nicht schwer zu erklären; allein hier, wo wir das Wesen des Körperstoffes untersuchen wollen, reicht schon die bloße Erwähnung. Stoff nennen wir den innern Bestand der Körper, abgesehen von der ihnen gegebenen Form. Solche Erscheinungsformen (ποιοτητες) kennen wir Vier: warm, kalt, trocken, feucht. Diese, sofern sie sich mit dem Stoffe (υλη), welcher seinem eigentlichen Wesen nach außer jenen Erscheinungsformen liegt, verbinden, sind die Ursachen der verschiedenen Gestaltung der Körper. Der Stoff aber ist zwar, wie gesagt, seinem Wesen nach außerhalb jener Erscheinungsformen, gleichwohl aber nie ohne dieselben vorhanden. Nun begreife ich aber nicht, wie so viele Männer [107] von Gewicht diesen Stoff, der für alle Weltkörper, die Gott schaffen wollte, zureichend ist, und sich in alle Bildungen und Gestalten, die ihm der Bildner geben wollte, fügt, indem er alle beliebigen Formen des Daseyns aufnimmt, für unerschaffen d. h. nicht von Gott dem allgemeinen Weltschöpfer gemacht, also ein zufälliges Bestehen desselben annehmen konnten. Auch wundere ich mich, wie solche Männer denen Vorwürfe machen, die einen Welt-Baumeister oder die Weltregierung läugnen, und sie Gottesläugner schelten mögen, weil sie einem so ungeheuren Werke den Urheber und Lenker absprechen; während jene selbst in gleicher Verdammniß sind, wenn sie die Materie als ungeschaffen und mit Gott gleich ewig annehmen. Denn in diesem Sinne war ohne das Daseyn der Materie nach der Behauptung, daß Gott nicht schaffen konnte, wo nichts war, dieser ohne Zweifel aus Mangel an Stoff zum Schaffen müßig gewesen, denn durch seinen Willen lassen sie den Stoff nicht vorhanden seyn; dagegen scheint ihnen das zufällig Vorhandene zu einem so ungeheuren Bau und für die göttliche Macht hinreichend, sofern es den Plan seiner Weisheit völlig in sich aufnehmend sich zur Welt gestaltete. Dieß kommt mir höchst albern vor, und wie von Leuten, die das Wesen und den Begriff der unerschaffenen Natur gänzlich mißkennen. Um jedoch den Stand der Sache deutlicher zu erkennen, wolle man mir einmal zugeben, daß die Materie nicht war und Gott den Dingen nach seinem Willen Daseyn gab: was meinen wir, würde er wohl eine bessere, oder größere oder andersbeschaffene Materie geschaffen haben, als die, welche er vermöge seiner Kraft und Weisheit aus dem Nichts in's Daseyn rief? oder eine geringere und schlechtere? oder eine, der sogenannten unerschaffenen ähnliche und gleiche? Ich denke, es leuchtet jedem von selbst ein, daß keine andere Materie, keine bessere und keine geringere, die Formen und Gestalten der Welt aufnehmen konnte, als eben die, welche sie aufgenommen hat. Ist es also nicht eine gottlose Behauptung, daß das nicht geschaffen sey, was, als von Gott erschaffen angenommen, unstreitig ebenso gut ist, als das sogenannte Unerschaffene?

5.

Als Schrift-Beweise dafür führen wir das an, was im Buch der Maccab. (2, 7, 28.), wo die Mutter der sieben Märtyrer einen ihrer Söhne zur Ertragung der Marter anfeuert, über diese Lehre gesagt ist: „dieß hat Gott Alles aus Nichts gemacht": ferner die Stelle im 1. Buche des Hirten: „Vor Allem glaube, daß Ein Gott ist, der Alles geschaffen und gebildet, und aus dem Nichtseyn das Ganze in's Daseyn gerufen hat. Vielleicht beziehen sich darauf auch die Worte des Psalms, „er sprach, und es ist worden: er gebot, und es ward geschaffen.[108] Denn unter dem „geworden" ist doch das Wesen der Dinge zu verstehen; dagegen scheinen die Worte „er gebot, und es ward geschaffen" die Erscheinungsformen zu bezeichnen, in welche das Wesen ausgebildet ist. [Es fehlen in der Vorlage die Seiten 90 und 91, Anm. d. Bearb.]

DRITTER ABSCHNITT. VOM ANFANG DER WELT UND IHREN URSACHEN.

1.

[109]Es ist noch übrig, zu untersuchen, ob vor der gegenwärtigen Welt eine andere gewesen sey: und wenn eine war, ob sie von gleicher Art, oder vorzüglicher oder geringer gewesen, als diese; oder ob überhaupt keine, sondern ein solcher Zustand war, wie wir ihn uns nach der Vollendung des Weltganzen denken müssen, nachdem die Herrschaft dem Vater übergeben seyn wird, was aber immerhin das Ende einer andern Welt gewesen seyn müßte, auf welche die jetzige gefolgt ist: und ob endlich der verschiedenartige Abfall der geistigen Wesen Gott zu dem vielgestaltigen Bau der Welt ver- anlaßt habe. Nicht weniger ist aber auch zu berücksichtigen, ob nach dieser Welt eine Heilung und Besserung eintreten werde, die zwar für die, welche dem Worte Gottes sich nicht unterwerfen wollen, strenger und schmerzvoller, für die aber, welche schon in diesem Leben sich der Wahrheit beflissen, ihren Geist gereinigt und der göttlichen Weisheit fähig gemacht haben, eine Art Zucht und Unterweisung wäre, mittelst welcher sie zu reicherer Erkenntniß der Wahrheit gelangen möchten. Ferner, fragt es sich, ob nach diesem Zustande alsbald das Ende aller Dinge erfolgen, und aus der Besserung der Besserungsbedürftigen wieder eine andere, ob ähnliche, bessere oder schlechtere Welt hervorgehen werde. Ferner, abgesehen von dem künftigen Weltzustande, wie lang sie dauern werde, ob es etwa einmal ein Nichtvorhandenseyn der Welt geben werde, oder ein solches gegeben habe: oder ob es mehrere gab und geben wird, und endlich, ob die eine der andern in Allem ohne Unterschied gleich seyn werde.

2.

Um nun erkennbar zu machen, ob der Körperstoff nur in Zwischenzeiten [110] vorhanden sey, und wie er einmal nicht war, eh' er geschaffen wurde, ebenso in das Nichts zurückkehren werde: wollen wir zuerst sehen, ob es möglich ist, ohne Körper zu leben. Denn wenn einer ohne Körper leben kann, so kann Alles ohne Körper leben; denn daß Alles nur Ein Ziel habe, hat die bisherige Untersuchung bewiesen. Wenn aber Alles, wie wir der Folgerung wegen annehmen müssen, ohne Körper leben könnte, so wird ohne Zweifel der ganze Körperstoff verzehrt und zu Nichts werden, wie er einst aus Nichts geworden ist, sobald man seiner nicht mehr bedarf; und es müßte erst wieder der Zeitpunkt eintreten, wo ein Bedürfniß desselben vorhanden wäre. Wie wollen wir dann aber den Sinn des Apostels begreifen, wenn er lehrt (1 Cor. 15, 53.) „dieses Verwesliche, dieses Sterbliche wird anziehen das Un- [in der Vorlage fehlen erneut die Seiten 94 und 95, d. Bearb.] nicht auf Einmal aller körperlichen Hülle entkleidet werden können: daher muß man annehmen, daß sie vorher noch in reineren und feineren Körpern verweilen, welche nicht weiter, weder vom Tode überwältigt, noch vom Stachel des Todes getroffen werden können; so daß also nur allmählich mit dem Verschwinden der Körperwelt auch der Tod verschlungen und sein Stachel abgestumpft werden wird, in Folge dessen, daß sich die Seele der göttlichen Gnade theilhaftig, und der Unverweslichkeit würdig gemacht hat. Erst dann können alle mit Recht sagen: Tod, wo ist dein Sieg? Tod, wo ist dein Stachel? Der Stachel des Todes aber ist die Sünde (ungenaue Citation von 1 Cor. 13, 55. 56").

3.

Sind diese Voraussehungen richtig, [111] so folgt die Möglichkeit, daß wir uns irgend einmal in einem körperlosen Zustande befinden. Nimmt man nun ferner an, daß nur der, welcher Christo vollkommen unterthan ist, ohne Körper gedacht werden darf, alle aber end- lich Christo unterthan werden sollen: so werden auch wir, wenn wir ihm werden vollkommen unterthan seyn, ohne Körper fortdauern. Denn alle die, welche Christo Unterthan sind, werden, wenn Christus das Reich dem Vater übergeben wird, Gott selbst unterthan seyn, und die Körper ablegen. Dann wird das Bedürfniß einer Körperwelt aufhören, die ganze körperliche Natur wird in das Nichts zurückkehren." — Doch wir wollen sehen, was sich diesen Behauptungen entgegenstellt. Es kann der Fall eintreten, daß eine Wiederherstellung oder wiederholte Schöpfung der Körperwelt nothwendig wird, denn es bleibt den vernünftigen Wesen, die der Freiheit nie beraubt werden können, immer die Möglichkeit des Rückfalls. Auch läßt Gott die Seelen in der Absicht im Kampf und Streit, damit sie sich bewußt bleiben, den vollen Sieg nicht vermöge ihrer eigenen Tüchtigkeit, sondern nur durch göttliche Gnade erlangt zu haben. Die Verschiedenheit des Rückfalls aber, dünkt mich, wird wieder die Ursachen der Verschiedenheit und Mannigfaltigkeit in der Körperwelt abgeben. Eine Mannigfaltigkeit der Welt aber ist außerhalb des körperlichen Stoffes unmöglich.

4.

Es geht daraus auch hervor, daß die Meinung von der Ununterscheidbarkeit der Welten unhaltbar und lächerlich sey. Denn soll die Welt jedesmal wieder die nehmliche seyn, so muß allemal, ein Adam und eine Eva dasselbe wieder thun, was sie gethan haben. Die nehmliche Sündfluth muß wieder kommen, der nehmliche Moses muß wiederum, ein Volk von 600,000 Seelen aus Aegypten führen: Judas muß zweimal den Herrn verrathen, Paulus wird noch einmal die Kleider derer hüten, die Stephanum steinigten; überhaupt Alles, was in diesem Leben geschehen ist, muß noch einmal geschehen. Dieß halte ich für ganz unvereinbar mit der Voraussetzung, daß die Seelen freien Willen haben, und ihre Vor- und Rückschritte aus eigener Machtvollkommenheit selbst bestimmen. Denn nicht in einem ewigen Kreislaufe bewegen sich die Geister mit ihren Wünschen und Thaten, sondern wohin sie die eigene Geistesfreiheit treibt, dahin richten sie den Lauf ihrer Thätigkeit. Es wäre die obige Behauptung ähnlich derjenigen, daß aus einem auf die Erde gesäten Scheffel Getreide ganz dieselben und ununterscheidbaren Körner wieder hervorkommen, so daß jedes einzelne Körnchen ganz dieselbe Lage und dieselben Kennzeichen des hingeworfenen hätte: was bei der unzählbaren Menge Körner eines Scheffels ganz unmöglich ist, und wenn sie auch ins Unendliche fort ununterbrochen ausgesäet würden. Ebenso unmöglich scheint es nun mir zu seyn, daß die Welt in der nehmlichen Folge des Geborenwerdens, Sterbens, Handelns noch einmal könne hergestellt werden. Vielmehr muß es nicht unbedeutend veränderte Welten geben, so daß je nach den wirkenden Ursachen, der einen besserer, der andern ein schlimmerer oder mittlerer Zustand zukömmt. Zahl und Art, das bekennne ich, weiß ich nicht. Wenn mich Jemand darüber belehren will, werde ich's gerne annehmen.

5.

Diese Welt heißt jedoch das Ende der Aeonen, und selbst ein Aeon. Der heilige Apostel Paulus lehrt aber nur, daß Christus nicht in dem zunächst vorangegangenen, auch nicht in dem noch früheren Aeon gelitten habe: und ich wüßte nicht alle die früheren Aeonen aufzuzählen, in welchen er nicht gelitten hat. Ich will nun zeigen, welche Aeusserungen von Paulus mich zu dieser Auffassung veranlaßt haben: er sagt, „nun aber ist er am Ende der Welten einmal erschienen, durch sein eigenes Opfer die Sünde aufzuheben." Einmal sagt er, und am Ende der Aeonen. Daß aber nach diesem Aeon, der zur Vollendung anderer Aeonen da seyn soll, noch andere Aeonen kommen werden, lehrt P.

ebenso deutlich (Eph. 2, 7.) „auf daß er zeigete in den künftigen Aeonen." Er sagt nicht in dem zukünftigen Aeon, noch in den beiden nachfolgenden; der Ausdruck läßt also viele Welten erwarten. Gibt es aber etwa noch etwas Höheres als die Aeonen, so daß, [112] was bei den Creaturen Aeon heißt, bei andern über der sinnlichen Welt stehenden Wesen (wie sie bei der Wiederbringung aller Dinge seyn werden) als etwas Höheres zu verstehen ist, worin die Vollendung des Alls ruht? Es veranlaßt mich zu dieser Bemerkung ein Ausspruch der heiligen Schrift: „In die Aeonen und noch weiter". [113] Dieß letztere muß ohne Zweifel als etwas über den Aeonen stehendes, verstanden werden. Vielleicht deutet auch was der Heiland (Joh. 57, 22.) sagt, etwas über die Welt und die Aeonen, ja selbst über die Aeonen der Aeonen (Ewigkeit der Ewigkeiten) hinausreichendes an, wo nehmlich das All nicht mehr in der Zeit, sondern Gott in dem All seyn wird.

6.

Auf diese Erörterungen über die Dauer der Welt folge nun noch eine Untersuchung des Namens. Der Name aber bezeichnet in der Schrift oft verschiedene Gegenstände. [114] So steht er Jes. 3, 24. in der Bedeutung von Schmuck. Dagegen soll in dem Gewande des Priesters der Begriff der Welt [115] enthalten seyn, nach Salomo im Buche der Weisheit (18, 24.) „in dem Leibrocke war die ganze Welt." Welt heißt endlich auch unser Erdkreis mit seinen Bewohnern, wie 1. Joh. 5, 9. Die ganze Welt liegt im Argen. Clemens der Apostelschüler [116] nennt auch die sogenannten Antichthonen und die übrigen Theile des Erdkreises, wohin wir nicht kommen und woher jene nicht zu uns gelangen können. Auch diesen gibt er den Namen „Welten", wenn er sagt: „Der Ozean ist für Menschen unübersetzbar, und die Welten, die jenseits desselben liegen, die nach dem nehmlichen Plane des göttlichen Herrschers regiert werden. — Auch das All, das aus Himmel und Erde besteht, heißt „Welt" 1 Cor. 7, 31. und der Heiland bezeichnet eine Welt außer dieser sichtbaren, die freilich schwer zu beschreiben ist: denn er sagt, „ich bin nicht von dieser Welt." Er, will also sagen „aus einer andern." Eine Vorstellung von dieser andern Welt zu geben, nenne ich darum schwer, damit man nicht etwa davon Anlaß nehme, zu glauben, wir sprechen von einer idealen Welt. Denn es ist uns gänzlich fremd, die Welt für unkörperlich zu erklären, als ob sie nur in der Einbildung bestände; auch sehe ich nicht ein, wie man alsdann sagen mag, daß der Heiland von dorther gekommen, oder daß die Heiligen dorthin gehen werden. Daß aber, davon abgesehen, der Heiland etwas Höheres und Herrlicheres als diese sichtbare Welt hier unter dem verstehe, wohin er die Gläubigen zu trachten auffordert, daran ist kein Zweifel. Ob übrigens die Welt, die er meint, von der gegenwärtigen getrennt sey, und sowohl dem Orte als der Beschaffenheit und dem Glanze nach über ihr stehe) oder ob sie zwar an Glanz und Einrichtung dieselbe übertreffe, dennoch aber innerhalb der Grenzen derselben eingeschlossen sey: das ist, obgleich mir das letztere wahrscheinlicher vorkommt, jedenfalls ungewiß, und meines Erachtens eine für die menschliche Denkkraft ungefügige Frage. In den Worten des Clemens, welcher Welten jenseits des Oceans nennt, die unter derselben göttlichen Regierung stehen, möchten wir Spuren von der Vorstellung finden, daß die Gesammtheit alles Daseyns am Himmel, über dem Himmel, auf der Erde und unter der Erde im Allgemeinen die Eine und volle Welt heißt, innerhalb welcher die übrigen mitbegriffen sind. Daher will er die Mond- oder Sonnenkugel und die sogenannten Planeten als Einzelwelten betrachtet wissen. Dann nennt man aber auch die unermeßliche, sogenannte bewegungslose [117] Kugel im eigentlichen Sinne Welt. Man führt auch das Buch Baruch an, wo von 7 Welten oder Himmeln die Rede ist. Ferner soll der bewegungslosen Kugel noch eine andere seyn, welche, wie bei uns der Himmelsraum, Alles, was unter ihm ist, umfaßt, ebenso vermöge einer unendlichen Ausdehnung sämmtliche Welträume in höheren Kreisen umspannt, so daß das All in demselben begriffen ist, wie die Erde im Himmel. Dieß soll dasselbe seyn, das in der Schrift auch das gute Land, das Land der Lebendigen heißt und jenen Himmel, über sich hat, in welchem die Namen der Heiligen angeschrieben seyn werden: das Land, das der Heiland im Evangelium den Sanftmüthigen verheißt. Von dem Namen jenes Landes habe auch diese unsre Erde den ihrigen bekommen, da sie vorher „das Trockene" hieß, sowie dieser unser Himmel von jenen den Namen „Feste" erhalten. Doch über alle dergleichen Meinungen habe ich mich ausführlicher ausgesprochen, wo ich von dem Urgrunde der Schöpfung des Himmels und der Erde sprach. [118] Daß es noch einen Himmel und eine Erde gebe, ausser jener Feste, die in zwei Tagen geschaffen, und ausser dem Trockenen, dem der Name Erde gegeben wurde, das liegt vor Augen. Und eben, was einige von dieser Welt behaupten, daß sie als geschaffen auch vergänglich sey, und nur insofern nicht vergeht, als der Wille des Schaffenden, und Erhaltenden stärker, und mächtiger ist, als die Vergänglichkeit, und also diese nicht über Hand nehmen läßt: Dieß kann mit mehr Recht von der andern Welt, der bewegungslosen Kugel gesagt werden, daß sie nehmlich nach göttlichem Rathschluß der Verwesung unterliege, weil sie keinen Verwesungskeim enthält. Denn es ist eine Welt der Heiligen und Gereinigten, nicht der Sünder, wie die unsrige. Vielleicht deutet das der Apostel an mit den Worten (2 Cor. 4, 18.): was sichtbar ist, ist vergänglich, aber das Ungesehene ist ewig; und (2 Cor. 5, 1.) wir wissen, so unser irdisches Haus wird zerbrochen werden, daß wir einen Bau haben von Gott erbauet, ein Haus, das nicht mit Händen gemacht ist, das ewig ist im Himmel. Wenn der Psalmist sagt

(8, 4.) „ich werde sehen die Himmel deiner Hände Werke", und Gott durch den Propheten von dem Unsichtbaren spricht: Meine Hand hat das Alles gemacht, so gibt er damit zu verstehen, daß jene ewige Wohnung, die er den Heiligen im Himmel verheißt, nicht mit Händen gemacht sey; er spricht also damit einen Unterschied aus zwischen der Schöpfung des Sichtbaren und der des Ungesehenen. Denn Ungesehenes und Unsichtbares ist nicht Eins und Dasselbe. Das Unsichtbare nehmlich wird nicht nur nicht gesehen, sondern hat gar das Wesen nicht, um gesehen werden zu können. Die Griechen nennen es „unkörperlich". Was dagegen bei Paulus das Ungesehene heißt, kann zwar seinem Wesen nach gesehen werden, nur meint er, werde es von denen, welchen es verheißen ist, noch nicht gesehen.

7.

Eine dreifache Ansicht von dem Weltende liegt also vor; der Leser möge selbst sehen, welches die bessere und wahre sey. Entweder werden wir ein körperfreies Daseyn haben, wenn wir, die wir Christo unterthan sind, dem Vater werden übergeben werden, und Gott Alles in Allem seyn wird. Oder wird *Alles,* wie es nun Christo Unterthan ist, auch Gott mit Christo selbst unterthan und in Einen Bund vereinigt werden; so wird denn aller Körperstoff die größtmögliche Vollkommenheit annehmen und sich in Aether auflößen, der reinerer und einfacherer Natur ist. Oder endlich wird zwar jene bewegungslose Weltkugel, von der wir oben gesprochen, und was in ihr begriffen ist, in Nichts aufgelöst werden, aber die Räume, von denen die Gegenzone (αντιζωνη) selbst eingeschlossen ist, werden das gelobte Land heißen; auch der zweite Weltkreis, der dieses Land umwölbt, und Himmel heißt, wird zum Aufenthalt der Frommen aufbehalten werden. [112] Dort wird nehmlich die endliche Vollkommenheit Statt haben, zu welcher nach völliger Ausreinigung die Gefallenen gelangen mögen; die aber, welche schon hier gehorsame Schüler des Wortes, und der Weisheit Gottes waren, werden vielleicht diese himmlischen Reiche ererben. So wird sich auch der Spruch bewähren: Selig sind die Sanftmüthigen, denn sie werden das Erdreich besitzen. Und selig sind die am Geiste armen, denn, das Himmelreich ist ihr; und die Worte des Psalms (36, 34.): „Er wird dich erhöhen und du wirst das Land erben." Denn auf diese unsere Erde steigt man hiernieder, nur zu jener, die in der Höhe ist, kann man erhöht werden. Auf solche Weise eröffnet sich den Heiligen die Aussicht auf ein Fortschreiten von jener Erde zu jenen Himmelsräumen, so daß jene Erde nur als ein vorübergehender Aufenthalt zu betrachten ist, und sie mit ihrer sittlichen Vervollkommnung, zum Erbe des Himmelreichs übergeben werden.

VIERTER ABSCHNITT. DER GOTT DES GESETZES UND DER PROPHETEN UND DER VATER JESU CHRISTI IST EINER.

1.

Ich komme nun nach diesen möglichst kurzen Erläuterungen meinem anfänglichen Plane zu Folge [120] darauf, die Behauptung zu widerlegen, daß der Vater unsers heiligen Jesu Christi ein anderer Gott sey als jener, der dem Moses das Gesetz gab und die Propheten sandte, der Gott Abrahams und Isaaks und Jacobs. In diesem Glaubensartikel müssen wir vor Allem fest seyn. Vorzüglich ist nun zu berücksichtigen der häufige Ausdruck in den Evangelien, der den Thaten des Heilands beigefügt wird: „Auf daß erfüllet würde, was gesagt ist durch den Propheten," Offenbar sind dieß die Propheten des Gottes, der die Welt erschaffen hat. Es liegt aber in der Natur der Sache, daß der, welcher die Propheten sandte, selbst weissagte, auch was von Christo vorherzusagen war. Nun ist doch unstreitig, daß das kein ihm selbst Fremder, sondern nur sein Vater weissagen konnte. Außerdem ist auch der Umstand, daß Jesus und seine Apostel sich auf das Alte Testament berufen, ein Beweis, daß das Ansehen desselben von ihm und seinen Schülern anerkannt war. Schon in jener Aufforderung zur Wohlthätigkeit (Matth. 5, 48.) „Seyd vollkommen, wie Euer Vater im Himmel, der seine Sonne aufgehen läßt u. s. w." liegt es auch für den beschränktesten Verstand klar am Tage, daß er seinen Jüngern keinen andern Gott zur Nachahmung vorstellt, als den Schöpfer des Himmels und Spender des Regens. Wenn der Heiland ferner also beten lehrt: „Unser Vater in dem Himmel", was will er damit anders andeuten, als daß Gott in den bessern Räumen seiner Schöpfung zu suchen sey. Auch wenn er, in seinen herrlichen Vorschriften über den Eid sagt, „man solle nicht schwören, weder beim Himmel, denn er sey Gottes Stuhl, noch bei der Erde, denn sie sey seiner Füße Schemel", stimmt er da nicht ganz mit den prophetischen Aussprüchen zusammen, die da lauten: Der Himmel ist mein Stuhl und die Erde meiner Füße Schemel (Jes. 66, 1.)? Wenn er die Verkäufer der Schaafe, Ochsen und Tauben aus dem Tempel treibt, und die Wechslertische umstößt, und den Tempel seines Vaters Haus nennt, so nannte er damit unstreitig den seinen Vater, zu dessen Ehren Salomo den prachtvollen Tempel erbaut hatte. Ferner beweist der Ausspruch Matth. 22, 32. „Habt ihr nicht gelesen, was Gott zu Mose sprach: Ich bin der Gott Abrahams, Isaaks und Jacobs, Gott aber ist nicht ein Gott der Todten, sondern der

Lebendigen", auf's klarste, daß er den Gott der Erzväter wegen ihres heiligen Lebens den Gott der Lebendigen nennt, denselben, der in den Propheten (Jes. 45, 7.) spricht: Ich bin Gott, und außer mir ist kein Gott. Der Heiland wußte also, daß der Gott Abrahams derselbe ist, von dem im Gesetze geschrieben ist, und derselbe, der in den Propheten redet; wenn er nun den seinen Vater nennt, der von keinem andern Gott über sich wissen will, und doch nicht der Höchste ist wie die Häretiker meinen; [121] so gibt er thörichterweise einen Vater an, der den über ihn erhabenen Gott nicht kennt. Wofern er aber einen solchen zwar kennt, aber trügerischer Weise verläugnet, so ist es noch thörichter sich zu einem lügnerischen Vater zu bekennen. Es bleibt also keine andere Auslegung übrig, als diese, daß er von keinem andern Vater außer dem höchsten Gott, dem Schöpfer aller Dinge wisse.

2.

Es würde zu lang werden, wenn ich alle Beweisstellen aus den Evangelien dafür anführen wollte, daß nur Ein Gott des Gesetzes und des Evangeliums sey. Nur will ich das aus der Apostelgeschichte noch kurz berühren, wo Stephanus und die Apostel ihr Gebet an den Gott richten, der Himmel und Erde gemacht, und durch den Mund der Propheten geredet hat; indem sie ihn ebenfalls den Gott Abrahams, Isaaks und Jacobs nennen, den Gott, der Israel aus Aegypten geführt. Alle diese Aussprüche müssen uns nothwendig auf den Glauben an den Weltschöpfer hinführen, und die Liebe zu ihm in allen treuen Seelen erwecken, wie auch der Heiland auf die Frage über das höchste Gebot antwortete: Du sollst Gott, deinen Herrn lieben von ganzem Herzen und von ganzer Seele und von ganzem Gemüthe u. s. w., und gleich darauf: „in diesen Worten hängt das ganze Gesetz und die Propheten." Wie kommt es nun, daß er einem Neuling, den er in die Jüngerschaft einführte, gerade dieses Gebot vor allen andern empfahl, durch welches doch die Liebe zu dem Gott des Gesetzes in ihm entflammt werden mußte, sofern ebendieß mit nehmlichen Worten im Gesetze geboten war? Doch will ich selbst gegen alle diese überzeugenden Beweise zugeben, daß der Heiland, wer weiß, von welchem andern Gott rede. Wenn nun Gesetz und Propheten das Werk des bloßen Weltschöpfers sind, das heißt, des andern Gottes, als der, den er den einzig guten nennt, wie reimt sich dann der Beisatz zu dem übrigen, das in denselben Worten das ganze Gesetz und die Propheten hänge? Wie kann etwas von Gott Entfremdetes und Getrenntes in Gott seinen Grund haben? Wenn der Apostel Paulus sagt: „Ich danke Gott, dem ich diene in meinem Geiste *von meinen Voreltern her* in reinem Gewissen" (2 Tim. 1, 3.) so beweist er damit deutlich, daß er nicht zu einem neuen Gott, sondern nur zu

Christo gekommen. Denn welche andere Voreltern kann er meinen, als die, von denen er (2 Cor. 11, 22.) sagt: Sie sind Hebräer, ich auch; sie sind Israeliten, ich auch. Ebenso zeigt auch der Eingang des Briefs an die Römer dem, der die paulinischen Schriften verstehen gelernt hat, ganz deutlich, welchen Gott Paulus predigt (Röm. 1,1-4.) und ebenso die Stelle 1 Cor. 9, 9. 10. wo er sagt, der Gott, der das Gesetz gab, hat um unsertwillen, d. h. um der Apostel willen gesagt: du sollst dem Ochsen, der da drischet, das Maul nicht verbinden, weil er nicht für die Ochsen, sondern für die Apostel, welche das Evangelium von Christo verkündigen, Sorge trägt. Auch anderwärts beruft sich der Apostel auf die Verheißung des Gesetzes, Eph. 6, 2. 3. wodurch er offenbar zu erkennen gibt, daß ihm das Gesetz und der Gott das Gesetz und seine Verheißungen wohlgefallen.

3.

Es suchen aber die Vertheidiger jener Lehrmeinung die Gemüther der Einfältigen durch Trugschlüsse zu verführen; ich achte es daher für zweckmäßig, auch das, was sie für ihre Behauptungen vorbringen, auseinanderzusetzen und ihre Schliche und Lügen darzuthun. Sie berufen sich auf das Wort: Niemand hat Gott je gesehen; der Gott, den Moses predige, sey von Moses und vorher von den Vätern gesehen worden; der aber, den der Heiland verkündige, sey von Niemand gesehen worden. Wir wollen sie fragen, ob sie den Gott, den sie bekennen, und den sie für einen andern halten als den Weltschöpfer, für sichtbar oder unsichtbar erklären. Erklären sie ihn für sichtbar, so begehen sie außerdem, daß sie gegen den Ausspruch der Schrift anstoßen, welche von dem Heiland sagt: „er ist das Bild des unsichtbaren Gottes", auch noch die Ungereimtheit, Gott für etwas Körperliches zu halten. Denn sichtbar kann Etwas nur seyn vermöge der Gestalt, Größe, Farbe, was alles Eigenschaften des Körpers sind. Wird nun Gott für körperlich erklärt, so folgt, da aller Körper aus Materie besteht, daß Gott aus der Materie ist; ist er aber aus der Materie, und die Materie nothwendig verweslich, so muß ihnen zu Folge Gott verweslich seyn. Fragen wir sie ferner: ist die Materie geschaffen oder unerschaffen. Erklären sie sie für unerschaffen, so fragen wir wieder: ist dann ein Theil der Materie Gott, ein anderer die Welt? Antworten sie aber, die Materie ist geschaffen, so müssen sie auch ihren sogenannten Gott für geschaffen erklären. Dieß widerspricht ihren und unsern Begriffen. Nun, sie werden sagen: Gott ist unsichtbar. Wie jetzt? Ist er aber seinem Wesen nach unsichtbar, so mag er auch dem Heiland nicht sichtbar seyn. [122] Und doch wird von Gott dem Vater J. Ch. Gesagt, daß er gesehen werde, denn „wer den Sohn siehet, der siehet den Vater." Dieß kann uns allerdings in die Enge treiben, allein wir erklären es besser nicht als Sehen, sondern als Erkennen. Wer den Sohn erkannt hat, wird auch den Vater erkennen. Auf gleiche Weise hat wohl auch Moses Gott gesehen, nicht mit leiblichen Augen geschaut, sondern mit dem Auge des Geistes, dem innern Sinn, hat er ihn erkannt, und auch das nur theilweise. Denn, der dem Moses Antwort gab, spricht: „mein Angesicht wirst du zwar nicht sehen, aber meinen Rücken." Dieß ist immerhin mit der den göttlichen Aussprüchen schuldigen Ehrfurcht zu fassen: und alle die Ammen- mährchen von einer Vorder- und Hinterseite Gottes sind gänzlich zu verwerfen. Uebrigens wird man uns auch keine Gotteslästerung zur Last legen, wenn wir sagten, daß auch für den Heiland der Vater nicht sichtbar sey. Man berücksichtige die Wendung, die wir gegen die Häretiker gewonnen. Ich mache einen Unterschied zwischen Sehen, Gesehenwerden und Erkennen, Erkannt werden. Ersteres ist Sache der körperlichen Wesen, und kann auf Gott, den Vater, oder auf den Sohn und den heiligen Geist niemals im eigentlichen Sinne angewandt werden. Das Wesen der Dreiheit übersteigt den Kreis der Sichtbarkeit, und überläßt diese wechselseitige Eigenschaft der Körperwelt, d. h. der Gesammtheit der übrigen Wesen: [123] einem unkörperlichen und vorzugsweise geistigen Wesen kommt nur Erkennbarkeit zu, was der Heiland selber bestätigt, Matth. 11, 27. Er sagt dort nicht, Niemand sieht den Vater, sondern: Niemand kennt den Vater &c.

4.

Stützen sie sich ferner, um unsere Meinung zu widerlegen, darauf, daß im A. T. gesagt ist, Gott zürne, oder es reue ihn etwas, oder daß sonst eine menschliche Leidenschaft ihm zugeschrieben wird, und behaupten sie, man müsse sich Gott völlig leidenschaftslos denken; so kann [124] auch dagegen gezeigt werden, daß es in den evangelischen Gleichnisreden ähnliche Ausdrücke, z. B. der Herr des Weinbergs (Matth. 20.) soll im Zorn den Arbeitern den Weinberg genommen, die schlechten Arbeiter übel zugerichtet, und dein Weinberg andern Weingärtnern gegeben haben. Auch über jene Bürger, die in Abwesenheit des Hausherrn sich die Herrschaft anmaßten und ihm nachschickten mit der Botschaft „wir wollen nicht, daß er über uns herrsche" ward der zurückkehrende Hausherr zornig (Luc. 19, 14.), läßt sie in seiner Gegenwart umbringen, und ihre Stadt anzünden. Allein wir dürfen, sey es im A. oder im N. Testament, die Ausdrücke vom Zorn Gottes nicht buchstäblich nehmen, sondern müssen die geistige Bedeutung davon aufsuchen, um von Gott würdig zu denken. Ich habe dieß nach dem geringen Maaß meiner Einsicht in der Erklärung [125] des 2. Psalms (V. 5.) soviel möglich erläutert.

FÜNFTER ABSCHNITT. UEBER DIE EIGENSCHAFTEN „GERECHT" UND „GÜTIG".

1.

[126] Es hat ferner auch die Unterscheidung zwischen Gerecht und Gütig, welche die Sectenhäupter auch auf die Gottheit anwenden, indem sie den gütigen und nicht gerechten Gott den Vater unsers Herrn Jesu Christi nennen; den Gott des Gesetzes und der Propheten für den gerechten, aber ebendarum nicht gütigen Gott erklären, einige Aufmerksamkeit erregt. Ich halte es für nöthig, dieser Frage, wenn auch nur kurz, zu begegnen. Sie halten die Güte für eine solche Eigenschaft, wornach es allen gut gehen müsse, wenn gleich der Beglückte unwürdig sey und keine Wohlthat verdiene. Allein diese Er- klärung scheinen sie nur nicht richtig zu verstehen, wenn sie glauben, daß es dem nicht gut gehe, dem etwas Hartes oder Betrübendes begegne. Die Gerechtigkeit halten sie alsdann für diejenige Eigenschaft, welche Jedem sein Verdienst zumesse. Aber auch hier scheinen sie mir ihrer Erklärung nicht den rechten Sinn zu geben. Sie glauben nehmlich, daß die Gerechtigkeit als solche den Bösen Böses, den Guten Gutes tue, so daß nach ihrer Meinung der gerechte Gott gegen die Bösen nicht wohlwollend seyn kann, sondern vielmehr einen Haß gegen sie haben muß. Dieß schließen sie daraus, daß sie hie und da eine Erzählung im A. Testament finden, wie von der Bestrafung durch die Fluth, von der Zerstörung Sodoms und Gomorrhas durch einen Feuer- und Schwefelregen, oder daß in der Wüste um ihrer Sünden willen Alle umkamen, und ausser Josua und Caleb nicht Einer von Allen, die aus Aegypten ausgezogen waren, das Land der Verheißung betreten durfte. Dagegen sammeln sie aus dem N. Testament Ausdrücke von Mitleiden und Vaterliebe, worin der Heiland seine Jünger lehrt, daß Niemand gut sey, denn der Einige Gott; und darauf hin erdreisten sie sich, den Vater Jesu Christi zwar den gütigen Gott zu nennen, die Gerechtigkeit aber einem Andern, dem Weltschöpfer, den sie dann aber nicht gütig nennen, vorzubehalten.

2.

Ich werfe zuerst die Frage auf, ob sie nach Erklärung den Weltschöpfer gerecht nennen können, wenn er die in der Sündfluth, oder die Sodomiten, oder die, welche aus Aegypten ausgezogen waren, nach Verdienst straft, da wir doch oft viel schändlichere Verbrechen begehen sehen, als die sind, um derenwillen die Genannten umkamen, und doch keinen der Verbrecher seine Strafe büßen sehen. Sagen sie etwa, der Gott sey gütig geworden, der ehemals gerecht war? Oder glauben sie vielleicht, daß er auch jetzt noch gerecht sey, aber die menschlichen Vergehen mit Langmuth trage; damals hingegen nicht gerecht war, als er die unschuldigen Säuglinge mit den rohen und gottlosen Riesen vertilgte? So meinen sie es, weil sie sich nicht über den Buchstaben erheben können. Nun mögen sie aber angeben, wiefern es buchstäblich gerecht sey, daß die Sünden der Väter heimgesucht werden an den Kindern und Kindeskindern bis ins dritte und vierte Glied. Wir verstehen dieß Alles nicht buchstäblich, sondern, wie Ezechiel sagt, als Gleichniß, und suchen den innern Sinn der Gleichnißrede. Ferner müssen dann jene auch zeigen, wie derjenige gerecht sey, der die Erdebewohner und den Teufel straft, ohne daß sie etwas Strafwürdiges begangen haben; denn diese konnten ja, sofern sie nach jener Ansicht von Natur schlecht und verdorben waren, unmöglich etwas Gutes thun. Und wenn sie ihn Richter nennen, so erscheint er als Richter nicht über Handlungen, sondern über natürliche Anlagen, sofern eine Anlage zum Bösen nicht Gutes, und eine zum Guten nicht Böses hervorbringen kann. Wenn ferner der, den sie gütig nennen, gegen Alle gütig ist, so ist er es ohne Zweifel auch gegen die, welche verloren gehen. Aber warum rettet er sie nicht? Will er nicht, so ist er ja nicht gütig; will er aber und kann nicht, so ist er nicht allmächtig. Hören sie dagegen, wie der Vater unsers Herrn Jesu Christi im Evangelium dem Teufel und seinen Engeln das Feuer verheißt. Wie erklärt sich nun dieses traurige Bestrafungs-Geschäft nach ihren Begriffen vom gütigen Gott? Der Heiland, der Sohn des gütigen Gottes betheuert in den Evangelien (Matth. 11, 21.): „Wären, solche Thaten zu Tyrus und Sidon geschehen, sie hätten im Sack und in der Asche Buße gethan"; und doch, nachdem er zunächst an diese Städte gekommen und ihr Gebiet betreten hatte, warum vermeidet er es, hinzugehen, um ihnen die Wunder zu zeigen, wenn sie so gewiß auf diese Thaten hin Buße gethan hätten? Da er es nicht thut, so überläßt er sie offenbar ihrem Verderben, und doch erklärt sie der Ausdruck im Evangelium selbst nicht für ursprünglich böse und verdorbene Wesen, indem er andeutet, daß sie hätten Buße thun können. Auch in einer Gleichnißrede, wo der König eintritt, die Gäste zu besehen, und einen findet, der kein hochzeitliches Kleid anhat, sagt er: bindet ihm Hände und Füße und werft ihn in die äußerste Finsterniß &c. Sie mögen uns sagen, wer der König sey, der eintrat seine Gäste zu besehen und einen in schmutzigen Kleidern fand, den er durch seine Diener binden und in die äußerste Finsterniß werfen ließ. Ist es etwa der sogenannte Gerechte? Warum hat er denn Gute und Böse einladen lassen, ohne seinen Dienern aufzutragen, ihren Werth zu untersuchen? Dieß ist nicht Sache eines Gerechten, der Jedem nach Verdienst lohnt, sondern einer Güte, die keinen Unterschied macht. Ist es also von dem gütigen Gott, dem

Vater Jesu Christi oder von Christo zu verstehen, was ist es dann, was sie dem gerechten Urtheil Gottes vorwerfen: ja, wo ist etwas, das sie an dem Gott des Gesetzes tadeln, von der Art, daß er den, der von seinen Dienern, die den Auftrag hatten, Gute und Böse zu rufen, eingeladen war, für seinen schmutzigen Anzug an Händen und Füßen gebunden in die äußerste Finsterniß werfen ließ?

3.

Dieß sey genug, um die Häretiker durch Schriftbeweise zu widerlegen. Nun mag es nicht unziemlich scheinen, über Vernunftgründe mit ihnen ein Wort zu reden. Wir fragen sie, ob sie den Unterschied des Guten und Bösen in dem Menschen kennen, und ob sie es für folgerichtig halten, Gott oder, wie sie wollen, jenen beiden Göttern Tugend zuzuschreiben? Sagen mögen sie uns auch, ob sie die Güte für eine Tugend halten; was sie ohne Zweifel bejahen werden. Was werden sie aber von der Gerechtigkeit sagen? Gewiß können sie doch wohl nicht so thöricht seyn, die Gerechtigkeit für keine Tugend zu erklären. Wenn nun also das Gute eine Tugend, und die Gerechtigkeit eine Tugend ist, so ist ohne Zweifel auch die Gerechtigkeit Güte. [127] Sagen sie, die Gerechtigkeit sey nicht Güte, so kann sie nur entweder Böses seyn oder Gleichgültiges. Auf die Bejahung des Ersteren zu antworten, märe einfältig: denn es wäre soviel als Narren eine Antwort geben. Wie kann das etwas Böses seyn, was, wie sie selbst bekennen, den Guten Gutes verleiht? Nennen sie sie gleichgültig, so muß ebensowohl, als die Gerechtigkeit, auch die Mäßigkeit, Klugheit und jede andere Tugend unter die gleichgültigen Dinge gehören. Was wollen wir alsdann Paulus antworten, welcher (Phil. 4, 8. 9.) sagt: ist etwa eine Tugend, ist etwa ein Lob, dem denket nach; wie ihr es gelernt u. s. f. ? Möchten sie also die Schrift durchforschen und lernen, was jede Tugend ist, und nicht das Wort nach ihrer Meinung drehen, als ob der Gott, welcher Jedem nach Verdienst vergilt, den Bösen aus Haß böses vergälte, und nicht darum, weil sie durch strengere Mittel geheilt werden müssen, welche freilich für den Augenblick Schmerz verursachen. Auch lesen sie nicht, was von den Aussichten derer geschrieben steht, die in der Fluth umkamen, wovon Petrus in seinem ersten Brief spricht (3, 18. 19. 20. 21.) Wegen Sodom und Gomorrha aber sollen sie uns sagen, ob sie glauben, daß die Weissagungen vom Weltschöpfer kamen, von dem also, der Schwefel auf jene Städte regnen ließ. Wie spricht von diesen nun Ezechiel? Sodom, sagt er, soll wiederhergestellt werden, wie es war. [128] Hat sie nun der, der sie zerstörte, nicht um des Guten willen zerstört? Ferner spricht er zu Chaldäa: Du hast Feuerkohlen, setze dich darauf; sie werden deine Hülfe seyn (Jes. 46, 14.). Auch über die in der Wüste Gefallenen mögen sie den 78. Psalm, mit der

Ueberschrift Assaph, vernehmen: Wenn er sie erwürgete, suchten sie ihn. Nicht sagt er, wenn Einige erwürgt würden, suchten andere ihn: sondern der Untergang der Erwürgten selbst war von der Art, daß sie noch im Tode Gott suchten. Aus allem diesem erhellt, daß der gerechte und der gütige, der Gott des Gesetzes und des Evangeliums Einer ist, und daß er wohlthue mit Gerechtigkeit, und strafe mit Güte: sofern weder Güte ohne Gerechtigkeit, noch Gerechtigkeit ohne Güte die Würde des göttlichen Wesens bezeichnet. Doch wollen wir den Ränken, womit sie uns Hinterlisten wollen, noch folgendes entgegensetzen. Wenn Gerecht etwas Anderes ist, als Gut: so wird, da dem Guten das Böse und dem Gerechten das Ungerechte entgegengesetzt ist, ohne Zweifel auch das Ungerechte etwas Anderes seyn, als das Böse; und wie der Gerechte in eurem Sinne nicht gut ist, so wird der Ungerechte nicht böse seyn; und umgekehrt, wenn der Gute nicht gerecht ist, so wird der Böse nicht ungerecht seyn. Wer finde es nun nicht widersprechend, daß dem guten Gott entgegengesetzt seyn soll der Böse: der gerechte aber, den sie unter den guten setzen, keinen solchen Gegensatz haben soll. Denn es gibt doch nicht, wie einen Bösen in der Person des Satans, ebenso einen Ungerechten. Wie denn? Wir müssen unsere Voraussetzung wieder aufgeben. Denn sie werden nicht sagen können, daß der Böse nicht auch der Ungerechtete, oder der Ungerechte nicht auch der Böse sey. Wenn nun aber die Gegentheile so unzertrennlich in einander hängen, die Ungerechtigkeit in der Bosheit und die Bosheit in der Ungerechtigkeit; so muß auch Gerecht unzertrennlich seyn von Gut, und Gut unzertrennlich von Gerecht: und wie wir unter Bosheit und Ungerechtigkeit Eines und dasselbe Laster verstehen, so müssen wir auch Güte und Gerechtigkeit in Einer und ebenderselben Tugend vereinigt denken.

4.

Doch wir kommen mit ihrer am meisten berüchtigten Frage auf die Schrift zurück. Sie sagen: es steht geschrieben „kein fauler Baum bringet gute Früchte; jeder Baum wird an der Frucht erkannt"; wie nun? was für ein Baum das Gesetz sey, wird aus seinen Früchten, d. h. aus den Geboten desselben erkannt: würde nun das Gesetz gütig erfunden, so müßte auch der Geber desselben als ein gütiger Gott erkannt werden; wenn es aber mehr gerecht als gütig ist, so ist auch der Gesetzgeber nur für einen gerechten Gott zu halten. — Allein Paulus sagt ohne Einschränkung: Das Gesetz ist gut, [129] und das Gebot ist heilig, gerecht und gut. Ein Beweis, daß Paulus nicht bei denen in die Schule gegangen ist, die *gerecht* und *gut* [130] nennen, sondern von dem Gott unterrichtet und von dessen Geiste erleuchtet war, der zugleich heilig, gut und gerecht ist. Denn in seinem

Geiste redete er, wenn er sagte, das Gesetz ist heilig, gerecht und gut. Und um ausdrücklich zu zeigen, daß der vor Gerechtigkeit und Heiligkeit vorzugsweise die Güte dem Gesetz inwohne, setzt er in der Wiederholung seiner Rede für jene drei, nur die Güte: „Was also gut ist, sollte mir Tod seyn? Das sey ferne!" In dem Bewußtseyn, daß Güte die Gattung, Gerechtigkeit und Heiligkeit aber nur Arten von Tugenden bezeichnen, hält er sich, nachdem er vorher Gattung und Arten genannt, in der Wiederholung nur an die Gattung. Er fährt fort: „(Aber) die Sünde hat mir durch das Gute den Tod gewirkt." Er begreift hier unter der Gattung, was er vorher als Arten aufgeführt hat. So ist auch die Stelle (Matth. 12, 35.) zu verstehen, wo Jesus „gut" und „bös" ebenfalls, als Gattungsbegriffe nimmt; indem er andeutet, daß einem guten Menschen Gerechtigkeit, Mäßigkeit, Klugheit, Frömmigkeit und Alles eigen sey, was unter dem Begriff „gut" gebracht werden kann. Auf der andern Seite bezeichnet er als bösen Menschen denjenigen, welcher ungerecht, unrein, gottlos und Alles ist, was im Einzelnen den bösen Menschen zum bösen macht. So wenig man einen Menschen ohne diese Laster böse nennen kann, so gewiß kann man Niemand ohne jene Merkmale von Tugend für gut erklären. Als besonders für sie geeignete Waffe gebrauchen sie endlich den Ausspruch des Herrn im Evangelium: Niemand ist gut, denn der einige Gott, der Vater; indem sie behaupten, daß dieß der ausschließende Name des Vaters Jesu Christi sey, der von dem Weltschöpfer wohl unterschieden werden müsse: denn diesem, dem Weltschöpfer, lege Er [131] nirgends die Ei- genschaft der Güte bei. Wir wollen nun sehen, ob nicht auch im A. Testament der Weltschöpfer, der Gott des Gesetzes und der Propheten gütig genannt wird. Einmal heißt es in den Psalmen: „Wie gütig ist Gott gegen Israel, gegen die geraden Sinnes"; und: „Nun sage Israel, der Herr ist gütig, seine Güte währt ewig." In den Klageliedern des Jeremias: „Gütig ist der Herr gegen die, so auf ihn harren, und der Seele, die nach ihm fragt." Wie also auch im A. Testament Gott häufig gütig genannt wird, so heißt auch der Vater Jesu Christi in den Evangelien gerecht. Im Evangelium Johannis betet der Herr zu seinem Vater: „Gerechter Vater, die Welt kennt dich nicht." Die Einwendung, daß er hier auch den Weltschöpfer der leiblichen Abstammung nach Vater nennen könne, und ihn hier als den gerechten Vater bezeichne, wird durch das Folgende abgewiesen: die Welt kennet dich nicht. Denn ihrer Meinung zu Folge kennt die Welt nur den gütigen Gott nicht. Ihren Baumeister kennt sie recht gut; wie der Herr sagt, daß die Welt das Ihrige liebe. So wird also unläugbar der Gott, den sie den gütigen nennen, in den Evangelien der gerechte genannt. Wer Muße hat, könnte noch mehr Zeugnisse dafür aus dem N. Testament beibringen. Uebrigens wird auch im A. Testament der Schöpfer Himmels und der Erde der gütige genannt, wie die Häretiker gegen die vielen Zeugnisse vielleicht einmal mit Erröthen werden bekennen müssen.

SECHSTER ABSCHNITT. VON DER MENSCHWERDUNG CHRISTI.

1.

Es ist Zeit, von diesen Abschweifungen auf die Menschwerdung unsers Herrn und Heilandes und zwar auf die Art und Weise und den Zweck derselben zurückzukommen. Nachdem wir nehmlich mit unsern geringen Kräften die göttliche Natur mehr in ihren Werken als in der Idee betrachtet, sodann die sichtbaren, wie im Glauben die unsichtbaren Geschöpfe derselben, uns gedacht haben (denn mit Augen anschauen oder vernünftig begreifen kann die menschliche Schwachheit nicht Alles, weil wir Menschen unter allen Vernunftwesen das schwächste und hinfälligste sind; denn jene, die im Himmel oder über dem Himmel sich befinden, sind weit vorzüglicher); so ist unsere nächste Aufgabe, auch die Mitte d. h. den Mittler [132] zwischen all diesem Geschöpfe und Gott zu suchen, den der Apostel Paulus den Erstgebornen der ganzen Schöpfung nennt. Wir wissen, was die heilige Schrift von seiner Herrlichkeit lehrt, wenn sie ihn „das unsichtbare Ebenbild Gottes" u. s. w. nennt (Col. 1, 15. 16. 17.), der das Haupt des Ganzen ist, indem er nur Gott den Vater zum Haupte hat, wie es (1 Cor. 11, 3.) heißt: „Das Haupt Christi aber ist Gott"; wir wissen, daß die Schrift sagt (Matth. 11, 27.): „Niemand kennt den Vater, denn nur der Sohn, und Niemand den Sohn, als der Vater." Wer könnte auch wissen, was die Weisheit sey, außer dem, welcher sie gezeugt hat? Wer kann begreifen, was die Wahrheit sey, außer dem Vater der Wahrheit? Wer könnte endlich das Wesen des Wortes und Gottes selbst, sofern es aus Gott ist, ergründen, außer Gott allein, bei welchem das Wort war? Wir müssen demnach gewiß annehmen, daß dieses Wort (den Logos), diese Weis- heit, diese Wahrheit Niemand außer allein der Vater kenne, und daß von ihm gesagt ist: „ich glaube, die Welt würde die Bücher nicht fassen, die zu schreiben wären", nehmlich über die Herrlichkeit und Hoheit des Sohnes Gottes. Denn es ist unmöglich, die Glorie des Heilands mit Worten auszudrücken. Fassen wir die Betrachtung dieser Erhabenheit des Wesens in dem Gottessohne zusammen, so staunen wir wohl ob der Erscheinung, daß dieser erhabenste aller Geister, seiner Hoheit sich entäußernd, Mensch wurde und mit Menschen umging, was die seinen Lippen inwohnende Anmuth (Gnade?) was sein himmlischer Vater bezeugt, und was er selbst durch seine Zeichen und Wunder, so wie durch seinen sittlichen Werth bethätigt. Er, der schon vor seiner sichtbaren Erscheinung, Vorläufer und Boten seiner Ankunft, die Propheten sandte: nach seiner Erhöhung aber in den Himmel die heiligen Apostel, ungebildete und unerfahrne Zolldiener und Fischer, mit der Kraft seiner Gottheit erfüllte und den Erdkreis durchwandeln ließ, um aus allerlei Geschlecht und Volk eine Heerde von Gläubigen zu sammeln.

2.

Das freilich geht von allen seinen Wundern und seiner ganzen Hoheit am weitesten über die Bewunderung des menschlichen Geistes und über die schwachen Begriffe des Sterblichen hinaus, daß jene herrliche Gottesmacht das Wort des Vaters und die Weisheit selbst, in welcher Alles, Sichtbares und Unsichtbares geschaffen ist, in der Beschränktheit des Mannes, der in Galiläa aufstand, begriffen seyn soll: noch mehr, daß die göttliche Weisheit den Schoos eines Weibes nicht verschmähte, als Kind geboren wurde und wimmerte wie andere Menschenkinder: daß ebendieser im Todeskampf heftig erschüttert war, wie er selbst bekennt mit den Worten: meine Seele ist betrübt bis in den Tod; daß er zum schmachvollsten Tode, den es unter Menschen gibt, geführt wurde, obgleich er am dritten Tage auferstand. Weil wir darin einiges so ganz Menschliches sehen, daß es von der gemeinen menschliche Schwachheit nicht abweicht, anderes so göttliches, daß es nur der ursprünglichen, unaussprechlichen Natur der Gottheit zukommt, so steht der menschliche Verstand stille, und weiß vor Staunen und Verwunderung nicht, wohin er sich wenden, was er festhalten, wie er ausweichen soll. Sucht er den Gott, so sieht er den Menschen; glaubt er einen Menschen zu sehen, so erblickt er den, welcher nach Besiegung der Gewalt des Todes im Triumphe von den Todten wiederkehrt. Wir dürfen daher nur mit der größten Scheue und Ehrfurcht an die Betrachtung der doppelten Natur in Einer Person gehen, damit wir weder unziemliche Vorstellungen mit jener göttlichen und unaussprechlichen Natur verbinden, [133] noch Thatsachen für täuschenden Schein erklären. [134] Die Wahrheit davon menschlichen Ohren vernehmlich zu machen, übersteigt freilich das Maas meines Verdienstes, oder meines Geistes und meiner Beredtsamkeit weit, ich glaube sogar, auch das der heilige Apostel; ja es mag seyn, daß die Erklärung jenes Geheimnisses selbst für die ganze höhere Geisterwelt zu hoch ist. Wir werden daher, weil es doch einmal der Zusammenhang fordert, mit Bescheidenheit das, was unser gläubiges Bewußtseyn davon enthält, nicht was die Vernunft darüber lehrt, kurz vortragen. Es sind mehr Vermuthungen, als Lehrsätze. [135]

3.

Der Eingeborene der Gottheit, durch den, wie die bisherige Entwicklung der Rede gezeigt hat, Alles, Sichtbares und Unsichtbares, geschaffen ist, hat nach dem Sinne der Schrift Alles geschaffen, und liebt Alles, was er geschaffen. Denn da er das unsichtbare Ebenbild des unsichtbaren Gottes ist, hat er auf unsichtbare Weise allen vernünftigen Wesen Antheil an sich selbst gegeben mit der Einschränkung, daß Jeder nur in dem Maaße wirkliche Gemeinschaft mit ihm hat, als er mit inniger Liebe an ihm hängt. Weil nun vermöge der Willensfreiheit jede Seele mit verschiedenem Maaße der Liebe, diese inniger, jene schwächer, an ihrem Urheber hieng, so hat keine Seele, die je in einen menschlichen Körper gekommen ist, ihr Urbild rein und vollkommen dargestellt außer derjenigen, von welcher Jesus sagt, „Niemand wird meine Seele von mir nehmen" (Joh. 10, 18.). Und weil sie vom Beginne der Schöpfung an unaufhörlich und unzertrennlich an Ihm, der Weisheit, dem Worte Gottes, der Wahrheit, dem Lichte, hieng, ihn ganz in sich einsog und sich selbst in seinem Glanze verlor, [136] so ist sie mit Ihm vorzugsweise Ein Geist geworden; wie der Apostel denen, die ihr nachahmen sollen, verheißt, „wer dem Herrn anhanget, der wird Ein Geist mit ihm" (1 Cor. 6, 17.). Indem nun dieses Seelenwesen die Vermittlung abgibt zwischen Gott und dem Fleische (denn daß Gott sich unmittelbar mit dem Fleische verbinde, ist unmöglich), entsteht der Gottmensch. Jener vermittelnden Seele war es ganz naturgemäs, sich mit einem Körper zu verbinden. Aber auch die Aufnahme der Gottheit war ihrer Natur als eines vernünftigen Wesens nicht entgegen, in welche sie sich wie gesagt schon ganz verloren hatte. Daher wird sie mit Recht auch, sey es darum, weil sie ganz in dem Gottessohne webte, oder weil sie ihn ganz in sich aufnahm, nebst dem angenommenen Sinnenleibe, Sohn Gottes, Gotteskraft, Weisheit Christi und Gottes genannt: [137] und umgekehrt heißt der Sohn Gottes, durch den Alles geschaffen ist, Jesus Christus und des Menschen Sohn. Aber auch gestorben soll der Sohn Gottes seyn, wenigstens dem Theil seiner Natur nach; welcher für den Tod empfänglich ist. Er heißt ferner des Menschen Sohn, der in der Herrlichkeit des Vaters wiederkommen soll mit den heiligen Engeln. Auf diese Weise wird in der Schrift sowohl die göttliche Natur mit menschlichen Namen belegt, als die menschliche mit göttlichen ausgezeichnet. [138] Gerade von ihm gilt in besonderem Maaße das Wort (Gen. 2, 24.) „die beide werden Ein Fleisch seyn." Denn es muß doch wohl der Logos mit seiner Seele inniger in Eurem Leibe vereinigt seyn, als Mann und Frau. Wer dürfte aber mehr Anspruch darauf haben, Ein Geist zu seyn mit Gott als jene Seele, die sich mit Gott so innig durch Liebe verbunden hat, daß man mit Recht sagen darf, sie sey Ein Geist mit ihm?

4.

Jene vollkommene Liebe und die Reinheit ihres Verdienstes ist es also, was der Seele ihre unzertrennliche Vereinigung mit dem Göttlichen erwarb. Es ist weder Sache des Zufalls noch einer partheilichen Bevorzugung, daß er gerade diese Seele an sich zog, sondern ganz allein Folge ihres sittlichen Werthes. Und ebendarum beruht auch die Menschwerdung Christi auf sittlichem Verdienste, wie der Prophet von ihm zeugt: du hast Gerechtigkeit geliebt und gottloses Wesen gehaßt: darum hat dich Gott, dein Gott gesalbet (εχρισε) mit Freudenöle vor deinen Genossen. [139] Denn es verdiente der, welcher von dem Eingebornen nie getrennt ist, den Ehrennamen des Eingebornen (χριστος) zu theilen und mit ihm verherrlicht zu werden. Durch das sittliche Verdienst der Liebe also wird er mit dem Freudenöle gesalbt, d. h. die Seele Christi wird mit dem Logos verbunden, — der Gesalbte. Mit dem Freudenöle gesalbt werden, heißt nichts anders als vom heiligen Geiste erfüllt werden. Der Beisatz „vor deinen Genossen" hat den Sinn, daß ihm der heilige Geist nicht aus Gnade geschenkt sey, wie den Propheten, sondern, daß die wesentliche Fülle des göttlichen Logos selbst in ihm sey, wie der Apostel sagt (Col. 2, 9.). Ebendarum heißt es auch nicht bloß: Du hast die Gerechtigkeit geliebt, sondern überdieß: Du hast gottloses Wesen gehaßt. Es liegt in diesen Worten was die Schrift sonst ausdrückt: er hat keine Sünde gethan, „auch ist kein Betrug in seinem Munde erfunden worden"; „er ist versucht allenthalben, doch ohne Sünde." Der Herr sagt selbst: „Wer kann mich einer Sünde zeihen"? und anderswo: „Siehe, es kommt der Fürst dieser Welt und hat nichts an mir." Alles Ausdrücke für seine Unsündlichkeit. Um diese noch bestimmter zu bezeichnen, sagt er: Ehe der Knabe lernte Vater oder Mutter sagen, kehrte er sich vom gottlosen Wesen. [140]

5. Man könnte die Sache bedenklich finden; wenn man sich erinnert, daß ich oben eine vernünftige Seele in Christo annehme und doch in allen bisherigen Erörterungen nachgewiesen habe, daß eine vernünftige Seele ihrer Natur nach für Gutes und Böses empfänglich sey. Darum will ich das Räthsel lösen. Ausgemacht ist, daß jene Seele dieselbe Natur hatte, wie alle übrigen: sie könnte ja nicht Seele heißen, wenn sie nicht alle wesendlichen Eigenschaften einer solchen hätte. Nun hat aber, eben weil alle Seelen das Vermögen haben, das Gute oder das Böse zu wählen, jene Seele Christi die Gerechtigkeit so ganz zum Gegenstand ihrer Liebe gemacht, daß sie aus unendlicher Liebe ihr unverrückt und unzertrennlich anhängt, ja daß die Festigkeit ihres Entschlusses, die Unergründlichkeit der Zuneigung, das Feuer ihrer unauslöschlichen Liebe jeden Gedanken an Umkehrung der Veränderung abschneidet, und was früher in ihrer

freien Wahl stand, ihr nun zur Natur geworden ist. In diesem Sinne müssen wir eine vernünftige Menschenseele in Christo annehmen; jedoch ohne allen Gedanken, ohne alle Fähigkeit, zu sündigen.

6.

Zu größerer Verdeutlichung sey es erlaubt, ein Gleichniß zu gebrauchen, obwohl man in einem so schwerbegreiflichen Punkte nicht einmal passende Beispiele finden kann. Unvorgreiflich möchte ich Folgendes gebrauchen. Das Eisen ist ein für Wärme und Kälte empfängliches Metall. Wenn nun eine Eisenmasse stets im Feuer liegt, in alle Poren, in alle Adern das Feuer aufnimmt und so ganz Feuer wird, indem weder das Feuer in ihm erlöscht, noch das Eisen vom Feuer getrennt wird, werden wohl sagen, diese im Feuer liegende und stets glühende Eisenmasse könne je Kälte aufnehmen? Im Gegentheil wird sie wie wir an den Oefen überzeugen können, ganz Feuer, sofern man nichts als Feuer an ihr sieht; auch wird die Berührung desselben nicht das Gefühl vom Eisen, sondern vom Feuer geben. Auf gleiche Weise ist jene Seele, die wie das Eisen im Feuer in der Weisheit, im Worte, in Gott liegt, mit allem ihrem Denken, Fühlen und Thun, Gott; daher kann man auch nicht sagen, sie sey wandelbar, da sie die Unwandelbarkeit mit dem Feuer ihrer ununterbrochenen Einheit mit dem Logos besitzt. Zwar mag auch auf die Heiligen überhaupt einige Wärme von dem Logos übergegangen seyn: aber in dieser Seele muß das göttliche Feuer wesentlich gewohnt haben, von welchem die übrigen erwärmt worden sind. Die Schlußworte der angeführten Stelle zeigen, daß jene Seele auf andere Weise mit dem Freudenöle gesalbt wurde als ihre Genossen, die Propheten und Apostel. Von diesen heißt es, sie gingen im Geruche ihrer Salben: [141] sie selbst, die Seele aber war das Gefäß der Salbe, durch deren Wohlgeruch die Propheten und Apostel ausgerüstet wurden. Wie nun Stoff und Geruch der Salbe verschiedene Dinge sind, so findet ein Unterschied statt zwischen Christus und seinen Anhängern (Genossen?) Wie nun das Gefäß selbst, das die Salbe enthält, keineswegs einen üblen Geruch annehmen kann, während dies bei denen, die sich von seinem Geruch sättigen, wohl der Fall seyn kann; so war auch Christus gleichsam Gefäß der Salbe, für einen entgegengesetzten Geruch rein unempfänglich. Dagegen sind seine Anhänger nur in dem Maaße des Geruches theilhaftig, bis sie sich dem Gefäße nähern.

7.

Ich glaube, auch der Prophet Jeremias sprach aus dem Bewußtseyn von dem Wesen der göttlichen Weisheit in Christo, das er zum Heil der Welt in sich aufgenommen, die Worte: der Geist unsers Angesichts, der Gesalbte, der Herr, in dessen Schatten wir zu wohnen gedachten unter den Völkern. [142] Sofern nehmlich der Schattenunzertrennlich ist von dem Körper und somit alle Bewegungen und Wendungen des Körpers getreu aufnimmt und ausführt, so, meine ich, wollte der Prophet in dem Schatten, unter dem wir leben sollten, die Seele Christi darstellen, deren sämmtliche Bewegungen sich ebenso unveränderlich nach ihm richten, als sie selbst unzertrennlich mit ihm verbunden ist. Im Geheimniß dieser Anziehung [143] leben die Völker, die in der Nachahmung ihr Heil finden. Vielleicht sagt auch David im ähnlichen Sinne: Gedenke, Herr, meiner Schmach, womit sie mich geschäht haben ob der Verwandlung (?) deines Gesalbten. [144] Ebenso Paulus (Col. 3, 3.): Euer Leben ist verborgen mit Christo in Gott; und anderswo (2 Cor. 13, 3.): Oder verlanget ihr Zeugniß von dem, der in mir redet, Christus? Er nennt also Christum den in Gott Verborgenen. Das kann nur dasselbe sagen, was oben der Prophet gesagt, oder es geht vielleicht über alles menschliche Verständniß hinaus. Wir finden in der Schrift noch viele Stellen für die Bedeutung des Schattens. Im Evangelium Lucä sagt Gabriel zu Maria: der Geist des Herrn wird über dich kommen und die Kraft des Höchsten wird dich überschatten. Vom Gesetze sagt der Apostel: Sie die die leibliche Beschneidung haben dienen dem Vorbilde und dem Schatten der himmlischen Güter (Hebr. 8, 5.); und anderswo (Job. 8, 9.), heißt es: Ist nicht ein Schatten unser Leben auf Erden? Wenn nun auch das Gesetz auf Erden wie unser Leben ein Schatten ist, und wir im Schatten Christi unter den Völkern leben: so ist vielleicht die Wahrheit von diesen Schattendingen in jener Offenbarung zu suchen, in welcher die Heiligen nicht mehr durch den Spiegel, sondern von Angesicht zu Angesicht die Herrlichkeit Gottes, den Urgrund und die Wahrheit alles Seyns zu schauen gewürdigt werden sollen. Das Pfand dieser Wahrheit besaß der Apostel schon durch den heiligen Geist, wenn er (2 Cor. 5, 16.) sagte: ob wir auch Christum gekannt haben nach dem Fleisch, kennen wir ihn jetzt doch nicht mehr. Dieß sind unsere beiläufigen Gedanken in der Untersuchung so schwieriger Punkte, wie die Menschwerdung und die Gottheit [145] Christi. Weiß Einer Besseres zu finden, und seine Meinung noch klarer aus der Schrift zu begründen, so mag ihr vor dem Meinigen der Vorzug eingeräumt werden.

SIEBENTER ABSCHNITT. VOM HEILIGEN GEIST.

1.

Im Anfang des Buches haben wir von dem Vater, dem Sohn und dem heiligen Geiste im Allgemeinen gesprochen; dann fanden wir nöthig, wieder besonders nachzuweisen, daß Gott der Weltschöpfer und der Vater unsers Herrn Jesu Christi Ein Gott sey, d. h. daß es nur Einen und ebendenselben Gott des Gesetzes und der Propheten und der Evangelien gebe. Ebenso mußten wir von Christo, als dessen ursprüngliches Wesen wir den Logos oben beschrieben haben, besonders die Art seiner Menschwerdung nachweisen. Und so kommen wir auch noch besonders auf den heiligen Geist, den Jesus im Evangelium Johannis den Paraclet nennt, kurz zu reden. Wie Ein Gott und Ein Christus, so ist auch Ein heiliger Geist in den Propheten und den Aposteln, d. h. in den Gläubigen vor Christus und denen, die es durch Christus geworden sind. Daß die Häretiker von zwei Göttern und zwei Christus sprechen, habe ich wohl gehört, aber zwei heilige Geiste habe ich nie von einem nennen hören. [146] Denn wie könnte man dieß aus der Schrift beweisen, welchen Unterschied könnte man angeben zwischen heiligem Geist und heiligem Geist, wenn je eine Beschreibung vom heiligen Geist sich vorfindet? Wenn wir nun auch einem Marcion oder Valentin gestatten, Unterscheidungen in der Gottheit zu machen und ein anderes Wesen das gütige, ein anderes das gerechte zu nennen, was könnte er ersinnen, um eine Verschiedenheit im Geiste nachzuweisen? Ich glaube, sie könnten zum Beweise irgend einer auch noch so kleinen Abweichung Nichts aufbringen.

2.

Wir glauben, daß jedes vernünftige Geschöpf seiner Gemeinschaft wie der des Wortes und der Weisheit Gottes fähig sey. Doch wird von seiner Mittheilung an die Menschen nach der Erhöhung Christi viel bestimmter gesprochen, als vor der Erscheinung desselben. Denn vorher wurde die Gabe des Geistes nur den Propheten und einigen Würdigen aus dem Volke mitgetheilt: nach der Erscheinung des Erlösers aber, sagt die Schrift, wurde die Weissagung Joels erfüllt: und in den letzten Tagen will ich von meinem Geist ausgießen über alles Fleisch und sie werden weissagen; was dasselbe ist wie wenn es heißt: alle Völker werden ihm dienen (Ψ. 72, 11). Unter den übrigen vielen Gaben des Geistes ist demnach eine der vorzüglichsten diese. Den Inhalt des mosaischen Gesetzes und der Propheten verstanden ehemals nur Wenige, eben die Propheten und etwa sonst Einer aus dem Volke, der sich über die sinnlichen Vorstellungen erheben konnte, geistig aufzufassen. Jetzt aber haben unzählige Schaaren von Gläubigen, wenn auch nicht Alle den geistigen Sinn zu einer klaren Vorstellung entwickeln können, wenigstens die Ueberzeugung, daß weder die Beschneidung, noch die Sabbatfeier noch das Blutvergießen, noch die dem Moses darüber ertheilten Sprüche Gottes sinnlich zu erklären sind. Denn schon diese Ueberzeugung ist ohne Zweifel eine Wirkung des heiligen Geistes.

3.

Christus tritt in vielfache Beziehung zu uns; er ist die Weisheit, gleichwohl beweist er nicht in Allen die Macht der Weisheit, sondern nur in denen, die sich der Weisheit befleißigen; er heißt Arzt, dennoch behandelt er nicht Alle als Arzt, sondern nur die, welche von ihrer Gebrechlichkeit überzeugt, bei ihm Hülfe und Rettung suchen. Ebenso denke ich vom heiligen Geiste, in welchem jede Art von Gaben begriffen ist. Dem Einen wird durch den Geist die Gabe der Weisheit, dem Andern die der Wissenschaft, einem Andern der Glaube mitgetheilt. Und so wird in Jedem, der für ihn empfänglich ist, der Geist gerade das, [147] dessen der Empfänger hauptsächlich bedarf. Diese Verschiedenheit der Gaben haben einige mißverstanden: weil sie ihn in den Evangelien den Paraklet nennen hören, und nicht beachteten, von welcher Thätigkeit er diesen Namen führt, so haben sie ihn mit andern geringen Geistern unbekannten Ranges verglichen, und dadurch die Kirche Christi zu stören gewagt; [148] woraus nicht unbedeutende Abweichungen unter den Brüdern entstanden. Das Evangelium theilt ihm aber so viel Macht und Ansehen zu, daß selbst die Apostel das, was ihnen der Heiland noch zu sagen hatte, vor der Ausgießung des heiligen Geistes, der ihre Seelen erleuchten werde, nicht sollen fassen können. [149] Jene Unverständigen aber vermögen nicht nur nicht einen Begriff richtig zu entwickeln, sondern nicht einmal unserer Entwicklung zu folgen, und so bekommen sie unwürdige Vorstellungen von der Göttlichkeit des Geistes, und verfallen auf Irrlehren, weil sie mehr vom Irrgeist verleitet, als vom göttlichen Geiste erleuchtet sind: wie der Apostel sagt (1 Tim. 4, 1. 3.): „Sie folgen den Lehren der Irrgeister, welche die Ehe verbieten zum Verderben und Falle Vieler, und unzeitiges Fasten (gebieten), um durch den Schein einer strengeren Beobachtung, die Seelen der Unbefangenen zu verführen". [150]

4.

Man muß also davon ausgehen, daß der Paraclet der heilige Geist ist, welcher unaussprechliche Dinge lehrt, „die kein Mensch reden kann" (2 Cor. 12, 4.), d. h. die keine menschliche Sprache auszudrücken fähig ist. Denn ουκ εξον ist im Sinne des Apostels, soviel als *unmöglich*, wie an einer andern Stelle (1 Cor. 10, 22. 23.): wo er von dem, was in unserer Macht steht, sofern wir es besitzen können, sagt εξεστι. Der Paraclet nun hat seinen Namen von παρακλησις (Trost). Wenn nehmlich Jemand den heiligen Geist zu empfangen würdig ist, so empfängt er damit ohne Zweifel durch die Einsicht in unaussprechliche Geheimnisse Trost und Freude des Herzens. Wenn er die Gründe und Zwecke aller Dinge durch Hinweisung des Geistes erkannt hat, so kann seine Seele keiner Störung mehr unterliegen und keinen Kummer mehr aufnehmen; auch der Furcht ist sie unzugänglich, da sie, in der Verbindung mit dem Worte und der Weisheit Gottes, Jesum kann ihren Herrn heißen im heiligen Geiste. Wir haben den Sinn des Wortes Paraclet möglichst genau gegeben; nun wird aber der Heiland selber im Briefe Johannis (I. 2, 1. 2.) Paraclet genannt. Wir wollen sehen, ob nicht dieses Wort von dem Heiland gebraucht eine andere Bedeutung habe, als von dem heiligen Geiste. Von dem Heiland gebraucht scheint es mir „Fürsprecher" zu heißen; und zwar um des Folgenden willen: Er ist die Versöhnung für unsere Sünden, denn es heißt auch von ihm, er bitte den Vater für unsere Sünden. [151] Vom heiligen Geist muß es als „Tröster" verstanden werden, weil er den Seelen, denen er das Verständniß der Wissenschaft im Geiste — eröffnet, Trost [152] verleiht.

ACHTER ABSCHNITT. VON DER SEELE.

1.

Nun führt uns die Reihe auch auf die Frage von der Seele, wobei wir vom Einzelnen ausgehen und zum Allgemeinen fortschreiten wollen. Daß eine Seele in jedem einzelnen lebenden Geschöpfe, auch in den Wasserthieren ist, dieß wird wohl von Keinem bezweifelt. Denn es hat sowohl die allgemeine Ansicht, als das Ansehen der heiligen Schrift für sich, wo es heißt: Gott machte die großen Wallfische und alle Seelen des Lebendigen. [153] Aus Vernunftbegriffen läßt es sich ebenfalls beweisen, in Folge der bestimmten Erklärung, die man von der Seele gibt. Seele, erklärt man nehmlich, sey ein Wesen aus Sinn und Trieb [154] bestehend. Diese Erklärung paßt auf alle lebendigen Geschöpfe, auch auf die Wasserthiere; ja auch an den Vögeln lassen sich diese Merkmale vollkommen nachweisen. Ueberdieß kommt dieser Meinung auch noch ein anderer Ausspruch der Schrift zu hülfe: Ihr sollt kein Blut essen, denn des Leibes Leben ist in seinem Blute (Lev. 17, 14.): womit offenbar das Blut als die Seele alles Lebendigen bezeichnet wird. [155] Verweist man dagegen, daß die Seele alles Lebendigen in seinem Blute seyn soll, auf die Bienen, Wespen, Ameisen, auf die Wasserthiere, die Muscheln und Schnecken und andere blutlose Thiere, denen gleichwohl das Leben nicht abgesprochen werden kann: so ist die Antwort, was in andern Thieren das rothe Blut, das ist in diesen der Saft, der sie durchströmt, obgleich er eine andere Farbe hat: denn die Farbe thut nichts zur Sache, wenn nur die Materie belebende Kraft hat. Daß die Hausthiere eine Seele haben, läßt auch die gemeine Erfahrung nicht bezweifeln. Uebrigens wird dieß durch einen göttlichen Ausspruch bestätigt (Gen. 1, 24.) „Die Erde bringe hervor lebende Seelen nach ihrer Art, vierfüßige, kriechende u. s. w. Von dem Menschen kann es ohnedieß nicht in Frage kommen; dennoch spricht es die heilige Schrift bestimmt aus: und also ward der Mensch eine lebende Seele. [156] Von den Engeln fragt sich's, ob sie Seelen haben oder selber Seelen seyen, ebenso von den übrigen himmlischen und göttlichen Kräften, so wie anderseits von den feindlichen Mächten. Wenigstens finden wir in der heiligen Schrift keine Stelle, wonach die Engel oder andere göttliche Geister die Diener Gottes sind, Seelen haben oder Seelen sind. Unter die lebensthätigen Geschöpfe (ζωα) zählet man sie ziemlich allgemein. Von Gott wird gesagt (Lev. 17, 10.): ich will meine Seele [157] setzen über die Seele dessen, der Blut ißt und ihn vom Volke ausrotten; und anderswo (Jes. 1 ,14.): Eure Festtage hasset meine Seele; und im 22. Ps. heißt es von Christo (denn, wie das Evangelium bezeugt, [158] ist es unzweifelhaft, daß der Psalm ihm in den Mund gelegt ist): Rette meine Seele von dem Schwerte und aus der Hand des Hundes meine einzige. [159] Auch gibt es sonstige Zeugnisse von der Seele Christi im Zustand seiner Menschheit genug.

2.

Schon der Begriff von Menschwerdung räumt alle Zweifel über das Daseyn einer Seele Christi hinweg. So gewiß er Fleisch annahm, so gewiß hatte er auch eine Seele. Wenn aber auch Gott in der Schrift eine Seele zugeschrieben wird, so ist dieß allerdings ein schwieriger Punkt für die Erklärung. Wir nehmen einmal sein Wesen als einfach und von aller Beimischung frei; gleichwohl ist manchmal, wie man sich's auch denken mag, von einer Seele Gottes die Rede. Von Christo ist dieß außer allem Zweifel. Ebendarum halte ich es für ganz folgerecht, auch von den Engeln und himmlischen Kräften ein Gleiches anzunehmen. Wenigstens scheint obige Erklärung von „Seele" auch auf sie anwendbar. Wer wollte denn läugnen, daß auch ihnen vernünftiger Sinn und Trieb zukomme? Ist also die Erklärung richtig, daß die Seele ein Wesen mit vernünftigem Sinn und Trieb sey, [160] so begreift sie auch die Engel in sich. Denn was anders ist in ihnen, wo nicht vernünftiger Sinn und Trieb? Trifft aber die eine Bestimmung zu, so sind sie unzweifelhaft Wesen derselben Gattung. Paulus spricht von einem psychischen Menschen, der nicht fähig sey, zu vernehmen, was des Geistes Gottes ist; die Lehre des Geistes scheine ihm Thorheit, und er könne es kaum begreifen, weil es geistig beurtheilt seyn wolle. Doch sagt er an einem andern Orte, es werde ein psychischer Leib gesäet und werde auferstehen ein geistiger, d. h. in der Auferstehung der Gerechten werde Nichts Seelisches mehr seyn. Dieß ist vielleicht ein Wesen, das ebendarum, weil es Seele ist, unvollkommen ist. Und nun fragt sich, ob es unvollkommen sey, weil es von dem Vollkommenen abgefallen, oder ob es von Gott so erschaffen sey? Wir wollen diese Fragen nach der Reihe untersuchen. Kann nehmlich der psychische Mensch, der nicht vernimmt, was des Geistes ist, nach seiner psychischen Seite den Begriff von einer bessern, d. h. göttlichen Natur nicht fassen; so will vielleicht Paulus das Vermögen, das Geistige zu fassen, genauer dadurch bezeichnen, daß er mehr den innern Sinn (νοῦς) mit dem heiligen Geist in Verbindung bringt. Dieß finde ich in der Stelle (1 Cor. 14, 15.): ich will beten mit dem Geist, ich will auch beten mit dem Sinn; ich will Psalmen singen mit dem Geist, und will auch Psalmen singen mit dem Sinn. Mit dem Geiste und Sinne sagt er, will ich beten, nicht „mit der Seele."

3.

Doch fragt man vielleicht: wenn es der Sinn ist, der mit dem Geiste betet und Lob singt, und zugleich der Vollkommenheit und Seligkeit fähig ist, wie kommt es, daß Petrus sagt (1. 1, 9.): „das Ende des Glaubens davonbringen, nehmlich der Seelen Seligkeit"? Wenn die Seele, mit dem Geiste, weder betet noch Lob singt, wie hofft sie denn auf Seligkeit? Oder [161] werden, vielleicht, wenn sie zur Seligkeit gelangt sind, die Seelen aufhören, Seelen zu seyn? Uebrigens ist diese Frage mit äußerster Vorsicht zu behandeln. Vielleicht ließe sich darauf so antworten: Wie nehmlich der Heiland kam zu retten das Verlorne, und also das Verlorne, nachdem es gerettet ist, nicht mehr ein Verlornes ist; ebenso kam er ja auch zur Rettung der Seele wie des Verlornen überhaupt, und die gerettete Seele bleibt nicht mehr Seele, nicht mehr Verlornes. Oder es läßt sich die Sache auch von der Seite betrachten: wie es eine Zeit, gab, wo das Verlorne nicht verloren war, und eine andere geben wird, wo es nicht verloren seyn wird; ebenso war auch die Seele einmal noch nicht Seele und wird zu irgend einer Zeit nicht mehr Seele seyn. Gehen wir näher darauf ein, so kann uns schon der Name Psyche einen bedeutenden Fingerzeig geben. Das göttliche Wort nennt Gott ein „verzehrendes Feuer": (Deut. 4, 24.) spricht aber auch von den Engeln als von „seinem bren- nenden Feuer" (Hebr. 1, 7.) und anderswo (Ex. 3, 2.) vom Engel in der ‚Feuerflamme." Außerdem haben wir das Gebot empfangen, daß wir „inbrünstig im Geiste" (Röm. 12, 11.) seyn sollen: womit offenbar auf den feurigen und erwärmenden Logos hingewiesen ist. Jeremias hört von dem der ihm Antwort gab: Siehe, ich lege meine Worte in deinen Mund, ein Feuer. [162] Wenn nun Gott Feuer ist, die Engel Feuerflammen, und alle Heiligen im Geiste inbrünstig sind, so müssen wohl die von der Liebe Gottes Abgefallenen in ihrer Neigung erkaltet seyn. Denn es sagt auch der Herr (Matth. 24, 12.): weil die Ungerechtigkeit überhandnimmt, wird die Liebe in Vielen erkalten. Was immer nur die Schrift mit der bösen Macht vergleicht, das findet der Satan ihr zu Folge kalt: was gibt es aber kälteres, als er? In dem Meere heißt es, herrscht der Drache. Von der Schlange oder dem Drachen, was immer auf einen der bösen Geister zu beziehen ist, sagt der Prophet (Ezech. 32, 2.), er sey im Meere. Aehnlich an andern Stellen (Jes. 27, 1. Amos, 9, 3.). Bei Hiob heißt er der König aller Wasserthiere (14, 34). Ferner weissagt der Prophet (Jer. 5, 14.): „vom Nordwinde wird das Unglück ausbrechen" &c. Der Nordwind heißt aber in der Schrift der kalte (Eccl. 43, 22). Auch dieß muß wohl vom Satan verstanden werden. Wenn nun das heilige Feuer, Flamme und brennend genannt, wird, das Gegentheil aber kalt, wenn die Liebe in Vielen erkalten soll; so möchte man wohl vermuthen, daß der Name Psyche vom Erkalten [163] aus einem göttlichern, besseren

Zustande zu verstehen sey und daher rühre, daß die Seele ihre ursprüngliche Wärme verloren hat und sich in einem dem Worte entsprechenden Zustande befindet. Daß der Seele, in der heiligen Schrift eigenthümlich rühmlich erwähnt würde, wüßte ich nicht zu finden; wohl aber wird, sie häufig getadelt. Z. B. Pred. 6, 4. Ez. 18, 4. Was Tadelnswerthes zu sagen ist, setzt er mit der Seele in Verbindung, das Lobenswerthe verschweigt er. So ist also [164] durch den Abfall und die Erkaltung aus dem geistigen Leben die Seele in ihrem jetzigen Zustande geworden; jedoch mit dem Vermögen zu ihrem ursprünglichen Wesen zurückzukehren. Dieß finde ich von dem Propheten (Ψ. 115, 7.) angedeutet: Kehre um, meine Seele zu deiner Ruhe; und das Ganze ist dieses: der Geist (νους) ist irgendwie einmal Seele geworden, und die wiedergebesserte Seele wird Geist. Dasselbe finden wir auch, wenn wir über Esau's Seele nachdenken, daß er nehmlich wegen früherer Vergehen, während seines irdischen Lebens gestraft wurde. [165] In Bezug auf die Himmelskörper läßt sich ausmitteln, daß [166] die Seele der Sonne, oder wie das nun heißen mag, nicht erst mit der Weltschöpfung ihr Daseyn erhalten, sondern schon vor ihrem Eintritt in jene brennende, leuchtende Kugel, bestanden habe. Auf gleiche Weise möchte ich von Mond und Sternen behaupten, daß sie aus vorangegangenen Gründen, wider ihren Willen, um der Verheissung willen sich der Eitelkeit unterwerfen mußten, und nicht ihren, sondern nur des Schöpfers Willen, der sie zu solchem Dienste verordnet hat, thun dürfen.

4.

Ist dem also, so glaube ich, daß der Abfall des Geistes nicht bei allen gleich zu denken ist. Er wird nur mehr oder weniger Seele, und manche Geister haben noch Etwas von dem ursprünglichen Feuer, andere Nichts oder nur wenig. Daher zeigen auch einige von Jugend auf eine schnellere, andere eine langsamere Fassungskraft; wieder andere sind ganz verschraubt und ungelehrig. Uebrigens überlasse ich, was ich von der Verwandlung des Geistes in eine Seele sagte, und was sonst auffallend scheinen mag, dem eigenen Nachdenken eines Jeden; ich will ja dieß nicht als Glaubenssätze vorgetragen, sondern nur frei untersucht haben. Zum Schlusse darf nicht übergangen werden, daß in den Evangelien ein Unterschied statt findet zwischen dem, was der Seele, und dem, was dem Geiste des Heilands zugeschrieben wird. Spricht er nehmlich von einem Leiden oder einer Unruhe, so gebraucht er das Wort Seele: (Joh. 12, 27. Match, 26, 38. Joh. 10, 18). Dagegen in die Hände seines Vaters befiehlt er seinen Geist, nicht die Seele: und wenn er das Fleisch schwach nennt, so setzt er nicht die Seele, sondern den Geist als das Willige entgegen; es scheint demnach die Seele eine

Art Mittelding zwischen dem willigen Geiste und dem schwachen Fleische zu seyn.

5.

Vielleicht macht man mir aus meinen eigenen Voraussetzungen die Einrede: Wie denn von einer Seele Gottes die Rede seyn könne? Ich antworte: Alle sinnlichen Ausdrücke von Gott, als Finger, Hand, Arme, Augen, Fuß, Mund bezeichnen nicht menschliche Glieder, sondern gewisse Eigenschaften; und so ist auch unter der Benennung „Seele Gottes" etwas Anderes zu verstehen. Wenn mir eine etwas gewagte Erklärung erlaubt ist, so möchte wohl der eingeborne Sohn darunter zu verstehen seyn. Wie die Seele den ganzen Körper durchdringt und alle seine Bewegungen leitet, so dringt der eingeborne Sohn (das Wort, die Weisheit) durch alle göttliche Kraft und wirkt in ihr. [167] Vielleicht ist ein solcher tieferer Sinn auch angedeutet, [168] wenn von einem Körper Gottes die Rede ist. Doch könnte der Eingeborne auch noch insofern Seele Gottes heißen, weil er in dieses Jammerthal herniederkam, wie er im Psalm (44, 20.) spricht: daß du uns erniedrigt hast an den Ort des Elends. [169] Endlich erklären auch Einige jenen Ausspruch des Heilands im Evangelium. „Meine Seele ist betrübt bis in den Tod" von den Aposteln, die er als den besseren Theil vor dem übrigen Körper seine Seele nenne: sofern nehmlich die Masse der Gläubigen sein Leib heißt. Soweit unsere freien Untersuchungen über die vernünftige Seele. Ueber die Thierseelen genügt das Wenige, was ich oben gesagt habe.

NEUNTER ABSCHNITT. VON DER WELT (DEN WILLENSRICHTUNGEN DER VERNÜNFTIGEN GESCHÖPFE, GUTER UND BÖSER, UND DEREN URSACHEN).

1.

[170] Kehren wir zu unserer Ordnung zurück, und betrachten den Ursprung der Welt, so weit ein Anfang des schaffenden Gottes denkbar ist. Es ist anzunehmen, [171] daß Gott in dem gedachten Anfange nach seinem Rathschlusse eine geradezu hinreichende Zahl von vernünftigen Wesen festgesetzt habe. Denn auch von der Macht Gottes darf man sagen, daß sie beschränkt sey, und man sollte nicht unter dem Scheine der Ehrfurcht ihre Beschränkung läugnen. Denn wäre die göttliche Macht ohne Grenzen, so müßte sie auch sich selbst nicht begreifen können. Was seiner Natur nach unendlich ist, das ist auch unerfaßbar. Zudem sagt auch [172] die Schrift (Sap. 11, 21.): „Nach Zahl und Maß hat Gott alles gegründet"; demgemäß muß eine bestimmte Zahl auch auf die vernünftigen Wesen Anwendung finden. Er hat also so viele derselben geschaffen, als er zu umfassen, zu handhaben und in den Kreis seiner Vorsehung zu bringen vermochte: so wie er auch keine größere Körpermasse geschaffen hat, als er in die Weltordnung zu bringen [173] wußte. Dieß ist nun als der Anfang, d. h. als die Allem Geschaffenem vorausgegangene Schöpfung zu denken. Dieß scheint mir auch dadurch angedeutet zu seyn, was Moses allgemein vom Anfang sagt: Im Anfang schuf Gott Himmel und Erde. Nicht vom Firmamente, noch vom Trockenen sagt er das, sondern von dem Himmel und der Erde, von welchen der gegenwärtige Himmel und die gegenwärtige Erde nur den Namen entlehnt haben.

2. Da aber die vernünftigen Wesen aus dem Nichtseyn in's Daseyn kamen, so sind sie eben durch diesen Wechsel vom Nichts zum Seyn wandelbar: denn was ihnen auch von Kraft inwohnen mochte, sie hatten sie nicht ureigen, sondern durch die Güte des Schöpfers. Was sie sind, ist nicht ihr Eigenthum, nicht ewig, sondern ein Geschenk Gottes. Es war ja nicht immer: und alles, was geschenkt ist, kann auch wieder genommen werden. Verloren gehen muß es, wenn das Gemüth nicht die rechte Richtung erhält. Denn der Schöpfer hat den von ihm erschaffenen Geistern eine freie Willensrichtung gestattet, damit das

Gute, wenn sie es freiwillig bewahrten, ihr Eigenthum würde. Trägheit und Scheue vor der Anstrengung in Bewahrung des Guten, so, wie Abwendung vom Besseren, hat den Anlaß zum Abfall gegeben. Vom Guten abfallen ist aber nichts anders, als schlecht werden. Denn es heißt doch schlecht seyn soviel, als nicht gut seyn. In dem Maaße also, wie einer dem Guten untreu wird, schreitet er fort im Schlechten. Immerhin aber hat ein Geist nach seiner freien Richtung das Gute mehr oder weniger verläugnet, und sich vom Gegentheil, welches unstreitig das Böse ist, hinreißen lassen. Hierin liegen nun die Keime der Mannigfaltigkeit, aus welchen der Schöpfer die Mannigfaltigkeit der Welt überhaupt zusammensetzte. Was wir unter Mannigfaltigkeit verstehen, wollen wir sogleich sehen.

3.

Unter Welt begreifen wir Alles, was über und in dem Himmel, über und unter der Erde ist, kurz den ganzen Raum, und was darin ist. Alles das zusammen heißt Welt. In dieser Welt ist Einiges überhimmlisch, und besitzt ein Himmlischeres und glänzenderes Gewand; doch gibt es dabei manche Verschiedenheit, wie der Apostel sagt (1 Cor. 15, 41.): eine andere Klarheit hat die Sonne, eine andere der Mond u. s. w. Anderes ist irdisch, und auch darunter ist kein geringer Unterschied wenigstens [174] unter den Menschen; die einen sind Barbaren, die andern Griechen; unter den Barbaren wieder einige wild und roh, andere wilder. Einige haben vortreffliche Gesetze, andere schlechte, oder gar rauhe; wieder andere leben nach unmenschlichen und thierischen Gewohnheiten. Einige werden gleich von Geburt an erniedrigt und sclavisch erzogen, und sind entweder Herren oder Fürsten oder Tyrannen unterthan: andere genießen eine freiere Erziehung; wieder sind einige gesund, andere von Mutterleibe, an kränklich; einigen fehlt es am Gesicht, andern am Gehör, entweder von Geburt an, oder haben sie diese Sinne gleich nach der Geburt, oder auch erst in reiferem Alter verloren. Doch was soll ich alles menschliche Elend aufzählen, wovon dieser gedrückt, jener befreit ist, da Jeder diese Betrachtung bei sich selbst anstellen kann? Es gibt auch unsichtbare Kräfte, denen sie Leitung der irdischen Dinge übertragen ist; auch bei diesen muß wie bei den Menschen, eine bedeutende Verschiedenheit Statt finden. Der Apostel Paulus spricht auch von unterirdischen Wesen: auch in diesen muß Mannigfaltigkeit herrschen. Von den stummen Thieren, von den Vögeln, von den Wasserthieren versteht sich's von selbst: denn diese können offenbar nicht höheren Ranges, sondern nur untergeordnet seyn.

4.

Nun ist aber das Alles durch Christum geschaffen: wie der Apostel Paulus (Col. 1, 16.) und Johannes im Evangelium bestimmt ausspricht (1, 1. 2.), und auch der Psalmist (104, 24.) andeutet. Wenn nun Christus ebensowohl, als die Weisheit, auch die Gerechtigkeit ist, so folgt, daß das, was durch den Logos und die Weisheit, auch durch die Gerechtigkeit geschaffen ist, welche Christus ist: das heißt, so kann in der Schöpfung unmittelbar nichts Ungerechtes, nichts Zufälliges, sondern Alles nur nach der Regel der Gerechtigkeit und Gleichheit angenommen werden. Wie nun aber jene Verschiedenheit und Mannigfaltigkeit als die höchste Gerechtigkeit und Gleichheit gedacht werden soll, das begreift gewiß kein menschlicher Verstand, wenn es ihm nicht der göttliche Logos offenbart. [175] Nicht also im Vertrauen auf die eigene Vernunft, sondern mit Hülfe der schaffenden Weisheit, die selbst auch die Gerechtigkeit und Gleichheit ist, wollen wir versuchen die Ungleichheiten der Welt mit der Idee der Gerechtigkeit [176] in Uebereinstimmung zu bringen. Doch ist hier nur von dem allgemeinen Grunde die Rede: die einzelnen zu suchen wäre einfältig, und sie angeben wollen, unsinnig.

5.

Wenn wir aber behaupten, daß jene Welt in ihrer Mannigfaltigkeit von Gott, den wir zugleich den Guten und Gerechten, ja den Gerechtesten nennen, geschaffen sey, so finden wir bei Vielen und besonders bei der Schule des Marcion, Valentin und Basilius, wo die ursprüngliche Verschiedenheit der Geister gelehrt wird, den Widerspruch: wie kommt es der göttlichen Gerechtigkeit zu, bei der Weltschöpfung dem Einen seinen Sitz im Himmel, und zwar nicht bloß einen bessern Wohnsitz, sondern auch einen höhern, ausgezeichnetern Rang anzuweisen, dem Andern eine Fürstenwürde zu verleihen, Andern zu Gewalten und Herrschaften, wieder Andere zu prächtigen Richterstühlen, (Thronen) im Himmel zu machen? Wie, daß von diesen der Eine röthlicher und von Sternenschimmer strahlt: der andere die Klarheit der Sonne, der Andere die des Mondes, Andere die der Sterne haben, daß auch ein Stern den andern an Klarheit übertrifft? kurz, wenn der Schöpfer den Willen und die Macht besaß, ein vollendetes und gutes Werk hinzustellen, warum mußte er bei der Schöpfung der vernünftigen Wesen, daß Eine auf die höchste, ein Anderes auf die zweite, dritte, oder noch niedrigere Stufen stellen? denselben Einwurf machen sie bei den irdischen Geschöpfen mit der Verschiedenheit der Geburt: daß nehmlich der Eine z. B. von Abraham gezeugt und nach der Verheißung geboren ist, ein anderer von Isaak und Rebekka, der schon im Mutterleib seinen Bruder untertritt, und vor der Geburt schon von Gott geliebt wurde; überhaupt, daß der Eine ein gebomer Hebräer und im göttlichen Gesetz unterrichtet; der Andere ein Grieche, die wenigstens gebildete Menschen sind; Ein Anderer bei den Aethiopiern, Menschenfressem; wieder ein Anderer bei den Scythen, bei denen Vatermord ein Gesetz ist; oder bei den Tauriem, die ihre Gäste opfern, geboren ist. Da sagen sie nun: Wenn diese große Verschiedenheit in der Geburt, worauf doch der freie Wille keinen Einfluß hat (denn Niemand kann sich Ort, Menschen und Verhältnisse seiner Geburt frei wählen); wenn sie, sagt man, nicht in der Verschiedenheit der Geister ihren Grund hat, so daß ein Geist von böser Art für ein böses, der gute für ein gutes Geschlecht bestimmt wird, was ist denn anderes, als Zufall? Ist aber dieses, so kann man nicht mehr von einer Schöpfung und Regierung der Welt durch Gott reden, und ebensowenig darf man auch auf ein göttliches Gericht warten. Das Wahre an der Sache klar einzusehen ist freilich nur Sache dessen, der Alles durchschaut, auch die Tiefen der Gottheit.

6.

Wir Menschen antworten, um nicht den Hochmuth der Häretiker durch Schweigen zu nähren, aus ihre Einreden also. Daß der Weltschöpfer der gute und gerechte und mächtige Gott zugleich sey, haben wir hinlänglich durch Zeugnisse der Schrift dargethan. Als er am Anfang aller Wesen die vernünftigen schuf, hatte er seinen Grund des Schaffens außer sich, seine Vollkommenheit. Ist nun in ihm, dem Grund des Geschaffenen, keine Verschiedenheit, kein Wechsel, keine Unmacht; so schuf er auch alle, die er schuf, gleich und ähnlich; denn es ist sonst kein Grund zur Ungleichheit denkbar. Weil aber die vernünftigen Geschöpfe, wie wir schon öfters gezeigt haben, und weiter zeigen werden, mit Willensfreiheit begabt sind: so hat die eigene Freiheit den Einen zur Nachahmung Gottes, den andern zum Abfall bestimmt. Md hierin liegt (wie gesagt) der Grund der Ungleichheit unter den vernünftigen Geschöpfen; nicht in dem Willen und Rathschluß des Schöpfers, sondern einzig in der Freiheit des Willens. Gott hat aber, weil er für gut fand, seine Geschöpfe nach ihrem sittlichen Werthe zu verwenden, die Verschiedenheit der Geister in ein geordnetes Weltganzes gebracht, das er wie ein Wohnhaus, in welchem nicht bloß goldene und silberne, sondern auch hölzerne und irdene Gefässe seyn müssen, „einige zur Ehre, andere zur Unehre" aus jenen verschiedenen Gefässen, d. h. den Geistern zusammensetzte. Dieß glaube ich nun, ist der Ursprung der Mannigfaltigkeit der Welt: die Verwendung des Einzelnen nach seiner eigenthümlichen Richtung und Neigung. Dabei erscheint weder der

Schöpfer ungerecht, sofern er nach vorausgegangenen Ursachen Jedem sein Verdienst zumißt; noch kann ein Zufall in der glücklichen oder unglücklichen Lage des Einzelnen vorausgesetzt werden, und ebensowenig haben wir Grund, verschiedene Schöpfer, eine ursprüngliche Wesensverschiedenheit der Seelen anzunehmen.

7.

Auch die Schrift hat wohl dieses Geheimniß nicht ganz verschwiegen, wenn Paulus in der Stelle von Jakob und Esau (Röm. 9, 11. 12.) sagt: da sie noch nicht geboren waren und weder Gutes noch Böses gethan hatten, auf daß der Rathschluß nach der Wahl Gottes bestände, ward gesagt: „der Größere wird dem Kleinen dienen", u. s. w. Darauf macht er sich selber die Einwendung „was sollen wir denn hier sagen? Ist Gott ungerecht?" Diese Einwendung soll uns Veranlassung geben, weiter zu untersuchen, ob das nicht ohne Grund geschehen sey. Denn was er von Jakob und Esau sagt, das kann ebensowohl von den himmlischen, irdischen und unterweltlichen Geschöpfen gelten, wenn es von jenen heißt, „ehe sie geboren waren &c.", so läßt sich von diesen sagen: Ehe sie geschaffen waren, und ehe sie Gutes oder Böses gethan, wurden sie nach dem willkührlichen Vorsatz Gottes (wie es einige nehmen) diese zu himmlischen, jene zu irdischen, andere zu unterirdischen Wesen bestimmt, und zwar (wie es jene meinen) nicht nach Verdienst, sondern nach dem Willen der sie berufen hat. [177] Was sagen nun wir, wenn dem so ist? Ist Gott ungerecht? Das sey ferne! — Gehen wir tiefer auf den Sinn der Schrift ein, so erscheint Gott darum, daß, ehe sie geboren waren, gesagt wurde, der Größere wird dem Kleinern dienen, oder darum, daß Jakob in Mutterleibe seinen Bruder untertrat, nicht ungerecht; so bald wir bedenken, daß derselbe vermöge der Verdienste seines frühern Daseyns von Gott vorgezogen und besonders geliebt wurde. Und ebensowenig um der himmlischen Geschöpfe willen, sobald wir annehmen, daß ihre Ungleichheit ihren Grund nicht in der Schöpfung, sondern darin habe, daß jedes Einzelne aus entfernteren Ursachen nach dem sittlichen Werthe, den jeder von Gott erschaffene Geist sich mehr oder weniger erwerben konnte, zu diesem oder jenem besondern Dienste verordnet ward. Nun sind freilich auch solche, die ein größeres Verdienst haben, dazu bestimmt, zur Vollendung des Weltganzen mit den übrigen zu leiden und den Untergeordneten zu dienen, um dadurch auch die Langmuth des Schöpfers mitzutragen; wie der Apostel sagt: „die Creatur ist der Eitelkeit unterworfen, nicht mit Willen, sondern um dessen willen, der sie unterworfen hat, auf Hoffnung." Was wir also vom Apostel in Beziehung auf die Geburt Jakobs und Esau's bemerkt finden: „Ist Gott ungerecht? das sey ferne!" das müssen wir auch bei den Himmlischen geltend machen. Denn die Gerechtigkeit Gottes muß sich, wie gesagt, in Allem zeigen. Dieß kann aber meines Erachtens nur dann recht geschehen, wenn wir die Ungleichheit der Geschöpfe, sey es himmlischer oder irdischer, oder unterirdischer, auf Ursachen zurückführen, die über den Anfang ihres körperlichen Daseyns hinausliegen. (Durch Gottes Wort ist einmal Alles geschaffen, durch seine Gerechtigkeit geordnet. Seine Gnade und Barmherzigkeit sorgt für alle, reicht alle möglichen Heilmittel, und fordert zur Besserung auf).

8.

Wenn es nun keinem Zweifel unterliegt, daß im künftigen Gerichte Gute und Böse, Gerechte und Ungerechte geschieden, und Jedem nach seinem Verdienste seine Stelle angewiesen werden wird, wie wir mit Gottes Hülfe im Folgenden zeigen wollen: so glaube ich, daß eine ähnliche Scheidung schon vorausgegangen ist. Denn es ist anzunehmen, daß Gott Alles und immer nach seinem Urtheil verwendet. Auch die Stelle des Apostels (2 Tim. 2, 20. 21.) lehrt dieß: wer sich in diesem Leben gereinigt hat, der wird im künftigen zu jedem guten Werk geschickt seyn: wer dagegen sich nicht gereinigt, wird nach Maaßgabe seiner Unreinigkeit ein Gefäß zur Unehre, d. h. ein unwürdiges Werkzeug seyn. Nun läßt sich denken, daß es auch vorher vernünftige „Gefässe" gegeben, die sich theils gereinigt, theils nicht gereinigt hatten, und demnach hat jedes derselben nach dem Maaße seiner Reinheit oder Unreinheit seine Stellung und Aufgabe in der jetzigen Welt erhalten. Das Alles unterscheidet Gott vermöge seiner Weisheit bis ins Kleinste, und ordnet es nach dem gerechtesten Maaßstabe der Vertheilung seines Beistandes, dem Verdienste. Und darin offenbart doch gewiß der Grundsatz der Gleichheit, wenn die Ungleichheit der Dinge auf der Gleichheit der Vergeltung, nach dem Verdienste beruht. Das Maaß der Verdienste aber bei jedem Einzelnen mit Wahrheit und Genauigkeit zu erkennen, das ist allein ihm vorbehalten und seinem eingebornen Worte der Weisheit, (nebst dem heiligen Geiste).

ZEHNTER ABSCHNITT. VON DER AUFERSTEHUNG UND DEM GERICHTE, (VON DEM FEUER UND DEN STRAFEN DER HÖLLE).

1.

[178]
Da wir hier auf das zukünftige Gericht, die Vergeltung, die Strafen, sowohl nach der heiligen Schrift als nach der kirchlichen Lehre, als da sind „das ewige Feuer", die „äußerste Finsterniß", Gefängniß, Ofen und Anderes den Sündern Angedrohte, zu reden kommen, so untersuchen wir nun die Bedeutung dieser Gegenstände. Doch glaube ich, des Zusammenhangs wegen, zuerst von der Auferstehung reden zu müssen, um zu wissen, was denn in die Strafe, zur Ruhe, oder zur Seligkeit kommt. Zwar habe ich meine Ansicht dar- über in der Schrift [179] „von der Auferstehung" niedergelegt. Doch ist es des Zusammenhangs wegen nöthig, hier Einiges davon zu wiederholen: besonders da nicht wenige hierin an dem kirchlichen Bekenntnisse stoßen, als ob wir ganz thörichte Vorstellungen davon hätten. Es sind hauptsächlich die Häretiker, denen ich auch hier begegnen will. [180] Wenn sie selbst eine Auferstehung der Todten bekennen, so mögen sie nur erklären, was denn das Todte sey. Nicht wahr, der Körper? Also Auferstehung der Körper ist zu erwarten? Nun sollen sie mir sagen, ob wir Körper bedürfen werden, oder nicht? Wenn der Apostel Paulus sagt, es werde gesät ein sinnlicher Leib, und auferstehen ein geistiger, so meine ich doch, daß sie nicht läugnen können, daß der Leib auferstehe, und daß wir in der Auferstehung Körper annehmen. Wie nun? Wissen wir einmal, daß wir Körper annehmen werden, und daß die zerfallenen Leiber auferstehen (denn auferstehen kann eigentlich nur, was vorher zerfallen ist), so ist kein Zweifel, daß sie darum auferstehen werden, damit wir wieder damit bekleidet werden. Eines folgt aus dem Andern. Stehen die Körper auf, so stehen sie sonder Zweifel zu unserer Bekleidung auf; und wenn wir ja wieder in Körpern leben müssen, [181] so müssen es unsere eigenen seyn. Sie stehen also wieder auf, und zwar geistig, d. h. mit Ablegung der Verweslichkeit und Sterblichkeit. Es wäre ja doch zwecklos, wenn Jemand auferstünde, um wieder zu sterben. Es nun genauer zu untersuchen, welches diejenige Eigenschaft des sinnlichen Körpers sey, die in die Erde gesä't einen geistigen erzeugt. Denn aus dem sinnlichen Körper zieht die Auferstehungsgabe [182] selbst den geistigen hervor, indem sie denselben von der Schmach in die Herrlichkeit versetzt.

2.

Wir wollen die hochweisen Häretiker fragen, ob jeder Körper seine Gestalt habe. Sagen, sie, es gebe einen Körper, der keine Gestalt habe, so sind sie offenbar die größten Narren. Nur der einfältigste Kopf könnte so Etwas läugnen. Sagen sie, wie natürlich, jeder Körper habe seine Gestalt, so frage ich wieder, ob sie mir die Gestalt eines Geist-Körpers beschreiben können. Sie werden's nicht können. Dann wollen wir wenigstens nach den Unterscheidungsmerkmalen derselben fragen. Wie werden sie beweisen, was geschrieben steht (1. Cor. 15, 39. 40. 41. 42.): ein anderes Fleisch haben die Vögel, ein anderes die Fische u. s. w.? Nach den Graden der Klarheit himmlischer Körper mögen sie uns die Verschiedenheit derselben in der Auferstehung bestimmen, und wenn sie dafür irgend einen Grund erdacht haben, so verlangen wir, daß sie auch die Unterscheidungskennzeichen der irdischen Leiber an den Auferstandenen nachweisen. Ich denke, der Apostel wollte mit der Vergleichung der Himmelskörper nur den Unterschied der Auferstandenen, d. h. der Heiligen ihrer Verherrlichung nach, klar machen; auf der andern Seite nahm er zur Bezeichnung des Unterschiedes unter denen, die ungebessert zur Auferstehung gelangen, der Sünder das Beispiel von irdischen Körpern, wenn er sagt: einen andern Körper [183] haben die Vögel u. s. w. Denn die Vergleichung mit Himmlischem paßt auf die Heiligen, die mit Irdischem auf die Sünder. Soviel genug gegen die Läugner der Auferstehung.

3.

Nun haben wir es mit den Schwachen und Unfähigen [184] unter uns zu thun, die einen sehr gemeinen Sinn mit der Auferstehung des Leibes verbinden. Wie denken sich diese die Veränderung des sinnlichen Leibes durch die Gabe der Auferstehung, und die Verwandlung in einen geistigen? wie denken sie sich das „Auferstehen in Kraft" nach dem „Gesä'etwerden in Schwachheit", das Auferstehen in Herrlichkeit, das Uebergehen zur Unverweslichkeit? Wenn sie einmal dem Apostel glauben, daß der in Herrlichkeit, Kraft und Unverweslichkeit auferstandene Leib ebendamit auch geistig geworden sey, so ist es ja ein Widerspruch an sich und gegen den Sinn des Apostels, zu behaupten, daß ein solcher Leib wieder die Regungen von Fleisch und Blut empfinden werde, da der Apostel ausdrücklich sagt: Fleisch und Blut werden das Himmelreich nicht besitzen &c. (1 Cor. 15, 50). Wie nehmen sie ferner das: „werden wir Alle verwandelt werden? Diese Verwandlung ist nach dem Obigen zu erwarten, und wir dürfen uns etwas Gottes Würdiges darunter vorstellen. Ich denke mir den Hergang der Sache, wie es der Apostel (V. 37. 38.) beschreibt: es wird ein bloßes Korn in die Erde gelegt, und Gott gibt ihm einen Leib, wie er will, nachdem das erstere erstorben ist. Unser Körper fällt wie das Samkorn in die Erde; er enthält denjenigen Lebenskeim, [185] die den erstorbenen, vermoderten und zerstäubten Leichnam, kraft des göttlichen Logos, wieder aus der Erde wecken, herstellen und zusammenfügen wird, wie die dem Korne inwohnende Kraft aus seiner Verwesung es zum Halme und zur Aehre aufzieht. Denen zwar, welche des Erbtheils im Himmel werden gewürdigt werden, wird jener Lebenskeim aus einem irdischen sinnlichen Leibe einen geistigen schaffen, der im Himmel wohnen kann. [186] Die auf einer niedrigern, oder gar der niedrigsten und verworfensten Stufe stehen, werden je nach dem innern Werth ihres Lebens auch eine verminderte Klarheit und Würde des Körpers bekommen: so doch, daß der Leib der zum ewigen Feuer Verdammten durch die Umwandlung in der Auferstehung so unverweslich seyn wird, daß er auch durch die Höllenstrafen nicht zerstört werden kann. Dieß ist die Beschaffenheit des auferstandenen Leibes. Fragen wir nun nach der Bedeutung des ewigen Feuers.

4.

Nach Jesajas hat Jeder sein eigenes Straffeuer (Jes. 50, 11.): Ihr gehet daher im Glanze eures Feuers und in der Flamme, die ihr angezündet. Dieß scheint mir anzudeuten, daß jeder Sünder sich seine Flammen selbst anzünden muß, und nicht in ein Feuer geworfen wird, das ein Anderes angezündet, oder das überhaupt vorher da war. Die Nahrung dieses Feuers sind die Sünden, welche der Apostel Paulus „Holz, Heu, Stoppeln" nennt. Wie nehmlich Ueberladung oder Unverdaulichkeit [187] der Speise im Körper Fieber erzeugt, und zwar, in dem Maaße, als die Ueberladung Stoff dazu gibt: so, denke ich, wird auch in der Seele, die sich mit Sünden überladen hat, zur Zeit die ganze Masse der Sünden in eine Flamme ausbrechen zu ihrer Bestrafung. Das Gewissen wird mittelst göttlicher Kraft an Alles erinnert werden, wovon es Zeichen und Bilder beim Sündigen in sich aufgenommen; aus den in der Seele zurückgebliebenen Keimen wird die Saat der Sünde aufgehen, und die Geschichte aller einzelnen schlechten und ruchlosen Handlungen wird uns, vor die Augen gemalt seyn. Im Rückblick auf das verschwundene Wohlleben wird der Geist von der Angst des Gewissens gefoltert, und von den Stacheln der Reue durchbohrt, Ankläger und Zeuge wider sich selbst werden. Dieß finde ich angedeutet in den Worten des Apostels Paulus (Röm. 2, 15. 16.): die Gedanken, die sich unter einander verklagen oder entschuldigen an dem Tage, da Gott das Verborgene u. s. w. [188] Daraus erhellt doch, daß im Innern der Seele selbst aus den schlimmen Folgen der Sünde sich die Qualen erzeugen. [189]

5.

Um sich das Verständniß dieser Sache zu erleichtern, kann man die Betrachtung der gewöhnlichen Seelenleiden zu Hülfe nehmen: wie z. B. die Seele von Liebesflammen brennt, oder vom Feuer der Eifersucht, des Neides zerfressen, vom Zorne bestürmt, oder von Wahnsinn oder Betrübniß verzehrt wird. Haben doch Manche, die das Uebermaas solcher Leiden unerträglich fanden, den Tod der Ertragung dieser Pein vorgezogen. Es früge sich nun, ob wohl für die, welche von solcher Leidenschaft gequält, in diesem Leben sich keine Besserung schaffen konnten, und so aus dieser Welt gingen, das schon Strafe genug sey, daß sie durch die Fortdauer eben jener Leidenschaften gequält sind: also von Zorn oder von Wuth, von Wahnsinn oder Betrübniß, deren todtbringendes Gift in dem gegenwärtigen Leben wirklich durch kein Mittel zu be- sänftigen war; oder ob sie nach Entfernung der Leidenschaft [120] einer allgemeinen Bestrafung unterworfen werden? Uebrigens könnte man noch eine weitere Art von Strafen annehmen. Wenn z. B. die Glieder des Körpers gelöst und aus ihren Bändern gerissen werden, so empfinden wir einen ungeheuren Schmerz; ebenso könnte nun die Seele, wenn sie sich außer der Ordnung und dem Bande, oder der Harmonie befindet, in welcher sie Gott zum Rechtdenken und Rechthandeln bestimmt hat, und ihre vernünftige Thätigkeit nicht mehr im Einklang mit sich selbst steht, eben in ihrer Entzweiung, ihrer Unbeständigkeit und Verwirrung auch ihre Strafe empfinden. Die mit sich entzweite und zerrissene Seele aber wird vielleicht durch Anwendung des Feuers geläutert und zu einem festern Zusammenhang und zur Wiedervereinigung bekräftigt.

6.

Noch manche andere (Strafmittel) mögen uns verborgen, und nur dem bekannt seyn, der der Arzt der Seelen ist. Denn wenn wir für die Heilung des Körpers je nach den Leiden, die wir uns durch Essen und Trinken zugezogen, bisweilen herbe und beißende Heilmittel bedürfen; manchmal, wenn es die Beschaffenheit des Uebels erfordert, sogar Anwendung des Eisens, und wenn die Krankheit über diesen Grad hinausgekommen ist, Brennen und sengen nöthig machen; wie viel mehr müssen wir annehmen, daß Gott, als derjenige Arzt, der die Uebel, die unsere Seelen durch die Menge der Sünden sich zugezogen haben, heben will, ähnliche Strafmittel, ja selbst, auch Feuer bei denen anwenden werde, die die Gesundheit ihrer Seele zerrüttet haben? Dafür sprechen viele bildliche Ausdrücke der heiligen Schrift. Ja, sie droht im fünften Buch Mosis (28, 22.) den Sündern mit „Fieber, Kälte und Gelbsucht, mit Augenschwäche und Geisteszerrüttung, mit Wahnsinn, Blindheit und Rasen des Her- zens (28.)." Wollte Jemand mit Muße alle Ausdrücke von Entkräftung, die in der Drohung gegen die Sünder als körperliche Leiden aufgeführt werden, aus der Schrift sammeln, so würde er finden, daß sie theils Mängel, theils Strafen der Seelen bedeuten. Zum Beweise aber, daß auch Gott mit den Gefallenen auf dieselbe Weise verfahre, wie Aerzte mit ihren Kranken, um durch Heilung und Pflege [191] ihnen ihre gesunden Kräfte zu verschaffen, erinnere ich an den Befehl bei Jeremias (25, 15), der Becher des Zorns Gottes soll allen Völkern gereicht werden, damit sie trinken, und erkranken, und sich erbrechen. Wobei er droht, wer nicht trinken will, soll nicht gereinigt werden. Dieß heißt doch wohl, daß die Sache Gottes die Reinigung der Seelen betreffe. Daß aber auch die durch das Feuer angedeutete Strafe als Heilmittel verstanden werden müsse, lehrt Jes., wenn er (4, 4.) von Israel sagt: „der Herr wird abwaschen den Unflath der Söhne oder [192] Töchter Zions, und sie reinigen vom Blute durch den Geist, des Gerichts, und durch den Geist des Feuers" — und von den Chaldäern (47, 14.): „du hast feurige Kohlen, setze dich darauf, sie werden dich heilen" (LXX.), und anderswo: „der Herr reinigt durch brennendes Feuer." Und bei Malachi heißt es (3, 3.): der Herr wird sitzen und schmelzen und reinigen, und wird die geläuterten Söhne Juda's zerstoßen. [193]

7.

Auch das Gleichniß von den ungerechten Haushaltern im Evangelium (Luc. 12, 46.), welche getrennt und zum Theil den Ungläubigen zugesellt werden sollen, so daß das von ihnen, was ihnen nicht angehört, anderswohin versetzt würde, deutet ohne Zweifel eine Art Strafe für solche an, deren Geist von der Seele vielleicht getrennt werden wird. Ist unter Geist hier der heilige Geist zu verstehen, so möchte ich den Ausdruck auf die Gaben des heiligen Geistes beziehen. Hat nehmlich Einer durch die Taufe oder durch die Gnade des Geistes die Gabe der Weisheit, oder der Wissenschaft, oder sonst eine empfangen und nicht wohl angewendet (d. h. entweder „sein Pfund vergraben", oder „in's Schweißtuch gelegt"), so wird die Geistesgabe sicherlich von seiner Seele genommen, und das Zurückgebliebene, d. h. das seelische Wesen den Ungläubigen zugesellt werden, getrennt und abgesondert von dem Geiste, in dessen Vereinigung mit dem Herrn, auch jenes Ein Geist mit ihm hätte werden sollen. Ist es aber nicht vom heiligen Geiste, sondern von dem seelischen Wesen selbst zu verstehen, so möchte der bessere, nach dem Bilde Gottes geschaffene Theil desselben gemeint seyn. Der andere Theil dagegen, der nach dem Falle gegen die ursprünglich reine Natur dazugekommen, jedoch immerhin Theil davon ist, wird wohl als verwandt mit der Materie zugleich mit den Ungläubigen bestraft. Doch kann jede Trennung auch einen dritten Sinn haben. Da nehmlich jeder, auch der geringste in der Gemeine, einen eigenen Engel hat, der nach dem Ausspruch des Heilandes allezeit das Angesicht Gottes, des Vaters sieht, und dieser ohne Zweifel mit seinem Schützling Ein's ist, so mag dort angedeutet seyn, der Gottes-Engel werde, wenn sich Einer durch Ungehorsam unwürdig mache, von ihm genommen, und der bloß menschliche Theil von ihm den Ungläubigen beigesellt, weil er die Ermahnungen des ihm von Gott beigegebenen Engels nicht beachtet hat.

8.

Auch unter der „äußersten Finsterniß" glaube ich nicht sowohl einen dunkeln, lichtlosen Luftraum verstehen zu müssen, als vielmehr den Zustand derer, die in die Nacht tiefer Unwissenheit versunken, und außer allem Licht des Verständnisses gesetzt sind. Vielleicht möchte der Ausdruck auch so verstanden werden, wie die Heiligen ihre Leiber, in denen sie diesseits rein und unbefleckt gelebt haben, lichtvoll und strahlend wiederbekommen werden, so sollen die Gottlosen alle, die in diesem Leben die Finsterniß des Irrthums, und die Nacht der Unwissenheit lieb gehabt haben, nach der Auferstehung mit schwarzen und häßlichen Körpern angethan werden. Demnach würde sich eben die Nacht der Unwissenheit, die in dieser Welt ihren innern Sinn befangen gehalten hatte, jenseits durch die äußere Umkleidung kund geben. [194] Man könnte freilich Dunkelheit und Finsterniß auch diesen fettigen, irdischen Leib nennen, aus welchem am Ende dieser, und vor dem Uebergang in eine andere Welt die neue Schöpfung ihren Anfang nehmen wird. Auf ähnliche Weise ist „Kerker" zu erklären. Doch diese Beispiele mögen hier genügen, obgleich sie, um den Zusammenhang nicht zu unterbrechen, nur sparsam aufgezählt sind.

EILFTER ABSCHNITT. VON DEN VERHEIßUNGEN.[195]

1.

Nur einige Worte über den Sinn der Verheißungen. Es kann einmal kein lebendes Geschöpf durchaus bewegungs- los und unthätig bleiben, sondern sucht stets Bewegung, Streben und Thätigkeit jeder Art: dieß sehe ich als eigenthümliches Wesen lebendiger Geschöpfe an. Wie vielmehr muß also das vernünftige Geschöpf, der Mensch, stets Bewegung und Thätigkeit haben. Ist er ohne höheres Bewußtseyn, und ohne Kenntniß seiner Bestimmung, so bewegt sich sein Streben um körperliche Bedürfnisse, und er ist in all seinem Dichten und Trachten auf sinnliche Lust bedacht; ist aber sein Sinn auf das allgemeine Beste gerichtet, so übt er ihn entweder durch Staatsklugheit, oder durch Gehorsam gegen die Obern, oder durch eine gemeinnützige Handthierung. Erhebt sich der Sinn über die sichtbare Welt, und bemüht sich um Weisheit und Wissenschaft, so wird er ohne Zweifel all sein Streben auf solche Beschäftigungen richten, vermöge deren er die Wahrheit erforschen und den Ursprung der Welt ergründen kann. Wenn also in dieser Welt der Eine sinnliches Vergnügen, ein Anderer gemeinnütziges Streben, der Dritte Weisheit und Erkenntniß für das höchste Gut hält: so fragt sich, ob wohl auch in jenem, dem wahren ewigen Leben, das „mit Christo in Gott verborgen" heißt (Col. 3, 3.), ein ähnliches Verhältniß Statt finden wird.

2.

Leute, welche die Mühe des Nachdenkens scheuen, oberflächliche Betrachter des Gesetzes; die nur ihren Gelüsten schmeicheln, Buchstabenschüler glauben, die Verheißungen beziehen sich auf sinnliches Wohlbehagen und Ueberfluß. Darum begehren sie auch nach der Auferstehung fleischliche Leiber, mit der Fähigkeit zu essen und zu trinken, und mit allen Verrichtungen des Fleisches und Blutes; und begreifen die Lehre des Apostels Paulus von der Auferstehung eines geistigen Leibes nicht. Folgerichtig verbinden sie damit ehliche Verbindungen und Kinderzeugung, bilden sich ein, Jerusalem werde als irdische Stadt auf einem Grunde von kostbaren Steinen wiederaufgebaut, seine Mauern aus Jaspis, seine Vorthürme aus Crystall errichtet werden: sie soll überdieß eine Ringmauer haben von auserlesenen und bunten Steinen, von Jaspis, Saphir, Chalcedonier, Smaragd, Sardius, Onych, Chrysolith, Chrysopas, Hyacinth und

Amethyst. Ja, sie meinen, es wer- den ihnen Diener ihrer Lüste aus andern Völkern gegeben werden, die sie als Feldbauer, oder als Bauleute gebrauchen könnten, um ihre zerstörte und zerfallene Stätte wieder aufzubauen. Sie hoffen die Schätze der Heiden verzehren, und über deren Reichthümer gebieten zu dürfen; es werden aus Midian und Kedar Kameele kommen, um ihnen Gold, Weihrauch und Edelsteine zu bringen. Solche Dinge wagen sie auf prophetisches Ansehen zu stützen, weil es in den Verheißungen über Jerusalem heißt, die Diener des Herrn werden essen und trinken, die Sünder aber hungern und dürsten; die Gerechten werden in Freuden leben, und die Gottlosen Trauer haben. Auch berufen sie sich, auf ein Wort des Heilandes im N. Test., wo er mit seinen Schülern von den Freuden des Weins spricht: „ich werde nicht mehr davon trinken, bis ich's neu trinken werde mit Euch in meines Vaters Reich" (Matth. 26, 29.). Ferner führen sie an, daß der Heiland diejenigen selig preist, die jetzt hungern und dürsten, indem er ihnen verheißt, daß sie sollen gesättigt werden: und so mehrere ähnliche Beispiele, deren bildlichen Sinn sie nicht verstehen. Dann glauben sie auch, sie werden, nach den Formen und Einrichtungen dieser Welt nach Würden, Rang und Macht, Könige und Fürsten seyn, gleich den irdischen, weil es im Evangelium heißt: „du wirst Macht haben über fünf Städte" (Luc. 19, 17.). Kurz, sie wollen Alles nach der Gewohnheit dieses Lebens wieder haben, was von den Verheißungen zu erwarten ist. Dieß ist die Denkungsart derer, die sich zwar Christen nennen, aber in ziemlich jüdischem Sinne die Schrift erklären, und Nichts, was göttlicher Verheißung würdig wäre, darin finden.

3.

Wer dagegen die Schriftlehre im Sinne der Apostel auffaßt, hat die Hoffnung, daß die Heiligen zwar auch essen werden, aber Brod des Lebens, das durch Speisen der Wahrheit und Weisheit die Seele nährt, und den Geist erleuchtet, und das aus den Bechern der göttlichen Weisheit tränkt; wie die Schrift sagt: die Weisheit hat ihren Tisch bereitet, u. s. w. (Prov. 9, 1. 2.). Durch solche Speisen der Weisheit genährt, muß der Geist in den vollkommen Zustand, in welchem der Mensch geschaffen wurde, in den des Ebenbildes Gottes zurück- versetzt werden. Wenn nun auch Einer weniger ausgebildet aus diesem Leben geht, dennoch aber das Verdienst seiner Werke daraus mit sich nimmt, so wird er wohl in jenem Jerusalem, der Gemeine der Heiligen, unterrichtet und ausgebildet, und zu jenem lebendigen, edeln und auserlesenen Steine werden können, je nachdem er die Kämpfe des Lebens und die Uebungen der Gottesfurcht mannhaft bestanden; dann wird er auch den Sinn der Worte besser erkennen: „der Mensch lebt nicht allein vom Brod, sondern von einem jeglichen Worte, das aus dem Munde Gottes kommt." Unter den Fürsten und Führern selbst aber, darf man Nichts anderes verstehen, als solche, die die Schwächeren leiten, bilden, und für daß Göttliche erziehen.

4.

Wenn übrigens in diesen Aussichten zu wenig Reiz für ein geistiges Verlangen zu liegen scheint, so wollen wir etwas weiter zurückgehen, und abgesehen von der natürlichen und angebornen Begierde nach der Wirklichkeit, die ideale Beschaffenheit des Lebensbrodes und des Weines, und das Eigenthümliche der künftigen Auszeichnungen aus dem Zusammenhang mit der geistigen Ansicht (θεωρια) zu beschreiben versuchen. [126] Wie bei den Künsten, die mit der Hand ausgeübt werden, Wesen, Art und Zweck der Arbeit gedacht wird, und nur der wirkliche Erfolg mit Hülfe der Hände zu Stande kommt; so ist auch in den Werken der Schöpfung Idee und Zweck des Sichtbaren verborgen. Wenn nun schon bei Kunstwerken, an denen das Auge eine vorzügliche Feinheit bemerkt hat, die Seele begierig ist, alsbald zu wissen, wie und wozu dieß gearbeitet sey: wie viel größer und über allen Vergleich unaussprechlich muß die Begierde seyn, die Idee der sichtbaren Schöpfung Gottes zu erkennen! diese Begierde, dieses Streben muß uns von Gott eingepflanzt seyn: und wie das Auge von Natur Licht sucht und Sichtbares, und der Körper Speisen und Getränke von Natur begehrt, so ist unserem Geiste das Verlangen nach Erkenntniß der göttlichen Wahrheit und nach Erforschung der Weltursachen eigen und angeboren. Wir haben aber ein solches Verlangen von Gott nicht empfangen, um es niemals stillen zu dürfen oder zu können: sonst müßte ja Gott, der Schöpfer, unserem Geiste den Trieb nach Wahrheit vergebens eingepflanzt haben. Mithin, wer in diesem Leben auch eifrig auf fromme und gottesdienstliche Uebungen gelegt hat, der hat, so gering auch seine Ausbeute aus den unermeßlichen Schätzen göttlicher Weisheit seyn mag, doch in solcher Beschäftigung, und ihn solchem Verlangen den großen Gewinn, daß er Geist und Gemüth auf den Trieb, nach Erforschung der Wahrheit hinlenkt und für Erfassung der zukünftigen Aufklärung vorbereitet. Wenn Einer, der ein Bild malen will, vorher den Umriß des werdenden Bildes leicht anzeichnet und die für das zu entwerfende Gesicht passenden Züge andeutet, so hat er durch den Umriß schon eine Vorbereitung für die aufzutragenden Farben. So soll auch auf den Tafeln unsers Herzens mit dem Griffel unsers Herrn Jesu Christi nur ein Umriß eingezeichnet werden. Und darauf bezieht sich wohl die Aeußerung (Luc. 19, 26.): Wer da hat, dem wird noch dazu gegeben werden. Die nehmlich schon in diesem Leben einen Umriß von Wahrheit und Erkenntniß haben, denen soll künftig die Schönheit des vollkommenen Bildes verliehen werden.

5.

Ein solches Verlangen scheint mir der anzudeuten, der da sagt (Phil. 1, 23.): „Es liegt mir beides hart an: Ich habe Lust abzuscheiden und bei Christo zu seyn; welches auch viel besser wäre." Er wußte wohl, daß er bei Christo Alles, was hienieden vorkommt, klarer erkennen würde, das Wesen des Menschen, der Seele, der Vernunft, [197] welches von diesen der wirkende, welches der beseelende Geist sey, welches endlich die Geistesgabe, die den Gläubigen verliehen wird. Dann wird er auch erkennen, was Israel seyn soll, was seine Absonderung von den Völkern, [198] was die zwölf Stämme Israels, was die einzelnen Geschlechter [199] unter den verschiedenen Städten bedeuten. Er wird einsehen die Bedeutung der Priester und Leviten, und der verschiedenen Priesterordnungen; wessen Vorbild Moses gewesen, [200] und welches die Wahrheit der Jubelfeste und Jahrwochen vor Gott sey. Auch den Sinn des Festtages und Sabbathe wird er erkennen, den Zweck der Opfer und Reinigungen durchschauen, auch welches die Bedeutung der Aussatzreinigung und der Reinigung vom Samenflusse sey; er wird auch wahrnehmen, welches, wie viel und wie beschaffen die guten, welches die feindlichen Mächte seyen, was die Neigung jener, was die Eifersucht dieser gegen die Menschen sey. [201] Er wird zur Anschauung dessen gelan- gen, was das Wesen der Seele, die Unterscheidung des Lebendigen, der Wasserthiere nehmlich, der Vögel und des Wildes ist, warum die einzelnen Gattungen in soviele Arten auseinandergehen, welcher Vorausblick des Schöpfers, welcher Sinn göttlicher Weisheit in diesen Einzelnheiten verborgen liegt. Er wird ferner erkennen, warum durch einige Wurzeln und Kräuter gewisse Mächte gewonnen, durch andere dagegen die Einwirkung schädlicher abgehalten wird: [202] was das Wesen der gefallenen Engel sey, und warum sie denen, die nicht mit aller Glaubenskraft dieselben verachten, in manchen Dingen schmeicheln, ja sie zum Irrthum verführen können. Ebenso wird er auch das Urtheil der göttlichen Vorsehung über das Einzelne vernehmen, über die Begegnisse des Menschen, daß sie nicht zufällig seyen, sondern einem so genauen, so schwerzubegreifenden Plane folgen, daß selbst die Anzahl der Haare nicht bloß der Heiligen, vielmehr aller Menschen demselben nicht entgehen, ja der sich auch auf die zwei Sperlinge, die man um einen Groschen kauft, erstreckt, mag man die Sperlinge geistig oder buchstäblich verstehen. Jetzt steht das zwar noch in Frage, [203] alsdann aber wird es offenbar werden. Es läßt sich übrigens aus Allem abnehmen, daß nicht geringe Zeit vergehen mag, bis die Würdigen und

Verdienten nach ihrem Hinscheiden nur von dem, was über der Erde ist, Einsicht genommen haben, um durch diese Erkenntniß und durch die Gabe einer vollkommenen Wissenschaft zu unaussprechlicher Freude zu gelangen; noch mehr aber, wenn auch der Luftraum zwischen Erd' und Himmel nicht leer von Geschöpfen und vernünftigen Wesen ist, wie der Apostel (Eph. 2, 2.) sagt: „nach dem Fürsten, der in der Luft herrschet; [204] und anderswo (1 Thes. 4, 17.): „wir werden hingerückt werden in den Wolken, dem Herrn entgegen in der Luft, und werden also bei dem Herrn seyn allezeit."

6.

Demnach werden sich die Heiligen solang da aufhalten, bis sie von der Haushaltung des Luftreiches nach beiden Seiten Einsicht genommen haben. Wenn ich sage, nach beiden Seiten, so verstehe ich das so: Auf der Erde sehen wir Thiere, Bäume, und kennen deren Unterschied, so wie auch den Unterschied unter Menschen; den Grund davon aber sehen wir nicht ein. Der sichtbare Unterschied gibt uns nur soviel an die Hand, um fragen und untersuchen zu können, worauf eben der Unterschied in der Schöpfung und Verwaltung beruhen; und wenn wir hienieden den Trieb nach solcher Erkenntniß in uns aufgenommen, so wird sie uns nach unserem Eingang verliehen werden, wofern es uns dort nach Wunsch geht. Haben wir dann die Gründe vollkommen erkannt, dann begreifen wir das Sichtbare dieser Erde nach beiden Seiten. Ebenso verhält sich's mit dem Luftreiche. Unmittelbar nach dem Hinscheiden werden die Heiligen an einem Ort auf der Erde, den die heilige Schrift Paradies nennt, dem Erziehungsort und, so zu sagen, Hörsaale der Seelen verweilen, wo sie über das Sichtbare belehrt, und über das Zukünftige Aufschluß erhalten werden; so wie sie in diesem Leben, obwohl nur im Spiegel und in Gleichnissen, doch einigermaßen Andeutungen über die Zukunft erhalten haben, die sich ihnen an ihrem Orte und zu ihrer Zeit klarer darstellen werden. Ist Einer reines Herzens, geläuterten Verstandes und geübteren Sinnes, so wird er schneller fortschreiten, und bald in das Luftreich kommen, und nach dem Aufenthalt in allen Räumen, die die Griechen Sphären, die heilige Schrift aber Himmel nennt, zum eigentlichen Himmelreich gelangen. In jenen Räumen wird er zunächst anschauen, was dort geschieht; dann aber auch die Gründe davon erkennen. So wird er stufenweise aufsteigen dem nach, der durch die Himmel vorangegangen ist, Jesu, dem Sohne Gottes, der da spricht (Joh. 17, 24.): „ich will, daß, wo ich bin, auch sie bei mir seyen", und der auch von vielen Wohnungen geredet hat, (14, 2.): In meines Vaters Hause sind viele Wohnungen. Er aber ist überall, und durchläuft Alles. Auch werden wir ihn nicht mehr in der Erniedrigung sehen, in die er um unsertwillen versetzt war, d. h. nicht mehr in der Beschränktheit des menschlichen Leibes, in der er auf Erden wohnte, wonach man ihn als an einen bestimmten Ort gebunden denken müßte.

7. Wenn dann die Heiligen in das Himmelreich eingegangen sind, dann werden sie das Wesen der Gestirne im Einzelnen durchschauen, und erfahren, ob sie lebend, oder was sie überhaupt sind: werden die Gründe der übrigen Werke Gottes erkennen, die er ihnen selbst offenbaren will. Als Söhnen wird er ihnen die Ursachen der Welt und seine Schöpferkraft Kund machen; wird ihnen zeigen, warum der Stern an dem Orte steht, warum er gerade soweit von dem andern getrennt ist; so was, wenn er näher stände, erfolgt seyn würde; was, wenn er entfernter; wie, wenn er größer wäre als jener, das All nicht sich gleich bliebe, sondern eine ganz andere Gestalt gewänne. Nachdem sie das Wesen der Sterne, und den Grund der Umwälzungen des Himmels begriffen haben, werden sie zum Ungesehenen (von dem wir bloß die Namen kennen) und zum Unsichtbaren fortschreiten. Von diesem gibt Paulus [205] nur die große Zahl an; was beides sey, und wie es sich unterscheide, davon haben wir nicht die geringste Ahnung. Erst nach solchen Fortschritten, daß wir nicht mehr Fleisch und Körper, vielleicht nicht einmal Seelen seyn werden, sondern die reine und zur Vollkommenheit gereifte Vernunft, von keinem Nebel der Leidenschaft getrübt, dann erst wird diese das ideelle geistige Wesen der Dinge [206] von Angesicht zu Angesicht schauen. Die erste Stufe der Vollkommenheit ist die, in welcher sie zum Höchsten emporsteigt, die zweite, auf welcher sie beharrt; Anschauung und Einsicht in die Ursachen und Zwecke der Welt sind ihre Nahrung. Wie nehmlich diese irdischen Leiber anfänglich zwar zu ihrem Wachsthum hinreichende Nahrung bedürfen, nachdem sie aber das Maaß ihrer Größe erreicht haben, nicht mehr zum Wachsthum, sondern zur Erhaltung des Lebens Speise nöthig haben; so, glaube ich, wird auch der Geist in seiner Vollkommenheit noch seine eigenthümliche Nahrung im rechten Maaße zu sich nehmen. Ueberall aber muß man sich, unter dieser Nahrung das Anschauen und Erkennen Gottes in einem bestimmten und dem Geschöpfe zukommenden Maaße denken; und dieses Maaß muß Jeder, der zur Anschauung Gottes gelangt, beobachten.

DRITTES BUCH.

ERSTER ABSCHNITT. VON DER FREIEN SELBSTBESTIMMUNG

1.

[207]
So etwa müssen die göttlichen Verheißungen verstanden werden, wenn wir uns zur Betrachtung der grenzenlosen Ewigkeit und jener unaussprechlichen Freude und Seligkeit erheben. Die kirchliche Lehre enthält aber auch den Satz von dem gerechten Gericht Gottes, welcher, wenn er als wahr angenommen wird, die Hörer [208] zu einem rechtschaffenen Wandel und zu gänzlicher Vermeidung jeder Sünde antreiben muß, vorausgesetzt, daß sie zugestehen, daß Löbliches und Tadelnswerthes in unserer Wahl stehe. Wir wollen daher auch über die Selbstbestimmung, eine höchst wichtige Frage, einige Bemerkungen besonders beibringen. Damit wir wissen, was Selbstbestimmung sey, müssen wir den Begriff derselben entwickeln, um dann von der genauen Bestimmung des Begriffs aus die Frage fest zu stellen.

2.

Von Allem, was sich bewegt, hat Einiges den Grund der Bewegung in sich selbst; Anderes wird nur von Außen bewegt. Nur von Außen werden Lasten bewegt, z. B. Holz, Steine und jeder bloß durch die Form zusammengehaltene Stoff. Hieher gehört aber die Begriffsbestimmung nicht, wonach auch die Auflösung der Körper Bewegung heißt, weil sie für die vorliegende Frage von keinem Werth ist. In sich selbst aber trägt den Grund der Bewegung Thier und Pflanze, kurz Alles, was durch Wachsthum und Seele besteht; [209] worunter man auch die Metalle zählt. Außer diesen kommt noch dem Feuer freie Bewegung zu; vielleicht auch den Quellen. Was den Grund der Bewegung in sich trägt, heißt theils aus sich, theils von sich selbst bewegt. Aus sich selbst bewegen sich die leblosen Gegenstände, von sich selbst die belebten. Von sich selbst nehmlich bewegt sich das Belebte, wenn eine Vorstellung entsteht, [210] die einen Trieb hervorruft; und wiederum ent- stehen in einigen, lebenden Wesen Vorstellungen, welche einen Trieb hervorrufen, wenn die Einbildungskraft den

Trieb naturgemäß weckt. So entsteht in der Spinne die Vorstellung vom Weben, und darauf folgt der Trieb zum Weben, weil ihre Einbildungskraft [211] sie naturgemäß gerade darauf führt, und dieses Thierchen vermöge seiner natürlichen Einbildungskraft nichts Anders annimmt; so in der Biene der Trieb zum Wachszellenbau.

3.

Das vernünftige Wesen aber hat neben der natürlichen Vorstellungskraft noch die die Vorstellungen prüfende Vernunft, welche einige verwirft, andere annimmt, damit das lebende Wesen sich nach diesen richte. Da ferner die vernünftige Natur die Anlage hat, Gutes und Böses zu erkennen, vermöge deren wir aus Ueberlegung das Gute wählen, das Böse meiden: so sind wir zu loben, wenn wir uns der Ausübung des Guten widmen; zu tadeln, wenn wir das Gegentheil thun. Dabei ist nicht zu übersehen, daß die Mehrheit der durch das All verbreiteten Naturkraft auf gewisse Art, wie wohl in verschiedenem Maße in den lebenden Wesen ist. Es läßt sich mit der vernünftigen Naturkraft, wenn ich so sagen darf, die Spürkraft der Jagdhunde und die Witterung der Kriegsrosse vergleichen. Daß nehmlich gerade dieser oder jener Vorwurf von außen, diese oder jene Vorstellung in uns weckt, das liegt eingestandenermaaßen nicht an uns: das Urtheil aber, ob wir das Gegebene so oder anders anwenden wollen, ist doch einzig und allein das Geschäft der Vernunft in uns; welche ja auch ohne den äußern Reiz rechtliche und sittliche Triebe, oder das Gegentheil davon in uns erregt.

4.

Meint jedoch Einer, gerade der äußere Reiz sey von der Art, daß man ihm gar nicht widerstehen könne, so mag es nur auf seine Leidenschaften und Gemüthsbewegungen Acht haben: ob da nicht Billigung, Einverständniß und sogar Hinneigung des leitenden Triebes auf dieses oder jenes, durch die oder die Ueberzeugungsgründe stattfindet. Denn gewiss wird z. B. das Weib, das dem, welcher sich Enthaltsamkeit und Keuschheit zum Grundsatze gemacht hat, erscheint, und ihn zur Brechung seines Vorsatzes reizt, nicht an sich schon hinreichende Ursache, den Vorsatz zu brechen. Vielmehr handelt nur der unzüchtig, welcher den Reiz und das Gleißende der Lust schön findet, und ihm nicht zu widerstehen, oder seinen Vorsatz bewahren mag. Ein Anderer thut das Gegentheil von dem äußern Antrieb. Wer mehr Kenntniß und Uebung besitzt, dem begegnet zwar auch der Reiz und die Lockung; aber die Vernunft, die bei ihm schon mehr erstarkt, durch Uebung genährt, durch sittliche Grundsätze befestigt, oder wenigstens der Befestigung nahe ist, wehrt die Lockung ab, und zerstreut die Lust.

5.

Aber diesen äußerlich gegebenen Reiz beschuldigen, und die Schuld von sich abwälzen, d. h. sich dem Holz und Stein gleich stellen, die nur von Außen bewegt werden, dieß ist ebenso irrig wie unedel. Doch eine solche Sprache führt nur der, welcher den Begriff der Selbstbestimmung gänzlich vernichten will. [212] Denn, wenn wir ihn fragten, was denn eigentlich Selbstbestimmung sey, müßte er sagen: wenn in dem Augenblick, wo ich mir dieß oder das vorgenommen habe, kein äußerer Anstoß vorhanden war, der mich zum Gegentheil reizte. Ebensosehr ist es gegen alle Vernunft, die Schuld auf die reizbare Sinnlichkeit zu schieben, [213] da Zucht und Unter- richt, auch die zügelloseren und die rohesten anfaßt und, wenn sie nur der Aufforderung Gehör geben, so verändert, daß meistens, eine völlige Bekehrung und Besserung daraus entsteht. Denn oft sind die ausgelassensten Menschen besser geworden, als die, welche von Natur aus nicht ihres Gleichen zu seyn schienen; und die Wildesten haben soviel Sanftmuth angenommen, daß Menschen, die niemals so verwildert waren, neben einem solchen Bekehrten roh zu seyn schienen. Dagegen sehen wir an Andern, daß die Ruhigsten und Ernsthaftesten durch Umwandlung ins Schlimmere allen Ernst und alle Ruhe verläugnen, sich zur Ziellosigkeit wenden, oft erst im mittleren Alter von ihr beherrscht werden und in ein lüderliches Wesen verfallen, nachdem das natürliche Aufbrausen der Jugend längst vorüber ist. Hieraus ist klar, daß zwar der äußere Reiz nicht in unserer Gewalt ist, ihn aber so oder anders anwenden, mit Hülfe das Urtheil und der Prüfung der Vernunft, wie diesem oder jenem Reiz zu begegnen sey, das ist immerhin unsere Sache.

6.

Daß aber das tugendhafte Leben unser Werk ist, und daß Gott dieses von uns fordert, nicht als von ihm, oder aus einem Andern entsprungen, oder wie Manche glauben, als Sache des Verhängnisses, sondern als unser eigenes Werk; dieß beweist, der Prophet Micha (6, 8.), mit den Worten: „ist dir etwa gesagt, Mensch, was gut sey, und was der Herr von dir fordert, als Rechtthun und Barmherzigkeit üben?" und Moses (V. 30, 19.): „Ich lege dir vor den Weg des Lebens und den Weg des Todes, daß du das Gute wählest und darin wandelst"; und Jesajas (1, 19.) „Wenn ihr mich hören wollt, so werdet ihr das Mark des

Landes essen: wofern ihr mir aber nicht gehorchen wollt, so wird das Schwerdt Euch treffen: denn des Herrn Mund hat es geredet"; und der Psalm (80, 13.): „wenn mein Volk mich gehört hätte, so würde ich seine Feinde unterdrückt haben," — Es lag also in der Wahl des Volkes, zu gehorchen, und in den Wegen des Herrn zu wandeln. Auch der Heiland sagt (Matth. 5, 28.) „ich sage euch, daß ihr dem Uebel nicht widerstreben sollt"; und „wer mit seinem Bruder zürnet, wird des Gerichts schuldig seyn"; „wer ein Weib ansiehst, ihrer zu begehren, der hat schon die Ehe gebrochen in seinem Herzen." Und wenn er sonst ein Gebot gibt, so spricht er so, daß es an uns liegen muß, das Gebot zu halten, und daß wir dem Gericht anheimfallen werden, wenn wir es übertreten. Daher sagt er auch: Wer diese meine Reden hört und thut, wird einem klugen Manne gleichen, der u. s. w.;[214] wer aber sie hört und nicht thut, der ist einem thörchten Manne gleich, der sein Haus auf Sand baute u. s. w. Und denen zur rechten sagt er (Matth. 25, 34.): „Kommt ihr gesegnete meines Vaters u. s. w. denn ich habe gehungert, und ihr gabt mir zu essen, gedürstet, und ihr gabt mir zu trinken." Womit er ganz unzweideutig denen, die sich Lob verdient hätten, Verheißungen gibt. Dagegen sagt er Andern, die um ihrer selbst willen zu tadeln wären, „gehet ihr Verfluchten in's ewige Feuer." Wir wollen nun sehen, ob auch Paulus uns freien Willen und die eigene Wahl des Verderbens, oder des Heiles zuschreibt. Verachtest du, sagt er, den Reichthum der Güte, der Geduld und der Langmuth Gottes, und verkennst, daß dich die Güte Gottes zur Buße leitet? Aber durch deine Hartnäckigkeit und dein unbußfertiges Herz häufst du dir Zorn auf den Tag des Zorns und der Offenbarung des gerechten Gerichts Gottes (u. s. w. Röm. 2, 4—10.). So gibt es denn unzählige Stellen der heiligen Schrift, die unzweideutig die Freiheit des Willens behaupten.

7.

Da jedoch einige Ausdrücke des alten und neuen Testaments auf das Gegentheil hinzielen, darauf nehmlich, daß es nicht in unserer Wahl liege, die Gebote zu halten, und selig, oder sie zu übertreten, und verdammt zu werden, so wollen wir auch von diesen einige besonders vornehmen, und ihre Lösung versuchen, damit der, welcher sich alle Stellen, die die Willensfreiheit scheinbar aufheben, sammeln will, nach der Aehnlichkeit der vorgelegten auf die Lösung der Übrigen schließen könne. Bei Manchen hat die Geschichte Pharao's Anstoß erregt, über den Gott mehrmals beschließt: Ich will das Herz Pharao's verhärten (Ex. 4, 21.). Wenn er von Gott verhärtet wird, und aus Verhärtung sündigt, so ist er nicht Schuld an seiner Sünde: mithin ist auch Pharao nicht willensfrei. So könnte man sagen, seyen auf gleiche Weise die Verlornen nicht willensfrei, und werden also nicht um ihrer selbstwillen verloren. Auch der Ausspruch Ezechiels (11, 19.): „ich will die steinernen Herzen von ihnen nehmen und ihnen fleischerne geben, damit sie in meinen Geboten wandeln, und meine Befehle achten", könnte Jemand zu glauben veranlassen, Gott gebe das Wandeln in seinen Geboten, und das Achten auf seine Befehle, indem er das Hindernis, das steinerne Herz wegräumt, und das bessere gibt, das fleischerne. Auch die Antwort wollen wir betrachten, die der Herr im Evangelium auf die Frage gibt, was er mit den Gleichnissen der Menge sagen wolle; damit sie sehen, sagt er, und doch nicht sehen, hören, und doch nicht verstehen: damit sie nicht etwa umkehren, und Vergebung erlangen. Ebenso die Worte bei Paulus (Röm. 9, 16.): „Nicht an Jemands Wollen oder Laufen liegt es, sondern an Gottes Erbarmen"; und anderswo: (Phil. 2, 13.) „das Wollen und das Vollbringen ist aus Gott"; anderswo (Röm. 9, 18. 19.): „So erbarmet er sich nun, wessen er will, und verhärtet, wenn er will. Du wirst sagen, was schuldigt er uns an? Wer kann wohl seinem Rathschluß widerstehen?" auch der Gehorsam ist das Werk dessen, der uns beruft, nicht unser; [215] (V. 20.) „Wie nun? o Mensch, wer bist du denn, daß du mit Gott rechtest? Fragt je das Bild den Bildner, warum machst du mich also? oder hat nicht der Töpfer Macht, aus demselben Thon zu machen, was er will, das eine Gefäß zu Ehren, das andere zu Unehren?" Solche Stellen sind allerdings geeignet, Manchen zu beunruhigen, als ob der Mensch nicht freie Selbstbestimmung habe, sondern Gott nach Willkühr, den einen rette, den andern verderbe.

8.

Wir [216] beginnen also damit, daß von Pharao gesagt ist, Gott habe ihn verstockt, daß er das Volk nicht ziehen ließe; dabei läßt sich auch zugleich das Wort des Apostels mit untersuchen: Erbarmt er sich also, wessen er will? und verhärtet, wen er will? Dieß gebrauchen einige abweichende Lehrer, welche die Willensfreiheit fast geradezu aufheben, indem sie verlorne Naturen annehmen, die keine Rettung zulassen, und andere gerettete, die unmöglich verloren gehen können, nun rechnen sie den Pharao unter die verlornen Naturen: deßwegen sey er von Gott verhärtet worden, welcher sich nur der Geistigen erbarme, die irdischen aber verhärte. [217] Wohlan, was wollen sie damit? Fragen wir sie, ob Pharao irdischer Natur war; sagen sie ja, so entgegnen wir: wer irdischer Natur ist, widerstrebt Gott gänzlich; widerstrebt er aber, warum [218] muß noch sein Herz verhärtet werden, und nicht bloß einmal, sondern öfters? War er es nicht; so würde er ja, sofern es ihm möglich war, zu gehorchen, er aber nicht irdisch war, durch Zeichen und Wunder beschämt auch wirklich vollkommen gehorcht haben. Allein Gott bedürfte seines längern Widerstrebens, um zum Heile der Menge seine Größe zu offenbaren; deßwegen verhärtete er sein Herz. Dieß sey nun fürs erste bemerkt, um ihre Voraussetzung abzuweisen, als sey Pharao eine verlorne Natur. Dasselbe muß auch in Hinsicht des apostolischen Ausspruchs gesagt werden. Wen verhärtet denn Gott? die Verlornen, die also gehorchen würden, wenn sie nicht verstockt wären? oder die gerettet wurden, wenn sie nicht von Natur verloren wären? Wessen erbarmt er sich? wohl derer, die gerettet werden? wie bedarf es aber bei ihnen eines zweiten Erbarmens, wenn sie einmal zum Heile vorherbestimmt sind, und schön vermöge ihrer Natur selig werden? Wo nicht: so erbarmt er sich ihrer also, weil sie dem Verderben anheimfielen, wenn er sich nicht erbarmte, damit sie nun das Verderben, dessen sie fähig sind, meiden, und in's Land der Seligen gelangen? Soviel gegen die Ersteren. [219]

9.

Nun haben wir gegen diejenigen, welche das „er verstockte" verstanden haben wollen, Bedenklichkeit zu erheben. Vermöge welcher Thätigkeit, meinen sie denn, daß Gott das Herz verhärte, und in welcher Absicht? [220] Denn sie müssen doch den Begriff eines der Wahrheit nach gerechten und gütigen Gottes festhalten, oder, wenn sie das nicht wollen, sey ihnen für jetzt der Begriff des bloß gerechten zugegeben: nun sollen sie uns darthun, wie der gütige und gerechte; oder der bloß gerechte gerecht erscheint, wenn er das Herz eines Menschen verstockt, der eben durch die Verstockung verdammt wird; und wie der Gerechte die Ursache der Verdammung und des Ungehorsams zugleich seyn kann bei denen, die doch wegen Verstockung und Ungehorsam von ihm gestraft werden? Wie kann er drohend zu jenem sprechen: „willst du mein Volk nicht ziehen lassen, siehe, so werde ich alle Erstgeburt in Aegypten und deine Erstgeburt schlagen; und was nach der Schrift Gott sonst dem Pharao durch Moses sagen läßt (Ex. 9, 17.)"? Denn wer glaubt, daß die Schrift wahrhaftig und Gott gerecht ist, der muß, wenn sein Glaube redlich ist, danach streben, sich Gott auch in solchen Reden gerecht zu denken. Nur, wenn einer aus Systemsucht hartnäckig [221] darauf bestände, der Weltschöpfer sey der Böse, müßten wir andere Gegenreden gebrauchen.

10.

Da sie aber wenigstens den Gerechten, wir dagegen den Gütigen und Gerechten zugleich in ihm sehen, so wollen wir fragen, wie der Gütige und

Gerechte das Herz Pharaos verstocken könne? Vielleicht können wir durch ein Beispiel, das der Apostel im Briefe an die Hebräer gebraucht, klar machen, wie Gott mittelst einerlei Wirkung des Einen sich erbarmt, den Andern verstockt: nicht weil er die Verstockung vorherbestimmt hat, sondern im Sinne einer gütigen Vorherbestimmung, vermöge welcher, bei einigen die Verstockung erfolgt, weil Bosheit die Grundlage des Bösen in ihnen ist, heißt es von ihm, er verstocke den, der verstockt wird. „Das Land, sagt er (Hebr. 6, 7. 8.), das den auf dasselbe fallenden Regen trinkt, und denen, die es bauen, nützliche Pflanzen erzeugt, empfängt Regen von Gott; das aber Dornen und Disteln trägt, ist werthlos, und dem Fluch nahe, seine Frucht [222] kommt ins Feuer." Nun ist aber die Wirksamkeit im Regen nur Eine; bei einer und derselben Wirksamkeit des Regens also trägt das angebaute Land Früchte, das ungebaute und wüste aber Dornen. Nun mag es eine harte Rede scheinen, wenn der, welcher regnen läßt, [223] spricht: „Ich habe die Früchte und die Dornen auf der Erde geschaffen." Hart ist sie, aber wahr. Denn wäre kein Regen gekommen, so wären weder Früchte, noch Disteln gewachsen; weil aber dieser zur Zeit und in gehörigem Maaße kam, so wuchs beides. Nun wird das Land, das, nachdem es oft den fallenden Regen getrunken, Dornen und Disteln trägt, werthlos und dem Fluch nahe; es, kam ja doch die Wohlthat des Regens auch auf das schlechtere Land; aber die Grundlage war vernachlässigt und ungebaut, deßwegen trug es Dornen und Disteln. So sind nun auch die von Gott gewirkten Wunder, wie der Regen, die verschiedenen Willensrichtungen dagegen, sind das angebaute oder vernachläßigte Land, das als Land an sich von gleicher Beschaffenheit ist.

11.

Es ist gerade, wie wenn die Sonne, Falls sie reden könnte, spräche: schmelze und verhärte. Da doch Schmelzen und Verhärten einander entgegengesetzt ist. Allein in Beziehung auf den Gegenstand würde sie recht haben; indem von derselben Wärme das Wachs schmilzt, der Leimen verhärtet. So hat Eine Wirksamkeit Gottes durch Moses Verhärtung bewirkt bei Pharao, wegen seiner Bosheit; Gehorsam bei den übrigen Aegyptern, die mit den Hebräern zugleich auszogen. Und was bald darauf gesagt wird: „Pharao's Herz habe sich erweicht, und er gesprochen: ziehet, aber nicht zu weit; drei Tage sollet ihr ziehen, und eure Weiber zurücklassen"; ‚und was er sonst noch, der Wundermacht sich unterwerfend, spricht: das Alles beweist, daß, auch auf ihn die Zeichen einen Eindruck machten, obwohl sie wohl nicht Alles bewirkten. Aber, auch soviel würde nicht geschehen seyn, wenn das Wort „ich will Pharao's Herz verstocken" in dem Sinne, wie es Viele nehmen, von Gott selber vollzogen worden wäre.

Nicht unstatthaft mag auch eine Milderung dieser Ausdrücke aus dem gemeinen Sprachgebrauch seyn. Oft können gütige Herren zu [Die Seiten 178 & 179 fehlen in der Vorlage; Anm. d. Bearb.]

12.

[Die Seiten 178 & 179 fehlen in der Vorlage; Anm. d. Bearb.] solche Prüfung offenbar werden; die übrigen aber wenigstens verborgen bleiben, ich sage nicht etwa vor Gott, welcher vor dem Entstehen Alles schon kennt, sondern vor den vernünftigen Wesen, und vor sich selbst, und später auf den Weg der Besserung geführt werden. Sie würden aber darin keine Wohlthat erkennen, wenn sie nicht vorher über sich selbst das Urtheil gesprochen hätten; nur dieses hilft Jedem dazu, seiner eigenen Fähigkeit und der Gnade Gottes inne zu werden. Wer aber die eigene Schwachheit und die göttliche Gnade trotz der Wohlthaten nicht erkennt, weil er sich nicht auf die Probe gestellt, und also auch nicht verurtheilt hat, der wird meinen, es sey eigenes Verdienst, was ihm von Seite der himmlischen Gnade zu Theil geworden ist. Diese Meinung aber, die einen geistlichen Hochmuth erzeugt, wird die Ursache des Falls, wie wir dieß bei dem Teufel annehmen müssen, der die Vorzüge, die er hatte, solang er noch unverdorben war, sich selbst zurechnete. Denn Jeder, der sich selbst erhöht, wird erniedrigt werden, so wie Jeder, der sich selbst erniedrigt, erhöht wird (Luc. 14, 18.). Nun denke man nach, ob nicht gerade deswegen das Göttliche vor den Weisen und Klugen verborgen ist, damit, wie der Apostel (1 Cor. 1, 29.) sagt, nicht alles Fleisch sich rühme vor Gott; und den Unmündigen geoffenbaret, die nach ihrer Unmündigkeit eine höhere Stufe erreicht haben und, wohl gedenken, daß sie nicht sowohl durch eigenes Verdienst als durch die unaussprechliche Güte Gottes zu diesem hohen Grad von Glückseligkeit gelangt sind.

13.

So wird also der, den Gott dahin gehen läßt, dem göttlichen Gericht überlassen: und gegen einige Sünder übt Gott Langmuth, nicht ohne Absicht, vielmehr soll das der Unsterblichkeit und ewigen Fortdauer ihrer Seele heilsam seyn, [224] daß sie nicht schnell für ihre Rettung gewonnen, sondern langsam und durch die Erfahrung vieles Ungemachs dahin geführt werden. Wie manchmal die Aerzte zwar auch schneller heilen könnten, aber wenn sie merken, daß ein verborgenes Gift in dem Körper stecke, gerade daß Gegentheil von der Heilung thun, um diese selbst desto sicherer zu bewirken, in der Ueberzeugung, daß es besser sey, wenn einer längere Zeit mit Schwellen und Schmerzen behaftet ist, um eine desto dauerhaftere Gesundheit zu erhalten, als wenn er zwar schneller zu genesen scheint, nachher aber wieder rückfällig wird, und die schnellere Genesung, bloß für den Augenblick war. Dieselbe Behandlung wendet vermöge seiner Langmuth, auch Gott an, der das Verborgene des Herzens kennt, und das Künftige voraussieht. Er zieht wohl auch durch äußere Zufälle das verborgene Uebel heraus, um den, der aus Trägheit den Saamen der Sünde in sich genährt hat, zu reinigen. Wenn derselbe in ihm überhandgenommen, so muß er ihn ausspeien, damit er, wenn er auch noch so sehr in Sünden verhärtet wäre, durch die Reinigung vom Bösen wieder erneuert werden kann. Denn Gott hat die Seelen nicht bloß für dieses fünfzigjährige Leben [225] ausgestattet, sondern für die Ewigkeit; unvergänglich hat er die vernünftige Natur [226] geschaffen, und ihm verwandt, und die vernünftige Seele ist nicht etwa am Ende [227] dieses, Lebens von der Besserung ausgeschlossen.

14.

Ein ähnliches Gleichniß wollen wir aus dem Evangelium entlehnen (Matth. 13, 8.): Es ist ein Fels, der wenig und leichte Erde hat; fällt nun ein Saamen auf denselben, so geht er schnell auf, nachdem er aber aufgegangen und die Sonne gekommen ist, brennt er aus und verdorrt, weil er nicht Wurzel hat. Dieser Fels ist das menschliche Herz, das aus Trägheit verhärtet, und durch Sünden versteinert ist. Denn anerschaffen hat Gott Keinem ein steinernes Herz, sondern durch Bosheit wird es das. Wenn nun z. B. Jemand den Landmann tadelte, daß er nicht früher den Saamen auf das steinigte Land ausstreue, weil er ein anderes steiniges Land, das den Saamen empfieng, blühen sieht; so würde der Landmann antworten, ich werde dieses Land später ansäen, nachdem ich das, was den Saamen zusammenhalten kann, darüber geworfen habe; denn es ist diesem Lande besser, spät und sicher angesäet zu werden, als wenn es den Saamen früher und ebendamit nur oberflächlich empfienge. Er würde dem Landmann glauben, als Einem, der vernünftig und aus Erfahrung spräche. So verschiebt auch der große Landmann [228] der ganzen Schöpfung das, was wir etwa für frühreif halten, damit es nicht oberflächlich werde. Doch es ist möglich, daß uns jemand entgegenhalte: warum fällt denn etwas von dem Saamen auf die nur oberflächlich Land habende, dem Stein ähnliche Seele? Die Antwort darauf ist, daß es auch einer solchen Seele, die nur einen Anflug von Tugend hat, und nicht ordentlich darnach strebt, immer noch besser sey, ihren Zweck zu erreichen, damit sie sich selbst beurtheile, und der naturgemäßen Behandlung nachher um so geduldiger überlasse. Denn unergründlich, möcht' ich sagen, sind die Seelen, und unergründlich ihre Neigungen, unzählig ihre Bewegungen. Vor- sätze,

Absichten [229] und Triebe. Und der einzige und beste Führer derselben, der die Zeiten und die angemessensten Mittel der Wege und Stege kennt, ist der Allvater Gott. Er wußte auch, warum er den Pharao durch so vieles [230] und selbst durch die Ersäufung durchführen mußte, mit welcher jedoch Pharao's Führungen nicht [231] endeten. Denn er gieng darum, daß er ertrank, nicht unter: in Gottes Hand stehen wir und unsere Reden, aller Verstand und alle Wissenschaft (Weish. 7, 16.). Dieses wenige zur Rechtfertigung dessen, daß Pharao's Herz verstockt wurde, und „daß er sich erbarmt, wessen er sich erbarmen will, und verstockt, welchen er will" (Röm. 9, 18.).

15.

Betrachten wir nun auch den Ausspruch Ezechiels (11, 19.): „ich will ihnen die steinernen Herzen nehmen, und fleischerne geben, damit sie in meinen Rechten wandeln, und meine Gebote halten." Wenn denn Gott die steinernen Herzen wegnimmt und fleischerne einpflanzt, daß seine Gebote gehalten und seine Befehle beobachtet werden, so liegt es nicht an uns, die Sündhaftigkeit abzulegen. Denn die steinernen Herzen wegnehmen, heißt, die Sündhaftigkeit, durch die einer verhärtet ist, aufheben, in wem Gott will; und wenn fleischerne Herzen verliehen werden, damit der Mensch in den Geboten Gottes wandle und seine Gesetze halte: was ist dieß anders, als nachgiebig und nicht störrisch gegen die Wahrheit und ein Vollbringer der Tugend seyn? Wenn aber Gott dieses zu wirken verspricht, und wir die steinernen Herzen nicht ablegen, bis er sie wegnimmt, so liegt es offenbar nicht an uns, uns der Sündhaftigkeit zu entledigen. Und wenn wir nichts dazu beitragen, um fleischerne Herzen zu bekommen, sondern das Gottes Werk ist, so wird es auch nicht unsere Sache seyn, tugendhaft zu leben, sondern einzig und allein göttliche Gnade. So spricht Einer, der um des Buchstabens Willen die Willensfreiheit läugnet. Wir antworten, dieß müsse [232] so verstanden werden, wie wenn einer, der sich in Unwissenheit und Bildungslosigkeit befindet, seiner eigenen Schwächen, sey es durch die Ermahnung des Lehrers oder auf andere Weise, durch sich selber inne wird, und sich dem übergibt, den er fähig hält, ihn zur Bildung und zur Rechtschaffenheit anzuleiten: und dann bei dieser Uebergabe, der Erzieher verspricht die Unwissenheit von ihm zu nehmen, und ihm Bildung einzupflanzen. Nicht, als ob es gar nicht in der Macht dessen stünde, der sich seiner Erziehung anvertraut hat, sich zu bilden und der Unwissenheit zu entgehen, sondern in dem Sinne des Versprechens, ihn zu bessern, weil er es will. So verheißt auch das göttliche Wort die Sündhaftigkeit (die es ein steinernes Herz nennt) von denen zu nehmen, die sich ihm nahen: nicht von denen, die selbst nicht wollten, sondern von solchen Kranken, die sich dem Arzte übergeben. Wir finden in den Evangelien Kranke, die zum Heiland kommen, und verlangen, geheilt zu werden, und sie werden geheilt; und zwar ist z. B. das, daß die Blinden wiedersehen, dem Verlangen nach wenigstens, das Werk derer, welche glauben, daß sie geheilt werden können; der Bezug auf die Wiederherstellung des Gesichts aber das Werk unsers Heilandes. Auf gleiche Weise verheißt das göttliche Wort denen, die es suchen, Wissenschaft einzupflanzen, indem es das steinerne Herz, das ist die Sündhaftigkeit, wegnimmt, damit der Mensch in Gottes Geboten wandle und seine Gesetze halte.

16.

Das nächste war aus dem Evangelium (Marc. 4, 12.), wo der Herr sagt, daß er darum in Gleichnissen rede, damit sie sehend es nicht sehen, und hörend es nicht verstehen: damit sie sich nicht bekehren und selig werden. Da sagt nun der Gegner: Wenn demnach einige die Lehren verstehen und sich bekehren, so daß sie der Vergebung der Sünden würdig werden, und dieses Verständniß der Lehren nicht in ihrer Macht steht, sondern in der des Lehrenden, und wenn er sich ihnen ebendeßwegen nicht deutlicher erklärt, damit sie es nicht wissen und verstehen; so ist ihre Rettung nicht in ihren Händen: ist aber dieß, so sind wir es nicht, die Seligkeit oder Verdammniß frei wählen. Die Rechtfertigung der Stelle wäre nun leicht, wenn nicht dabeistünde, damit sie sich nicht bekehren und selig werden: der Heiland wollte nehmlich nicht, daß die, welche doch nicht tugendhaft würden, den tiefern Sinn verstehen, deßwegen sprach er zu ihnen durch Gleichnisse. Allein der Beisatz, damit sie sich nicht bekehren und selig werden, macht die Rechtfertigung schon schwieriger. Vorerst ist die Stelle gegen die Heterodoxen [233] anzumerken, welche gern in dem Alten Testamente auf solche Redensarten Jagd machen, wo sich, wie sie keck sagen, die Grausamkeit des Weltschöpfers im Strafen, das rächende Verfahren gegen die Schwächern, oder wie sie ihm Namen geben mögen, offenbart; nur um behaupten zu können, der Weltschöpfer besitze keine Güte. Nicht auf gleiche Weise aber und nicht aufrichtig gehen sie mit dem Neuen Testament um, sondern überspringen Stellen, die denen ähnlich sind, die sie im Alten tadeln zu müssen glauben. Denn offenbar zeigt sich im Evangelium, daß auch der Heiland nach den obigen Ausdrücken, wie sie selbst behaupten, deßwegen nicht deutlich redet, damit die Menschen sich nicht bekehren, und durch die Bekehrung der Vergebung der Sünden würdig werden. Dieß sagt doch einfach genommen, um kein Haar weniger, als die gleichen Stellen, die sie dem Alten Testament zum Vorwurf machen. Wofern sie aber für das Evangelium eine Rechtfertigung verlangen, so diene ihnen zur Antwort, ob nicht diejenigen Vorwürfe verdienen, die bei der nehmlichen Frage ungleich verfahren: bei dem Neuen keinen Anstoß nehmen, sondern sich nach einer Rechtfertigung umsehen; in dem Alten dagegen ähnliche Stellen, die eine gleiche Rechtfertigung bedürfen, wie die im Neuen, tadeln. Eben durch die Aehnlichkeit derselben wollen wir sie zu dem Geständniß nöthigen, daß die ganze Schrift nur von Einem Gott herstammt.

17.

Nun wollen wir auch die Rechtfertigkeit der vorliegenden Stelle nach Kräften unternehmen. Wir haben schon bei der Frage über Pharao gesagt, daß bisweilen eine schnellere Heilung für die Geheilten nicht gut wäre: zumal, wenn sie in eine schwere innerliche Krankheit [234] gefallen und leicht davon befreit worden wären. Denn wenn sie das Uebel als leicht heilbar mißachten, und sich nicht vor dem Rückfall hüten, so werden sie es behalten. Aus gleichen Gründen verschiebt Gott, der Ewige, der Kenner des Verborgenen, der alles vor der Entstehung weiß, bei solchen Menschen die Heilung aus Güte, und hilft ihnen, so zu sagen, ohne zu helfen, weil dieß ihnen besser ist. So ist es nun auch in der Ordnung, daß die Ausgeschlossenen, [235] von denen hier die Rede ist, weil der Heiland dem Vorliegenden zu Folge voraussah, daß sie in ihrer Besserung nicht beständig seyn würden, wenn sie seine Reden auch deutlicher vernähmen, von dem Herrn so behandelt wurden, daß sie den tiefern Sinn nicht deutlicher vernah- men: damit sie nicht zu schnell bekehrt und geheilt, nach erlangter Vergebung die Wunden der Sündhaftigkeit als unbedeutend und leicht heilbar mißachteten, und um so bälder wieder darein verfielen. Vielleicht hatten [236] sie aber auch die Zeit der Bestrafung für frühere Verletzungen der Tugend, die sich hatten zu Schulden kommen lassen, indem sie diese hintansetzten, noch nicht überstanden: daß sie von der göttlichen Leitung verlassen und von dem Uebel, das sie gesä't hatten, noch mehr gesättigt, endlich zu einer um so dauerhafteren Buße berufen werden sollten, um nicht sogleich wieder in dasselbe zu verfallen, worein sie vorher gefallen waren, indem sie den Werth der Tugend verhöhnten und sich dem Schlechten ergaben. Die sogenannten Ausgeschlossenen also stehen doch, im Vergleich mit den Eingeweihten, nicht sogar ferne von diesen. Was die Eingeweihten deutlich vernehmen, vernehmen sie undeutlich, weil in Gleichnissen zu ihnen gesprochen wird; doch, sie vernehmen es. Es gibt aber andere Ausgeschlossene, Tyrier genannt, die, obwohl von ihnen vorausgesetzt wird, daß sie einst im Sack und in der Asche Buße gethan hätten, wenn der Heiland an ihre Grenze gekommen wäre, auch das nicht vernehmen, was die

Ausgeschlossenen ohne Zweifel, weil sie auf einer noch entfernteren Stufe stehen, als diese. Vielleicht, daß sie zu einer andern Zeit, nachdem es jenen (unter denen er [237] auch der Tyrier erwähnt), erträglicher ergangen seyn wird, als denen, die das Wort nicht angenommen haben, es in besserer Gemüthsstimmung vernehmen und um so bleibender sich bekehren. Man bemerke nun auch, ob wir nicht neben dem Streben nach Klarheit auch die Ehrfurcht gegen [238] Gott und unmittelbar gegen Christus zu beobachten streben, indem wir durchaus neben dem mannigfaltigen Walten der Vorsehung in dem weiten Umfange der Welt die besondere Vorsorge Gottes für die unsterbliche Seele zu retten suchen. Frägt man nun um derer willen, denen der Vorwurf gemacht wird, daß sie die Zeichen gesehen und die göttlichen Reden gehört, und sich doch nicht gebessert haben, während die Tyrier Buße gethan hatten, wenn solches unter ihnen gethan und gepredigt worden wäre: frägt man also, warum predigte denn wohl solchen der Heiland zu ihrem Verderben, damit ihnen ihre Sünde um so schwerer angerechnet würde? so ist hierauf zu antworten, der, welcher die Gesinnungen Aller durchschaut, sieht voraus, daß sie seine Vorsehung anklagen würden, als ob sie um dieser willen nicht geglaubt hatten, weil sie ihnen nicht zu sehen gegeben, was sie andern zu schauen vergönnt habe, und sie das nicht habe hören lassen, was andere zu ihrem Heile vernommen haben; und um diese Ausflucht als unhaltbar zu erweisen, gibt er ihnen das, was sie, sein Walten tadelnd, fordern würden, damit sie nach dem Empfange desselben nichtsdestoweniger ihrer völligen Gottlosigkeit, eben weil sie auch so sich nicht zur Besserung hinneigten, überwiesen werden, von solchem Frevel abstehen, und, wenn sie nun auf diese Art erlöst seyn werden, lernen, daß Gott manchmal mit seinen Wohlthaten zögert und verzieht, und das zu sehen und zu hören nicht gewährt, wodurch ihre Sünde nur noch schwerer und unverzeihlicher würde, wenn sie nach all diesem denn doch nicht glaubeten.

18.

Wir kommen nun auf den Spruch: So liegt es nun nicht an Jemands Wollen oder Laufen, sondern an Gottes Erbarmen. Da sagen nun, die denselben für sich anführen: Liegt es nicht an Jemands Wollen oder Laufen, sondern an Gottes Erbarmen, so kommt das Heil nicht aus unserem freien Willen, sondern aus der natürlichen Beschaffenheit, die uns der Schöpfer gegeben hat, oder aus der Vorherbestimmung dessen, der sich erbarmt, wann er will. Diese frage ich also: das Gute wollen, ist das gut oder böse? und das Laufen in der Absicht, das Ziel seines Strebens nach dem Guten zu erreichen, ist es lobens- oder tadelnswerth? Sagen sie, tadelnswerth: so erklären sie sich gegen die sonnenklare Wahrheit, indem die Heiligen wollen und laufen, und darum doch keineswegs etwas tadelhaftes thun. Sagen sie, schön sey es, das Gute wollen und das Streben nach dem Guten: so fragen wir, wie kann die verlorne Natur das Bessere wollen? oder wie kann ein schlechter Baum gute Früchte tragen, wenn ja das Bessere wollen etwas Gutes ist? Eine dritte Behauptung ist, das Gute wollen und nach dem Guten streben gehöre unter das Gleichgültige, [239] und sey weder fein noch verwerflich. Darauf ist zu antworten, ist das Gute wollen und nach dem Guten laufen etwas Gleichgültiges, so ist es auch das Gegentheil, nehmlich das Schlechte wollen und nach dem Schlechten laufen; nun ist aber dieß nichts Gleichgültiges; folglich ist auch das Gute wollen und nach dem Guten streben nichts Gleichgültiges. Diese Rechtfertigung, glaube ich, können wir für die Stelle „so liegt es also nicht an Jemands Wollen oder Laufen, sondern an Gottes Erbarmen (Röm. 9, 16.)" aufstellen. Es spricht Salomo in dem Psalmbuch, denn von ihm ist das Lied der Stufen, [240] aus dem ich die Stelle hersetzen will: Wenn der Herr nicht das Haus baut, so arbeiten umsonst, die daran bauen, u. s. w. Nicht daß er uns vom Bauen abmahnte, oder uns lehrte, nicht wachsam auf der Hut der Stadt unseres Innern zu seyn: er stellt uns vor, daß das ohne Gott Gebaute und was seiner Hut ermangelt, umsonst gebaut, ist und umsonst bewacht wird, und daß über alle Bauten der Herr des Hauses, Gott, und der Herr, der Hut, der Alles beherrscht, die Aufschrift seyn sollte. Wenn wir nun sagen, dieser oder jener Bau, ist nicht das Werk des Bauenden, sondern Gottes: daß diese Stadt Nichts von Feinden gelitten, [241] ist nicht das Verdienst des Wächters, sondern des Allmächtigen, so stoßen wir damit nicht an, weil ja wohl zugegeben wird, daß auch von Seiten des Menschen etwas geschehen ist, und nur die Hauptsache mit dankbarem Sinne auf Gott, den Vollender, zurückgeführt wird. Ebensowohl aber kann auch mit Recht gesagt werden: „So liegt es nun wohl nicht an Jemands Wollen oder Laufen, sondern an Gottes Erbarmen", weil das menschliche Wollen nicht genügt, um das Ziel zu erreichen, und das Laufen und Ringen nicht, um die Krone der himmlischen Berufung Gottes in Jesu Christo zu erlangen; denn nur mit Gottes Beistand wird das erstrebt. Wie wir auch vom Landbau sagen könnten, was (1 Cor. 3, 6. 7.) geschrieben steht: Ich habe gepflanzt, Apollo hat gegossen, Gott hat das Gedeihen gegeben; „so ist nun weder, der da pflanzt, etwas, noch der begießt, sondern Gott, der das Gedeihen gibt"; und wie der fromme Sinn das Reifen der Früchte nicht als Werk des Pflanzers oder des Begießers, sondern als Gottes Werk betrachtet; so kommt auch unsere, Vollendung zwar nicht ohne unser Zuthun, doch auch nicht ganz durch uns zu Stande; sondern Gott ist es, der das Meiste dabei wirkt. Um nun die Wahrheit des Gesagten noch augenscheinlicher darzuthun, will ich ein Gleichniß vom Seewesen entlehnen. Wie vieles muß nicht außer dem Wesen der Winde, dem hellen Himmel und dem Leuchten der

Gestirne, die doch alle zum Heile der Schiffenden mitwirken, die Kunst des Steuermanns dazu beitragen, um in den Hafen zu gelangen? Gleichwohl wagen es die Schiffslenker selbst oft aus Bescheidenheit nicht, zu behaupten, daß sie das Schiff gerettet haben, sondern schreiben Alles Gott zu; nicht, als ob sie nichts daran gearbeitet hätten, sondern weil die Macht der Vorsehung unvergleichbar mehr ist, als die der Kunst. Nun wirkt auch zu unserem Heile die Macht Gottes unvergleichbar mehr, als die unsrige; und deßwegen, glaube ich heißt es: nicht an Jemands Wollen oder Laufen, sondern an Gottes Erbarmen. Denn müßten wir diese Worte verstehen, wie Jene voraussehen: so wären alle Gebote vergeblich, und Paulus selbst hätte Unrecht, Einige als Gefallene zu strafen, Andere als standhaft zu rühmen, und den Gemeinden Vorschriften zu geben: vergeblich würden auch wir uns mit dem Streben nach dem Guten bemühen; und unser Laufen, wäre es nicht auch vergeblich? [242] Aber nicht vergeblich räth, straft, rühmt Paulus: nicht vergeblich bemühen wir uns mit dem Streben nach dem Besseren und dem Ringen nach dem Herrlichen: so haben also auch Jene die Stelle nicht richtig gefaßt.

19.

Eine andere Stelle war (Phil. 2, 13.): [243] das Wollen und das Vollbringen ist aus Gott. Nun behaupten Einige: Von Gott ist das Wollen, und von Gott das Vollbringen, und wenn wir auch Böses wollen, und Böses thun, so kommt es von Gott: ist aber dieß, so sind wir nicht frei; und auf der andern Seite, wenn wir das Bessere wollen, und das Herrlichste vollbringen, so haben nicht wir es vollbracht, weil von Gott das Wollen und das Vollbringen kommt. Wir scheinen nur es vollbracht zu haben, Gott hat es verliehen. So sind wir auch darin nicht frei. Dagegen erinnere ich, daß der Ausdruck des Apostels nicht, sagt, das Böse wollen sey von Gott: oder das Gute wollen sey von Gott; auch nicht, das Vollbringen beider: sondern das Wollen überhaupt und das Vollbringen [244] überhaupt. Wie wir nehmlich von Gott haben, daß wir lebend, und daß wir Menschen sind, wir so zu sagen die Bewegung überhaupt, so auch das wollen überhaupt. Wenn wir nun auch das Leben und die Bewegung im Allgemeinen, ja die Bewegung dieses oder jenes Gliedes, der Hände oder Füße von Gott haben, so können wir vernünftigerweise doch nicht sagen, daß wir auch das Besondere, etwa die Bewegung zum Schlagen, zum Morden, zum Rauben von Gott haben. Nur die Bewegungsfähigkeit haben wir von Gott empfangen, wir selbst aber gebrauchen sie zum Schlechten oder zum Guten. So haben wir auch die Thätigkeit, vermöge welcher wir lebende Wesen sind, von Gott empfangen, und das Wollen von dem Weltschöpfer; unser aber ist die Richtung desselben auf das Edelste, oder auf das Gegentheil; unser die Richtung der Thätigkeit.

20.

Noch ein anderer Ausspruch des Apostels scheint uns die Willensfreiheit zu entziehen, worin er, sich selbst den Einwurf macht: Er erbarmt sich also, wessen er will u. s. w. [245] Man mag sagen, wenn Gott wie der Töpfer, der aus demselben Klumpen dieses Gefäß zu Ehren, jenes zu Unehren macht, das Eine zur Seligkeit, das andere zur Verdammniß bestimmt, so liegt der Grund des Seligwerdens oder des Verdammtwerdens nicht in uns: wir sind also nicht frei. Gegen diese Folgerung stellen wir die Frage, ob sich annehmen läßt, daß der Apostel sich widersprochen habe? Ich glaube nicht, daß sich Jemand unterstehe, dieses zu behaupten. Wenn nun der Apostel sich nicht widerspricht, wie kann er [Wort im Exemplar unleserlich, d. Bearb.] nach dieser Erklärung der Stelle mit Grund den, der in Korinth mit Huren umgegangen, oder die, welche gefallen waren, und über ihre Ausschweifung nicht Buße gethan hatten, tadeln und strafen. Wie kann er andere, die er lobt, für ihre Wohlthaten segnen, wie das Haus des Onesiphorus, von dem er sagt; Gott verleihe Gnade dem Hause des Onesiphorus, denn er hat mich oft erquickt und sich meiner Bande nicht geschämt, sondern solang er zu Rom war, mich fleißig aufgesucht und gefunden, der Herr lasse ihn Gnade finden vor dem Herrn an jenem Tage." (2 Tim. 1, 16.)? Ist es nicht derselbe Apostel, der das eine Mal den, der gesündigt hat, als tadelnswerth rügt, und den, der Gutes gethan, als lobenswerth rühmt; ein ander Mal, wie wenn Nichts von uns abhienge, spricht „nach der Bestimmung des Schöpfers sey dieses Geschöpf in Ehren, jenes in Unehren"?, Wie reimt sich jenes (2 Cor. 5, 10.) hiezu: „wir müssen Alle vor dem Richterstuhl Christi erscheinen, damit Jeder empfange nach dem, was er bei Leibes Leben gethan hat. Gutes oder Böses"; wenn doch die, welche Böses gethan haben, dadurch zu dieser Handlungsweise gekommen sind, daß sie zu Unehren geschaffen waren: und die, welche tugendhaft gelebt haben, deßwegen das Gute gethan haben, weil sie von Anfang dazu bestimmt, und als Ehrengefäße geboren waren? Widerspricht ferner der angenommenen Erklärung unserer Stelle, daß der edle oder unedle Gebrauch des Gefäßes Bestimmung des Schöpfers sey, nicht auch jener andere Ausspruch (2 Tim. 2, 20.): „In einem großen Hause sind nicht bloß goldene und silberne Gefäße, sondern auch hölzerne und irdene, die einen zu edlem, die andern zu unedlem Gebrauch; wenn sich nun einer gereinigt hat, wird er ein geheiligtes Gefäß zu edlem Zwecke, dem Hausherrn nützlich und zu jedem guten Werk bereit seyn"? Wenn also der, welcher sich gereinigt hat, ein

Gefäß zu edlem Gebrauche wird, der aber, welcher sich ungereinigt gehen läßt, zu unedlem; so ist diesem Ausspruch zu Folge keineswegs der Weltschöpfer die Ursache davon. Der Schöpfer macht wohl Gefäße zu edlem und unedlem Gebrauche, aber nicht von Anbeginn [246] nach einer willkührlichen Vorherbestimmung, weil er nicht nach dieser entscheidet, sondern die, welche sich gereinigt haben, zu Ehrengefäßen, die, welche sich ungereinigt gehen ließen, zu unedlem Gebrauche bestimmt. Demnach [247] rührt die Bestimmung zu Gefäßen der Ehre oder der Unehre von Ursachen her, die weit über die Schöpfung derselben hinausliegen. Wenn wir aber einmal frühere Ursachen der Bestimmung zu Gefäßen der Ehre oder der Unehre zugestehen, was hindert uns, indem wir auf die Frage von der Seele zurückkommen, ebenfalls frühere Ursachen der Liebe zu Jakob und des Hasses gegen Esau, in Jakob vor seiner Menschwerdung, und in Esau, ehe er in den Schoos der Rebekka kam, anzunehmen? [248]

21.

Zugleich ergibt sich daraus klar, daß, was die schon Vorhandene Natur betrifft, ebenso, wie dem Töpfer nur Ein Thon zu Gebote steht, aus dessen Masse Gefäße sowohl zu Ehren als zu Unehren gemacht werden, auch Gott nur Eine allgemeine Seelennatur und so zu sagen Eine Masse der vernünftigen Selbstwesen bei Handen ist, und daß er nach vorhergegangenen Ursachen die Einen zu Ehren, die Andern zu Unehren bildet. [249] Wenn dagegen der Ausspruch des Apostels (Röm. 9, 20.) dazwischentritt: Wer bist du denn, o Mensch, daß du mit Gott rechten [250] willst? so beweist das nur soviel: Wer freimüthig vor Gott tritt, und gläubig denkt und lebt, wie Moses, nicht dem gilt das Wort „wer bist du denn, daß du mit Gott rechtest?" denn Moses sprach und Gott antwortete ihm laut; und wie Gott dem Moses antwortete, so antwortet auch der Fromme Gott. Wer aber jenen Freimuth nicht besitzt, sey es, daß er ihn verloren hat, oder daß er nicht aus Wißbegierde, sondern aus Streitsucht nach diesen Dingen fragt, und deßwegen spricht: „warum klagt er uns noch an? wer will denn seinem Rathschluß widerstehen? (Röm. 9, 19.)"; nur ein solcher verdient jenen Vorwurf: „wer bist denn nun du, o Mensch, daß du mit Gott rechten willst?" (Mithin gilt das Wort nicht den Gläubigen, sondern den Gottlosen). [251] Denen aber, welche verschiedene Naturen voraussehen und dazu das Wort des Apostels benutzen, ist so zu begegnen: Man frage sie, ob sie behaupten, daß aus Einer Masse sowohl die Verlornen als die Geretteten geschaffen werden, und der Schöpfer der Geretteten auch Schöpfer der Verlornen sey, und ob nun der Schöpfer der Irdischgesinnten wie der Geistigen ein guter Gott sey? denn das folgt aus ihrer Annahme. Nun ist es aber doch möglich, [252] daß ein wegen früherer guter Werke für diesseits zu Ehren geschaffenes [253] Gefäß, wenn es nicht dasselbe thut und nicht einem Ehrengefäße anständig handelt, für eine andere Welt ein Gefäß zu Unehren werde, so wie umgekehrt ein aus Gründen, die über dieses Leben hinausliegen, hier zu Unehren bestimmtes Gefäß, wenn es sich in der neuen Schöpfung gebessert hat, ein geheiligtes und dem Hausherrn brauchbares Gefäß der Ehre werden kann, zu jedem guten Werk bereit. So mögen denn auch, die jetzt Israeliten sind, wenn sie nicht ihrer hohen Abkunft würdig gelebt haben, aus ihrem Geschlechte gestoßen und gleichsam aus Ehrengefäßen in Gefäße der Unehre verwandelt werden. Und manche der Aegyptier und Idumäer werden, wenn sie sich zu Israel halten und immermehr Früchte bringen, in die Gemeinde des Herrn eintreten und nicht mehr zu den Aegyptiern und Idumäem gezählt, sondern wirkliche Israeliten werden. Kurz, in Folge eigener Wahl schreitet der Eine vom Schlimmen zum Besseren fort, oder fällt ein Anderer vom Bessern zum Schlechtern zurück: halten sich Andere im Guten oder steigen vom Guten wieder zum Bessern empor, bis sie den höchsten Grad erreichen; [254] und beharren wieder Andere im Bösen: oder werden, wenn die Bosheit in ihnen überhand nimmt, noch schlechter, und versinken bis in die unterste Tiefe der Bosheit. [255] Ich glaube daher auch, daß einzelne, die mit kleinen Sünden anfangen, wenn sie sich nicht zum Bessern bekehren und ihre Fehler durch Buße gut machen wollen, in der Schlechtigkeit soweit gehen, daß sie zu feindlichen Mächten [256] werden; und umgekehrt, daß sie auch von den feindlichen und bösen Mächten Einige in mehreren Zeiträumen allmählich ihre Wunden heilen, ihre früher eiternde Sündhaftigkeit bezwingen, und in die Reihen der Vollkommenen eintreten. So können, wie wir schon öfters ausgesprochen, weil die Seele unsterblich und ewig ist, in ihrer unendlichen Fortdauer einige Seelen ins Schlechtere versinken, bis sie die unterste Stufe der Schlechten ererreicht haben: andere sich soweit vervollkommen, daß sie von der untersten Stufe der Bosheit bis zur höchsten und vollendeten Tugend emporsteigen.

22.

Wenn also der Apostel das eine Mal nicht Gott die Ursache zuschreibt, warum wir Gefäße der Ehre oder Unehre werden, sondern Alles auf uns zurückführt, indem er sagt: „wofern sich nun einer gereinigt hat, wird ein Gefäß zur Ehre werden, heilig und brauchbar dem Hausherrn, zu jedem guten Werk bereit"; ein ander Mal dagegen Nichts in unsere Willkühr legt, sondern Alles Gott zuzuschreiben scheint, mit den Worten „so hat der Töpfer Macht aus demselben Thon zu machen ein Gefäß zu Ehren oder zu Unehren"; so liegt in diesen Aussprüchen kein Widerspruch. Man muß beide vereinigen, und Einen richtigen Sinn aus beiden ziehen. Weder unsre Willkühr besteht ohne Gottes Wissen, noch nöthigt uns Gottes Wissen zum Fortschreiten, ohne daß wir etwas zum Guten beitragen. Denn weder unsre Willensfreiheit ohne das Wissen Gottes und den Mißbrauch der wahren Freiheit macht die Bestimmung zur Ehre oder Unehre aus; noch setzt die göttliche Willkühr allein Jemand zur Ehre oder zur Unehre, wenn sie nicht an unserer Selbstbestimmung, die sich zum Schlechtern oder Bessern hinneigt, den Grund zur Sonderung vorfindet. Und dieses möge nun genügen zur Vertheidigung der Willensfreiheit. [257]

ZWEITER ABSCHNITT. VON DEN FEINDSELIGEN MÄCHTEN.

1.

Wie feindliche Gewalten oder der Teufel selber mit dem Menschengeschlechte ringen, um es zur Sünde zu verlocken, darüber wollen wir uns nach Beispielen in der Schrift umsehen. In der Genesis heißt es, die Schlange habe Eva verführt; und in der Auffahrt Mosis, [258] einem Buche, dessen der Apostel Judas in seinem Briefe erwähnt, sagt darüber der Erzengel Michael dem Teufel, mit dem er über den Leichnam des Moses streitet, auf seine Eingebung sey die Schlange das Mittel zur Verführung Adams und Eva's geworden. Man fragt auch, wer der Engel gewesen, der vom Himmel herab zu Abraham gesprochen. Nun erkenne ich, daß du Gott fürchtest, und deines geliebten Kindes nicht verschontest, um meinetwillen (Gen. 22, 12.). Denn ausdrücklich wird der Sprechende ein Engel genannt, und doch sagt er nicht „um Gottes willen", sondern „um seinetwillen", d. h. um des Sprechenden willen habe Abraham seinen Sohn nicht verschont. Ferner wird man fragen, wer der sey, von dem es im Exodus (4, 24.) heißt, daß er Mosen tödten wollte, weil er nach Aegypten zog: weiter, wer der Würgengel [259] und wer der sey, der im Levitikus (16, 9.) Unheilabwender [260] genannt wird, wo die Schrift sagt: Ein Loos dem Herrn, das andere dem Unheilabwender. Im ersten Buch der Könige plagt ein böser Geist Saul (15, 10.), und im dritten (22, 19.) spricht der Prophet Micha: „Ich sah den Herrn, den Gott Israels, auf seinem Throne sitzend, und das ganze Heer des Himmels stand um ihn rechts und links. Und der Herr sprach: wer will Achab den König Israels verführen, daß er hinaufziehe und in Ramoth Gilead einfalle? Und es sprach der Eine so, der Andere anders. Da trat ein Geist auf und stellte sich vor den Herrn und sprach: ich will ihn verführen. Und der Herr sprach: womit? Er antwortete: ich will ausziehen und ein Lügengeist seyn in seiner Propheten Munde. Er sprach: verführe ihn, du wirst es können: so gehe hin und thue also. Und so gab der Herr nun den Lügengeist in aller deiner Propheten; der Herr hat Unheil über dich verkündet." Es ist doch klar, daß der Geist aus eigenem, freien Willen sich entschließt, zu verführen und Lügen auszustreuen, was der Herr zum Verderben des Achab, der dessen würdig war, gebrauchte. [261] Im 1. Buch der Chronik (21, 1.) heißt es: der Satan stand auf in Israel und gab David ein, das Volk zu zählen. In den Psalmen wird von dem bösen Engel gesagt, daß er Manche quäle. Auch sagt Salomo im Prediger (10,

4.), wenn der Geist dessen, der Gewalt hat, über dich kommt, so verlaß deine Stelle nicht: denn Heilung wird große Sünden stillen. [262] Bei Zacharias (3, 1.) finden wir den Teufel an der Rechten Jesu, um ihm zu widerstehen. Jesajas aber (27, 1.) sagt, das Schwert des Herrn drohe dem Drachen, der falschen Schlange. Soll ich auch noch Ezechiel anführen, der in seinem zweiten Gesicht an den Fürsten von Tyrus ganz deutlich von einer feindlichen Macht (28, 7.) weissagt; der sogar (29, 3.) den Drachen in die Ströme Aegyptens versetzt? Ferner das ganze Buch Hiob, was enthält es anders als die Darstellung des Teufels, der alles Eigenthum Hiobs, seine Söhne, ja seinen Leib in seine Gewalt zu bekommen strebt? Gleichwohl wird er durch dessen Geduld besiegt. In diesem Buch lehrt auch der Herr in seiner Antwort Vieles über die feindliche Macht jenes Drachen. Dieß einstweilen sind die Beispiele aus dem Alten Testament, soweit sie uns gerade beifallen, für die Behauptung, daß feindliche Mächte in der Schrift genannt und im Kampfe wider das Menschengeschlecht dargestellt werden, wofür sie künftig bestraft werden sollen. Nun wollen wir uns auch im N. Testament umsehen. Der Satan tritt zu dem Heiland, um ihn zu versuchen: böse und unreine Dämonen, die einen oder den andern besessen hatten, wurden von dem Herrn ausgetrieben, und die daran Leidenden werden durch ihn befreit. Judas, nachdem ihm der Satan bereits dem Entschluß eingegeben, Christum zu verrathen, nahm gleich darauf den Satan ganz in sich auf. Denn es steht geschrieben: nach dem Bissen fuhr der Satan in ihn. Paulus, der Apostel lehrt uns (Eph. 6, 11.), dem Teufel nicht Raum zu geben, sondern, spricht er, ziehet die Waffen Gottes an, damit ihr der List des Teufels widerstehen könnet. Er, deutet darauf hin, wir haben nicht mit Fleisch und Blut zu kämpfen, sondern mit Fürsten und Gewalten, mit den Herren dieser Welt in der Finsterniß, mit den Geistern der Bosheit, unter den Himmlischen. Auch sagt er (1 Cor. 2, 8.) vom Heiland, er sey von den Fürsten dieser Welt, [263] welche vergehen werden, und deren Weisheit er nicht rede, gekreuzigt worden. Alles dieß sind Erklärungen der heiligen Schrift, von dem Daseyn unsichtbarer Feinde, die gegen uns kämpfen, und Aufforderungen zur Waffnung gegen sie. Daher glauben die Einfältigern unter den Gläubigen, alle Sünden, welche die Menschen begehen, kommen von jenen feindlichen Mächten her, die den Verstand der Sündigenden verrücken, weil sie in jenem unsichtbaren Kampfe Meister werden. Wenn also der Teufel nicht wäre, so würde kein Mensch sündigen.

2.

Allein wenn wir der Sache tiefer auf den Grund sehen, so können wir das nicht so hinnehmen. Manches ist natürliche Folge der Einrichtung des Körpers.

Ist wohl zu glauben, daß der Teufel den Trieb nach Essen und Trinken in uns wecke? Ich denke nicht, daß Jemand so etwas behaupten möchte. Was ist es aber anders, wenn das Alter der Männlichkeit eintritt, und den Trieb der natürlichen Wärme mit sich bringt? So wenig also der Teufel den Trieb zu essen und zu trinken, weckt, ebensowenig weckt er auch den natürlichen Geschlechtstrieb. Wenigstens ist gewiß, daß dieser Trieb nicht immer vom Teufel herrührt, und nicht so, daß man an- nehmen müßte, wenn kein Teufel wäre, würde das Verlangen nach fleischlicher Vermischung auch nicht Statt haben. Wenn nun, wie gesagt, die Eßlust des Menschen nicht vom Teufel, sondern von dem natürlichen Triebe erregt wird, so fragt sich, ob ohne das Vorhandenseyn des Teufels die menschliche Klugheit ein solches Maaß im Genuß beobachtete, daß sie nie zu viel thäte, und nie etwas Anderes, als das Bedürfniß forderte, und nie mehr, als die Vernunft erlaubte, zu sich nähme, kurz, daß die Menschen in Art und Maas des Genusses nie fehlten. Ich glaube, die Menschen hätten das nicht vermocht, wenn auch keine Lockung des Teufels sie verführt hätte; außer sie hätten es vorher durch lange Uebung und Erfahrung gelernt. Wie nun? im Essen und Trinken konnten wir auch ohne diabolische Einwirkung fehlen, wenn wir nicht enthaltsam und thätig genug gewesen wären; in Beherrschung des fleischlichen Verlangens hätte uns nicht sollen etwas Aehnliches begegnen? der gleiche Schluß gilt auch für die übrigen Naturtriebe und Leidenschaften überhaupt, wie Zorn, Traurigkeit, und alles, was das natürliche Maas überschreitet. Die Sache ist klar: wie des Menschen Wahl zu Vollbringung des Guten an sich nicht vollkommen ausreicht, sondern göttlicher Hülfe bedarf, [264] so haben wir auf der andern Seite den Ursprung (αρχην) und gleichsam den Saamen der Sünde zwar schon mit den natürlichen Trieben empfangen, aber erst dann, wenn wir ihnen zuviel nachhängen, und nicht sogleich den ersten Regungen der Unsittlichkeit widerstehen, tritt die feindliche Macht an die Stelle des ersten Vergehens, und reizt und spornt auf alle Weise, um der Sünde noch weiter Raum zu geben. Wir Menschen geben den ersten Anstoß zur Sünde, die feindlichen Gewalten dehnen sie weiter und, wo es möglich ist, bis in's Unendliche aus. So verfällt der Mensch in das Laster der Habsucht, wenn er anfangs nur Etwas Geld begehrt, hernach aber mit zunehmender Sünde auch die Begierde wächst. Wird dann die Leidenschaft zur völligen Verblendung, so ist es nicht mehr bloß Begierde nach Geld, es wird auf Antrieb der bösen Mächte geraubt, mit Gewalt, ja mit Blutvergießen an sich gerissen Zum Beweise, daß solche ungeheure Laster von den Dämonen herrühren, läßt sich das anführen, daß Menschen, die von einem Uebermaas der Liebe, des Zorns, der Betrübniß gequält werden, ebenso leiden, wie die von Dämonen wirklich Besessenen. Erzählt man ja, daß aus Liebe, aus Rachsucht, aus Betrübniß, sogar aus übertriebener Freude schon Mancher wahnsinnig geworden sey. Und ich glaube, den Grund davon darin zu finden, daß jene feindlichen Mächte, die Dämonen, nachdem ihnen durch Unmäßigkeit in einer Seele Raum gegeben worden, ihr Inneres in Besitz nahmen, zumal, wenn der Ruhm der Tugend sie keineswegs zum Widerstand reizte.

3.

Daß aber auch manche Sünden nicht von den Dämonen herrühren, sondern aus den Regungen des Naturtriebs hervorgehen, erklärt Paulus deutlich, wenn er sagt: das Fleisch gelüstet wider den Geist, der Geist wider das Fleisch: sie sind widereinander, daß ihr nicht thut, was ihr wollt (Gal. 5, 17.). Es entsteht demnach bisweilen ein Kampf in uns wider Fleisch und Blut, weil wir Menschen sind und im Fleisch leben, und nicht größere als menschliche Versuchung bestehen können. Denn er sagt (1 Cor. 10, 13): es hat euch noch keine, außer menschliche Versuchung betreten: aber Gott ist getreu, der euch nicht über Vermögen versuchen läßt. Wenn die Vorsteher der Weltkämpfe die Kampflustigen nicht nach Belieben oder nach Zufall an einander gehen lassen, sondern nach sorgfältiger Prüfung der Leibesbeschaffenheit und Altersgleichheit den Einen zu dem Andern gesellen: also Knaben zu Knaben, Männer zu Männer, wie sie an Alter und Stärke einander gewachsen sind; so müssen wir auch der göttlichen Vorsehung zutrauen, daß sie Jeden, der in die Kämpfe des Menschenlebens eintritt, mit Weisheit und Gerechtigkeit je nach dem Maas seiner Tugend, das der Herzenskündiger allein erkundet, an seinen Ort stellt. Daher der Eine gegen dieses, der Andere gegen jenes Fleisch, dieser lange, jener kurz zu kämpfen hat, Einer zu diesem, ein Anderer zu was Anderem gereizt wird. Einer widersteht dann auch dieser oder jener feindlichen Macht, ein Anderer zweien oder dreien zumal, oder bald dieser, bald jener, dieser und jener zu einer besondern Zeit, oder bekämpft er nach dieser That diese, nach einer andern jene Gewalt. [265] Sieh' nun, ob dieses nicht in den Worten des Apostels angedeutet sey: „Gott ist getreu, der euch nicht versuchen läßt über euer Vermögen"; sofern nehmlich Jeder nur nach dem Maaße seiner Tugend versucht wird. Damit, daß wir die Versuchung eines Jeden durch die gerechte Schätzung seines sittlichen Werthes bestimmt seyn lassen, wollen wir jedoch nicht gesagt haben, daß der Versuchte durchaus siegen müsse; so wenig, als der Wettkämpfer gerade siegen muß, obgleich er nach einer richtigen Schätzung seinem Gegner gegenüber gestellt worden ist. Allein, wäre die Stärke der Kämpfer nicht gleich, so hätte weder der Sieger die Palme, noch der Besiegte die Beschämung mit Recht. Gott läßt uns zwar versucht werden, doch nicht über unser Vermögen; wir werden versucht nach unsern Kräften, gleichwohl steht nicht geschrieben, er mache bei der Versuchung dem Ertragen ein Ende, sondern so ein Ende, daß wir's ertragen können. Ob wir aber das Ende, dessen Erreichung er uns möglich gemacht hat, schnell oder langsam erreichen, liegt nur an uns. Es ist einmal nicht zu zweifeln, daß uns in jeder Versuchung eine Kraft, sie zu ertragen, unterstützt, wenn wir die verliehene Kraft gehörig anwenden. Denn es ist nicht dasselbe, die Kraft haben zu siegen, und siegen: wie der Apostel vorsichtig andeutet, indem er sagt, Gott macht ein Ende, daß ihr's ertragen könnet, nicht daß ihr's ertraget. Denn Viele ertragen's wirklich nicht, sie erliegen der Versuchung. Gott verleiht also nicht das Ertragen (sonst wäre kein Kampf), sondern das Ertragenkönnen. Gebrauchen wir die uns verliehene Kraft zu siegen, vermöge unseres Willens so, [266] wenn Allen die Möglichkeit zu siegen gegeben, der Sieg selbst aber in den Willen des Einzelnen gelegt ist, wird die Palme des Siegers und die Beschauung des Besiegten verdient seyn. Ich glaube nun, durch die bisherigen Erörterungen über die eigene Willenskraft gezeigt zu haben, daß es Vergehungen gebe, die wir keineswegs durch die Verführung der bösen Geister begehen, andere dagegen, in denen wir durch ihren Antrieb zur Uebertreibung verleitet werden.

4.

Es fragt sich nun, auf welche Weise der Antrieb dieser feindseligen Kräfte in uns wirken könne. Gedanken, die im Innern aufsteigen, Erinnerungen an gute oder böse Thaten, Betrachtungen von Gegenständen oder Ursachen kommen, so finden wir es, bald von uns selbst, bald werden sie von bösen Geistern geweckt, bisweilen auch von Gott und seinen heiligen Engeln eingegeben. Doch das scheint vielleicht nur so in's Blaue hinein geredet, wenn es nicht durch Zeugnisse aus der Schrift belegt wird. Daß ein Gedanke von uns selbst komme, bezeugt David (ψ. 76, 11.): der Gedanke des Menschen ist dir ein Bekenntniß, und die Spur eines Gedanken wird dir ein Fest feiern; [267] daß er auch von bösen Geistern geweckt werde, Salomo im Prediger (10, 4): wenn der Geist eines Gewaltigen [268] über dich kommt, so weiche nicht; denn Heilung stillet große Sünden. Auch Paulus mag dafür Zeugniß geben, wenn er sagt (2 Cor. 10, 5.): die Gedanken zu zerstören, und allen Stolz, der sich wider die Erkenntniß Christi erhebt. Daß aber auch Gedanken von Gott kommen, bezeugt gleichfalls David im Psalmbuch (84, 6.) wohl dem Manne, dessen Verständniß [269] von dir ist, das Aufsteigen in seinem Herzen; und der Apostel sagt, Gott habe dem Titus in's Herz gegeben (2 Cor. 8, 56.). Daß jedoch auch die Engel, gute oder böse, dem menschlichen Herzen einflüstern, beweist der Engel, der den Tobias begleitet, und der Ausspruch des Propheten (Zach. 1, 14.): „der Engel, der in mir sprach, antwortete"; ferner das Buch des Hirten, welcher behauptet, jeden Menschen begleiten zwei Engel, und wenn gute Gedanken in unserem Herzen aufsteigen, so können sie von dem guten Engel, wenn aber böse, so seyen sie, Eingebung des bösen Engels. Das gleiche spricht auch Barnabas in seinem Briefe aus: es gebe zwei Wege, den Weg des Lichts, und den der Finsterniß; jeder Weg habe seine eigenen Führer, der Weg des Lichts die Engel Gottes, der Weg der Finsterniß die Satansengel. Uebrigens hat die Einflüsterung selbst keinen andern Einfluß auf uns, als daß sie zum Guten oder Bösen weckt und auffordert. Es steht bei uns, wenn uns auch eine feindliche Macht zum Bösen reizen will, die schlimmen Einflüsterungen zu verwerfen, ihren Rathschlägen zu widerstehen, und nichts Tadelnswerthes zu thun: und umgekehrt, wenn uns die göttliche Einwirkung zur Besserung aufruft, nicht zu folgen, weil uns in beiden Fällen die Freiheit des Willens bleibt. Es ist oben gesagt worden, daß auch Erinnerungen an gute oder böse Thaten sowohl durch die göttliche Vorsehung als durch böse Mächte uns eingegeben werden, wie das Buch Esther beweist, wo Artaxerxes der Wohlthaten des gerechten Mardochai nicht gedacht hätte, wenn er nicht von Gott durch nächtliche Unruhe getrieben worden wäre, die Geschichtsbücher zu verlangen. Durch diese wurde er an die Wohlthaten des Mardochai erinnert, und ließ seinen Feind Haman aufhängen, ihm aber verlieh die höchsten Ehrenstellen und rettete das ganze heilige Volk aus der drohendsten Gefahr. Eingebungen von teuflischer Macht sind die Erinnerungen jener Priester und Schriftgelehrten, die zu Pilatus kamen und sagten: Herr, wir gedachten, daß dieser Verführer sprach, als er noch lebte, ich werde nach drei Tagen auferstehen. Wenn Judas an den Verrath des Herrn gedachte, so war auch diese Bosheit nicht bloß aus seinem Gemüthe entsprungen. Denn die Schrift zeugt, daß der Satan ihm in's Herz gegeben hatte, ihn zu verrathen (Joh. 13, 2.). Daher Salomo mit Recht warnt (Sprüchw. 4, 23.): bewahre dein Herz sorgfältig; und Paulus (Hebr. 2, 1.): wir müssen um so mehr auf das achten, was wir gehört haben, damit wir nicht läßig werden; und anderswo (Eph.. 4, 27.): gebet nicht Raum dem Satan. Womit er andeutet, daß bei einer gewissen Thätigkeit oder Unthätigkeit der Seele dem Teufel Raum gegeben wird, „so daß er, einmal eingezogen, uns entweder in Besitz nimmt, oder wenigstens, wenn er sich nicht ganz behaupten kann, das Herz verunreinigt, indem er seine feurigen Pfeile dagegen wirft, von denen wir bald tief verwundet, bald leicht entzündet werden. Zwar werden diese feurigen Pfeile selten und nur von wenigen gelöscht, so daß keine verwundbare Stelle finden: nur wenn nehmlich Einer mit dem festen und undurchdringlichen Schild des Glaubens bewaffnet ist. Demnach ist der Ausspruch in dem Briefe an die Epheser (6, 12.) „wir haben nicht mit Fleisch und Blut zu kämpfen, sondern mit Fürsten, Gewalten und Herren der Finsterniß dieser Welt, gegen die Geister der Bosheit unter den Himmlischen" so zu verstehen: wir, d. h., ich Paulus und ihr

Epheser und alle, die nicht mit Fleisch und Blut zu kämpfen haben, haben mit den Fürsten und Gewalten u. s. w. zu kämpfen; nicht wie die Korinthier, deren Kampf nur gegen Fleisch und Blut gerichtet war, sofern sie keine andere als menschliche Versuchung betroffen hatte. [270]

5.

Übrigens darf man nicht glauben, daß jeder Einzelne gegen Alles dieß zumal zu kämpfen habe. Dieß dünkt mir für einen Menschen (und wenn er noch so heilig wäre) unmöglich, und wenn es je geschähe (es kann aber nicht seyn), so müßte die menschliche Natur ganz davon aufgerieben werden. Wie z. B. von 500 Soldaten, welche einen Kampf gegen andere 500 voraussehen, nicht jeder Einzelne gegen alle 500 kämpfen, wird, und gleichwohl Jeder mit Recht sagen kann, wir kämpfen mit fünf Hunderten, Alle mit Allen , nehmlich: so ist es zu verstehen, wenn der Apostel sagt, daß Alle Streiter Christi mit allen jenen aufgezählten Mächten im Kampfe begriffen sind, alle zusammen nehmlich, je Einer mit Einem, oder wie es gerade Gott, der gerechte Kampfrichter, beschlossen hat. Die menschliche Natur, glaube ich, hat ein bestimmtes Maas: und sey nun dieses ein Paulus, von dem es (Ap. G. 9, 15.) heißt: er ist mir ein auserwähltes Rüstzeug; oder ein Petrus, den selbst die Pforten der Hölle nicht überwältigen, oder Moses, jener Freund Gottes; so könnte doch keiner von ihnen [271] ohne eigenen Schaden den Angriff der ganzen Schaar feindlicher Mächte zumal aushalten; es müßte denn nur die Kraft dessen allem in ihm wirken, der gesagt hat (Joh. 16, 33.) „seyd getrost, ich habe die Welt überwunden." Im Vertrauen auf ihn sagt Paulus wirklich (Phil. 4, 13.) „ich vermag Alles in dem, der mich stark macht, Christus" und anderswo: „ich habe mehr gearbeitet, denn sie alle, nicht aber ich, sondern Gottes Gnade, die mit mir ist." Vermöge dieser, offenbar nicht menschlichen Kraft, die in ihm wirkte und redete, sagt Paulus auch (Röm. 8, 38.): Ich bin gewiß, daß weder Tod noch Leben, weder Engel noch Fürstenthum, noch Gewalt, weder Gegenwärtiges noch Zukünftiges, weder Hohes noch Tiefes, noch irgend eine Kreatur uns zu scheiden vermag von der Liebe Gottes in Christo Jesu, unserm Herrn. Denn ich kann nicht glauben, daß die menschliche Natur an sich gegen Engel, und Hohes und Tiefes, und alle übrige Kreatur den Kampf bestehen könne. Nur, im Bewußtseyn des ihr nahen und einwohnenden Herrn und im Vertrauen auf seinen Beistand mag sie sprechen: der Herr ist mein Licht und mein Heil, vor wem sollte ich mich fürchten? der Herr ist meines Lebens Hort, vor wem soll mir grauen? (Ψ. 27, 1. ffgde.). Ja ich glaube, daß vielleicht kein Mensch je durch sich selbst die böse Macht zu überwinden vermag, wofern er nicht göttlicher

Unterstützung genießt. Daher heißt es auch, ein — Engel habe mit Jakob gerungen: was ich nicht so verstehe, als ob der Engel gegen Jakob gekämpft hatte, sondern so, daß ein Engel zu seiner Rettung nahe war, der ihm auch, als er seinen Vorsprung wahrnahm, den Namen Israel zurief, mit ihm rang, d. h. im Kampfe an seiner Seite war und ihn unterstützte; weil es, ohne Zweifel ein Anderer war, gegen den er im Kampfe lag. Auch Paulus sagt ja nicht, wir haben zu kämpfen mit Fürsten oder mit Gewalten, sondern gegen sie: daher auch Jakob gegen eine von diesen gekämpft haben muß, von denen Paulus lehrt, daß sie dem Menschengeschlechte und den Heiligen vor Andern, Streit verursachen. Ebendeßwegen sagt dann auch die Schrift von ihm, er habe mit einem Engel gerungen und sey mit Gott obgelegen; [272] so daß der Kampf mit Hülfe des Engels bestanden wird, die Palme der Vollendung aber den Sieger zu Gott führt.

6.

Man hat sich auch vor der Meinung zu hüten, als ob solche Kämpfe durch Leibesstärke und Uebungen der Ringkunst ausgefochten werden; es ist ein Kampf des Geistes wider den Geist, wie ihn der Apostel Paulus bezeichnet, gegen Fürsten und Gewalten u. s. w. Die Art des Streits aber ist so zu denken, daß, wenn sich Schaden und Gefahr, Vorwürfe und Beschuldigungen wider uns erheben, die bösen Geister nicht nur das bezwecken, daß wir zu leiden haben, sondern, daß wir dadurch zu heftigem Zorn, zu übergroßer Betrübniß, oder gar zur äußersten Verzweiflung verführt werden: oder daß wir, was noch schrecklicher ist, vom Verdrusse überwältigt, uns zu Klagen gegen Gott hinreißen lassen, als ob er die menschlichen Schicksale nicht gerecht lenke, und deßwegen im Glauben wankend werden, der Hoffnung entsagen, von der Wahrheit der Glaubenssätze abkommen, und schlecht von Gott denken lernen. Aehnliches wird von Hiob erzählt, da der Teufel Gewalt über dessen Güter von Gott verlangt hatte. Woraus wir auch das entnehmen können, daß es nicht zufällige Anläufe gegen uns sind, wenn uns ein Verlust an zeitlichen Gütern zustößt, wenn Eins der Unsrigen gefangen weggeführt wird, oder ein Gebäude, worin sich Angehörige von uns befinden, einstürzt. Der Gläubige soll immer dabei sprechen: du hättest keine Macht über mich, wenn sie dir nicht von oben gegeben wäre (Job. 19, 11.) Denn sieh, das Haus Hiobs wäre nicht über seinen Söhnen zusammengestürzt, wenn nicht zuvor der Teufel Macht über sie bekommen hätte: die Reiter wären nicht in dreien Haufen eingefallen, um seine Kameele, Schaafe und sein übriges Vieh zu rauben, wären sie nicht von dem bösen Geiste getrieben worden, dem sie sich freiwillig [273] zu Sclaven verkauft hatten. Auch wäre das scheinbare Feuer oder wie man glaubt, der Blitz nicht auf

Hiobs Schaafe gefallen, hätte nicht der Teufel vorher zu Gott gesagt: „hast du nicht Alles, was sein ist, außen und innen fest verwahrt? aber nun recke deine Hand aus und fasse an, was er hat, ob er dich nicht in's Angesicht verflucht?"

7.

Daraus geht denn klar hervor, daß Alles, was in dieser Welt geschieht, und das man für gleichgültig hält, sey es Trauriges oder Erfreuliches, oder was immer, zwar nicht von Gott, doch auch nicht ohne Gott geschieht, indem Gott die bösen und feindlichen Gewalten nicht bloß nicht hindert, dergleichen Zufälle nach ihrem Willen herbeizuführen, sondern es zu gewissen Zeiten und an gewissen Personen zuläßt; wie es von Hiob heißt, auf eine gewisse Zeit sey er andern in die Hände gegeben, und, sein Haus den Ungerechten zum Raube geworden. Deßwegen lehrt uns das göttliche Wort Alles, was uns begegnen mag, in der Ueberzeugung, daß nichts ohne Gott geschieht, als Fügung Gottes hinzunehmen. Wie können wir aber daran noch zweifeln, wenn der Herr und Heiland selbst sagt: kauft man nicht zwei Sperlinge um einen Groschen, und doch fällt kein einziger derselben ohne den Willen eures Vaters im Himmel zur Erde. Doch wir waren genöthigt, von der Frage über die Kämpfe des Menschen mit den bösen Geistern, und über die traurigen Ereignisse, d. h. die Versuchungen dieses Lebens, wie sie Hiob nennt („Ist nicht das ganze Leben des Menschen auf Erden eine Versuchung?" Job. 7, 1.) etwas weiter abzuschweifen, um deutlicher zu zeigen, wie solche Dinge kommen und wie man gottesfürchtig davon denken soll. Nun wollen wir sehen, wie die Menschen auch in die Sünde falscher Weisheit gerathen, oder in welcher Absicht die bösen Mächte auch hierin Kämpfe wider uns erregen.

8.

(Cap. 3.) [274] Ein großes Geheimniß will uns der Apostel das Wesen der Weisheit und Wissenschaft im 1. Brief an die Korinthier mittheilen, wenn er (2, 6. 7. 8.) sagt. Wir reden von der Weisheit unter den Vollkommenen, nicht einer Weisheit dieser Welt oder der Obersten dieser Welt, welche vergehen; sondern wir reden von der geheimnißvollen Weisheit Gottes, welche Gott vor der Zeit zu unserer Verherrlichung verordnet hat, und die Keiner der Obersten dieser Welt kennt; denn wenn sie sie kenneten, hätten sie den Herrn der Herrlichkeit nicht gekreuzigt. Er gibt gewisse Unterschiede der Weisheit an, und beschreibt sie als Weisheit der Welt, Weisheit der Obersten dieser Welt und als Weisheit Gottes. Unter der Weisheit der Obersten dieser Welt scheint er mir jedoch nicht eine gemeinsame Weisheit aller Weltfürsten zu verstehen, sondern die Weisheit eines jeden Fürsten besonders. Und wenn er von einer geheimnißvollen Weisheit spricht, welche Gott vorher bestimmt hat, so fragt sich, ob er in der Weisheit, die in früheren Zeiten und Geschlechtern verborgen und den Menschenkindern nicht so geoffenbart war, wie sie jetzt seinen Aposteln und Propheten geoffenbart ist, das nehmliche sehe, wie in dem, was auch vor der Erscheinung des Weltheilandes Weisheit Gottes war. Vermöge dieser war ein Salomo weise, über dessen Weisheit der Heiland doch selbst seine Reden stellt, wenn er spricht: sieh, hier ist mehr denn Salomo. Damit ist gesagt, daß die, welche von ihm belehrt werden, mehr lernen, als Salomo gewußt habe. Denn, wollte man einwenden, der Heiland habe zwar mehr gewußt, als Salomo, jedoch Andern darum nicht mehr mitgetheilt, als Salomo gewußt, [275] wie stimmt alsdann damit das Folgende zusammen: „die Königin vom Mittag wird aufstehen im jüngsten Gericht, und die Menschen dieses Geschlechts verdammen; denn sie kam von den Enden der Erde, um Salomo zu hören, und siehe, hier ist mehr denn Salomo?" Es gibt demnach eine Weisheit der Welt, und eine unter den Obersten dieser Welt, vielleicht getheilte Weisheit. Von der Weisheit des Einen Gottes aber müssen wir wohl annehmen, daß sie in den Alten weniger hervorgetreten sey, dagegen in Christus sich wirksamer und kräftiger geoffenbaret habe. Doch von der Weisheit Gottes werden wir an einem andern Orte zu reden Gelegenheit finden.

9.

Da wir jetzt den Abschnitt von den feindlichen Mächten behandeln, so halte ich auch die Erklärung für nöthig, wie sie solche Kämpfe erregen, um dem menschlichen Geiste falsches Wissen eingeben, und die Seelen verführen, die sie glauben machen, die Weisheit gefunden zu haben. Wir unterscheiden zunächst Weisheit dieser Welt und Weisheit der Fürsten dieser Welt, um daraus zu erkennen, wer die Urheber dieser Weisheit, oder vielmehr Weisheiten, seyen. Ich glaube, wie gesagt, daß die Weisheit der Welt anderer Art, als jene Weisheiten der Fürsten, und daß darunter das eigentlich Weltliche zu verstehen sey. Sie hat keinen Begriff von der Gottheit, von dem Weltplan, und von dergleichen erhabenen Gegenständen, oder auch von der Sittenlehre, sondern besteht etwa in Dichtkunst, Sprachkunde, Redekunst, Meßkunde, Tonkunst; und vielleicht darf man auch noch die Arzneikunde dazurechnen. Dieß ist der Inbegriff der Weisheit der Welt. Unter Weisheit der Häupter dieser Welt verstehen wir sodann die sogenannte Geheimlehre der Aegyptier, die Sterndeuterei der Chaldäer, die vermeintliche Wissenschaft vom Unendlichen der Indier, [276] und die mannigfaltige und reiche Götterlehre der Griechen. Daher finden wir auch in der heiligen Schrift, z. B. bei Daniel (10.), Häupter der verschiedenen Völker, ein Haupt des Perserreiches, ein anderes des Griechenthums, was dem ganzen Zusammenhang nach nicht Menschen, sondern besondere Mächte sind. Auch bei Ezechiel wird eine gewisse geistige Macht als Fürst von Tyrus bezeichnet. Diese und ähnliche, die ihre eigene Weisheit und eigene Systeme aufgebaut haben, als sie unsern Herrn und Heiland verkündigen hörten, daß er dazu in die Welt gekommen sey, um jene Gebäude falscher Weisheit zu zerstören, stellten ihm fortwährend nach, weil sie nicht wußten, [277] was in ihm verborgen sey. „Die Könige der Erde lehnen sich auf, und die Fürsten versammeln sich wider den Herrn und seinen Gesalbten (Ps. 2, 2.)." Weil der Apostel diese ihre Nachstellungen und Anschläge wider den Sohn Gottes erkannt hat, da sie den Herrn der Herrlichkeit kreuzigten, sagt er: Wir reden von der Weisheit unter den Vollkommenen —— welche Keiner der Für- sten dieser Welt kennt; denn, wenn sie sie kennten, hätten sie nicht den Herrn der Herrlichkeit gekreuzigt.

10.

Nun ist freilich auch die Frage, ob die Fürsten dieser Welt die Weisheit, womit sie die Menschen berücken wollen, aus Heimtücke und Schadenfreude oder bloß aus Irrthum den Menschen aufdringen, weil sie für Wahrheit halten, und auch andere lehren wollen, was sie für wahr halten, was ich wirklich annehme. Denn wie z. B. die griechischen Weisen und Häupter der Secten erst nachdem sie die falsche Lehre für Wahrheit angenommen, und bei sich als Wahrheit anerkannt haben, auch andere von ihren Meinungen zu überzeugen suchen, so thun wohl auch die Fürsten dieser Welt, die bösen Mächte, die in derselben die Herrschaft über bestimmte Völker erhalten haben und daher Fürsten dieser Welt heißen. Außer diesen Fürsten gibt es auch noch andere Kräfte, [278] welche eine eigenthümliche Wirksamkeit äußern, die sie sich aus freier Entschließung erwählt haben, und unter welchen jene die vornehmsten sind, die die Weisheit dieser Welt darstellen. So wirkt eine eigene Kraft die Dichtkunst, eine andere die Meßkunde, andere treiben wieder zu andern Künsten und Wissenschaften an. Die Griechen waren wirklich der Meinung, daß die Poesie ohne eine Art Raserei nicht bestehen könne; daher erzählt auch ihre Geschichte von den sogenannten Sehern, daß sie manchmal, von dem Geist des Wahnsinns ergriffen worden seyen. Was sagen wir nun von denen, die sie göttlich nennen, und die vermöge der in ihnen wirkenden Dämonen in kunstreichen Versen Antwort ertheilen? Doch auch die sogenannten Magier oder Zauberer [279] haben, durch Anrufung der Dämonen, Knaben von zartem Alter außerordentliche und erstaunliche Gedichte sprechen lassen. Dieß läßt sich also begreifen. Wie reine und mackellose Seelen, die sich mit aller Hingebung und Reinheit Gott geweiht, durch Enthaltung sich von der Berührung der Dämonen rein erhalten und in frommen Uebungen erbaut haben, Antheil am Göttlichen nehmen, und der Weissagung und anderer göttliches Gnadengaben gewürdigt werden: so müssen wohl auch die, welche sich den feindlichen Mächten, sey es absichtlich oder durch ihre Lebensweise nachgiebig und geneigt zeigen, ihre Eingebungen in sich aufnehmen und ihrer Weisheit und Kunst theilhaftig werden. So werden sie von der Wirksamkeit derer besessen, deren Dienst sie sich unterzogen haben.

11.

In Hinsicht derer, welche eine andere Lehre von Christo aufstellen, als die Schrift vorschreibt, ist die Betrachtung nicht überflüssig, ob die bösen Mächte in feindlicher Absicht gegen den Glauben an Christum solche falsche und gottlose Meinungen erdichtet: oder, weil sie daß Wort Christi vernahmen, und es doch weder aus den Tiefen des Gewissens ausstoßen, noch rein und unbefleckt bewahren konnten, durch ihre Sprecher (daß ich so sage) Irrthümer anstatt der geistigen Wahrheit aufgebracht haben. Allerdings ist nicht unwahrscheinlich, daß die von Gott abgefallenen und flüchtig gewordenen Geister aus entschiedener Bosheit und Neid gegen diejenigen, denen durch die Erkenntniß der Wahrheit der Weg zu jener Stufe gebahnt wird, von welcher sie herabgestürzt sind, Irrlehren und Betrügereien ersinnen, um jene Fortschritte zu hemmen. Es ist nun jeden Falls klar, daß die menschliche Seele, solange sie im Körper ist, für verschiedene Einwirkungen guter und böser Geister empfänglich ist: und zwar für die der bösen auf doppelte Weise. Entweder nehmen sie die Seele ganz in Besitz und lassen die Besessenen Nichts selber denken und fühlen, was bei den Energumenen, wie man sie nennt, den offenbaren Wahnsinnigen, der Fall ist; dergleichen auch die waren, die nach dem Evangelium von dem Herrn geheilt wurden; oder sie verführen die denkende und fühlende Seele durch allerlei Gedanken und falsche Einflüsterungen: wie Judas durch Eingebung des Teufels zum Verrath verleitet wurde. Denn die Schrift sagt ausdrücklich (Joh. 13, 2): „da schon der Satan dem Judas Ischarioth in's Herz gegeben hatte, daß er ihn verrieth." Einwirkungen eines guten Geistes dagegen verspürt Einer, wenn er sich zum Guten ermuntert, und für's Göttliche begeistert fühlt. So haben die heiligen Engel und Gott selbst in den Propheten gewirkt, indem er sie durch fromme Einwirkungen zum Bessern rief, so doch, daß es in der freien Wahl des Menschen stand, ob er dem Ruf zum Göttlichen folgen wollte oder nicht. Daher läßt sich auch genau unterscheiden, ob die Seele durch die Nähe eines bessern Geistes angeregt werde, wenn sie nehmlich durch die eintretende Begeisterung keine Störung der Vernunft erleidet, und ihre freie Wahl nicht vertiert. Ein Beispiel hievon sind sämmtliche Propheten und Apostel, die ohne alle Geistesstörung den göttlichen Sprüchen als Organe dienten. [280] Und daß durch Eingebungen guter Geister das Gedächtniß des Menschen zur Erinnerung an das Gute geweckt werde, haben wir oben schon an dem Beispiel des Mardochai und Artaxerxes gezeigt.

12.

Auch dieß ist noch zu untersuchen, [281] warum die menschliche Seele bald von diesen, bald von jenen Mächten in verschiedenem Sinne angeregt werden. Ich sehe hier ebenfalls Ursachen voraus, die früher sind, als die Einkörperung: wie das Hüpfen des Johannes in Mutterleibe beweist, als Elisabeth auf den Gruß der Maria sich für eine Unterredung mit ihr zu gering erkannte, und wie der Prophet Jeremias bezeugt, welcher (1, 5.) von Gott erkannt war, ehe er ihn im Mutterleib bildete, [282] von ihm geheiligt ehe er sich der Mutter Schoos entwand, und als Knabe schon die Gabe der Weisheit empfieng. Auf der andern Seite sind dagegen Einige, als Kinder und Säuglinge von bösen Geistern besessen. Andere werden zur Wahrsagerei begeistert; [283] so soll auch der Dämon Python [284] Einige schon von zarter Kindheit an besitzen. Daß aber diese von der göttlichen Vorsehung mißachtet worden seyen, da sie doch nichts gethan haben, um dessen willen sie zum Wahnsinn verdammt wären, dieß darf derjenige nicht voraussetzen, der Nichts ohne Gott geschehen lassen, sondern Alles nach seinem Urtheil gelenkt wissen will. [285] Um also die Vorsehung von allem Verdacht der Ungerechtigkeit zu befreien, bleibt Nichts übrig, als die Annahme früherer Ursachen, durch welche die Seelen vor ihrer Einkörperung das verschuldet haben, was sie hier nach göttlicher Verurtheilung mit Recht erdulden. Denn freien Willen, besitzt die Seele immerhin, ob sie in oder außer dem Körper sey, und die Willensfreiheit ist immer auf Gutes oder Böses gerichtet. Ohne die eine oder die andere Richtung kann das seelische Wesen in keinem Augenblick bestehen. Nun ist es doch wahrscheinlich, daß diese Richtungen auch schon vor der irdischen Thätigkeit Ursache geworden seyn, warum sie sogleich nach der Geburt, ja vor der Geburt zum Guten oder Bösen von der Vorsehung verurtheilt werden. Soviel über die Erscheinungen des menschlichen Wesens gleich bei der Geburt oder noch vor derselben. Was das betrifft, daß die Seele von verschiedenen Geistern durch Einflüsterungen zum Guten oder Bösen gereizt wird, so sind auch hiefür vorirdische Ursachen anzunehmen. [286] Manchmal ist eine Seele wachsam, weist die Bösen zurück und zieht den Beistand der Guten an sich; eine träge dagegen ist unvorsichtiger, gibt den bösen Geistern Raum, welche im Verborgenen lauern, wo sie etwa in einer unbewachten Stunde die menschliche Seele überfallen mögen, wie der Apostel Petrus (I, 5, 2,) sagt: unser Widersacher, der Teufel geht umher, wie ein brüllender Löwe und sucht, welchen er verschlinge. Daher haben wir auch Tag und Nacht zu wachen, daß wir dem Teufel nicht Raum geben, und müssen suchen, die Diener Gottes, die zur Unterstützung der zum Heile Berufenen ausgesandt sind, zu gewinnen (Hebr. 1, 14.) damit sie gern in unser Inneres einziehen, Wohnung bei uns machen, und uns in ihrem Sinne leiten, wofern sie die Wohnung unsers Herzens von dem Dienste der Tugend und der Heiligkeit geschmückt finden. [287]

DRITTER ABSCHNITT. (IV. CAP.) VON DEN BLOß MENSCHLICHEN VERSUCHUNGEN.

1.

[288] Dieß mag genug seyn für die Frage von den Mächten, die dem Menschengeschlechte feindlich gesinnt sind. Nun glaube ich auch die bloß menschlichen Versuchungen nicht übergehen zu dürfen, die aus Fleisch und Blut, aus der Klugheit des Fleisches und Blutes, welche Gott widerstreitet, entspringen, nachdem wir die übermenschlichen Kämpfe, die wir mit den Fürsten und Gewalten und mit den Herren der Finsterniß, oder auch mit den bösen Geistern und unreinen Dämonen führen, beschrieben haben. Ob die Behauptung wahr sey, daß Jeder [289] zwei Seelen habe, habe ich hier zu zeigen. Im Allgemeinen ist die Frage, ob überhaupt in dem Menschen, der aus Seele, Leib und Geist besteht, noch eine besondere Kraft vorhanden sey, mit einem eigenen Trieb und Reiz zum Bösen? Sey es nun, daß, wie Andere diese Frage stellen, etwa eine Doppelseele in uns sey, eine himmlischere, und eine irdische; [290] oder daß wir schon insofern, als wir an Körper gebunden sind (die ihrer Natur nach todt und erstorben sind, weil erst durch uns, die Seelen, die Körpermasse belebt wird, die an sich dem Geiste entgegengesetzt und feindlich ist) zu dem bösen hingezogen werden, das in der Sinnlichkeit liegt? [291] Eine dritte Frage ist, ob die Seele, wie einige Griechen [292] der Meinung waren zwar dem Wesen nach Eine sey, aber aus mehreren Theilen bestehe, von denen der Eine der vernünftige, der andere der nicht vernünftige heißen könne, und letzterer, der nicht vernünftige, sich wieder in zwei Leidenschaften theile, Gemüthlichkeit und Zornsucht. Diese drei Ansichten von der Seele finden sich vor. Die zuletzt angeführte Meinung griechischer Philosophen, daß die Seele dreitheilig sey, läßt sich schwerlich durch Zeugnisse aus der heiligen Schrift bestätigen: den beiden übrigen dagegen könnten wohl einige Stellen angemessen gefunden werden.

2.

Zuerst wollen wir die Behauptung erörtern, daß wir eine gute oder höhere, und eine niedere oder irdische Seele haben, und daß die gute vom Himmel komme, wie die Seele Jakobs, [293] die schon in Mutterleib ihm den Sieg über seinen Bruder Esau in die Hand gab, die in Jeremias aus Mutterschoos geheiligt kam, und in Johannes in Mutterleibe des heiligen Geistes voll war. Von der niedern Seele aber sagen sie, daß sie mit dem Körper aus körperlichem Saamen entstehe, und außer dem Körper nicht bestehen könne; weßwegen sie auch häufig Fleisch genennt wird. Denn die Stelle „das Fleisch gelüstet wider den Geist" (Gal. 5, 17.) nehmen sie nicht von dem Fleisch, sondern von der eigentlichen Fleischesseele. Nichts destoweniger suchen sie dabei auch jenes festzuhalten, was im Levitikus (17, 14.) steht: die Seele alles Fleisches ist in seinem Blute. Weil das durch das ganze Fleisch verbreitete Blut dem Fleische Leben gibt, so sey im Blute das Beseelende, welches die Seele des Fleisches genannt werde. Dasselbe, was in diesen beiden Stellen angedeutet werde, liege auch, sagen sie, in dem Ausdrucke „die Weisheit des Fleisches, der Geist der Materie (πνευα υλικον), der dem Gesetz Gottes nicht unterworfen [294] ist, und nicht unterworfen seyn kann, weil er nur irdische und sinnliche Neigungen hat. Dahin beziehen sie auch die Stelle (Röm. 7, 23.), wo der Apostel sagt: „ich sehe ein anderes Gesetz in meinen Gliedern, das dem Gesetz meines Geistes widerstreitet, und mich gefangen nimmt in dem Gesetz der Sünde, das in meinen Gliedern ist." Wendet man ihnen ein, daß dieses von der natürlichen Beschaffenheit des Körpers zu verstehen sey, vermöge welcher er an sich todt ist, gleichwohl aber einen Sinn, eine Weisheit enthält, die Gott feindlich ist, und dem Geiste widerstrebt, so wie man auch sagen kann, das Fleisch habe eine Stimme, die sich gegen den Hunger, Durst, Frost und gegen jede Unlust, sey es, aus Uebersättigung oder Mangel, erhebe; so suchen sie diese Einwendung dadurch zu widerlegen, daß sie auf eine Menge anderer Leidenschaften der Seele hinweisen, die nicht im Fleische ihren Ursprung haben, und doch dem Geist widerstreben: als Ehrgeiz, Habsucht, Eifersucht, Neid, Stolz und dergleichen; und setzen die Ursache von diesen Uebeln einzig und allein in die materielle, aus körperlichem Saamen erzeugte Seele. Dafür berufen sie sich auch auf die Worte des Apostels (Gal. 5, 19.): „Offenbar aber sind die Werke des Fleisches, Hurerei, Unreinigkeit, Unzucht, Abgötterei, Giftm6ischerei, Feind- schaft u. s. w.", und behaupten, daß nicht alles dieß aus der Gewohnheit oder der Lust des Fleisches entspringen, und im seelenlosen Stoffe, dem Fleische, seinen Grund habe. Ein anderes Wort (1 Cor. 1, 26.): „Sehet an, Brüder, euern Beruf; nicht viel Weise unter Euch [295] nach dem Fleisch" wäre demnach so zu verstehen, daß es eine eigene Weisheit des Fleisches der Materie gebe, im Gegensatz zu der geistigen Weisheit; die aber ohne eine Seele des Fleisches, welche die sogenannte fleischliche Weisheit besitzt, nicht bestehen kann. Wenn es heißt: „das Fleisch streitet wider den Geist, und der Geist wider das Fleisch, daß wir nicht thun, was wir wollen"; so sagen sie, was ist es denn, von dem er sagt, wir thun nicht, was wir wollen? von dem Geiste [296] kann es nicht gesagt seyn: denn der Wille des Geistes wird nicht gehindert; allem auch von dem Fleisch nicht: denn, wenn es keine eigene Seele hat, so kann es auch keinen Willen haben. Es kann also nur von dem Willen der Seele gesagt seyn, die wirklich eigenen Willen hat, und zwar einen widerstrebenden. Aus diesem folgt, daß der Wille dieser Seele gleichsam in der Mitte stehe zwischen Fleisch und Geist, und dem Einen oder Andern nach Willkühr diene. Hat er sich der Fleischeslust hingegeben, so macht er fleischlichgesinnte; verbindet er sich mit dem Geiste, so wirkt er geistlichgesinnte Menschen. [297] Was will nun der Apostel damit sagen: „Ihr aber seyd nicht im Fleisch, sondern im Geist (Röm. 8, 9.)?" Untersuchen wir, was überhaupt der Wille zwischen Geist und Fleisch sey, außer dem Willen des Fleisches oder des Geistes. Gewiß ist einmal Alles, was des Geistes ist, des Geistes Wille; und was Werk des Fleisches genannt wird, des Fleisches Wille. Was soll nun außerdem noch der besondere Wille der niedern Seele seyn, [298] den uns der Apostel nicht thun lassen will, wenn er sagt: „daß ihr nicht thut, was ihr wollt?" Denn darin scheint doch zu liegen, daß jener Wille weder dem Einen noch dem Andern, weder dem Fleisch noch dem Geist, anhängen müsse. Man kann sagen, wie es der Seele besser ist, ihren Willen zu thun als den Willen des Fleisches, so ist es ihr auch besser, den Willen des Geistes, als den ihriges zu thun. In welchem Sinne sagt also der Apostel „daß ihr nicht thut, was ihr wollt?" weil [299] in dem Kampfe zwischen Fleisch und Geist der Sieg nicht immer dem Geist gewiß ist; denn es ist augenscheinlich, daß er meistens dem Fleische unterliegt. [300]

3.

Da wir einmal in eine so tiefe Untersuchung gerathen sind, daß es nöthig ist, die Sache von allen Seiten zu beleuchten, so wollen wir sie auch so betrachten: wie es der Seele besser ist, daß sie dem Geiste folge, wenn der Geist das Fleisch besiegt hat, so möchte es ihr auch zuträglicher seyn, von dem Fleische überwältigt zu werden, als auf ihrem Eigenwillen zu beharren; obgleich es an sich immer schlechter ist, wenn die wollende Seele dem dem Geiste widerstrebenden Fleische gehorcht und sich mit ihm verbindet. Denn weil sie weder warm noch kalt heißt, sondern einer gewissen Lauheit angehört, so möchte sie langsam und schwer zur Bekehrung gelangen. Wenn sie aber dem Fleische anhängt, so muß sie von den fleischlichen Sünden ersättigt und von der Last des Wohllebens und der Lust ermüdet, endlich einmal um so leichter und schneller von dem Schmutz der Materie zur Sehnsucht nach himmlischer und geistiger Speise sich wenden. [301] Daher ist wohl anzunehmen, der Apostel sage mit den Worten: „der Geist streite wider das Fleisch und das Fleisch wider den Geist, damit wir nicht thun, was wir wollen" (worunter ohne Zweifel etwas außer dem Willen des Geistes sowohl als des Fleisches zu verstehen wäre), um es anders auszudrücken, soviel: Es ist besser, daß der Mensch entweder tugendhaft oder schlecht sey, als keines von beiden; so lange aber die Seele sich nicht zum Geiste gewandt hat, und Eins mit ihm geworden ist, [302] sondern am Körper hängt und an das Fleischliche denkt, so lang ist sie weder im guten, noch in einem offenbar schlechten Zustande, sondern so zu sagen dem Thiere ähnlich. Besser ist es, wenn sie sich dem Geiste zugesellt und geistig wird; ist dieß nicht möglich, so ist es ihr vortheilhafter, der Bosheit des Fleisches, als ihrem Eigenwillen zu folgen, und so im Zustande des vernunftlosen Thieres zu verharren. Doch wir wollen nur die verschiedenen Ansichten vortragen, und sind über unsere Absicht hinausgegangen. Es sollte nicht scheinen, als ob uns die sonst aufgeworfene Frage entgangen sey, ob außer der himmlischen, vernünftigen Seele noch eine andere in uns sey, die derselben widerstrebe, und Fleisch, oder Weisheit oder Seele des Fleisches genannt werde.

4.

Sehen wir nun, was gegen diese Meinung von denen eingewendet wird, die nur Einerlei Bewegung und Ein Leben der Einzigen Seele in uns annehmen, deren Heil oder Verderben von ihrer freien That abhängt. Welcher Art sind überhaupt die Leidenschaften, bei welchen wir uns nach zwei Seiten hingezogen fühlen, indem ein Streit der Gedanken in uns entsteht, und wir uns aus scheinbaren Gründen bald zu diesem, bald zu jenem hinneigen, uns bald Vorwürfe machen, bald schmeicheln? Wenn wir sagen, daß böse Geister ein zweideutiges und sich widersprechendes Urtheil in sich tragen, so ist es Nichts Sonderliches, wenn auch in dem Menschen etwas Aehnliches Statt findet, wo eine zweifelhafte Sache in Frage kommt und die Wahl des Rechten und Guten [303] entschieden werden soll. Kein Wunder also, wenn zweierlei Ansichten der Wahrscheinlichkeit, die sich entgegenstehen, die Seele nach entgegenstehenden Richtungen, mit sich fortreißen. Fordert dich z. B. dein Gedanke zum Glauben und zur Furcht Gottes auf, dann kann man nicht sagen, daß das Fleisch streite wider den Geist; wenn es aber in Zweifel gezogen wird, ob etwas wahr und gut sey, dann wird die Seele nach verschiedenen Seiten hingezogen. Wenn also, das Fleisch zur Lust reizt, und die Besinnung diesem Reize widersteht, so ist dieß noch kein besonderes Seelenleben, das dem andern widerstrebt, sondern die natürliche Beschaffenheit des Körpers, der von Saameflüssgkeit erfüllt, sich entleeren will. So wenig, als es eine besondere Kraft oder ein anderes Seelenleben ist, das uns durch Durst zum Trinken oder durch Hunger zur Speise reizt. Vielmehr, wie diese Dinge nach dem natürlichen Kreislaufe begehrt und ausgeleert werden, so will auch der nach gewissen Zeiten angehäufte Saamen weggeschafft seyn. Und dieß geschieht oft sogar nicht durch fremden Antrieb, daß er sich manchmal selbst entleert. Die Worte „das Fleisch gelüst't wider den Geist" verstehen sie demnach so, daß Gewohnheit oder Bedürfniß oder Fleischeslust den Menschen von Gott und göttlichen Dingen losreiße. Denn von leiblichen Bedürfnissen eingenommen, können wir uns nicht dem Göttlichen und Ewigen widmen. Umgekehrt kann man sagen, die Seele, die sich dem Göttlichen und dem Geiste ergibt, widerstrebt dem Fleische, weil sie [Wort fehlt in der Textausgabe, d. Bearb.] alsdann von sinnlichen Lüsten nicht zerstreuen läßt. So erklären sie denn den Ausdruck „Weisheit des Fleisches" nicht von einer wirklichen Seele oder Weisheit des Fleisches, sondern als Metapher; wie man sagt, die Erde dürste, ein Haus wolle erneuert seyn, und dergl. So also ist auch jener Ausdruck zu verstehen: das Fleisch gelüstet wider den Geist. Sie berufen sich auf den Ausspruch: „das Blut deines Bruders schreit zu mir von der Erde." Denn was zum Herrn schreit, ist nicht das Blut selbst, sondern dieß ist eine bildliche Redensart für: die That dessen, der Blut vergossen, fordert Rache. Ferner verstehen die das Wort des Apostels (Röm. 7, 23.) so: der, welcher sich dem göttlichen Worte widmen wolle, werde durch sinnliche Triebe und Gewohnheiten zerstreut und verhindert, sich der Betrachtung, der göttlichen Geheimnisse mit allem Ernste zu ergeben.

5. Daß aber unter den Werken des Fleisches auch Sekten, Neid, Streit und Anderes aufgezählt ist, das erklären sie so: wenn die Seele einen gemeinen Sinn angenommen, sich den sinnlichen Leidenschaften ergeben hat, und von der Sündenlast fast erdrückt wird, so daß sie keines geistigen Aufschwungs mehr fähig ist; dann ist sie Fleisch geworden, und führt den Namen von dem, worin sie hauptsächlich thätig ist. Endlich stellen sie auch die Frage entgegen: wer denn der Schöpfer dieser fleischlichen Seele seyn sollte? Sie, versteht sich, nehmen nur Gott als Schöpfer des Fleisches, wie des Geistes. Sagt man nun, der gute Gott habe ein ihm Widerstrebendes erschaffen, so ist dieß Unsinn. Nimmt man also die Weisheit des Fleisches, die Gott feindlich ist, als in der Schöpfung gegründet, so müßte er etwas Feindliches erschaffen haben, das weder ihm noch seinem Gesetz unterworfen seyn könnte, sofern es rein thierisch wäre. Unter dieser Voraussetzung aber entfernt man sich wenig von denen, die einen solchen Unterschied der Seelen festsetzen, daß sie von Natur schon zur Verdammung oder zur Seligkeit bestimmt seyen [304] Dieß können nur Häretiker annehmen, weil sie die göttliche Gerechtigkeit nicht in gläubigem Sinne festhalten, und daher auf solche gottlose Erdichtungen verfallen. Doch wir haben die verschiedenen Ansichten unpartheiisch vorgetragen, und Jeden so viel wie möglich für sich sprechen lassen: der Leser wähle nun selbst, welche Ansicht ihm gefällt.

VIERTER ABSCHNITT. (V. CAP.). VOM ZEITLICHEN ANFANG DER WELT.[305]

1.

Es ist ein anderer Artikel der kirchlichen Lehre in Folge der historischen Ueberlieferung, daß die Welt geschaffen sey, einen bestimmten Anfang genommen habe, und dereinst am Ende der Zeiten vermöge ihrer Vergänglichkeit wieder aufgelößt werde. Ich finde es nicht unpassend, hierüber noch Einiges nachzuholen. Aus den Aussprüchen der heiligen Schrift ist der Beweis sehr leicht zu führen. Selbst die Häretiker, so verkehrte Meinungen sie sonst haben, sind doch in diesem Punkte mit der Schrift übereinstimmend. Ueber die Schöpfung der Welt kann uns nun keine Schrift besser belehren, als die von Moses verfaßte Genesis. Zwar enthält diese weit höhere Dinge, als die Erzählung anzudeuten scheint, und meistens einen geistigen Sinn, und verbirgt tiefe Geheimnisse unter der Hülle des Buchstabens; dem ungeachtet zeigt schon der Ton des Erzählers, daß Alles Sichtbare zu einer gewissen Zeit geschaffen worden sey. Von dem Ende der Welt aber spricht zuerst Jakob in dem Vermächtniß an seine Söhne, wo er sagt: kommt zu mir, Söhne Jakobs, ich will euch verkündigen, was in den letzten Tagen geschehen wird (Gen. 19, 1.). Gibt es letzte Tage, so müssen die Tage aufhören, die begonnen haben. Auch David sagt (Ps. 102, 27.): die Himmel vergehen, du bleibest: sie werden alle veralten, wie ein Gewand; wie ein Gewand wirst du sie verwandeln &c. Unser Herr und Heiland bezeugt ebenfalls, daß die Welt geschaffen sey, wenn er sagt; „der sie ein Männchen und ein Weibchen schuf von Anfang" (Match. 19, 4.) und wiederum (24, 35.) erklärt er sie für vergänglich und endlich, indem er spricht: Himmel und Erde werden vergehen; aber meine Worte vergehen nicht. Auch der Apostel spricht von dem Ende der Welt (Röm. 8, 20.): die Schöpfung ist der Eitelkeit unterworfen wider ihren Willen, durch den, der sie unterworfen hat, in der Hoffnung, daß auch sie werde befreit werden vom Dienste der Eitelkeit für die Herrlichkeit der Kinder Gottes, und wiederum: „die Gestalt dieser Welt wird vergehen" (1 Cor. 7.). Mit jenen Worten deutet er überdies auch auf den zeitlichem Anfang derselben hin. Denn wenn die Schöpfung auf eine gewisse Hoffnung hin der Eitelkeit unterworfen ist, so hat ihre Unterwerfung eine Ursache; was eine Ursache hat, muß auch einen Anfang haben. Mithin könnte die Schöpfung ohne Anfang nicht der Eitelkeit unterworfen werden, und nicht hoffen befreit zu werden, wenn sie nicht angefangen hatte, zu dienen. Uebrigens wird der, welcher Muse hat, sie aufzusuchen, noch viele Stellen der heiligen Schrift finden, wonach die Welt sowohl Anfang als Ende hat.

2.

Sollte Einer in diesem Stücke die Aussprüche der heiligen Schrift bestreiten, so fragen wir ihn, ob er glaube, daß Gott alles begreifen könne, oder nicht? Zu sagen, er könne das nicht, ist ein Frevel. Sagt er also (wie er ja muß), Gott begreife alles, so muß ebendeßwegen, weil es begriffen wird, Alles einen Anfang und ein Ende haben. Denn was ohne allen Anfang ist, ist auch unbegreiflich. Der Verstand mag sich erweitern, so sehr er will, so entzieht sich immer die Möglichkeit des Begreifens, sobald kein Anfang da ist.

3.

Doch, man wirft uns ein: wenn die Welt einen Anfang in der Zeit hatte, was that Gott, ehe die Welt begann? denn das Wesen Gottes, müßig und unthätig zu denken oder zu glauben, seine Güte habe irgend einmal Nichts Gutes gethan, seine Allmacht einmal keine Macht ausgeübt, ist ebenso gottlos als widersprechend. Dieß sind die Einwürfe gegen die Behauptung, daß die Welt in der Zeit angefangen, und nach der Schrift eine bestimmte Zahl Jahre ihrer Dauer habe. Ich glaube nicht, daß ein Häretiker nach seinem System leicht darauf zu antworten hätte. Wir haben den Grundsatz, [306] daß Gott nicht mit der sichtbaren Welt sein Schaffen begonnen habe, sondern daß vor dieser Welt eine andere gewesen sey, und nach ihr eine andere kommen werde. Willst du den Beweis, daß nach der Zerstörung dieser Welt eine neue seyn wird, so höre den Jesaja: (66, 22.) es wird ein neuer Himmel und eine neue Erde seyn, die ich vor mir erstehen lasse." Willst du Wissen, ob vor der Schöpfung dieser Welt andere Welten waren: vernimm, was der Prediger (1, 9. 10.) spricht: „Was ist es, das vorher war? Eben das, was hernach seyn wird. Was ist es, das früher geschaffen wurde? Eben das, was hernach geschaffen werden wird. Es geschieht auch nichts Neues unter der Sonne. Wer [307] möchte sagen: das ist neu? Es ist schon gewesen in den Zeitläufen (Aeonen) die vor uns waren. Diese Zeugnisse beweisen, daß nicht bloß vor dieser Welt andere waren, sondern auch nach ihr wieder andere seyn werden. Uebrigens ist dieses nicht so zu verstehen, als ob alle diese Welten zugleich wären, sondern es folgt eine nach der andern. Doch, es ist überflüssig, mehr hierüber zu sagen, da wir es oben genügend erörtert haben.

4.

Das glaube ich nicht übergehen zu dürfen, daß die heiligen Schriften der Weltschöpfung einen eigenthümlichen neuen Namen geben — καταβολη (Niederschlag?) [308] — z. B. im Evangelium Johannis [309] und im Briefe an die Ephesier (1, 4.). Suchen wir die Bedeutung dieses Namens, so glaube ich sie also zu finden. Liegt die Vollendung der Heiligen in der unsichtbaren Welt, so folgt nach unserem oben dargelegten Begriff der Vollendung, [310] daß die vernünftigen Wesen auch ihren Anfang in der unsichtbaren Welt gehabt haben. [311] — Darunter ist die Wohnung bei Gott und die wahre Ruhe im Himmel zu verstehen, worin die vernünftigen Wesen verweilten, und eine ursprüngliche Seligkeit genoß, ehe sie in's niedere Daseyn herabstiegen, aus der unsichtbaren Welt in die sichtbare wandelten und, auf die Erde geworfen, grobe Körper an sich ziehen mußten. Von da an schuf ihnen Gott dem niedrigen Aufenthalt angemessene Leiber, und erbaute die sichtbare Welt. Er schickte aber auch zum Heile und zur Züchtigung der Gefallenen seine Diener in die Welt, von denen die Einen bestimmte Plätze einnahmen, um den Bedürfnissen der Welt zu dienen: Andere die ihnen auferlegten Dienste nur zu gewissen Zeiten, die Gott der Schöpfer bestimmt hat, [312] eifrig auszuüben. Die höheren Stellen in der Welt haben unter ihnen Sonne, Mond und Sterne, daß der Apostel die Creatur nennt, eingenommen. Diese Creatur ist der Eitelkeit unterworfen, weil sie mit groben Körpern umhüllt und dem Anschauen ausgesetzt ist. Allein sie ist nicht freiwillig der Eitelkeit unterthan, sondern durch den Willen dessen, der sie unterworfen hat, in der Hoffnung, [313] daß sie der Welt und den wegen ihres Falls in grobe Körper gestoßenen Seelen Dienste leiste. [314] Die Andern aber dienen der Weltregierung zu gewissen Zeiten und zu gewissen Orten, die allein der Weltschöpfer bestimmt; und wir halten sie für seine Engel. [315] Um deren Willen, denen diese Einrichtung nothwendig war, ist also diese sichtbare Welt erschaffen worden: und darum heißt sie, ein Niederschlag Aller aus dem höhern in das niedere Daseyn. Bei dem aber behält die gesammte Creatur die Hoffnung, befreit zu werden, sobald die gefallenen oder zerstreuten Kinder Gottes wieder vereint seyn, oder die Uebrigen ihre Dienste, die allein der Schöpfer, Gott, kennt, in dieser Welt geleistet haben werden. Und, es ist anzunehmen, daß die Welt gerade so groß und so beschaffen sey, daß sie sowohl alle Seelen, die in ihr geübt werden sollen, als alle die Geister fassen mag, die jene zu leiten und zu unterstützen bestimmt sind.

5.

Daß alle Vernunftwesen einerlei Ursprung haben, ist hinlänglich erwiesen: weil nur dann, wenn Jedes den Grund seiner Stellung in diesem Leben in sich selbst trägt, die Gerechtigkeit Gottes in allen Lagen derselben gerettet ist. Diese Ordnung [316] der Dinge, und die ganze Erhaltung der Welt nach Maasgabe der früheren [317] Willensrichtungen, indem einige Mächte, von Begierde nach dem Sichtbaren hingerissen, plötzlich von ihrer Höhe fielen, durch andere allmähliche sittliche Abnahme zur Erde sinken: diese freiwillig niederstiegen, jene wider ihren Willen gestürzt wurden: die Einen von selbst Dienste übernehmen, um den Gefallenen die Hand zu reichen, die Andern gegen ihre Neigung gezwungen werden müssen, so lange Zeit in ihrem Dienste auszuhalten, dieß haben Einige ganz verkannt, und nicht beachtet, daß jene Mannigfaltigkeit in dem göttlichen Haushalt von früheren Ursachen des freien Willens herrühre. Daher glauben sie, die ganze Welt werde von einem blinden Ungefähr oder von einer unerbittlichen Nothwendigkeit regiert, und es stehe Nichts in unserer Macht. Und deßwegen konnten sie auch die göttliche Vorsehung nicht vorwurfsfrei erklären.

6.

Wie wir schon gesagt haben, bedurften alle Seelen, die sich in dieser Welt befinden, viele Helfer und Lenker; in den letzten Zeiten aber, als das Ende der Welt bereits nahe bevorstand, und das Menschengeschlecht, sich zum äußersten Verderben hinneigte, da hatte es, weil sowohl Führer als Geführte zu schwach geworden waren, an dem Beistand von Seinesgleichen nicht mehr genug, sondern erforderte die unmittelbare Hülfe des Schöpfers, um die verfallene Zucht in der Leitung wie im Gehorchen wiederherzustellen. Darum erniedrigte sich der eingeborne Sohn Gottes, das Wort und die Weisheit des Vaters, solang er in der Herrlichkeit beim Vater stand, die er hatte ehe die Welt war, nahm Knechtsgestalt an und ward gehorsam bis zum Tode, zum Gehorsam zu lehren diejenigen, welche nur durch Gehorsam zu ihrer Seligkeit gelangen konnten. Auch hat er die Gesetze des Regierens wiederhergestellt, indem er alle Feinde sich unterwarf, und ebendadurch hat er die Lenker der Seelen die wahre Regierungskunst gelehrt, daß er regieren muß, bis er seine Feinde unter seine Füße legt und auch den letzten Feind, den Tod, vernichtet. Weil er also sowohl die Ordnung des Regierens als des Gehorchens wiederherstellen wollte, mußte er vorher an sich vollziehen, was er an andern vollzogen wissen wollte: und darum war er nicht nur dem Vater gehorsam bis zum Kreuzestod, sondern auch er wird am Ende der Welt mit allen, die er sich unterworfen hat, und die durch ihn zum Heile gelangt sind, dem Vater unterworfen seyn, denn in ihm ruht Alles, er ist das Haupt, und in ihm Seligkeit und Fülle der Seligen. In diesem Sinne sagt der Apostel (1. Cor. 13, 28.) von ihm: Wenn ihm Alles wird unterworfen seyn, dann wird auch der Sohn sich dem unterwerfen, der Alles ihm untergeben hat, damit Gott Alles in Allem sey. [318]

7.

Doch, ich weiß nicht, wie einige Häretiker aus Mißverständniß jener Stelle die Unterwerfung des Sohnes erniedrigend finden können. Die uneigentliche Bedeutung dieses Ausdrucks läßt sich leicht aus dem Gegentheil erkennen. Wenn die Unterwerfung nicht Etwas Gutes ist, so muß das Gegentheil, die Nichtunterwerfung gut seyn. In ihrem Sinne nun spricht der Apostel von der künftigen Unterwerfung Christi so, als ob er jetzt dem Vater nicht unterthan wäre; und es dann erst würde, nachdem ihm der Vater Alles untergeben haben wird. Allein diese Erklärung kommt mir sonderbar vor, wenn den, welcher solange nicht unterthan ist, bis ihm Alles unterworfen sein wird, erst dann, wenn ihm Alles untergeben ist, und er, der König, Gewalt über Alles hat, selbst Unterthan werden soll. Sie begreifen nicht, daß die Unterwerfung Christi unter den Vater die Vollendung unserer Seligkeit, und den Weg seines Werkes bezeichnet, indem er nicht bloß die oberste Leitung über die ganze Schöpfung, die er in's Reine gebracht, indem auch die Anstalten zur Uebung des Gehorsams und zur Besserung des Menschengeschlechts in einem verbesserten Zustande dem Vater übergibt. Wenn nun die Unterwerfung des Sohnes unter den Vater als eine gute und heilsame genommen wird, so folgt nothwendig, daß wir auch die Unterwerfung der Feinde unter den Sohn heilsam und fruchtbar denken müssen. Wenn also unter der Unterwerfung des Sohnes die vollkommene Wiederbringung der gesammten Schöpfung, so ist unter der Unterwerfung der Feinde unter den Sohn die Rettung und Wiederbringung der Verlorenen durch ihn zu verstehen.

8.

Uebrigens wird die Unterwerfung durch gewisse Bildungsstufen und Zeiten hindurch, nicht durch ein zwingendes Gesetz vollendet werden. Nicht mit Gewalt, sondern durch vernünftige Belehrung und Ermahnung zum Guten, wohl auch durch Drohungen gegen die Verächter der Fürsorge für ihre eigene

Heilung und Besserung soll die ganze Welt Gott unterthan werden. Wir Menschen, wenn wir Sclaven oder Söhne zu erziehen haben, halten sie durch Drohungen in der Zucht, solang sie noch Altershalber der vernünftigen Belehrung unfähig sind; haben sie aber einmal den Begriff des Guten, Nützlichen und Rechten gefaßt so lassen sie sich ohne Furcht vor Strafe durch Vernunft zu allem Guten bewegen. Aus diesen Erörterungen folgt, [319] daß wegen verschiedener sittlicher Bestrebungen auch verschiedene Welten erschaffen werden müssen, und daß nach dieser Welt, die wir bewohnen, eine andere, ganz verschiedene entstehen wird. Die richtige Vertheilung gemäß den verschiedenen Rückfällen oder Fortschritten, zur Belohnung der Tugend oder Bestrafung der Sünde, in dem gegenwärtigen wie in dem zukünftigen, und in allen Weltaltern (Aeonen) vor- und rückwärts ohne Störung des freien Willens vernünftiger Wesen [320] und die endliche Zurückführung des Ganzen zu Einem Ziele ist allein Gott, dem Schöpfer des Alls, möglich: da nur er die Ursachen kennt, um deren Willen er die Einen nach ihrem Eigenwillen leben und von der Höhe in die unterste Tiefe stürzen läßt, die andern dagegen wieder heimzusuchen anfängt, ihnen gleichsam die Hand bietet, sie in ihren frühern Zustand zurückbringt und sogar auf einen höhern Posten stellt.

FÜNFTER ABSCHNITT (VI. CAP.).
VOM ENDE DER WELT.

1.

Vom Ende der Welt und der Wiederbringung des Alls haben wir, soviel uns die Aussprüche der heiligen Schrift an die Hand gaben, schon oben nach Maasgabe unserer Ein- sicht gesprochen; ich halte das Gesagte für den Unterricht hinreichend, und will nur noch wenige Bemerkungen hinzufügen, weil uns der Gang der Untersuchung auf diesen Punkt gebracht hat. Das höchste Gut, nach dem die ganze vernünftige Natur hinstrebt, oder das Ziel des Ganzen, wird auch von den meisten Philosophen dahin bestimmt, das Höchste Gut sey, soviel möglich, Gott ähnlich zu werden. Doch ist dieß, glaube ich, nicht sowohl ihre eigene Erfindung, als vielmehr aus den heiligen Schriften von ihnen entlehnt. Denn vor allen Andern hat es Moses angedeutet, wo er die Schöpfung des ersten Menschen erzählt. „Und Gott sprach: laßt uns Menschen schaffen nach unserem Bilde." Und, setzt er hinzu, Gott schuf den Menschen, nach Gottes Bilde schuf er ihn. Daß er nur sagt „nach Gottes Bilde", von der Aehnlichkeit aber schweigt, dieß beweist, daß der Mensch das Ebenbild Gottes in der ersten Schöpfung empfangen hat, die vollendete Aehnlichkeit [321] aber für die Vollendung aufbehalten ist, so daß er selber mit eigenem Fleiße mittelst der in die Würde des Ebenbildes gelegten Möglichkeit durch Nachahmung Gottes in vollkommenen guten Werken sich zur Gottähnlichkeit bilden soll. Doch, bestimmter erklärt sich hierüber der Apostel Johannes (1. Joh. 3, 2.), wenn er sagt: meine Kinder, noch wissen wir nicht, was wir werden sollen; wenn aber der Herr uns geoffenbaret seyn wird, dann werdet ihr ohne Zweifel sagen, daß wir ihm ähnlich seyen. [322] Damit gibt er deutlich zu erkennen, daß sowohl die Vollendung des Ganzen, von der er sagt, daß sie ihm noch unbekannt sey, als die Gottähnlichkeit nach dem Maaße der sittlichen Vervollkommnung zu erwarten sey. Der Herr selbst kündigt das Nehmliche nicht bloß als Zukünftiges, sondern als Etwas durch seine Vermittlung zu Erreichendes an, wenn er den Vater für seine Jünger bittet: „Vater, ich will, daß, wo ich bin, auch sie bei mir seyen, und gleichwie wir Eines, auch sie Eines seyen in uns (Joh. 17, V. 14 und 21.). Hienach scheint auch die Gottähnlichkeit noch weiter zu gedeihen (wenn man so sagen kann) und zur Einheit zu werden, ohne Zweifel insofern, als in der Vollendung Gott Alles in Allem ist. Wenn [323] also (wie wir schon öfters bemerkt haben) das Ende wieder in den Ursprung zurückgeht, so frage ich, ob auch alsdann die Körper fortbestehen, oder ob wir einst ohne Körper leben werden, nachdem sie wieder zu Nichts geworden sind, und ob das Leben der unkörperlichen Wesen körperlos gedacht werden müsse, wie wir uns das Leben Gottes denken. Ohne Zweifel, wenn alle Körper zu der sichtbaren Welt gehören, die der Apostel das Sichtbare nennt, wird das Leben der Geister körperlos seyn müssen. Denn, wenn die Materie auch noch so sehr gereinigt und vergeistig wird, so wird sie doch immer der Gottähnlichkeit oder dem Einswerden mit Gott widerstreben; weil die Körper-Natur dem göttlichen Wesen, das an sich unkörperlich ist, nie gleichgesetzt werden kann. Auch den andern Ausspruch desselben Apostels: „alle Kreatur wird befreit werden von dem Dienste der Vergänglichkeit zur Freiheit der Kinder Gottes" verstehen wir so, daß wir al die ursprüngliche Schöpfung der geistigen, unkörperlichen Wesen die annehmen, die der Vergänglichkeit nicht unterworfen ist, eben weil sie nicht in Körper eingekleidet war; überall aber, wo Körper sind, folgt sogleich auch die Vergänglichkeit. Von dem Dienste der Vergänglichkeit aber werden sie befreit werden, nachdem sie wieder zu Herrlichkeit der Kinder Gottes gelangt sind. Die Vollendung aller Dinge als etwas Unkörperliches anzunehmen, nötigt uns auch jenes Gebet des Heilandes, in welchem er sagt: „gleichwie wir Eines sind, daß auch sie Eines seyen in uns." Wir müssen freilich vorher wissen, was Gott sey, und was der Heiland in der Vollendung seyn werde, und in welchem Sinne den Heiligen die Aehnlichkeit mit dem Vater und dem Sohne verheißen sey, inwiefern sie in diesen Eins seyn sollen, so wie sie in sich Eins sind. Entweder muß man annehmen, der Gott des Alls sey in einen Körper gehüllt, und wie wir mit Fleisch, mit irgendeiner Materie umgeben, damit die Aehnlichkeit mit dem göttlichen Leben in den Heiligen erreicht werden könne. Oder, wenn dieß unzuläßig ist, zumal für diejenigen die auch im Geringsten die Herrlichkeit Gottes begreifen, und die Größe einer unerschaffenen und überschwenglichen Natur ahnen wollen: so müssen wir zwischen zwei Voraussetzungen wählen, entweder die Hoffnung auf Gottähnlichkeit aufzugeben, wenn wir immer die nehmlichen Körper behalten werden: oder wenn uns die Seligkeit eines Lebens, wie Gottes, verheißen ist, so müssen wir in demselben Zustande leben, in welchem Gott lebt. [324]

2.

Wenn nun gleich von Gott gesagt wird, daß er Alles in Allem werde, so wird er doch so wie wir die Sündhaftigkeit nicht ablegen können, nicht Alles in Allem, und besonders gehört dazu nicht das Vernunftlose, sonst würde Gott im Bösen, und in den vernunftlosen Geschöpfen seyn; auch das Leblose nicht, sonst wäre

Gott auch in diesem, wenn er einmal Alles wird; und mithin auch die Körperwelt nicht, weil sie ihrer eigenen Natur nach leblos ist. Denn, wenn wir auch sagen, daß Gott schon jetzt überall und in Allem sey, so verstehen wir das doch nicht so, daß er Alles in Allem sey. Es fragt sich also, wie das den höchsten Grad der Seligkeit und Vollendung bestimmende „Alles in Allem seyn" gefaßt werden müsse. [325]

3.

Ich glaube, wenn Gott alles in Allem ist, so ist er auch im Einzelnen Alles. Alles im Einzelnen wird er insofern seyn, daß Alles, was der von jedem Flecken der Sündhaftigkeit gereinigte Geist fühlt und denkt, Gott ist, daß dieser Nichts Anderes mehr, außer Gott, sieht und umfaßt, und Gott das Maas aller seiner Bewegungen ist; in dieser Weise wird Gott alles seyn. Es wird keinen Unterschied von Gut und Böse geben, weil nirgendsmehr ein Böses seyn wird: für den, der kein Böses mehr an sich hat, ist Alles Gott; auch wird der nicht mehr vom Baum des Erkenntnisses des Guten und Bösen zu essen begehren, der immer im Guten steht und dem Alles Gott ist. [326] Diese Vollkommenheit und Seligkeit aber behalten der Vorraussetzung gemäß die vernünftigen Wesen nur solange, als sie sich nicht mehr mit der Materie vermischen. [327] Es unterliegt aber keinem Zweifel, daß nach gewissen Zwischenzeiten die Materie wieder in's Daseyn komme, und Körper entstehen, und die Mannigfaltigkeit der Welt wiederhergestellt werde: weil die vernünftigen Wesen durch abweichende Willensrichtung, auch nach dem Zustand vollkommener Seligkeit, bis ans Ende aller Dinge wieder in die Gemeinheit versunken seyn, und wieder soviel Böses angenommen haben werden, daß das Gegentheil aus ihnen wird; weil sie ihr ursprüngliches Wesen nicht behalten, und keine ungestörte Seligkeit besitzen wollen. Auch darf nicht vergessen werden, daß viele vernünftige Wesen bis zur zweiten, dritten und vierten Welt ihrem Ursprung treu bleiben, und keiner Veränderung in sich Raum geben: andere so wenig von ihrem anfänglichen Zustande aufgeben werden, daß sie fast Nichts verloren zu haben scheinen: wieder andere dagegen durch einen ungeheuren Fall in den tiefsten Abgrund stürzen. Nun weiß aber Gott, der höchste Weltordner, bei der Schöpfung der Welten Jeden nach seinem sittlichen Werthe und nach Umständen und Veranlassungen, auf denen die Weltregierung beruht, und von denen sie ausgeht, zu benützen: so, daß Einer, der an Schlechtigkeit Alle übertroffen und sich völlig zur Erdscholle erniedrigt hat, in einer andern, noch zu erschaffenden Welt ein Teufel wird, der Anfang einer (neuen) Schöpfung Gottes, [328] um von den Engeln verspottet zu werden, die ihre ursprüngliche Tugend bereits verloren haben; und umgekehrt aus Einem, der jetzt ein gefallener Engel ist, in einer andern Welt wieder ein Engel oder ein Mensch geschaffen werden kann. [329] Doch davon haben wir, soviel wir oben Gelegenheit fanden, ausführlicher gesprochen.

4.

Nun wollen wir die Bedeutung des Ausdrucks von einem „geistigen Leibe" [330] untersuchen, der sich bei dem Apostel Paulus findet. Soweit ich es begreife, denke ich mir die Beschaffenheit eines geistigen Leibes also, daß in einem solchen nicht bloß vollkommene und heilige Seelen überhaupt wohnen sollen, sondern namentlich die Creatur, die von der Knechtschaft der Vergänglichkeit befreit werden wird. Von einem Körper ist auch zu verstehen, was der Apostel anderswo sagt: „Wir haben eine Wohnung, nicht von Händen gemacht, die ewig ist, im Himmel", (2. Cor. 5, 1.) d. h. in den Wohnungen der Seligen. Hieraus können wir schließen, von welcher Reinheit, Feinheit und Herrlichkeit jener Körper sey, wenn wir ihn mit dem vergleichen, was hier zwar himmlische und glänzende, aber doch mit Händen gemachte und sichtbare Körper sind. Jener heißt eine Wohnung nicht mit Händen gemacht. Wenn nun alles Sichtbare zeitlich, alles Unsichtbare ewig ist, (2. Cor. 4, 11.) so muß jener unsichtbare, nicht mit Händen gemachte ewige, alle die sichtbaren und mit Händen gemachten Körper im Himmel und auf der Erde, die nicht ewig sind, bei weitem überstrahlen. Aus dieser Vergleichung läßt sich der Glanz und die Klarheit des geistigen Leibes ermessen, und es muß wahr seyn, „daß kein Auge es gesehen, und kein Ohr gehört, und in keines Menschen Herz gekommen ist, was Gott bereitet hat denen, die ihn lieben" (1 Cor. 2, 9.). Jedoch ist nicht zu zweifeln, daß das Wesen unsers jetzigen Körpers durch Verschiedene Grade je nach den verschiedenen Stufen der Weltschöpfung und dem sittlichen Werthe der vernünftigen Natur [331] von dem Schöpfer bis zu dem Zustande Eines allerreinsten und verklärtesten Leibes, wie wir ihn uns nicht vorstellen können, werde hindurchgeführt werden. Denn, da Mannigfaltigkeit und Verschiedenheit in der Welt nothwendig ist, so hat sich die Materie dem Weltschöpfer in die verschiedensten Formen und Gestalten der himmlischen und irdischen Dinge gefügt. Wenn aber die Welt einmal in den Zustand übergeht, daß Alle Eines sind, wie der Vater mit dem Sohne Eins ist, dann versteht es sich von selbst, daß die Verschiedenheit ein Ende haben wird.

5.

Darum muß denn auch der letzte Feind, der Tod, vernichtet werden, damit keine Trauer und keine Feindseligkeit mehr sey. Die Vernichtung dieses letzten Feindes ist jedoch so zu verstehen, daß nicht sein von Gott erschaffenes Wesen vernichtet werde, sondern nur sein feindliches Streben, das nicht von Gott ist, sondern aus ihm selbst hervorgeht. Er wird also nur insofern vernichtet werden, daß er nicht mehr Feind und Tod ist. Denn bei Gott ist kein Ding unmöglich, und seinem Schöpfer ist kein Wesen unheilbar. Er hat Alles geschaffen, damit es sey; und was gemacht ist, um zu seyn, das kann nicht zu Nichte werden. Ebendaher wird es zwar mancherlei Umwandlungen erfahren und nach Verdienst bald in besserem, bald in schlimmerem Zustande seyn; aber einer wesentlichen Vernichtung ist das, was Gott für den Zweck des Daseyns geschaffen, nicht fähig. Denn was der gemeine Haufen Vernichtung nennt, das versteht nicht auch die Wissen- schaft [332] darunter. Aus Unverstand und Unglauben nimmt man wohl auch an, [333] daß unser Fleisch nach dem Tode so gänzlich zu Grunde gehe, daß nicht eine Spur davon übrig bleibe. Glauben wir dagegen an eine Auferstehung, so denken wir uns nur eine Umwandlung desselben im Tode: das Wesen davon muß bleiben und nach dem Willen seines Schöpfers zur bestimmten Zeit wieder in's Leben gerufen werden, und dann wiederum eine Umwandlung erfahren; bis das anfängliche irdische Fleisch, aufgelöst durch den Tod und zur Erde geworden, aus der Erde wieder geweckt und endlich nach dem Verdienste der ihm inwohnenden Seele in einen geistigen Körper verklärt wird.

6.

Ein solcher Zustand also muß es seyn, in welchen die gesammte Körperwelt in der Vollendung aller Dinge, in der Alleinheit eintreten wird. [334] Dieß kann jedoch nicht auf einmal geschehen, sondern nur allmählich und theilweise, und im Verlaufe von unzähligen Aeonen, nachdem in jedem Einzelnen nach einander die Besserung und Wiederherstellung zu Stande gekommen seyn wird. Denn Einige eilen voraus, und streben rascher nach dem Ziele, Andere folgen ihnen in kurzen Zwischenräumen, wieder Andere kommen erst lange nachher: und nach den zahllosen Reihen von gebesserten und mit Gott wiederversöhnten Feinden kommt die Reihe auch an den letzten Feind, welches der Tod ist, so daß auch dieser nicht mehr Feind seyn wird. Und wenn alle vernünftigen Wesen wieder in einen solchen Zustand versetzt seyn werden, dann wird die Substanz unsers Körpers zur Verherrlichung eines geistigen Leibes eingehen. Denn, wie wir an den vernünftigen Wesen sehen, daß es nicht zweierlei gibt, die entweder nach ihren Vergehen in der Erniedrigung leben, oder ihrem Verdienste gemäß zur Seligkeit berufen sind, sondern daß die nehmlichen, die vorher sündhaft waren, nach ihrer Bekehrung und Versöhnung zur Seligkeit berufen werden: so darf auch der Körper, den wir hier in der Erniedrigung, Vergänglichkeit und Schwäche gebrauchen, nicht als ein anderer gedacht werden, verschieden von dem, welchen wir in der Unvergänglichkeit, Kraft und Herrlichkeit haben werden. Nur nach Ablegung der Schwächen, mit denen er jetzt behaftet ist, wird er in einen geistigen Leib verklärt werden, und was vorher ein Gefäß der Unehre war, wird ein gereinigtes Gefäß der Ehre seyn, eine Behausung der Seligkeit. Dem Sinne des Apostels gemäß, wenn er sagt: Mir haben eine Wohnung, nicht mit Händen gemacht, die ewig ist im Himmel, würde dieselbe nach dem Willen des Schöpfers in jenem Zustande unveränderlich fortdauern. [335]

7.

Einige griechische Weise nehmen zwar [336] neben dem aus den vier Elementen bestehenden Körperstoffe, noch einen fünften, durchaus andern und von dem jetzigen verschiedenen Körper an; allein die heiligen Schriften geben nicht die geringste Muthmaßung hierüber an die Hand, und der Natur-Zusammenhang erlaubt diese Annahme nicht. Ueberdieß erklärt sich der Apostel deutlich darüber, daß nicht neue Körper den Auferstehenden verliehen, sondern die nehmlichen, die sie in diesem Leben gehabt, aus dem schlechtem in den bessern Zustand umgewandelt werden. Er sagt: es wird gesä't ein sinnlicher Leib und wird auferstehen ein geistiger: es wird gesä't verweslich, und wird auferstehen unverweslich u. s. w. Dieselbe Entwicklung also, die mit dem Menschen vorgeht, daß er vorher „ein sinnlicher [337] Mensch ist, der nicht versteht, was des Geistes Gottes ist", dann aber zu einem geistigen herangebildet wird, „der Alles richtet, und selbst von Niemand gerichtet wird", ist auch auf den Körper zu beziehen, so daß derselbe Leib, der jetzt im Dienste des Sinnes ein sinnlicher [338] Leib heißt, im Fortschreiten mit dem Gott verbundenen Sinne Ein Geist mit ihm wird, und alsdann mag der Körper im Dienste des Geistes zu einem geistigen Daseyn gelangen, zumal, da die körperliche Natur schon vom Schöpfer so gebildet ist, daß sie sich, wie wir schon oft bemerkt haben, in jede beliebige Form fügt.

8.

Der Grundbegriff ist also: Gott hat zwei Naturen geschaffen, eine sichtbare d. i. die körperliche und eine unsichtbare, die körperlose. Beide sind verschiedener Umwandlungen fähig. Jene, die unsichtbare, vernünftige Natur erfährt Umwandlungen ihres Sinnes und ihrer Richtung, weil sie vermöge ihrer Willensfreiheit bald im Guten, bald im Bösen erfunden wird. Diese, die Körpernatur erleidet eine Umwandlung ihres Wesens; daher auch der Weltschöpfer, Gott, zu Allem, was er gründen, bauen oder verändern will, sich der Materie bedient, und sie in die verschiedensten Formen verwandelt, je nachdem es der sittliche Zustand der Welt [339] erfordert. Dieß erklärt der Prophet deutlich mit den Worten: Gott, der Alles schafft, und umwandelt. Nur fragt es sich noch, ob alsdann, wann Gott am Ende der Welt Alles in Allem seyn wird, die ganze Körperwelt einerlei Gestalt annehmen und keine andere Eigenschaft haben werde, außer dem unaussprechlichen Glanze der Herrlichkeit, der als der geistige Körper zu denken ist? Wenn wir es recht verstehen, so sagt dieses Moses im Anfang seiner Schrift: Im Anfang schuf Gott Himmel und Erde. Zu diesem Anfang der ganzen Schöpfung muß das Ende und die Vollendung des Alls zurückgehen. Jener Himmel und jene Erde muß der Wohnsitz der Frommen werden; vorher jedoch werden die Heiligen und die Sanftmüthigen, wie Gesetz, Propheten und Evangelium lehren, jene Erde besitzen. In derselben, glaube ich, werden die wahren und lebendigen Gestalten des Gottesdienstes zur Erscheinung kommen, welchen Moses durch den Schatten des Gesetzes dargestellt hat. Denn von denen, die unter dem Gesetze dienten, ist gesagt (Hebr. 8, 5.), daß sie dienen dem Vorbild und dem Schatten der Himmlischen. Zu Moses selbst wird gesagt (Ex. 25, 40.): „siehe zu, daß du Alles nach dem Vorbilde machest, das dir auf dem Berge gezeigt wurde." Wie nun das Gesetz auf dieser Erde der Führer zu Christo war für diejenigen, die seiner Führung bedurften, um durch die Zucht des Gesetzes hindurchgebildet die vollkommenere Lehre Christi leichter fassen zu können: so scheint mir auch die zweite Erde die Heiligen darum aufzunehmen, um sie durch die Zucht des wahren und ewigen Gesetzes für die vollkommene und unübertreffliche Ordnung des Himmels zu befähigen, die das ewige Evangelium, das stets neue, nie veraltende Testament genannt wird.

9.

Auf diese Weise mögen sie in der Vollendung aller Dinge durch stetes Fortschreiten zuerst auf jene Erde und zu der Ausbildung auf ihr gelangen, wodurch sie auf die bessere Ordnung, die ewig sich selbst genug ist, vorbereitet werden. Denn von den Führern und Versorgern, den guten Mächten, wird Christus der Herr, der König über Alles, die Leitung derer, die ihn als die Weisheit fassen können, selbst übernehmen, und sie solang unterrichten, bis er auch sie dem Vater, der ihm Alles untergeben hat, unterwerfen, d. h. bis Gott auch ihnen Alles in Allem seyn wird. So muß dann auch die ganze Körperwelt in ein Wesen umgewandelt werden, das vollkomener als Alles ist, in das göttliche, denn nur dieses ist vollkomener als Alles. [340] Doch genug von dem Begriffe der Körperwelt und des Geist-Körpers. Wir überlassen dem Leser, welche von beiden Ansichten er wählen mag, und beschließen hiemit das dritte, Buch.

VIERTES BUCH.

ERSTER ABSCHNITT. VON DER GÖTTLICHEN EINGEBUNG DER HEILIGEN SCHRIFT.

1.

[341] Wir haben uns in der Untersuchung so wichtiger Gegenstände nicht mit allgemeinen Begriffen und in die Augen fallenden Thatsachen begnügt, [342] sondern zur Unterstützung des von uns vorgetragenen Beweises Zeugnisse aus den von uns für göttlich gehaltenen Schriften sowohl Alten als Neuen Testamentes beigebracht. Da wir nun den Versuch machen, unsern Glauben vernunftmäßig zu erhärten, und bis jetzt die Göttlichkeit der Schrift noch nicht besprochen haben, so wollen wir auch diese Frage so kurz, als es sich für einen Leitfaden [343] schickt, abhandeln, indem wir unsere Beweggründe, warum wir sie für göttliche Schrift halten, auseinandersetzen. Ehe wir übrigens [344] Stellen aus den Schriften selbst und ihren Aussprüchen anführen, haben wir über Moses und Jesus Christus, den Gesetzgeber der Hebräer und den Stifter der heilsamen Lehre des Christenthums, folgende Bemerkung vorauszuschicken. [345] So viele Gesetzgeber und Lehrer, deren Grundsätze Wahrheit ver- sprachen, unter Griechen und Barbaren schon aufgestanden sind, so wissen wir doch von keinem Gesetzgeber, der auch den übrigen Völkern hätte eine Begierde einflößen können, seine Neuordnungen aufzunehmen: und von allen denen, welche die Wahrheit zu erforschen vorgaben, hat doch bei allem Aufwande von scheinbar, gründlichen Beweisen keiner vermocht, die ihm beliebte Wahrheit verschiedenen Völkern oder auch nur einer ansehnlichen Zahl aus Einem und demselben Volke aufzudringen. Und gewiß wollten wohl die Gesetzgeber, daß die Gesetze, welche ihnen gut däuchten, wo möglich für das ganze Menschengeschlecht gültig würden; so wie die Lehrer, daß die von ihnen an's Licht, gebrachte Wahrheit sich über den ganzen Erdkreis verbreite. Allein weit entfernt, Leute von andern Zungen und von mehreren Völkern zur Beobachtung ihrer Gesetze und zur Annahme ihrer Lehrsätze bewegen zu können, haben sie das von Anfang an gar nicht versucht; klug genug, um die Unmöglichkeit davon einzusehen. Nun enthält aber ganz Hellas und das Ausland, so weit wir es kennen, [346] Tausende von Verehrern des mosaischen Gesetzes und der Schule Jesu Christi, welche alle ihre väterlichen Gesetze und

ihre öffentlich anerkannten Götter [347] verlassen haben: so sehr auch die Anhänger des mosaischen Gesetzes, von den Götzendienern gehaßt werden, und die, welche das Wort von Jesu Christo angenommen, neben dem Hasse sogar die Anklage auf Todesstrafe zu fürchten haben.

2.

Wenn wir nun wissen, wie dieses Wort in so wenigen Jahren, ungeachtet die Bekenner des Christenthums verfolgt, einige um dessen willen getödtet wurden, andere ihr Vermögen verloren, und während es nicht einmal hinreichend Lehrer fand, dennoch über den ganzen bewohnten Erdkreis konnte verkündigt werden, daß Griechen und Barbaren, Weise und Ungebildete dem Glauben an Jesum zufielen; so nehmen wir keinen Anstand, dieses eine übermenschliche Erscheinung zu nennen: zumal, da Jesus mit aller Kraft der Ueberzeugung von der künftigen Wirksamkeit seines Wortes gesprochen hat, so daß man seine Reden wahrhaft als Weissagungen ansehen darf: z. B. (Matth. 10, 18.) „Vor Könige und Gewalthaber wird man euch führen um meinetwillen, zum Zeugniß wider sie und die Heiden"; (Matth. 24, 14.) „dieses Evangelium wird auf der ganzen Erde gepredigt werden"; [348] und (7, 22.) „Viele werden an jenem Tage zu mir sagen, Herr, Herr! haben wir nicht in deinem Namen gegessen, in deinem Namen getrunken, [349] in deinem Namen Dämonen ausgetrieben? Und ich werde ihnen antworten, weichet von mir, ihr Diener der Ungerechtigkeit, ich kenne euch nicht." Nun war es doch vielleicht wahrscheinlich, daß der Herr das vergebens gesagt habe, und daß es nie Wirklich geschehen werde; nachdem aber geschehen ist, was mit solcher Bestimmtheit vorausgesagt war, ist es ein sonnenklarer Beweis, daß Gott wirklich Mensch geworden und den Menschen die heilsamen Lehren gebracht hat.

3.

Ich brauche kaum anzuführen, daß Christus selbst in jener Verheißung angekündigt wurde, daß alsdann die Fürsten vom Stamme Juda und die Führer aus seinen Hüften aufhören werden, wenn der komme, dem es vorbehalten ist, [350] verstehe: das Reich, und die Erwartung der Völker sich erfüllt haben werde. Offenbar ist es ja aus der Geschichte und den Erscheinungen unserer Tage, daß seit den Zeiten Jesu kein König der Juden mehr aufgetreten ist, da vielmehr alle jüdischen Einrichtungen, die ihr Stolz waren, ich nenne nur den Tempel, den Altar, den vollendeten Dienst, die Gewänder des Hohenpriesters, vernichtet sind. Denn die Weissagung (Hos. 3, 4.) ist erfüllt: die Söhne Israels werden lange

Zeit ohne König, ohne Fürsten, ohne Opfer, ohne Altar, ohne Priesterthum, ohne Orakel seyn. Und diese Stelle halten wir denen entgegen, die in ihrer Verlegenheit über das, was in der Genesis von Jacob zu Juda gesagt ist, behaupten, das jetzige Volksoberhaupt [351] aus dem Stamme Juda sey der Fürst des Volkes, und es werde also bis zu der von ihnen erwarteten Erscheinung des Messias nicht an Fürsten aus seinem Geschlechte mangeln. Wenn die Kinder Israels lange Zeit ohne König, ohne Fürsten, ohne Opfer, ohne Altar, ohne Priesterthum und ohne Orakel zugleich seyn werden, seit der Zerstörung des Tempels aber weder Opfer, noch Altar, noch Priesterthum war, so ist offenbar, daß der Fürst aus dem Stamme Juda und der Heerführer aus seinen Hüften dahin ist. Sagt nun die Weissagung ferner, der Fürst aus dem Stamme Juda und der Heerführer aus seinen Hüften wird nicht mangeln, bis das, was ihm vorbehalten ist, komme, so muß ja das Vorbehaltene, die Erwartung der Völker gekommen seyn.

4.

Dieß beweist klar auch, die Menge derer, die aus den Heiden durch Christum an Gott gläubig geworden sind. In dem Gesange des Deuteronomions (5 Mos. 32, 21.) ist deutlich auf eine künftige Erwählung der thörichten Heiden wegen der Sünden des früher auserwählten Volkes hingewiesen. Diese ist aber durch Niemand, außer durch Jesum geschehen. Sie haben mich, spricht er, gereizt durch das, was Nicht-Gott ist, mit ihren Götzen haben sie mich erzürnt: und, ich will sie wieder reizen an einem Volk, dass Nicht-Volk ist, an einem thörichten Volke will ich sie erzürnen. Nun ist es doch ganz leicht zu begreifen, auf welche Weise die Hebräer, von denen hier gesagt wird, daß sie Gott gereizt haben durch den Nicht-Gott, und ihn erzürnt haben durch ihre Götzen, wieder zur Eifersucht gereizt wurden an dem Nicht-Volke, dem thörichten, das Gott erwählte durch die Erscheinung Jesu Christi und seiner Jünger. „So sehen wir denn unsere Berufung (1 Cor. 1, 26.), nicht viel Weise nach dem Fleisch, nicht viel Gewaltige, nicht viel Hochgeborne; sondern was thöricht ist vor der Welt, das hat Gott erwählt, um die Weisen zu beschämen. Das Niedrige und Verachtete, und, was Nichts ist, hat Gott erwählt, um das, was vorher Etwas war, zu Nichte zu machen, auf daß das fleischliche Israel, denn dieses nennt der Apostel Fleisch, sich vor Gott nicht rühme."

5.

Was sagen wir ferner zu der Weissagung von Christo in den Psalmen, besonders in dem Lied mit der Aufschrift „Für den Geliebten" (Ps. 45.), dessen Zunge genannt wird der Griffel eines Schnellschreibers, er selbst wohlgestaltet vor andern Menschenkindern, weil Anmuth über seine Lippen strömt? Der klarste Beweis von der Anmuth, die über seine Lippen strömte, ist gewiß, daß bei der kurzen Zeit seines Lehramtes, denn er lehrte etwa ein Jahr und etliche Monate, [352] der Erdkreis von seiner Lehre und seinem Gottesglauben erfüllt wurde. Dem in seinen Tagen ist Gerechtigkeit und Friede die Fülle aufgegangen, die bleiben wird bis zur Vollendung, welche dort Vernichtung des Mondes heißt, und sie wird herrschen von Meer zu Meer und von den Strömen bis an die Grenze der Erde (Ps. 72, 7. 8.). Dem Hause David ward sogar ein Zeichen gegeben (Jes. 7, 14.): Eine Jungfrau ward schwanger und gebar einen Sohn, dessen Name ist Immanuel, d. h. Gott mit uns. Dieß ist erfüllt worden, wie es der Prophet ausspricht: Gott ist mit uns. „Erkennet es, Völker, und laßt euch überwinden; macht euch stark und laßt euch besiegen" (Jes. 8, 10.). Denn überwunden und besiegt sind wir, die wir aus den Heiden durch seine holdselige Rede gewonnen wurden. [353] Ja selbst der Ort seiner Geburt ist von Micha vorhergesagt worden (Mich. 5, 1.): „Und du Bethlehem, des Landes Juda, bist mit nichten die kleinste unter den Führern Juda's: aus dir soll mir der Führer kommen, der mein Volk Israel weiden soll." Auch die 70 Jahrwochen nach Daniel sind bis auf die Erscheinung Christi verflossen. Es kam der, welcher bei Hiob (40. 41.) das Seeungeheuer überwältigen sollte, und der seinen ächten Jüngern die Macht gegeben hat, auf Schlangen und Skorpionen und auf alle Gewalt des Feindes zu treten, ohne von diesen verletzt zu werden. Betrachte man nun auch die Erscheinung der Apostel, die von Jesu nach allen Enden ausgesandt wurden, um das Evangelium zu verkünden, und man wird ein übermenschliches Unternehmen, ein Werk aus Gott erblicken. Erwägen wir, daß Menschen, die eine neue Lehre und fremde Reden vernahmen, in dem Augenblick, da sie den Aposteln nach dem Leben trachten wollten, von einer göttlichen Kraft, die über ihnen waltete, ergriffen, ihnen zufielen: dann werden wir nicht mehr zweifeln, ob sie auch [354] wirklich Wunder verrichtet haben, da ja Gott selbst ihre Reden durch Zeichen und Wunder und mannigfaltige Gaben bekräftigt hat.

6.

Indem wir so in der Kürze die Göttlichkeit Jesu nachweisen und dabei die prophetischen Aussprüche über ihn gebrauchen, beweisen wir auch zugleich, daß die prophetischen Schriften selbst, die von ihm zeugen, von Gott eingegeben sind und die Worte, die seine Erscheinung und seine Lehre ankündigen, mit aller Kraft und Bestimmtheit gesprochen wurden, und mit dieser auch die Erwählung der Heiden behauptet haben. [355] Ja, man muß gestehen, daß die Göttlichkeit der Weissagungen und das Geistige in dem mosaischen Gesetze erst mit der Erscheinung Jesu sich offenbarte. Denn unwidersprechliche Beweise von der göttlichen Eingebung des Alten Testaments konnte man vor der Erscheinung Christi durchaus nicht aufstellen: sondern seine Erscheinung erst hat denen, die an dem göttlichen Ursprung des Gesetzes und der Propheten zweifeln mochten, klar an den Tag gelegt, daß sie unter höherem Beistande geschrieben wurden. Wer jedoch mit Eifer und Sorgfalt sich in den prophetischen Reden umsieht, der wird schon aus dem Lesen eine Spur höherer Begeisterung fühlen, und durch dieses Gefühl sich überzeugen, daß die von uns für göttlich gehaltenen Schriften nicht Menschenwerk sind; nun hat aber das Licht in dem Gesetz Mosis, das unter einem Schleier verborgen war, mit der Erscheinung Christi auch seine Strahlen ausgesandt, nachdem der Schleier weggenommen, und das Vollkommene, dessen Schatten der Buchstabe enthielt, schnell zur Erkenntniß erhoben worden ist.

7.

Allein es wäre zu viel, die ältesten Weissagungen über die Zukunft alle noch herzuzählen, um durch das Göttliche in ihnen den Zweifler zu überweisen, damit er jede Zweiheit und Unentschiedenheit entferne und sich mit ganzer Seele den Worten Gottes hingebe. Wenn übrigens den Ununterrichteten nicht an jeder Stelle der Schrift das Uebermenschliche der Gedanken in die Augen fallen will, so darf man sich darüber nicht wundern: denn auch in den Werken der die ganze Welt umfassenden Vorsehung offenbaren sich einige auf das Augenscheinlichste als Werke der Vorsehung, andere sind so verborgen, daß sie dem Unglauben gegen die mit unaussprechlicher Kunst und Macht Alles ordnenden Gott Raum zu geben scheinen. Denn nicht so in die Augen fallend ist der kunstvolle Plan der Vorsehung in den irdischen Körpern, wie in der Sonne, dem Monde und in den Sternen; nicht so klar in den menschlichen

Zufällen, wie in den Seelen und Leibern der Thiere, weil die, welche darauf achten, den Grund und Zweck der Triebe, Vorstellungen, Naturanlagen und des Körperbaus der Thiere ganz genau erkunden. Aber so wenig die Vorsehung bei denen, welche sich einmal von ihrem Daseyn im Ernste überzeugt haben, wegen dessen verliert, was sie nicht begreifen: ebensowenig geschieht der Göttlichkeit der Schrift, die sich durch das Ganze derselben verbreitet, dadurch ein Abbruch, [356] daß unsere Schwachheit nicht bei jedem Ausdruck der verborgenen Herrlichkeit der Lehren, die unter einer gewöhnlichen und unansehnlichen Redensart, verhüllt ist, nachkommen kann. „Wir haben den Schatz in irdenen Gefässen, damit die Ueberschwenglichkeit der Gotteskraft hervorleuchte, und nicht für menschliche Erfindung gehalten werde" (2 Cor. 4, 7.). Denn wenn die abgedroschenen menschlichen Beweismittel, in die biblischen Bücher gelegt, die Menschen zu überzeugen vermocht hätten, so würde unser Glaube mit Recht als Menschenweisheit und nicht als Gotteskraft angesehen. Nun aber sieht jeder, der nur die Augen öffnen will, klar, daß die Predigt des Wortes nicht durch Ueberredungskünste der Weisen, sondern durch den Erweis von Geist und Kraft unter dem Volke durchgedrungen ist. Nachdem uns also eine himmlische, ja überhimmlische Kraft zur Verehrung eines einzigen Schöpfers herangebildet, wollen wir die Anfangsgründe des Wortes von Christo verlassen, und zur Vollkommenheit fortzuschreiten suchen, damit die Weisheit, die den Vollkommenen verkündigt wird, auch uns verkündigt werde. Denn Weisheit verheißt der, welcher sie besitzt, den Vollkommenen zu offenbaren, eine andere doch, als die Weisheit dieser Welt, und der Fürsten dieser Welt, die verworfen ist. Jene Weisheit aber wird uns klar aufgehen in der Offenbarung [357] des Geheimnisses, das seit ewigen Zeiten verschwiegen blieb, nun aber geoffenbart ist durch die prophetischen Schriften und durch die Erscheinung unsers Herrn und Heilands Jesu Christi, welchem die Ehre sey in alle Ewigkeiten. Amen.

ZWEITER ABSCHNITT. VON DER ART, DIE HEIL. SCHRIFT ZU LESEN UND ZU VERSTEHEN.

1.

[358] Nach diesem kurzen Beweise von der Göttlichkeit der heil. Schriften müssen wir nun die Art und Weise, sie zu lesen und zu verstehen, betrachten, weil viele Irrthümer daraus entstanden sind, daß Manche den rechten Weg, zum Verständniß der heiligen Schrift zu gelangen, nicht gefunden haben. Die Verhärteten und die Unwissenden aus der Beschneidung haben an den Heiland nicht geglaubt, weil sie dem Buchstaben der Weissagungen auf ihn folgen zu müssen meinten, und ihn weder im eigentlichen Sinne den Gefangenen Erlösung, den Blinden die Herstellung des Gesichts [359] verkündigen, noch die, wie sie meinten, wirkliche Stadt Gottes bauen, noch die Streit-Wagen aus Ephraim und die Rosse aus Jerusalem verbannen, noch Butter und Honig essen, und, ehe er das Böse zu wählen [360] verstand, das Gute wählen sahen. Weiter meinten sie, mit der Weissagung (Jes. 11, 6. 7.), daß der Wolf mit dem Lamme weiden, der Panther neben dem Böcklein ruhen, daß Kälber und Stiere und Löwen gemeinschaftlich von einem kleinen Knaben auf die Weide getrieben, und Ochs und Bär neben einander gehen, ihre Jungen mit einander aufgezogen werden, und daß der Löwe Spreu fressen werde, wie der Stier, damit sey das wirkliche vierfüßige Thier bezeichnet. Weil sie also von allem diesem in der Erscheinung des Christus, an den wir glauben, nichts verwirklicht sahen, fielen sie dem Herrn Jesu nicht zu, vielmehr kreuzigten sie ihn als einen, der widerrechtlich sich für Christus ausgegeben habe. Die Häretiker dagegen, wenn sie lasen „ein Feuer ist entbrannt von meinem Zorn" (Jer. 15, 14,): und „ich bin ein eifernder Gott, der die Sünden der Väter den Kindern vergilt bis in's dritte und vierte Glied" (Exod. 20, 5.): ferner „es reut, mich, Saul zum König gesalbt zu haben" (1. Kön. 15, 11.): oder „Ich bin der Gott, der Frieden macht und Unheil schafft" (Jes. 45, 7.), und anderswo (Am. 3, 6.) „es ist kein Uebel in der Stadt, das der Herr nicht bewirkt hätte", endlich auch „das Unheil ist niedergekommen vom Herrn auf die Thore Jerusalems" (Mich. 1, 20.), oder „der böse Geist vom Herrn erstickte [361] Saul" (1. Sam. 18, 10.) und tausend ähnliche Stellen, wagten es nicht geradezu die göttlichen Schriften zu verwerfen, sondern sie nahmen an, daß sie von dem Demiurg herrühren, den die Juden verehren, und glaubten, weil der Demiurg nicht vollkommen und nicht gut [362] sey, so sey der Heiland erschienen und habe einen vollkommenen Gott verkündigt, den sie

nicht für den Weltschöpfer halten. Darüber traten sie in verschiedene Meinungen auseinander, gaben sich, nachdem sie einmal von dem Glauben an den Weltschöpfer, welches der alleinige unerschaffene Gott ist, abgefallen waren, ihren Einbildungen hin, und machten willkührliche Voraussetzungen, nach welchen sie die Entstehung der sichtbaren Welt für eine andere, als die der unsichtbaren erklären, wie es ihnen ihre Einbildungskraft vorspiegelt. Freilich gibt es auch Einfältigere, die sich der Kirche anzugehören rühmen, welche zwar keinen Höhern über dem Weltschöpfer voraussehen, woran sie vernünftig thun, aber diesem selbst Eigenschaften zuschreiben, wie man sie auch dem rohesten und grausamsten Menschen nicht zuschreibt.

2.

Der Grund aller dieser irrigen, gottlosen und einfältigen Lehren von Gott scheint kein anderer zu seyn, als der Mangel des geistigen Verständnisses der Schrift, und ihre Auffassung nach dem nackten Buchstaben. Denen also, die überzeugt sind, daß die heiligen Bücher nicht eine von Menschen herrührende Schrift, sondern unter Eingebung des heiligen Geistes, nach dem Willen des Allvaters durch Jesum Christum, geschrieben und auf uns gekommen sind, muß der für richtig erkannte Weg gezeigt werden, gemäß [363] der Richtschnur der unsichtbaren durch die Nachfolge der Apostel mit Jesu Christo [364] vereinigten Kirche. Daß nun gewisse Geheimnisse der göttlichen Haushaltung durch die heiligen Schriften geoffenbart sind, davon sind alle, auch die Einfältigsten unter den Schriftgläubigen, überzeugt. Welches jedoch diese Geheimnisse seyen, das wird kein Vernünftiger und Bescheidener zu wissen vorgeben. [365] Wenn man z. B. Anstoß nimmt an Loths Vermischung mit seinen Töchtern, an den zwei Weibern Abrahams, an der Schwesterschaft der Weiber Jakobs, an der Schwängerung zweier Mägde durch ihn, so werden sie nur sagen können, daß dieß uns unbegreifliche Geheimnisse seyen. Wenn man dagegen von dem Bau der Stiftshütte liest, suchen die, welche diese Bezeichnungen für Vorbilder halten, nachzuweisen, auf was sich jeder einzelne Zug in der Beschreibung der Hütte anpassen lasse. In Bezug auf den Glauben, daß die Hütte ein Vorbild sey, irren sie auch gar nicht:, nur in der Beziehung des Vorbildes auf dieses oder jenes verlieren sie die richtige Bedeutung. Und so erklären sie, denn auch die ganze Erzählung, die von Ehen oder Kinderzeugen oder Kriegen oder andern Geschichten aus dem gemeinen Leben zu handeln scheint, für Vorbilder: der eigentliche Gegenstand derselben bleibt ihnen verborgen, theils aus Mangel an gehöriger Gemüthsstimmung, theils wegen Uebereilung, manchmal auch, wenn gleich die Stimmung und Einsicht vorhanden, ist, wegen der für Menschen zu großen Schwierigkeit, das Gegenbild zu finden.

3.

Der Weissagungen brauche ich kaum zu erwähnen; wir wissen Alle, daß sie voll Räthsel und dunkler Reden sind. Wenden wir uns ferner zu den Evangelien, so bedarf auch das richtige Verständniß dieser, weil es ein Verständniß Christi seyn soll, der Gnade, die dem verliehen war, welcher (1 Cor. 2, 16.) gesagt hat: „Wir haben das Verständniß Christi, um zu wissen, was Gott uns mitgetheilt hat: was wir auch verkündigen nicht in gelehrten Reden menschlicher Weisheit, sondern in der Sprache des Geistes." Wer liest, was dem Johannes geoffenbart wurde, nicht mit Erstaunen über die auch einem in der Schrift Unerfahrenen, in die Augen fallende [366] Verhüllung unaussprechlicher Geheimnisse? Auch die Briefe der Apostel werden wohl Keinem, [367] der von einem gründlichen Forschen weiß, klar und leicht faßlich erscheinen, da auch hier unzählige Male die größten Gedanken wie durch ein Sprachrohr nur ein langsames Verständniß zulassen. [368] Ist nun dem also, und irren soviele, so ist es immer bedenklich bei dem Lesen, zu behaupten, daß man das leicht verstehe, was doch des Schlüssels zum Verständniß, den, wie der Heiland sagt, die Schriftgelehrten haben, bedarf. Wer ja behauptet, [369] daß in der Zeit vor der Erscheinung Christi die Wahrheit nicht gewesen, der erkläre uns doch, wie der Herr Jesus Christus sagen kann, den Schlüssel des Verständnisses besitzen die, von welchem jene doch behaupten, daß sie keine Schriften haben, die Unbegreifliches und wirklich Geheimes enthielten. Der Ausspruch (Luc. 11, 52.) lautet so: „Wehe euch, Schriftgelehrten, die ihr den Schlüssel des Verständnisses entwendet habt, ihr selbst tratet nicht ein, und verwehrtet Andern, hineinzugehen."

4.

Der Weg, der mir der richtige scheint, um in die Schrift einzudringen, und ihren Sinn zu erfassen, ist durch die Andeutungen der Schrift selbst vorgezeichnet. Bei Salomo, in den Sprüchwörtern (22, 20.), finden wir folgende Anweisung in Beziehung auf die geschriebenen göttlichen Lehren: „Du schreibe dir's dreifach nieder, mit Vorsicht und Verstand, um Wahrheit zu antworten, auf das, was dir vorgelegt wird. [370] Somit sollen wir auf dreifache Weise den Sinn der heiligen Schriften uns aufnehmen. Der Einfältige mag sich erbauen am Fleische der Schrift (so wollen wir die buchstäbliche Auffassung nennen: [371] der etwas Fortgeschrittene an ihrer Seele; der Vollkommene aber, gleich denen, von welchen der Apostel sagt (1 Cor. 2, 6.) „die Weisheit reden wir unter den Vollkommenen, nicht die verworfene Weisheit dieser Welt, sondern wir reden die im Geheimniß verborgene Weisheit Gottes, die Gott vor aller Welt zu unserer Verherrlichung auserlesen hat" — dieser der Vollkommene an dem geistigen Gesetz, das ein Schattenbild gibt von den zukünftigen Gütern. Denn wie der Mensch aus Leib, Seele und Geist besteht, so auch die nach dem göttlichen Haushalt den Menschen zum Heil verliehene Schrift. Dasselbe finde ich auch in den Worten des von Einigen verachteten Buches, des Hirten, worin dem Hermas aufgetragen wird, zwei Bücher zu schreiben, und alsdann den Aeltesten der Gemeinde zu verkünden, was er vom Geiste gelernt habe. Die Worte sind: „du sollst zwei Bücher schreiben, und Eins dem Klemens geben, das Andere der Grapte. Grapte wird die Wittwen und Waisen unterweisen: [372] Klemens wird es an die auswärtigen Städte versenden: du aber wirst den Aeltesten der Gemeinde predigen." Grapte nehmlich, die die Wittwen und Waisen unterweisen soll, ist der blose Buchstaben, welcher diejenigen unterrichtet, die noch Kinder am Verstande sind, die noch nicht Gott Vater [373] nennen können, und darum Waisen heißen. Er unterrichtet aber auch die, welche zwar mit ihrem gesetzwidrigen Ehegatten nicht mehr verbunden, aber auch des himmlischen [374] Bräutigams noch nicht würdig geworden und darum noch Wittwen sind. Klemens, der schon außer [375] dem Buchstaben steht, soll die Verkündigung an die Auswärtigen Städte senden; darunter möchten wir wohl die außer dem Buchstaben und dem niedern Sinne befindlichen Seelen verstehen. Allein nicht mehr durch den Buchstaben, sondern durch das lebendige Wort soll der unmittelbare Schüler des Geistes den am Verständniß reifen Aeltesten der ganzen Gemeinde Gottes predigen.

5.

Da es jedoch Stellen der heiligen Schrift gibt, die, wie ich in der Folge zeigen werde, gar Nichts körperliches haben, so darf man manchmal, so zu sagen, bloß die Seele und den Geist der Schrift suchen. Und vielleicht enthalten auch die jüdischen Reinigungskrüge, von denen wir im Evangelium Johannis lesen, ebendeßwegen zwei und [376] drei Maaße, um damit anzudeuten, daß die, nach dem Ausdruck des Apostels im dunkeln sitzenden, Juden gereinigt werden durch die Lehre der Schrift, welche bald zwei Maaße, den, so zu sagen, seelischen und den geistigen Sinn, bald drei enthält, indem einige Stellen zu den beiden genannten auch noch einen leiblichen Sinn enthalten, der zu erbauen fähig ist. Sechs Krüge aber sind es mit Grund, in Ansehung derer, die in der Welt gereinigt werden, welche in sechs Tagen, einer vollen [377] Zahl, geschaffen worden ist. Daß man nun auch in der ersten, soweit nützlichen Auffassung sich erbauen kann, dieß beweist die Menge von einfältigen, dennoch ächten Gläubigen. Von der auf die Seele bezogenen Auslegung liegt ein Beispiel bei Paulus im ersten Brief an die Korinthier (9, 9.) vor. „Es steht geschrieben, sagt er, du sollst dem Ochsen, der da drischt, nicht das Maul verbinden"; und zur Erklärung dieser Stelle [378] setzt er hinzu: Sorget Gott für die Ochsen? oder sagt er es nicht allerdings um unsertwillen? ja, es ist um unsertwillen geschrieben. Denn der da pflügt, soll auf Hoffnung pflügen, und der Drescher in der Hoffnung des Genusses (dreschen). Doch auch die meisten der gewöhnlichen Erklärungen, die der Menge zu- sagen, und solche, die etwas Höheres nicht zu fassen vermögen, erbauen, haben fast denselben Charakter.

6.

Geistige Auslegung ist, wenn man zeigen kann, welchen himmlischen Gegenständen die Juden im Fleische zum Vorbild und Abriß dienten, und von welchen zukünftigen Gütern das Gesetz der Schatten war. In Allem muß man nach der apostolischen Vorschrift die im Geheimniß verborgene Weisheit suchen, welche Gott von der Welt Anfang zur Verherrlichung der Gerechten ausersehen hat, und die keiner der Fürsten dieser Welt kennt. Derselbe Apostel sagt irgendwo, da er einige Stellen aus dem Buche Exodus und Numeri anführt (1 Cor. 10, 11,) „Dieß ist zum Vorbild an jenen geschehen. Es ist aber um unsertwillen geschrieben, weil die Vollendung der Aeonen in unsre Zeiten fiel", und gibt Belege von dem, was jene Vorbilder bedeuten, in den Worten (V. 4.): „sie tranken aus dem künftigen geistigen [379] Felsen, welcher war Christus." Und für die Deutung der Stiftshütte beruft er sich in einem andern Briefe (Hebr. 8. 5.) auf, die Worte (Ex. 25, 40.) „Alles machst du nach dem Vorbilde, das Dir auf dem Berge gezeigt wurde." Auch im Brief an die Galater macht er denen gleichsam Vorwürfe, die das Gesetz lesen zu müssen glauben, und es doch nicht verstehen, indem er behauptet, daß solche das Gesetz nicht verstehen, die keine vorbildlichen Andeutungen in der Schrift suchen. „Sagt mir doch, spricht er (Gal. 4,), die ihr unter dem Gesetz stehen wollt, und doch auf das Gesetz nicht hört: es steht geschrieben, Abraham hatte zwei Söhne, den einen von der Magd, den andern von der Freien: der von der Magd ist nach dem Fleisch geboren, der von der Freien nach der Verheißung. Dieß hat Vorbildliche Bedeutung: es sind die zwei Testamente u. s. w. Man muß jedes Wort von ihm in Erwägung ziehen: z. B. daß er sagt, die ihr unter dem Gesetze seyn wollt, nicht, die ihr unter dem Gesetze seyd, und: „auf das Gesetz nicht hört" unter dem Hören ist Nachdenken und Einsicht zu verstehen. Und in dem Briefe an die Kolosser, wo er den Zweck des gan- zen Gesetzes mit wenigen Worten zeichnet, sagt er (2, 16): „daß Euch nicht Jemand Gewissen mache über Speise, 380 oder Trank, oder Festtage, oder Neumonde, oder Sabbathe; dieß Alles ist der Schatten des Zukünftigen." Auch im Briefe an die Hebräer, wo von denen aus der Beschneidung die Rede ist, schreibt er (8, 5.): „welche dem Vorbilde 381 und dem Schatten des Himmlischen dienen." Nun ist es doch billig, daß die, welche den Apostel als Gottbegeisterten Mann ansehen, auch aber die 5. dem Moses zugeschriebenen Bücher keinen Zweifel haben. Von der übrigen Geschichte aber begehrt ihr zu wissen, ob auch diese einen vorbildlichen Charakter habe? Es ist aus dem Briefe an die Römer (11, 4.), zu bemerken, daß Paulus die Worte „Ich habe mir übrig behalten 7000 Mann, welche ihre Knie nicht vor dem Baal gebeugt haben", welche im dritten 382 Buch der Könige stehen, auf die auserwählten Israeliten bezogen hat, in dem Sinne, daß nicht allem die Heiden, sondern auch Einige aus dem Gotterkohrnen Geschlechte durch die Erscheinung Christi ihr Heil gefunden haben.

7.

Wenn es sich so verhält, so müssen wir die Kennzeichen des Verständnisses der heiligen Schrift, wie wir sie für richtig halten, näher bezeichnen. Vorerst müssen wir darauf hinweisen, daß der Geist, der nach Gottes Rathschluß kraft des im Anfang bei Gott gewesenen Wortes die Träger der Wahrheit, Propheten und Apostel, erleuchtete, zwar vorzugsweise die Andeutung unaussprechlicher Geheimnisse für die Geschichte der Menschen 383 zum Zwecke hatte (Menschen nenne ich die Seelen, solang sie sich im Leibe befinden): damit der Bekehrungsfähige durch Forschen und Eingehen in die Tiefen des in dem Worte liegenden Sinnes der ganzen Lehre von dem göttlichen Rathschluß mächtig werde. Mit Rücksicht, auf die Seelen aber, die anders nicht zur Vollkommenheit gelangen können, als durch die volle Einsicht in die Wahrheit von Gott, 384 ist nothwendig als Hauptsache aufgestellt worden die Lehre von Gott und von seinem Eingebornen: welche Natur, 385 dieser habe, und in welchem Sinne er Gottes Sohn sey, welches die Ursachen seyen, daß er bis zum menschlichen Fleische sich herabließ und in Allem Menschheit annahm: was endlich die Wirkung davon, 386 und auf wen und wann seyn müsse? Nothwendig mußte auch die Lehre von den mit uns verwandten und den andern vernünftigen Wesen, 387 welche Gott näher standen und aus ihrer Seligkeit gefallen sind, so wie über die Ursachen dieses Falles in die Schriften der göttlichen Offenbarung aufgenommen werden. Ferner müssen wir auch belehrt werden über die Verschiedenheit der Seelen, und woher diese Verschiedenheit rühre: was die

Welt sey, und wie sie entstanden: woher diese Menge des Bösen auf der Erde, und ob es auf der Erde nicht allein, sondern auch anderswo sey. Bei diesen und ähnlichen Fragen hatte der Geist, der die Seelen der heiligen Diener der Wahrheit erleuchtete, noch eine zweite [388] Absicht, um derer willen, die sich der Mühe der Erforschung solcher Geheimnisse nicht unterziehen können, die Offenbarung des Vorgenannten in Ausdrücke zu hüllen, welche anscheinend eine Beschreibung der sichtbaren Werke der Schöpfung, der Erschaffung des Menschen und der Fortpflanzung desselben vom ersten Paare bis zur Menge enthalten. Auch in andern Geschichten, welche die Thaten der Frommen, bisweilen auch Uebertretungen von ihnen, als Menschen, die Laster der Gottlosen und Ungerechten, ihre Zügellosigkeit und Unersättlichkeit erzählen, ganz besonders aber in der Geschichte der Kriege, sowohl der Sieger als der Besiegten, werden einige außerordentliche Geheimnisse für den, der sie zu erforschen versteht angedeutet. Noch wunderbarer ist die Verkündigung der Gesetze der Wahrheit vermittelst der geschriebenen Gesetzgebung, [389] indem Alles dieses mit einer der göttlichen Weisheit wahrhaft zukommenden Bedeutsamkeit im Zusammenhange verfaßt ist. Denn es sollte auch die Hülle des Geistigen (diese nenne ich das Leibhafte der Schrift) Vielen nützlich werden, und die Menge, so wie sie es faßt, bessern können. [390]

8.

Wenn jedoch überall die Anwendbarkeit des Gesetzes und der natürliche Zusammenhang der Geschichte so klar in die Augen fiele, so würden wir kaum glauben, daß neben dem buchstäblichen noch ein tieferer Sinn in der Schrift liegen könne. Deßwegen hat der göttliche Logos dafür gesorgt, daß mitten unter Gesetz und Geschichte hinein gleichsam Aergernisse, Anstösse und Widersprüche gebracht wurden: [391] damit wir nicht, überall [392] bloß von dem lockenden Ausdrucke angezogen, entweder am Ende von der Schriftlehre abfielen, wenn wir Nichts Gotteswürdiges darin fänden; oder doch Nichts Höheres vernähmen, weil wir uns von dem Buchstaben nicht losmachen könnten. [393] Ist es demnach Hauptabsicht, den Zusammenhang des Geistigen in dem, was geschehen ist und geschehen soll, darzulegen: so ist ferner ausgemacht, daß der Sprecher da, wo er geschichtliche Thatsachen dem geheimen Sinne anpassen konnte, dieselben gebrauchte; und den tieferen Sinn vor der Menge verbarg; wo hingegen im Verlauf der Entwicklung übersinnlicher Dinge keine denselben entsprechende Thatsache erfolgte, die durch den geheimen Sinn schon vorgezeichnet war, da wob die Schrift auch Ungeschehenes in die Geschichte ein, sey es, daß es überhaupt unmöglich, oder zwar möglich, aber nicht wirklich war. Und zwar sind bald wenige Ausdrücke eingeflochten, die dem Buchstaben nach keine Wahrheit enthalten, bald sind es mehrere. Das Gleiche ist auch in Beziehung auf die Gesetzgebung zu bemerken. In dieser ist Manches zu finden, was an sich schon auf die Zeiten der Gesetzgebung vollkommen anwendbar ist; bisweilen aber zeigt sich auch keine anwendbare Stelle: ja, manchmal wird um der Nachdenkenden und Scharfsinnigen willen Unmögliches zum Gesetz gemacht, damit sie in eine genauere Untersuchung der Schrift eingehen und die wichtige Ueberzeugung gewinnen, daß hierin ein Gottes würdiger Sinn zu suchen sey. [394]

9.

Jedoch nicht nur bei den Schriften vor der Erscheinung (Christi) hat der Geist dieses veranstaltet, sondern als derselbe Geist und von Einem Gotte stammend hat er das Gleiche auch in den Evangelien und bei den Aposteln gethan. Denn auch diese enthalten ebensowenig überall reine Geschichte nach dem Buchstaben des Eingewobenen, Nichtwirklichen: [395] als das Gesetz und die 10. Gebote [396] lauter Angemessenes. Welcher vernünftige Mensch wird z. B. glauben, daß der erste und zweite und dritte Tag, Abend wie Morgen, ohne Sonnen Mond und Sterne geworden sey? [397] der erste sogar ohne Himmel? Wer ist ferner so einfältig, zu glauben, daß Gott nach Art eines landbauenden Menschen ein Paradis in Eden gegen Morgen gepflanzt, und einen sichtbaren und genießbaren Baum des Lebens darein gesetzt habe, so daß, wer mit körperlichen Zähnen dessen Frucht kostete, das Leben empfieng, und anderseits einer der Erkenntniß des Guten und Bösen mächtig wurde, sobald er von diesem [398] Baume genossen hatte? Wenn es ferner heißt, Gott habe gegen Abend im Garten gewandelt, und Adam sich hinter den Baum versteckt: so glaube ich, wird Niemand zweifeln, daß dieß bildlich, unter einer scheinbaren nicht wirklichen, leibhaften Thatsache, einen geheimen Sinn andeute. Auch Kain, wenn er „vom Angesichte Gottes weggeht", soll augenscheinlich den Leser aufmerksam machen, zu forschen, was Gottes Angesicht und was das Weggehen von demselben heiße. [399] Was brauch' ich weiter anzuführen, da Jeder nicht ganz stumpfsinnige unzählige Fälle der Art sammeln kann, die zwar als Thatsache aufgezeichnet, aber nicht wörtlich so geschehen sind? Uebrigens sind auch die Evange- lien voll von Stellen derselben Art: z. B. wenn der Teufel Jesum auf einen hohen Berg führt, um ihm von dort aus die Königreiche der ganzen Welt und ihre Herrlichkeit zu zeigen. Denn welcher aufmerksame Leser wird nicht diejenigen belachen, die da wähnen, daß die Reiche der Perser, Scythen, Indier und Parther, und wie die Könige von den Menschen verherrlicht werden, mit dem leiblichen Auge gesehen worden seyen, das der Höhe bedürfte, um nur das untenliegende Niedrige zu überschauen? Aehnlich wie dieses kann der aufmerksame Beobachter aus den Evangelien unzählige andere Fälle merken, um sich zu überzeugen, daß [400] in die buchstäblich wahre Geschichte Anderes nicht Wirkliche eingewoben ist.

10.

Kommen wir auf die Gesetzgebung des Moses zurück, so sprechen viele Gesetze in Bezug auf die Beobachtung theils Widersinniges, theils Unmögliches aus. Widersinnig ist das Verbot, Geyer zu essen, da selbst in der größten Hungersnoth und vom Mangel überwältigt Niemand auf dieses Thier verfiele; widersinnig, das Gebot, daß unbeschnittene, acht Tage alte Kinder aus ihrem Stamme ausgerottet werden. Wenn je etwas buchstäblich hierüber festgesetzt werden sollte, so müßte befohlen seyn, daß die Väter oder die Erzieher getödtet werden. [401] Nun sagt aber die Schrift (Gen. 17, 14.) „Alles unbeschnittene Männliche, das am 8. Tage nicht beschnitten wird, soll aus seinem Volke ausgerottet werden." Wollt ihr auch Unmögliches in den Gesetzen finden, so bemerken wir, daß der Bockhirsch [402] ein Thier ist, das nicht existiren kann: gleichwohl befiehlt uns Moses ein reines Thier dieser Gattung zum Opfer zu bringen. [403] Man weiß nicht, daß je ein Greif Jemand in die Hände gekommen wäre; und der Gesezgeber verbietet, diesen zu essen. Jenes berühmte Gebot „Sitzet in eure Häuser: Niemand von Euch soll am siebten Tage von seiner Stelle gehen" (Ex. 16, 29.) kann auch von dem gewissenhaften Beobachter des Sabbaths unmöglich wörtlich beobachtet werden, weil kein lebendes Wesen einen ganzen Tag bewegungslos sitzen kann. Die Beschnittenen und alle, die der Ansicht sind, daß außer dem Buchstaben nichts gegeben sey, lassen sich bei Manchem, wie bei dem Bockhirsche, dem Greife, dem Geyer, nicht einfallen, nach dem Sinne zu fragen; bei Anderem bringen sie Spitzfindigkeiten und abgeschmackte Ueberlieferungen vor: z. B. über den Sabbath sagen sie, die Stelle eines Jeden seyen 2000 Ellen. Andere dagegen, wie Dositheus, [404] der Samarite, verwerfen eine solche Erklärung, und meinen, es müsse einer in der Stellung, in welcher er vom Sabbath überrascht werde, bleiben, bis an den Abend. Allein es ist auch unmöglich, keine Last zu tragen am Sabbath. Dadurch sind die jüdischen Lehrer in unendliche Spitzfündigkeiten gerathen, indem sie behaupten, eine Last sey ein Schuh von der und der Art, ein anderer nicht; eine Sohle mit Nägel, eine solche ohne Nägel aber nicht; was man so oder so auf der Schulter trage, was man auf beiden Schultern trage, nicht.

11.

Gehen wir über zu den Evangelien, was wäre unvernünftiger, als das: „Grüsset Niemand auf der Straße", das, wie die Einfältigen meinen, der Heiland den Aposteln vorschreibt (Luc, 10, 4.)? [405] Auch, daß einer auf den rechten Backen geschlagen werde, wie es (Matth. 5, 39.) heißt, ist sehr unwahrscheinlich, weil jeder Schlagende, wofern er nicht einen körperlichen Fehler hat, mit der rechten Hand auf den linken Backen schlägt. Es ist ferner unmöglich, dem Evangelium zu Folge das rechte Auge, das Aergerniß verursacht, auszureißen. [406] Denn, wenn wir auch zugeben, daß einer am Sehen Aergerniß nehmen kann, wie kann man die Schuld auf das rechte schieben, da beide Augen sehen? Wer würde wohl, wenn er sich gestehen müßte, ein Weib angesehen zu haben, um ihrer zu begehren, die Schuld nur auf das rechte Auge schieben und dieses ausreißen können? Doch, auch der Apostel gibt eine Vorschrift (1 Cor. 7, 18.) „ist Jemand beschnitten berufen, der ziehe keine Vorhaut". Nun sieht doch Jeder, daß dieß zu der ihm vorliegenden Frage in keiner Beziehung steht. Wie kann er, wenn er von Ehe und Jungfrauschaft redet, jenes mit Grund einstreuen? Und dann, wer will es Unrecht nennen, wenn einer wo möglich sich eine Vorhaut ziehen [407] läßt, weil man das Beschnittenseyn gewöhnlich für eine Entehrung hält? Alles dieß haben wir angeführt, um zu zeigen, daß es in der Absicht der göttlichen Kraft, die uns die heiligen Schriften geschenkt, liege, nicht bloß den buchstäblichen Sinn aufzufassen, da bisweilen der bloße Buchstabe nichts Wahres, ja nicht einmal Vernünftiges und Mögliches enthält; und daß in die wirkliche Geschichte und in die buchstäblich anwendbare Gesetzgebung Anderes eingeflochten sey.

12.

Man denke aber ja nicht, daß ich im Allgemeinen behaupte, es sey Nichts Geschichte, weil Einiges nicht Geschichte ist, und kein Gesetz wörtlich zu beobachten, weil einige dem Buchstaben nach widersinnig oder unmöglich sind; oder es sey das, was von [408] dem Erlöser geschrieben steht, nicht im eigentlichen Sinne wahr; oder man dürfe kein Gesetz und keine Vorschrift von ihm beobachten. Ich kann versichern, daß ich recht wohl weiß, daß in Manchem wirkliche Geschichte enthalten ist: z. B. daß Abraham und Isaak und Jakob, und von jedem derselben Eine Frau [409] in der doppelten Höhle in Hebron begraben wurde, daß Sichem dem Joseph zu Theil geworden, und Jerusalem die Hauptstadt von Judäa ist, in welcher von Salomo ein Tempel Gottes erbaut war, und unzähliges Anderes. Denn des Geschichtlichwahren ist weit Mehr als des eingewobenen bloß Geistigen. Wer wollte ferner nicht zugeben, daß dieß Gebot „Ehre Vater und Mutter, damit es dir wohl gehe", auch ohne allen geheimen Sinn anwendbar sey und beachtet werden müsse; zumal, da es der Apostel Paulus mit denselben Worten anführt? was sage ich von denen: „du sollst nicht Ehe brechen, nicht tödten, nicht stehlen, kein falsch Zeugniß reden?" Dann gibt es auch im Evangelium viele Vorschriften, bei denen gar keine Frage ist, ob sie nach dem Buchstaben beobachtet werden sollen, oder nicht. Z. B. diese (Matth. 5, 34.): Ich sage euch, wenn einer mit seinem Bruder zürnet, u. s. w. oder: ich sage euch, daß ihr überhaupt nicht schwören sollt. Auch das Gebot des Apostels (1 Thes. 5, 14.) „Ermahnet die Ungezogenen u. s. w." ist wörtlich zu erfüllen, wenn auch für den Nachdenkenden jedes Einzelne davon die Tiefe der Weisheit Gottes darstellen kann, ohne daß der Buchstaben des Gebotes bei Seite gesetzt wird. [410] Der Aufmerksame wird freilich manchmal Anstand finden, und ohne tiefe Untersuchung nicht entscheiden können, ob gerade diese Geschichte wirklich ist, oder nicht: ob dieses Gesetz buchstäblich zu beobachten ist, oder nicht. Darum muß der Leser die Vorschrift des Heilands „Suchet in der Schrift" genau beobachten, sorgfältig prüfen, wo etwas wörtlich wahr, wo etwas unmöglich ist, und, so viel in seinen Kräften steht, aus den ähnlichen Aussprüchen den durch die ganze Schrift zerstreuten Sinn des nach dem Buchstaben Unmöglichen heraussuchen.

13.

Wenn also, wie dem Aufmerksamen klar werden wird, der buchstäbliche Zusammenhang eine Unmöglichkeit, der höhere dagegen nicht nur keine Unmöglichkeit, sondern Wahrheit enthält, so muß man Allem aufbieten, [411] den Begriff zu erfassen, welcher die Idee des dem Worte, nach Unmöglichen mit dem nicht bloß Möglichen, sondern Geschichtlichwahren im Gedanken vermittelt, das erst mit dem wörtlich nicht Geschehenen zusammen dem Ganzen die höhere Bedeutung gibt. Denn wir nehmen an, daß die ganze heilige Schrift überall einen geistigen, nicht überall aber einen leiblichen Sinn hat. An vielen Stellen haben wir die Unmöglichkeit des buchstäblichen Sinnes nachgewiesen. Daher ist denn bei einem fleißigen Lesen der Schrift, als eines göttlichen Buches, die äußerste Vorsicht anzuwenden; und das eigentliche Merkmal des Verständnisses scheint mir folgendes zu seyn, Gott habe ein Volk auf Erden auserlesen, sagt die Schrift, dem sie mehrere Namen gibt. Das ganze Volt heißt Israel und Jakob. Nachdem es unter Jerobeam, dem Sohne Nabads, getheilt worden war, nannte man die zehn Stämme unter ihm Israel, die beiden übrigen und die Familie der Leviten, welche unter Königen aus dem Hause

Davids standen, Juda. Der Boden, den die Heiden bewohnt hatten, und der ihnen von Gott gegeben war, heißt Judäa, dessen Hauptstadt Jerusalem. Sie war nehmlich die Mutter mehrerer Städte, deren Namen hie und da zerstreut vorkommen und in dem Buche Josua, des Sohnes Nun, gesammelt sind.

14.

In dieser Beziehung sagt der Apostel, um unsere Einsicht aufzuhellen, an einer Stelle „Sehet an Israel nach dem Fleisch": also gibt es ein Israel nach dem Geiste. Anderswo (Röm. 9, 6. 8.) sagt er „denn die Kinder nach dem Fleisch sind darum noch nicht Kinder Gottes, oder alle Israeliten auch Israel"; [412] (2, 28.) „das ist nicht ein Jude, der von außen Jude ist, auch ist das nicht eine Beschneidung, die auswendig am Fleisch geschieht; sondern der im Verborgenen ist ein Jude, und die Beschneidung des Herzens im Geiste, nicht nach dem Buchstaben, ist Beschneidung." Wird nun ein Unterschied gemacht zwischen dem Juden und dem im Verborgenen, so ist daraus zu schließen, daß es ebenso ein Volk von Juden im Verborgenen gebe, wie ein Geschlecht der leiblichen Juden, und daß die Seele nach unerforschlichen Gründen zu jenem edleren Geschlechte gehöre. Auch gibt es ja viele Weissagungen über Israel und Juda, welche ihre Zukunft verkünden: sollten wohl so viele für sie geschriebene Verheissungen, die den Worten nach gemein scheinen und nichts Erhabenes, nichts einer Gottesverheißung Würdiges enthalten, nicht auch einer mystischen Deutung bedürfen? Sind aber die auf das Sinnliche bezogenen Verheißungen geistig zu deuten, so sind gewiß auch die, welche sie angehen, nicht leiblich. Doch, bei der Frage von dem Juden im Verborgenen und von dem inwendigen Israeliten nicht länger zu verweilen, lassen wir dieß für die nicht ganz Schwachen genug seyn, und kehren zu unserer Aufgabe zurück. Wir sagen, Jakob sey der Vater der zwölf Patriarchen, und diese die Väter der Volkshäupter, und diese wieder die der übrigen Israeliten. Führen nun nicht die leiblichen Israeliten ihre Abstammung auf die Volkshäupter, die Volkshäupter auf die Patriarchen, die Patriarchen auf Jacob und so weiter zurück? Die geistigen Israeliten aber, deren Vorbild die leiblichen waren, gehören sie nicht zu den Familien, die Familien zu Stämmen, und kommen nicht diese ebenfalls von einem her, der nicht eine solche leibliche, sondern die höhere Geburt hat, indem auch dieser von Isaak, und dieser von Abraham abstammt, und Alle endlich auf den Adam zurückkommen, von welchem der Apostel sagt, er sey Christus. Denn aller Ursprung der Verwandtschaften, die auf den alleinigen Gott zurückgehen, beginnt unter diesem mit Christus, welcher zunächst an dem alleinigen Gott und Vater steht, und auf gleiche Weise Vater jeder Seele ist, wie Adam der Vater aller

Menschen. Wenn ferner auch Eva von dem Apostel als Vorbild auf die Kirche gedeutet wird, so darf es nicht wundern, daß auch Kain, der aus der Eva geboren ist, und alle nach ihm, deren Abstammung auf Eva zurückführt, Vorbilder der Kirche seyn müssen, weil alle in höherem Sinne von der Kirche abstammen.

15.

Wenn jedoch das, was wir über Israel und die Stämme und Familien gesagt haben, bedenklich scheint, wie der Heiland sagt (Matth. 15, 24) „Ich bin nur gesandt zu den Verlornen Schaafen vom Hause Israel"; so verstehe ich das nicht wie die Geistesarmen Ebioniten, die ihren Namen von der geistigen Armuth haben, denn Ebhion heißt bei den Hebräern arm: so daß ich annähme, Christus sey vorzugsweise zu den fleischlichen Israeliten gekommen. „Denn nicht sind Kinder nach dem Fleisch darum auch Kinder Gottes." Anderswo lehrt der Apostel (Gal. 4, 26.) Aehnliches von Jerusalem: „das himmlische Jerusalem ist das freie, welches ist unser Aller Mutter", und in einem andern Briefe (Hebr. 12, 22.) „Ihr seyd gekommen zu dem Berge Zion, zu der Stadt des lebendigen Gottes, zu dem himmlischen Jerusalem und zu der Gemeine vieler tausend Engel, der Kirche der Erstgebornen, die im Himmel angeschrieben sind. Wenn es also ein Israel in der Reihe der Geister, eine Stadt Jerusalem im Himmel gibt, so folgt, daß die Städte Israels das himmlische Jerusalem zur Mutterstadt haben, und dasselbe auch für das ganze Judäa. [413] Mithin ist Alles, was von Jerusalem geweissagt und erzählt wird, wofern [414] wir in Paulus Gott und den Sprecher der Weisheit hören, so zu verstehen, daß die Schrift von der himmlischen Stadt und von dem ganzen Raume rede, der die Städte des heiligen Landes umfaßt. Denn vielleicht führt uns der Herr in jene Städte, und gibt denen, die mit ihrem Pfund gut Haus gehalten, die Aufsicht über fünf oder zehn Städte. Wenn nun die Weissagungen auf Judäa, Jerusalem, Israel, Juda und Jacob, was wir Alles nicht fleischlich auffassen, solche Geheimnisse enthalten, so möchten wohl auch die Weissagungen über Aegypten und die Aegyptier, über Babylon und die Babylonier, Tyrus und die Tyrier, Sidon und die Sidonier, oder über andere Völker, nicht bloß auf diese leiblichen Aegytier, Babylonier, Tyrier und Sidonier gehen, sondern auch auf die geistigen. Denn gibt es geistige Israeliten, so folgt, daß es auch geistige Aegyptier und Babylonier gebe. Unmöglich kann das, was im Ezechiel von Pharao, König von Aegypten, gesagt ist, von irgend einem Menschen, der einmal in Aegypten regiert hat, oder regieren wird, gesagt seyn, wie sich der Aufmerksame überzeugen wird. Ebensowenig kann von einem Menschen, der über Tyrus herrschte, gedacht werden, was über den Fürsten von Tyrus gesagt ist. Auch kann man, was an vielen Stellen und besonders im Jesaja von Nebukadnezar gesagt wird, auf ihn als Menschen nicht beziehen. Denn Nebukadnezar, der Mensch, ist weder vom Himmel gefallen, noch als Morgenstern über der Erde aufgegangen. Noch weniger wird man bei gutem Verstande die Aussprüche Ezechiels über Aegypten, es werde einst 40 Jahre wüste liegen, daß man von einem Menschen keine Spur mehr finden soll, und vom Kriege verheert werden, bis das Blutbad durch das ganze Land bis an die Kniee reiche, auf das Aegypten beziehen wollen, welches an die von der Sonne geschwärzten Aethiopier grenzt. [415] Vielleicht kann man es so verstehen: wie es ein himmlisches Jerusalem und Judäa gibt, und also ohne Zweifel auch ein Volk, das darin wohnt, so mag es auch Nachbarschaften geben, die nun Aegypten, Babylon, Tyrus und Sidon benannt werden, und die Geister, die etwa da wohnen, Aegyptier, Babylonier, Tyrier und Sidonier. In Folge ihres jenseitigen Verkehrs mag es auch eine Gefangenschaft geben, durch welche die Einen von Judäa nach Babylon, Andere nach Aegypten von höheren und besseren Wohnsitzen aus versetzt, und unter fremde Völker zerstreut werden.

16.

[416] Und wie die, welche hier des Allen gemeinsamen Todes sterben, nach ihren diesseitigen Werken, wenn sie z. B. des sogenannten Hades würdig erfunden wurden, nach Maßgabe ihrer Sünden an verschiedene Orte desselben [417] versetzt werden: so werden vielleicht auch die, welche dort, [418] so zu sagen, sterben, zu uns in den Hades gestoßen [419], und verschiedene, geringere oder bessere, Wohnungen dieses Erdraumes, unter diesem oder jenem Vater, angewiesen, so daß ein ehmaliger Israelite unter die Scythen gerathen, ein Aegyptier nach Judäa gelangen kann. Kam ja doch der Heiland, um die verlornen Schafe aus dem Hause Israel zu sammeln: und weil Viele von Israel seiner Lehre nicht anhiengen, werden die Heiden berufen. [420] Dem zu Folge wird man auch die Weissagungen über einzelne Völker mehr auf die Seelen und ihre verschiedenen himmlischen Herbergen beziehen, und ebenso in den Geschichten, die sich mit Israel, Jerusalem oder Judäa begeben haben sollen, während es von diesem oder jenem Volke bekriegt wurde, nachforschen müssen, ob sie sich etwa, weil sie doch nicht wirklich geschehen sind, auf die Gattung von Seelen anwenden lassen, die den vergänglichen Himmel bewohnten, oder noch bewohnen mögen. Und [421] weil wir vorhin die Seelen, die von dieser Welt in den Hades hinabsteigen, mit denen verglichen haben, welche von dem obern Himmel wie Verstorbene in unsre Wohnplätze herabkommen, so verdient es auch eine genauere Prüfung, ob wir nicht dasselbe von ihrer Geburt sagen dürften, daß nehmlich die, welche auf unserer Erde geboren

werden, entweder von dem eigentlichen Hades durch ihr besseres Streben wieder in die Höhe kommen und menschliche Leiber annehmen, oder von glückseligern Wohnungen bis zu uns herabsteigen, und ebenso auch die Räume des Firmaments über uns theils von Seelen bewohnt werden, die von unsern Wohnsitzen zu besseren emporstreben, theils von solchen, die von dem obern Himmel bis zum Firmament herabsanken, jedoch nicht so sehr gesündigt hatten, daß sie bis in die von uns bewohnten Räume verstoßen wurden. So kann also auch das Firmament im Vergleich mit dem obern Himmel ein Hades seyn, und diese unsere Erde im Vergleich mit dem Firmament; und umgekehrt können wir, im Vergleich mit der Unterwelt unter uns, Himmel genannt werden. Was mithin dem Einen Hades ist, das ist dem Andern Himmel. Und ich glaube, um dieser Unterscheidung willen spricht die Schrift in den Psalmen von einem untersten Hades: „Du hast meine Seele aus dem untersten Hades befreit." Will man [422] noch genauere Rechenschaft darüber aus der heiligen Schrift, so dient zur Antwort, daß der heil. Geist diese Dinge in der scheinbar wirklichen Geschichte tiefer verstecken wollte, z. B. wenn gesagt wird, daß sie nach Aegypten hinabziehen, oder gefangen nach Babylon geführt, und an diesem Orte theils ganz erniedrigt und zu Sclaven gemacht, theils in der Gefangenschaft hochgestellt und berühmt wurden, und zu Macht und Ansehen gelangten. Solches liegt also, wie wir meinen, in der Geschichte verborgen. Denn „das Himmelreich ist gleich einem Schatz, im Acker verborgen, den ein Mensch findet und verheimlicht, und derselbe geht heim und verkauft in der Freude darüber alles, was er hat, und kauft den Acker." Wir wollen nun sehen, ob nicht das Sichtbare, Oberflächliche und Handgreifliche in der Schrift der Acker voll verschiedener Pflanzen; das darunter liegende, nicht Allen sichtbare, sondern gleichsam unter die sichtbaren Pflanzen Vergrabene aber die verborgenen Schätze der Weisheit und Erkenntniß sind. Diese nennt auch der Geist durch Jesaja dunkel, unsichtbar und verborgen: weil Gott allein die ehernen Thore, die sie verschließen, sprengen, und die eisernen Riegel, die an die Thore gelegt sind, zerbrechen kann, um Alles das zu verstehen, was in der Genesis über die verschiedenen idealen [423] Geschlechter und Stämme der Geisterwelt, [424] welche Israel näher oder entfernter stehen, gesagt ist, den Hinzug der 70 Seelen nach Aegypten, wie sie dort sich mehren, wie die Sterne des Himmels, aber auch, weil nicht Alle von ihnen Lichter der Welt waren (denn nicht alle aus Israel sind Israeliten), zum Theil wie der unzählbare Sand des Meeres.

17.

[425] Dieser Zug der Väter nach Aegypten kann als ein Zug in diese Welt betrachtet werden, den Gott zur Erleuchtung und Besserung der Menschen anordnete. Ihnen zuerst wurde das Reden mit Gott vergönnt, denn von jenem Geschlecht allein wird gesagt, daß es Gott sah, wie der Name Israel beweist. Nun muß demgemäß auch erklärt werden, daß Aegypten mit zehn Plagen geschlagen wurde, bis es das Volk Gottes ziehen ließ, ferner die Geschichte des Volks in der Wüste, die Erbauung der Stiftshütte aus den Beiträgen des ganzen Volkes, die Zusammensetzung des Priestergewandes und die heiligen Gefäße. Alles dieß enthält nach der Schrift Schatten und Vorbild des Himmlischen, wie Paulus deutlich ausspricht. In dem Gesetze Mosis findet sich, nach welcher Richtschnur man im heiligen Lande leben müsse. Zugleich sind Drohungen ausgesprochen gegen die, welche das Gesetz übertreten würden; auch werden denen, die der Reinigung bedürfen, mehrere Arten von Reinigung vorgeschrieben, vorausgesetzt, daß sie sich öfters verunreinigen werden, damit sie endlich durch diese hindurch zu jener einzigen Reinigung gelangen, nach welcher keine Befleckung weiter möglich ist. Ferner wird das Volk der Zahl nach aufgeführt, wiewohl nicht Alle: denn die Kinderseelen sind noch nicht reif, nach göttlichem Gebote gezählt zu werden; auch die Seelen, die nicht eines andern Haupt werden können, sondern selbst einem Haupte untergeben sind, die Weiber werden nicht zu der von Gott vorgeschriebenen Zählung gezogen. Nur ihre Männer werden gezählt, und damit ist angedeutet, daß sie nicht besonders gezählt werden können, weil sie schon unter den Männern mitinbegriffen sind. Vorzüglich aber gehören zu der heil. Zahl die Streitbaren, die in die Kriege der Israeliten ziehen. [426] Das sind solche, die gegen jene Gegner und Feinde kämpfen können, welche sich wider das Volk Gottes erheben werden, und die der Vater dem zu seiner Rechten sitzenden Sohne un- terwerfen wird. Gott will aber Kämpfer, die sich nicht mit weltlichen Dingen einlassen, und deren Kraft nicht müßig ist, sondern die sich rüsten zum Kampfe, und eine Fülle von Kraft besitzen, welche sie nur erwerben konnten, wenn sie schon den Feinden tapfer widerstanden, die nach der Erzählung im Buch Numeri durch Rath, Ordnung und verständigen Widerstand geschlagen wurden. Solche Krieger, glaube ich, werden in der Schrift zur Zählung berufen. Noch glänzender und vollkommener aber, als diese, müssen diejenigen seyn, deren Haupthaare sogar gezählt sind. Andere dagegen, welche für ihre Sünden bestraft wurden, und deren Leichname in der Wüste blieben, scheinen Aehnlichkeit zu haben mit solchen, die zwar ziemlich vorangeschritten waren, aber aus verschiedenen Ursachen nicht zur

Vollendung gelangen konnten, entweder weil sie murrten, oder weil sie Götzen anbeteten, oder Hurerei oder sonst etwas trieben, woran sie nicht denken durften. Dann vermuthe ich auch darin einen geheimen Sinn, daß Einige, die viel Vieh besaßen, zuvorkommen und den ersten besten Waideplatz wegnehmen, den die Hand aller Israeliten im Kriege erobert. Weil sie diesen Platz von Moses verlangten, werden sie durch die Gewässer des Jordans abgesondert, und von dem Besitz des heiligen Landes ausgeschlossen. Dieser Jordan mag in seiner himmlischen Gestalt die dürstenden Seelen neben ihm tränken. Hier scheint mir auch das nicht müßig dazustehen, daß zwar Moses die Gesetze im Levitikus von Gott vernimmt, das Volk aber im Deuteronomion erst von Moses empfängt, was es von Gott nicht vernehmen konnte. Ebendarum heißt dieß die zweite Gesetzgebung, weil nach dem Aufhören der ersten durch Moses gleichsam eine zweite Gesetzgebung von Moses ausdrücklich seinem Nachfolger Josua überliefert wurde, der entschieden als Vorbild unsers Erlösers gilt, durch dessen neues Gesetz, d. h. die Gebote des Evangeliums, Alles zur Vollendung geführt wird.

18.

Vielleicht ist es aber auch so zu verstehen: wie die Gesetzgebung im Deuteronomion klarer und deutlicher auseinandergesetzt ist, als in den frühern Schriften, so wird auch die zweite Erscheinung des Heilandes in der Herrlichkeit des Vaters, im Verhältniß zu der in der Niedrigkeit der Knechtsgestalt, herrlicher und glänzender seyn, und dann das Urbild des Deuteronomions sich in ihm darstellen, wenn alle Heiligen im Himmel nach dem Gesetz des ewigen Evangeliums leben. [427] Denn, wie er durch den Schatten des Evangeliums den Schatten des Gesetzes erfüllt hat, weil alles Gesetz Vorbild und Schatten eines himmlischen Dienstes [428] ist, so wollen wir weiter sehen, ob wir es recht verstehen, daß auch das höhere Gesetz und die Gebräuche des himmlischen Dienstes keine Vollendung haben, und daß ihnen noch die Wahrheit des Evangeliums fehle, das in der Offenbarung Johannis (14, 6.) das ewige Evangelium heißt, im Vergleich mit dem jetzigen Evangelium, welches zeitlich ist, insofern es in der vergänglichen Welt und Zeit gepredigt wird. Will man nun [429] die Frage auch auf sein Leiden ausdehnen, so wird es sehr gewagt scheinen, dasselbe auch im Himmel zu suchen. Wenn es jedoch auch Geister des Bösen im Himmel gibt, und wir uns nicht schämen zu bekennen, daß er hier um der Zerstörung dessen willen gekreuzigt worden sey, was er durch sein Leiden wirklich zerstört hat, so dürfen wir uns auch nicht scheuen, zuzugeben, daß dort etwas Aehnliches geschehen sey und geschehen werde bis zur Vollendung des gan- zen Weltalters, [430] damit durch sein Leiden alle Geschlechter an allen Orten erlöst werden.

19.

[431] Wie übrigens alle Gaben Gottes unendlich *mehr* sind, als endliches Wesen, [432] so mag auch das genaue Verständniß der Weisheit in Allem diesem, das bei Gott ist und bei dem, der die Aufzeichnung desselben veranstaltet hat, nach dem Willen des Vaters, *aus dem Logos* nur die Seele erlangen, welche mit allem Eifer und in dem Bewußtseyn menschlicher Schwachheit sich für die Erfassung der Weisheit durchaus gereinigt hat. Wenn aber Einer allzu leichtfertig auf sich vertraut, und das Geheimniß der Weisheit Gottes, als [433] des im Anfang bei Gott und selbst Gott wesenden Logos, und die Nothwendigkeit, diese Schriften im Sinne des Logos und Gottes und in seiner Weisheit zu erforschen und zu verstehen, nicht anerkennt: der muß nothwendig auf fabelhafte, alberne und träumerische Auslegungen gerathen, und setzt sich der Gefahr der Versündigung aus. Darum erinnere ich an die Warnung Salomos im Prediger (5, 1.) „Eile nicht, vor Gott zu reden: denn Gott ist oben im Himmel, du unten auf der Erde, darum laß deiner Worte wenig seyn." Es ziemt sich, zu glauben, daß auch nicht ein Jota in der Schrift leer von der Weisheit Gottes sey: [434] denn, der mir dem Menschen befohlen hat „du sollst nicht leer vor mir erscheinen", wird noch viel weniger selbst etwas Leeres reden. Aus seiner Fülle [435] nahmen die Propheten, wenn sie sprachen, [436] und darum weht in Allen die Fülle, und ist nichts in der Weissagung, oder im Gesetz, oder im Evangelium oder bei dem Apostel, das nicht aus seiner Fülle wäre. Und weil es aus der Fülle ist, weht darin die Fülle für die, welche Augen haben zu sehen, und Ohren zu hören, und einen Sinn für den Wohlgeruch, der aus der Fülle weht. Wenn du aber beim Lesen der Schrift auf einen Gedanken stößest, der ein [437] Stein des Anstoßes und ein Fels des Aergernisses ist, so gib die Hoffnung nicht auf, daß auch dieser einen Sinn enthalte. [438] Alsdann wird das Wort (Röm. 9, 33.) wahr werden: „Wer glaubet, der wird nicht zu Schanden werden"; zuerst glaube, so wirst du unter dem vermeintlichen Anstoß viele heilige Früchte finden. [439]

20.

Sucht jedoch ein Neugieriger eine Erklärung bis in's Einzelne, so höre er mit uns den Apostel Paulus, der auch die Tiefen der Weisheit Gottes erforscht hat, aber doch nicht zum Ziele und, so zu sagen, zur innersten Erkenntniß gelangen kann, und deswegen voll Staunen ausruft: „O welche Tiefe des Reich- thums, beide, der Weisheit und der Erkenntniß Gottes." Und daß er dieß eigentlich in der Verzweiflung an einem vollendeten Begreifen ausgerufen habe, vernimm von ihm selbst, wenn er sagt: „wie unbegreiflich sind Gottes Gerichte, und unbegreiflich seine Wege" (Röm. 11, 33.). Nicht schwer nennt er das Erforschen der Gerichte Gottes, sondern geradezu unmöglich; nicht schwer das Begreifen seiner Wege, sondern unmöglich. Denn so weit einer auch mit angestrengtem Eifer und durch Gottes Beistand erleuchtet in der Erforschung vorgeschritten seyn mag, so wird er doch zum höchsten Ziele des Forschens nie gelangen; wie überhaupt kein erschaffener Geist Alles vollkommen begreifen kann, sondern je mehr er gefunden hat, desto mehr wieder Neues zu suchen findet. Daher auch der weise Salomo, der das Wesen der Dinge mit Weisheit erkannte, (Pred. 7, 24.) sagt: Ich sprach, ich will weise werden, und die Weisheit rückte fern von mir, weiter, als sie vorher war: und die tiefe Tiefe, wer will sie ergründen? Auch Jesaja weiß, daß der Urgrund der Dinge von einem sterblichen Wesen nicht ergründet wird, ja nicht einmal von Wesen, die höher als die menschlichen, dennoch aber erschaffen sind; und weil er weiß, daß sie weder Ursprung noch Ende finden können, spricht er (41, 22): „Saget mir, was vordem war, dann wissen wir, daß ihr Götter seyd; verkündiget, was zuletzt seyn wird, dann werden wir sehen, daß ihr Götter seyd." So erklärte mir ferner auch mein Lehrer im Hebräischen: [440] weil Ursprung und Ende aller Dinge außer dem Herrn Jesu Christo und dem heiligen Geiste Niemand begreifen könne, spreche Jesaja nur von zwei Seraphim, welche mit zwei Flügeln das Angesicht, mit zwei andern die Füße Gottes bedecken, mit dem dritten Paare stiegen, indem sie einander zurufen: „Heilig, heilig, heilig! Herr der Heerschaaren, die ganze Erde ist voll deiner Herrlichkeit." [441] Wenn also nur die Seraphim ihre Flügelpaare vor das Angesicht Gottes, und um seine Füße halten, so darf man ohne Bedenken behaupten, daß auch die Heere der heiligen Engel und die Thronen und Fürstenthümer und Herrschaften Ursprung und Ende des Alls nicht vollkommen verstehen. Doch muß man denken, daß die Heiligen und Mächte, welche der Geist aufgezählt hat, [442] zunächst dem Urgrund stehen, und ihn so nahe berühren, wie es den übrigen nicht möglich ist; soviel sie aber auch erreichen mögen, wird doch immer der Höhere mehr begreifen, als der Niedrigere, Keiner aber Alles; wie geschrieben [443] steht: „die Mehrheit der Werke Gottes liegt im Verborgenen." Um somehr ist zu wünschen, daß Jeder nach seinen Kräften, was dahinten ist, vergesse, und immerhin nach dem Höhern strebe, sowohl nach Besserung des Lebens, als nach reinerer Einsicht und Erkenntniß, durch unsern Heiland Jesum Christum, welchem sey Ehre in Ewigkeit.

21.

[444] Wem es nur um Wahrheit zu thun ist, der wird sich um Ausdrücke und Redensarten nicht bekümmern, weil bei jedem Volke ein anderer Gebrauch der Worte gilt: er wird mehr darauf sehen, was? nicht wie es betrachtet wird, zumal in so wichtigen und schweren Fragen, wie diese ist: ob es ein Wesen gebe, das weder Farbe noch Gestalt, weder Dichtigkeit noch Größe hat, das bloß gedenkbar ist; welches dann Jeder nach Belieben nennt. Die Griechen nennen es ασωματον, die heiligen Schriften αορατον. Denn Paulus (Col. 1, 15.) nennt Christum „das Bild des unsichtbaren Gottes"; dann sagt er auch, durch Christum sey Alles geschaffen, Sichtbares und Unsichtbares. Damit ist ausgesprochen, daß es auch unter den Geschöpfen einige ihrer Natur nach unsichtbare Wesen gebe; allein diese, obwohl nicht selbst körperlich und an sich erhaben über die Körperwelt, haben doch Körper. Nur das Wesen, [445] welches Urgrund und Anfang von Allem, aus welchem und durch welches und in welchem Alles ist, nur dieses ist nicht Körper, und hat keinen Körper, sondern ist rein unkörperlich. Diese, zwar abschweifende, aber von dem Gange der Untersuchung aufgedrungene Bemerkung mag nun hinreichen, um zu zeigen, daß es Dinge gibt, die sich durchaus in keiner menschlichen Sprache vollständig ausdrücken, sondern nur durch den einfachen Gedanken klar machen lassen. An diesen Grundsatz muß sich besonders das Schriftverständniß halten, um den Inhalt der Worte nicht nach dem schlichten Ausdruck, sondern nach dem göttlichen Sinn des heiligen Geistes, der sie eingegeben hat, schätzen zu können.

SUMMARISCHE WIEDERHOLUNG

1.

[446] Es ist nun Zeit, nachträglich noch über Vater, Sohn und Geist Einiges, was oben übergangen wurde, auseinander zu setzen: über den Vater, daß er ungetheilt und unzertrennlich Vater vom Sohne wird, nicht, wie Einige glauben, durch Entbindung. [447] Denn wäre der Sohn eine Geburt aus dem Vater, und zeugte er ihn aus sich nach Art thierischer Zeugung, so müßte sowohl der Gebärende als der Geborne nothwendig Körper seyn. Ich bin auch nicht der Meinung der Häretiker, daß ein Theil des Wesens Gottes in den Sohn verwandelt, oder daß der Sohn aus dem Nichtseyn von dem Vater geschaffen sey, [448] so daß keine Zeit gewesen wäre, wo er nicht war; sondern ich behaupte mit Ausschließung aller körperlichen Begriffe, daß der Logos und die Weisheit aus dem Unsichtbaren und Unkörperlichen entsprungen sey, wie der Wille aus dem Geiste entspringt; und er könnte ebenso gut, als er Sohn der Liebe heißt, auch Sohn des Willens Gottes genannt werden. Ist [449] er nun, als Bild des unsichtbaren Vaters, unsichtbares Ebenbild und ich möchte kühn hinzusetzen: die Aehnlichkeit des Vaters selbst, so war nie eine Zeit, wo er nicht war. Wann hatte den Gott, dern nach Johannes ein Licht heißt, „Gott ist ein Licht" (1, 1, 5.), keinen Abglanz seiner eigen- thümlichen Herrlichkeit, daß man es wagen dürfte, dem Sohne einen Anfang zugeben, als ob er vorher nicht gewesen? Wann sollte das Ebenbild von dem verborgenen, namenlosen, unaussprechlichen Wesen des Vaters, sein Abdruck, der Logos, der den Vater erkennet, nicht gewesen seyn? Es bedenke wohl, wer es wagt zu sagen „es war eine Zeit, da der Sohn nicht war", daß er zugleich sagt: die Weisheit war einmal nicht, und die Vernunft war nicht, und das Leben war nicht. [450] Denn in diesen Bezeichnungen liegt das Wesen des Vaters vollkommen: und diese Eigenschaften können nicht von ihm genommen oder von seinem Wesen getrennt gedacht werden. Wenn sie gleich in der Vorstellung mehrere sind, so sind sie doch der Sache und dem Wesen nach Eins. Und darin besteht die Fülle der Gottheit. Auch steht es unserer schwachen Einsicht nicht zu, ja es ist nicht ohne Gefahr, von uns aus Gott das ewige Zusammenseyn mit dem eingebornen Logos abzusprechen, der die Weisheit ist, an welcher er seine Freude hat. Denn auf solche Weise könnte er auch nicht in ewiger Freude gedacht werden. Der Ausdruck selbst aber: es war nie eine Zeit, da er nicht war, darf nicht streng genommen werden: denn die Worte „nie, da" enthalten schon Zeitbestimmungen; was aber von Vater, Sohn

und Geist gesagt wird, ist über alle Zeit, über alle Aeonen, und über die ganze Ewigkeit hinauszudenken. Nur, was zu dieser Dreizahl nicht gehört, ist nach Welten und Zeiten zu ermessen.

2.

So kann man vernünftiger Weise auch nicht annehmen, daß der Sohn Gottes in einem Raum enthalten sey, weil er das Wort ist, das bei Gott war, oder weil er die Weisheit, die Wahrheit, das Leben, die Gerechtigkeit, Heiligung und Erlösung ist. Alles dieß ist in seiner Wirksamkeit an keinen Ort gebunden, sondern es drückt nur sein Verhältniß zu denen aus, in welchen sich seine Wirksamkeit offenbart. Wendet man ein, daß in Bezug auf diese, die des Wortes, der Weisheit, der Wahrheit, des Lebens Gottes theilhaftig werden, auch das Wort und die Weisheit selbst an den Ort gebunden sey, so antworten wir, daß allerdings Christus als Wort, Weisheit und so weiter, in Paulus war, da er sagt: oder verlanget ihr Beweis von dem, der in mir redet, von Christus? (2 Cor. 13, 3.) und: Ich lebe, aber nicht Ich, sondern Christus lebt in mir (Gal. 2, 20.), Wenn er aber in Paulus war, wer wollte zweifeln, daß er ebenso in Petrus, Johannes und den übrigen Heiligen, sowohl hier auf Erden, als dort im Himmel gewesen? denn es wäre ungereimt zu sagen, er sey zwar in Petrus und Paulus, nicht aber in den Erzengeln Michael und Gabriel. Daraus ergibt sich, daß die Göttlichkeit [451] des Sohnes Gottes nicht in einem Raum eingeschlossen war, sonst würde sie nur in ihm gewesen seyn, in einem Andern nicht. Aber wie sie vermöge ihrer unkörperlichen Natur in keinen Raum eingeschlossen ist, so kann sie auch in keinem fehlen, und wir dürfen nur die einzige Verschiedenheit annehmen, daß sie zwar in Mehreren sey, wie in Paulus, Petrus, Michael und Gabriel, jedoch nicht in Allen auf gleiche Weise. Denn in den Erzengeln ist sie vollkommener und reiner, und so zu sagen, offenbarer, als in andern heiligen Männern. Dieß ist daraus klar, daß die Heiligen nach der evangelischen Lehre erst, wenn sie zur höchsten Vollkommenheit gelangt sind, den Engeln ähnlich oder ganz gleich werden sollen. Mithin ist Christus in dem Einzelnen in dem Maaße, als es dessen sittlicher Werth zuläßt.

3.

Nachdem wir soviel über das Verhältniß der Gottheit [452] kürzlich nachgeholt haben, [453] müssen wir auch in Erinnerung bringen, daß durch den Sohn Alles geschaffen ist, was im Himmel und auf Erden ist, Sichtbares, und Unsichtbares, seyen es Thronen, oder Herrschaften, oder Fürstenthümer und Gewalten, daß

Alles durch ihn und in ihm, und er vor Allem und über Allem ist das Haupt. Uebereinstimmend damit sagt Johannes im Evangelium „durch ihn ist Alles gemacht, und ohne ihn ist Nichts gemacht." David aber sagt [454] (53, 6.): „durch das Wort des Herrn sind die Himmel befestigt, und durch den Geist seines Mundes all' ihre Macht." Zunächst an dieses reiht sich die Erwähnung der Erscheinung des eingebornen Sohnes Gottes im Fleisch. Man darf sich diese nicht so denken, als ob die ganze Majestät seiner Göttlichkeit in den Kerker eines so kleinen Körpers eingeschlossen wäre, so daß der ganze Logos, die Weisheit Gottes, die wesenhafte Wahrheit und das Leben von dem Vater losgerissen, in die Schranken seines Körpers eingeschlossen und ohne anderwärtige Wirksamkeit gedacht werden müßte. Der Glaube muß beides festhalten: [455] es darf weder die Göttlichkeit in Christo mangelhaft, noch irgend Etwas von dem allgegenwärtigen Wesen des Vaters losgerissen gedacht werden. Dieß bezeugt der Täufer Johannes, indem er, da doch Christus leiblich abwesend war, zu dem Haufen spricht (Joh. 1, 26.) „Er ist mitten unter Euch getreten, den ihr nicht kennt u. s. w." Dieß konnte er in Bezug auf die leibliche Gegenwart von dem Abwesenden nicht sagen. Uebrigens will das nicht so verstanden seyn, als ob ein Theil der Gottheit des Sohnes in Christo, der übrige Theil anderswo oder überall gewesen wäre. So können nur solche denken, die die Natur eines unkörperlichen und unsichtbaren Wesens nicht kennen. Denn das Unkörperliche, hat keine Theile, und kann nicht getrennt werden, sondern ist, wie gesagt, in Allem und durch Alles und über Allem, ganz wie die Weisheit, das Wort, die Wahrheit und das Leben gedacht werden muß, bei welchem Gedanken unstreitig alle räumliche Begrenzung ausgeschlossen ist.

4.

Weil also der Sohn Gottes den Menschen sich offenbaren und unter den Menschen wandeln wollte, nahm er nicht blos, wie Einige glauben, einen menschlichen Körper, sondern auch eine Seele an, ihrem Wesen nach wie die unsrige, ihrem Streben und ihrer Tugend nach aber ihm gleich, die im Stande war, alle Entschlüsse und Veranstaltungen [456] des Logos und der Weisheit unfehlbar auszuführen. Daß er sie gehabt, erklärt der Heiland selbst in den Evangelien: „Niemand, sagt er, nimmt meine Seele von mir, sondern ich opfere sie von selbst; ich habe Macht, meine Seele hinzugeben, und habe Macht, sie wieder zu nehmen", und wiederum (Matth. 26, 38.) „Meine Seele ist betrübt bis in den Tod", anderswo (Joh. 12, 27.) „Jetzt ist meine Seele erschüttert." Eine betrübte und erschütterte Seele kann nicht der Logos selbst seyn, der in göttlicher Machtvollkommenheit spricht: Ich habe Macht, meine Seele hinzugeben." Allein wir sagen nicht, daß der Sohn Gottes in jener Seele so war, wie er in der Seele Paulus, Petrus und anderer Heiligen war, in denen Christus ebenfalls, wie in Paulus redet. Man bedenke nur, daß die Schrift von allen diesen sagt: „Niemand ist rein von Flecken, auch wenn sein Leben nur einen Tag währte" (Job. 15, 14.); die Seele Jesu aber erkohr das Gute, ehe sie das Böse kannte: und weil sie Gerechtigkeit liebte und das Unrecht haßte, darum hat sie Gott gesalbt mit Freudenöle vor ihren Genossen (Ps. 46, 8.). Mit Freudenöle gesalbt heißt sie, weil sie in unbefleckter Verbindung mit dem göttlichen Logos und dadurch allein unter allen Seelen unfähig war, zu sündigen." Weil sie den Sohn Gottes ganz umfaßte, ist sie auch Eins mit ihm und wird mit seinem Namen Jesus Christus genannt, durch den Alles geschaffen. Auf diese Seele, sofern sie die ganze Weisheit, die Wahrheit und das Leben Gottes in sich faßte, beziehe ich auch die Worte des Apostels (Col. 3, 4.): „Unser Leben ist verborgen mit Christo in Gott: wenn aber Christus unser Leben sich offenbaren wird, dann werdet auch ihr offenbar werden mit Christo in der Herrlichkeit." Welcher andere Gesalbte [457] sollte in Gott [458] verborgen seyn, und sich nachher offenbaren, als der, von welchem gesagt wird, daß er mit Freudenöl gesalbt, d. h. wesentlich von Gott erfüllet sey? Ebendarum wird ja Christus allen Gläubigen zum Muster vorgestellt, weil er immer, und eh' er vom Bösen wußte, das Gute erkohr, die Gerechtigkeit liebte und das Unrecht haßte, und darum gesalbt wurde mit Freudenöl. Nach seinem Beispiel soll Jeder auch nach dem Fall und der Sünde sich vin Flecken reinigen, und an der Hand des Führers den steilen Pfad der Tugend gehen, um so viel möglich in seiner Nachfolge der göttlichen Natur theilhaftig zu werden, wie geschrieben steht: wer da sagt, daß er an Christum glaube, der muß auch wandeln, wie er gewandelt hat (1 Joh. 2, 6.). Der Logos also, die Weisheit, mittelst deren wir wahrhaft weise [459] werden, wird Allen Alles, um Alle zu gewinnen: er wird den Schwachen ein Schwacher, um die Schwachen zu gewinnen, und weil er ein Schwacher wird, ist von ihm gesagt: „Ob er wohl gekreuzigt ist in Schwachheit, ist er doch in der Kraft Gottes" (2 Kor. 13, 4.) Endlich erklärt Paulus den Corinthiern, die schwach waren (1 Cor. 2, 2.): er wisse nichts als den gekreuzigten Jesum Christum. Einige wollen auch jenes Wort des Apostels auf die Seele Christi nach seiner Geburt aus der Maria bezogen wissen: „Welcher, ob er wohl göttliche Gestalt hatte, es doch nicht für einen Raub hielt, Gott gleich zu seyn, sondern sich selbst entäußerte und Knechtsgestalt annahm". (Phil. 2, 6.); da er diese gewiß durch Beispiel und Unterricht in eine göttliche Gestalt umwandelte und zu der Vollkommenheit, der er sich entäußert hatte zurückführte. Wie aber einer durch Gemeinschaft mit dem Sohne Sohn wird, und durch Gemeinschaft mit der Weisheit weise, so wird er auch durch Gemeinschaft mit dem heiligen Geiste heilig und geistig. [460] Was wir übrigens von der Seelengemeinschaft gesagt haben, dasselbe gilt auch von den Engeln und den himmlischen Mächten, denn alle vernünftigen Geschöpfe haben Gemeinschaft mit dem Logos. [461]

5. Weiter haben wir, weil auch dieß als eine besonders wichtige Frage angesehen wird, über das Verhältniß der sichtbaren Welt gesprochen, theils mit Rücksicht auf solche, die bei unserm Glauben auch Gründe des Glaubens verlangen, theils mit Beziehung auf die Härekiker, die deshalb Streitigkeiten erregen, und das Wort υλη, Materie, das sie nicht einmat verstehen, immer im Munde führen. Ich glaube auch dieses kurz zusammenfassen zu müssen. Vorerst bemerke ich, daß ich das Wort Hyle für Körperstoff noch nirgends in den kanonischen Schriften gefunden habe. Wenn Jesaja sagt (10, 17.): Er wird die Hyle verzehren wie Heu, [462] so setzt er Hyle für Sünden, denn er spricht von Bestrafen. Und wenn das Wort auch noch an einem andern Orte vorkommt, so glaube ich doch, daß es die Bedeutung, um die es sich handelt, nicht hat; außer etwa im Buch der Weisheit, das dem Salomo zugeschrieben wird, das aber nicht allgemein anerkannt ist. [463] Die Stelle lautet so: Deiner allmächtigen Hand, welche die Welt aus der formlosen Hyle geschaffen hat, mangelte nichts, um einen Haufen Bären und wilde Löwen wider sie zu schicken (W. 11, 18.). Die Meisten sind der Meinung, die Hyle werde von Moses im Anfang der Genesis bezeichnet: „die Erde war unsichtbar und ungeordnet." [464] Unter der noch unsichtbaren und ungeordneten Erde, meinen sie, verstehe Moses die formlose Materie. Ist das die Materie wirklich, so folgt, daß die Urbestandtheile der Körper nicht unwandelbar sind. Diejenigen, welche Atome [465] oder nur Ein Element der Körperwelt setzten, konnten die Hyle im eigentlichen Sinne nicht unter die Urbestandtheile zählen. Denn wenn sie die Materie als den veränderlichen und theilbaren Grundstoff aller Körper betrachten, so können sie dieselbe nicht auch als abgesondert von ihren natürlichen Eigenschaften [466] voraussetzen. Damit stimmen auch wir überein, indem wir die Meinung, daß die Materie ungeschaffen sey, durchweg abweisen. Dieß haben wir oben bewiesen, so gut wir konnten, indem wir zeigten, daß aus Wasser, Erde, Luft und Farbe verschiedene Bäume verschiedene Früchte hervorbringen: daß Feuer, Luft, Erde, Wasser, Eins in's Andere umgewandelt werde, und vermöge gewisser Verwandtschaften ein Element in's andere sich auflöse; daß aus den Nahrungsmitteln der Menschen und Thiere der Stoff des Fleisches entstehe, und die natürlichen Feuchtigkeiten [467] in festes Fleisch und Bein übergehen; was Alles den Beweis liefert, wie veränderlich der Körperstoff sey, und eine Beschaffenheit nach der andern annehme.

6.

Wiederholen muß ich ferner, daß kein Stoff ohne Form bestehe, und daß blos im Gedanken die Materie an sich von der wandelbaren Form der Körper unterschieden wird. [468] Einige, die die Sache genauer erforschen wollten, haben behauptet, die Materie sey selbst nur eine Erscheinungsform. Denn wenn Härte und Weichheit, Kaltes und Warmes, Feuchtes und Trockenes nur Erscheinungsformen seyen, nach Wegnahme dieser und ähnlicher aber nichts übrig bleibe, so bestehe das Ganze aus Erscheinungsformen. Daher haben die Nehmlichen auch den Satz aufgestellt: da alle diejenigen, welche die Materie als unerschaffen sehen, die Erscheinungsformen von Gott geschaffen seyn lassen, so folgt aus ihrer eigenen Voraussehung, daß die Materie nicht unerschaffen seyn könne, da die Erscheinungsformen Alles sind, und von Allen als von Gott erschaffen anerkannt werden. Dagegen gebrauchen Andere, die beweisen wollen, daß die zu Grund liegende Materie äußere Erscheinungsformen angenmmen habe, folgende Beispiele: Paulus schweigt oder redet, wacht oder schläft; oder er befindet sich in irgend einer Lage des Körpers, sitzt, steht oder liegt. Dieß sind Zu- kommenheiten [469] des Menschen, ohne die er fast nie ist. Zwar enthält unser Begriff von Mensch nichts dergleichen, aber wir denken ihn schon so, ohne weiter nach dem Grund seiner Stellung, seines Wesens, Schlafens, Redens, Schweigens oder anderer Zukommenheiten zu fragen. Kann man nun den Paulus ohne alle diese Zukommenheiten denken, so wird man auch den Grundstoff [470] ohne Erscheinungsformen denken können. Sehen wir also von allen Erscheinungsformen ganz ab und heften unsern Gedanken einzig, so zu sagen, auf den Punkt des Grundstoffs, ohne alle Rücksicht auf Weichheit oder Härte, Kälte oder Wärme, Feuchtigkeit oder Trockenheit des Stoffes, dann werden wir wenigstens in der Einbildung die Materie von allen diesen Erscheinungsformen entblöst sehen. Man fragt nun vielleicht, ob wir auch aus der Schrift einen Fingerzeig dafür finden mögen. Mir scheint der Prophet in den Psalmen Etwas der Art anzudeuten (139, 16.): meine Augen haben dein Unvollendetes gesehen. [471] Mir scheint der Prophet die Urbestandtheile tiefer durchschaut und, indem er die Materie an sich von ihren Erscheinungsformen trennte, dasjenige unvollendet gefunden zu haben, was erst durch das Hinzutreten der Erscheinungsformen vollendet wird. Enoch spricht in seinem Buche: Ich wandelte bis zum Unvollendeten; was man ebenso verstehen kann. Der Geist des Propheten durchgieng und durchforschte jedes Einzelne, bis er auf ein Letztes kam, in welchem er die unvollendete Materie, ohne Erscheinungsformen, erblickte: denn in demselben Buche sagt Enoch auch: „ich durchschaute alle Materien." Dieß ist immerhin so gemeint, daß er alle von der Einen Materie losgerissenen Gestaltungen derselben, als Menschen, Thiere, Himmel, Sonne und was sonst in der Welt ist, durchschaut habe.

7.

Nach diesem haben wir oben gezeigt, daß Alles, was ist, von Gott geschaffen, daß außer dem Wesen des Vaters, Sohnes und heiligen Geistes Nichts unerschaffenes sey: und daß Gott, weil er von Natur gütig ist und Wesen haben will, denen er Gutes thun kann, und die sich seiner Wohlthaten freuen, solche Geschöpft in's Daseyn gerufen habe, die ihn würdig ehren [472] können, und die er auch seine Söhne nennt. Uebrigens hat er Alles nach Maas und Ziel geschaffen. Nichts ist bei Gott ohne Maas und Ziel: denn er begreift Alles mit seiner Kraft, und wird von keinem Verstande des Geschaffenen begriffen. Er allein erkennt sein Wesen. [473] Denn nur der Vater kennt den Sohn, und der Sohn nur den Vater. Wenn jedoch der Sohn den Vater kennt, so scheint es, daß er eben mit dem Kennen ihn auch begreife: wie wir sagen, der Geist des Künstlers begreife das Maas der Kunst. Auch ist kein Zweifel, daß, wenn der Vater im Sohne ist, er auch von dem begriffen werde, in welchem er ist. Wenn wir aber nicht von dem Begreifen durch Sinn und Vernunft, sondern von einem solchen reden, daß der, welcher begreift, durch seine Kraft und Macht Alles umfaßt: dann können wir nicht sagen, daß der Sohn den Vater begreife. Wenn dagegen der Vater Alles in sich begreift, zu dem All aber auch der Sohn gehört, so folgt, daß er auch den Sohn in sich begreift. Fragt [474] nun ein Anderer, ob es auch wahr sey, daß Gott von sich ebenso erkannt werde, wie vom eingebornen Sohne: so wird er doch zugestehen, daß der Ausspruch „der Vater, der mich sandte, ist größer, denn ich" in allen Beziehungen wahr sey; folglich wird, auch in Bezug auf das Erkennen, der Vater größer und reiner und vollkommener von sich erkannt werden, als vom Sohne. Jedes Geschöpf also wird nach Zahl und Maas bestimmt: die geistigen nach der Zahl, die materiellen nach dem Maaße. Daher auch die Vernunftwesen, weil sie einmal an Körper gebunden seyn mußten, und ihrem Ursprung nach wandelbar und Veränderlich waren (denn was vorher nicht war, sondern erst angefangen hat, zu seyn, gibt sich ebendamit als veränderliche Natur zu erkennen), sowohl das Gute, als das Böse nicht ursprünglich, sondern zufällig an sich haben. Da also die vernünftigen Wesen wandelbar sind, und zwar so, daß sie nach dem Grade ihrer Sittlichkeit auch körperliche Hüllen von verschiedener Art und Form bedurften, so war es nöthig, daß Gott, wie er die künftigen Abweichungen der Seelen und der geistigen Kräfte voraussah, auch eine Körperwelt schuf, welche eine beliebige Umwandlung in alle möglichen

Formen zuließe. Diese muß denn solange beharren, als es Wesen gibt, die sie als Hülle bedürfen. Da nun immer vernünftige Wesen seyn werden, so wird auch die Körperwelt, ihre Bekleidung, ewig seyn. Kann man jedoch [475] nachweisen, daß die geistige Natur, wenn sie sich des Körpers wird entledigt haben, durch sich selbst fortlebe, und zwar in einer schlimmern Lage sey, solang sie mit dem Körper umgeben ist, in einer bessern, nachdem sie ihn abgelegt hat: so wird Niemand zweifeln, daß die Körperwelt nicht ursprünglich, [476] sondern in Zwischenräumen vorhanden sey, und der verschiedenen Richtungen der sittlichen Naturen wegen bald entstehe, um die, welche es bedürfen, zu bekleiden: bald wieder in's Nichts zerfließe, wenn sie sich aus dem Verderbniß ihrer Sünden wieder erholt haben: und daß dieses sich in beständigem Wechsel wiederhole. Allein wie schwer und fast unmöglich dieser Beweis zu führen seyn möchte, haben wir oben in der Ausführung gezeigt.

8.

Ich finde es diesem Werke nicht unangemessen, auch die Lehre von der Unsterblichkeit der geistigen Naturen in möglichster Kürze zu wiederholen. Jeder, der an etwas Theil hat, ist mit dem, welcher an der nehmlichen Sache Theil nimmt, von Einerlei Wesen. [477] So sind alle Augen, die des Lichtes theilhaftig werden, gleicher Natur; gleichwohl aber sieht der Eine schärfer, der Andere schwächer: also nimmt nicht jedes Auge gleichen Antheil am Lichte. Und wiederum jedes Gehör nimmt den Schall in sich auf, daher ist alles Gehör gleicher Natur. Dennoch hört nach der besondern Beschaffenheit seines Gehörs der Eine schneller, der Andere langsamer. Wenden wir diese sinnlichen Beispiele auf die Betrachtung des Geistigen an, so ergibt sich: Jeder Geist, der des geistigen Lichtes theilhaftig ist, ist mit jedem andern, der ebenso des geistigen Lichtes theilhaftig ist, ohne Zweifel von gleicher Natur. [478] Mit der geistigen, vernünftigen Natur steht in Gemeinschaft Gott, der eingeborne Sohn Gottes und der heilige Geist: es stehen damit in Gemeinschaft die Engel und Gewalten, und die übrigen Mächte: es steht damit in Gemeinschaft der innere Mensch, der nach dem Ebenbild und der Aehnlichkeit Gottes geschaffen ist; daraus folgt, daß Gott und diese Geister in gewissem Sinne [479] von Einem Wesen sind. Da nun aber [480] das Wesen des Vaters und des Sohnes und des heiligen Geistes unvergänglich und ewig ist, so ist die nothwendige Folge, daß alle Naturen, die an diesem Wesen Theil haben, unvergänglich und ewig sind: sind aber die vernünftigen Wesen unvergänglich und unsterblich, so ist es gewiß auch das Wesen der menschlichen Seele; [481] und so bewährt sich die Güte der ewigen Gottheit eben darin, daß auch die, welche an ihren Wohlthaten Theil haben, ewig sind. Wie wir jedoch in den obigen Beispielen eine Verschiedenheit in der Aufnahme des Lichtes bemerkt haben, indem der Eine schärfer, der Andere schwächer sieht: so findet auch bei dee Theilnahme an dem Wesen des Vaters, Sohnes und heiligen Geistes, nach- dem Grad des Eifers und der Fassungsktaft, eine Verschiedenheit Statt.

9.

Wir haben überdieß zu bedenken, ob es nicht eine gottlose Meinung wäre, daß ein Geist, der Gott zu fassen vermag, einer wesentlichen Vernichtung fähig sey. Muß doch schon die Gabe, Gott zu erkennen und zu fühlen, hinreichende Bürgschaft seiner Fortdauer seyn, da ja ein Geist auch in seinem Abfall, wo er Gott nicht mehr rein und vollkommen fassen kann, doch den Keim einer höhern Erkenntniß in sich behält, wodurch der innere oder geistige Mensch nach dem Ebenbild und der Ähnlichkeit mit Gott, der ihn geschaffen hat, erneuert wird. Denn der Prophet spricht (Ps. 22, 28.): „es werden sich besinnen und umkehrn zum Herrn aller Welt Enden, und werden anbeten vor ihm aller Völker Stämme." Behauptet man aber eine wesentliche Vernichtung dessen, der nach Gottes Bild geschaffen ist, [482] so versündigt man sich an dem Sohne Gottes selbst: denn Er wird in der Schrift das Ebenbild genannt; oder man greift wenigstens die Glaubwürdigkeit der Schrift an, welche sagt, daß der Mensch nach Gottes Ebenbild geschaffen sey. Denn diesem gemäß muß er auch die Kennzeichen des göttlichen Ebenbildes an sich tragen, und zwar nicht in der vergänglichen Körpergestalt, [483] sondern in der rechten Verfassung des Gemüthes, [484] in der Gerechtigkeit, Enthaltsamkeit, Standhaftigkeit, Weisheit und Wissenschaft [485] und in dem ganzen Reigen der Tugenden, welche Gott wesentlich dem Menschen durch Anstrengung und Nachahmung Gottes eigen sind; wie der Herr im Evangelium (Luc. 6, 36.) sagt: seyd barmherzig, wie euer Vater im Himmel barmherzig ist, und (Matth. 5, 48.): seyd vollkommen, wie euer Vater im Himmel vollkommen ist. Dieß ist ein klarer Beweis, daß jene Tugenden alle in Gott ewig sind, und ihm weder zukommen noch entgehen können, von den Menschen aber nur allmählich erworben werden. Auch darin haben sie Verwandtschaft mit Gott: und da Gott Alles erkennt und lhm nichts Gedenkbares verborgen ist, [486] so kann auch der vernünftige Geist vom Niedrigen zum Höhern, vom Sichtbaren zum Unsichtbaren fortschreitend, zu der vollkommensten Erkenntniß gelangen. Zwar ist er in den Körper gesetzt, allein er hebt sich von der Sinnlichkeit der Körperwelt zum Uebersinnlichen empor. Man stoße sich nicht an dem Ausdruck „Uebersinnliches" [487] für Geistiges: ich berufe mich dafür auf den Spruch Salomo's: „du wirst göttlichen

Sinn finden." [488] Nicht mit dem körperlichen Sinn also, sondern mit einem höhern, göttlichen muß man das Geistige erforschen. Mit diesem Sinne ist Alles zu betrachten, was wir oben entwickelt haben: denn das göttliche Wesen durchschaut auch, was in der Stille in uns vorgeht. Uebrigens muß man sich in Allem, was wir hier gesagt haben, und was daraus gefolgert werden kann, an die oben gegebene Glaubensregel [489] halten.

FUßNOTEN

1. So weit findet sich der Anfang griechisch bei *Euseb.* c. Marc. Ancyr. 1, 4. wo er die Worte »οι πεπιστευκοτες και πεπιστευμενοι« gegen den Vorwurf des Marcellus, sie seyen ein Plagiat aus *Platons* Gorgias, in Schutz nimmt.
2. *Aut numquid* — nach Génebrard: *An* — Ruf. wie Joh. Tom. VI, 4. (ed. Lommatsch 1. p. 186.) X. 8. *ει* — und ib. XXVIII, 6. so wie Cyrill. Catech. (ed. Touttée) X, 7. *η* — da die Handschr. Des N. T. »επει« haben.
3. Wir haben hier getreue Uebersetzung von *Rufin:* et de aliis creaturis. Er hat übersehen, daß dieses aliis wenigstens den heiligen Geist auch zu einer Creatur macht, was *Origenes* hier nicht will. Im Griech. war dafür αλλος, in der Zusammenfügung αλλα και περι αλλων κτισεων, ein nicht seltener Pleonasmus.
4. Man glaubt einen Canon des tridentinischen Concils zu lesen in dem, was *Rufin* gibt: cum multi — servetur vero ecclesiastica, praedicatio, per successionis ordinem ab apostolis tradita, et usque ad praesens in ecclesiis permanens: illa sola credenda est veritas, quae in nullo ab ecclesiastica discordat traditione. Die Msc. haben nach de la Rue: ab ecclesiastica et apostolica traditione; es kommt übrigens hier auf einen orthodoxen Ausdruck mehr oder weniger nicht an; wie der Satz oben gegeben ist, genügt er dem Zusammenhang und in Jerem. hom. I, 7. Μαρτυρας δει λαβειν τας γραφας und π. A. IV, 1, 1. Man sieht aus dem Wechsel von κηρυγμα und παραδοσις in dieser Stelle(praedicatio — traditio, Ruf.), daß beides „Lehre" bedeutet, wie es auch bei *Clemens* vorkommt (Strom. 1, 11. wo er die παραδοσις των ανθρωπων. Col. 2, 8. als λογικη τερθρια (subtile Vernunftlehre) erklärt und weiter unten ihr eine φιλοσοφια κατα θειαν παραδοσιν entgegensetzt; auch Str. VII, 16. wo er die Kirchenlehre so sehr vertheidigt, kennt er eine παραδοσις εκκλησιαστικη nur im Gegensatz zu δοξαις (Lehrmeinungen) αιρεσεων ανθρωπινων; noch ganz im N. T. Sinne von παραδιδωμι. Auch verräth Rufin den eigentlichen Sinn des „ecclesiastica", indem ihm ein seiner Absicht nicht günstiger Plural „in ecclesiis," entschlüpft.
5. »εξ ουκ οντων« cum nihil esset, Mass. bei Del. und ex nullis, Merlin. Gen. Eras.

6. υπηρετειν und υπουργειν, sind die stehenden Ausdrücke für diesen Begriff von Vermittlung der Schöpfung durch den λογος, der schon, dem Philo angehört, vgl. Euseb. Parask. Ev. VII, 13. τω υπερ τον λογον — καθεστωτι ουδεν θεμις γεννητον εξομοιουσθαι. Daß er aber wirklich zur kirchlichen Rechtgläubigkeit gehörte, beweisen folgende Stellen: Theoph. Ant. ad Autol. τουτον τον λογον εσχεν (ο Θεος) υπουργον των υπ'αυτου γεγενημενων. Justin. dial. C. Tr. — ινα και εκ τουτων (weil er bald Gott, bald Engel, bald Herr heißt) επιγνωτε αυτον υπηρετουντα τω των ολων Πατρι. cf. Ein. 4, 17. Epist. Synodi Antioch. Ad Paul. Sam. τουτον τον υιον πιστευομεν — εκπεπληρωκεναι το πατρικον βουλημα προς την κτισιν των ολων. Athanas. De decr. Syn. Nic. θεος ως χειρι χρωμενος τω ιδιω λογω. Um so unbegreiflicher, wenn Huet, (Origen. 11, 2, 13.) dem Origenes obige Stelle (des Symbols) als eigenen Irrthum anrechnet. Allerdings hat dieser den Begriff näher bestimmt, Joh. Tom. 2, 6. wo er besonders auf den Unterschied des δια, als Bezeichnung des Werkzeugs, und υπο, des letzten Grundes, dringt; ib. 20, 7, ως δια μεσιτου και υπηρετου· und, c. Cels. V, 60. nennt er den Sohn προσεχως δημιουργου — αυτουργου; den Vater πρωτως δημιουργον. Immer noch sehr verschieden von der platonisch-gnostischen Idee eines besondern Weltbaumeisters.
7. Die ältere Ausg. homo mansit, quod deus erat; wo *Rößler* (Bibl. IV. p.87.) lesen will: Deus mansit, quod Deus erat. Allein sämtliche Man. haben homo factus (ενανθρωπηθεις) mansit etc.
8. *Rufin:* natus an innatus. Hieron. ad Av. utrum factus sit an infectus. Man legt hier die Verschiedenheit der Lesarten γενητος η αγενητος γεννητος und η αγεννητος zu Grunde, und fragt, ob Origenes wirklich einen Unterschied zwischen γενητος und γεννητος angenommen. *Rößler* bestreitet dieß, jedoch nur mit dem Grunde, daß natus *oft* so viel sey als factus, conditus, creatus. Dieß beweist aber nur, daß *Rufin* zweideutig übersetzt; sehen wir auf den Beisatz: „vel filius etiam Dei ipse habendus sit, necne", der zwar in den Ausgaben vor de la Rue fehlt, aber in allen Msc. steht, so käme ja bei *Rufin's* Uebersetzung eine offenbare Tautologie heraus, natus — vel filius. Wir müssen also schon wegen des Beisatzes mit η, der doch etwas Anderes sagen soll als das Vorangegangene, der Uebers. des Hieron. geneigter seyn (welcher offenbar γενητος liest; factus von fieri, *geworden*). Origenes kennt einen bestimmten Unterschied. Sofern nehmlich γενητος von γινομαι herkommt,

heißt es: „der *von* einem *Andern sein Daseyn hat"*, Geschöpf im allgemeinsten Sinn. Γεννητος von γενναω, „der sein *Daseyn aus dem Wesen eines Andern* hat", gezeugt. Jenes wäre demnach der allgemeine Begriff, unter welchen das Letztere subsumirt werden kann. So gebraucht Origenes beides vom Sohne: er ist γενητος (in Joh. Tom. II, 6. p. 60. sqq.) weil durchaus nichts, außer dem Πατηρ, αγενητος ist, d. h. den Grund seines Daseyns in sich selbst hat. Er ist aber auch γεννητος θεος, weil er nicht εξ ουκ οντων entstanden, ουχ ολως δια τινος, αλλ'υπο θεου εγενετο (l. c.), εκ θεληματος του πατρος γεννηθεις (Just. Ad Menam e libro IV π. Αρχ.). Nur insofern γενητος manchmal den Nebenbegriff εξ ουκ οντων hat und also die gemeine κτισις im Gegensatz zum πρωτοτοκος της κτισεως (Υιος) bezeichnet, heißt er auch αγενητος, non *creatus,* wie c. Cels. VI, 17. αγενητον και πασης γενητης φυσεως πρωτοτοκον. Auf dem Mangel an dieser Unterscheidung beruht das Mißverständniß des *Rufin* und der Streit zwischen ihm und *Hieronymus.* In obiger Stelle wäre also die Frage, *ob der Geist unter das Gewordene (γενητος) im Allgemeinen zu zählen sey, oder ob er αγενητος, den Grund seines Daseyns in sich selbst habe (ein Absolutes sey)? Dazu kommt die Dritte, ob er nicht auch υιος i. e. γεννητος sein könne?

9. Der griech. Ausdruck ist sonst συσπειρομενη vielleicht hat *Rufin* diesen umschrieben.
10. επι τοις πολλοις könnte man auch verstehen „bei den meisten Lehrern"; jedoch scheint mir die wiederkehrende Formel §. 7. (wo es entschieden auf das Volk geht, non pro manifesto multis innotuit, ebens. τοις πολλοις) für obige Uebers. zu sprechen.
11. Auch Method. bei Photius cod. 234. unterscheidet den Abfall des Teufels von dem seiner Engel.
12. apud multos alios, *Rufin.* Joh. v. Damasc. gibt dafür οι πολλοι, s. die Einl.
13. ασωματον δαιμονιον. Die Worte führt auch Ignat. der Märtyrer im Briefe an die Smyrnäer c. 3. an und bemerkt, der Herr habe sie nach der Auferstehung zu *Petrus* gesprochen. *Hieronym.* meint, dieser habe sie aus dem Evangelium der Nazoräer: Comm. in Jes. XVIII, prooem. Die ganze Erörterung des Or. über das ασωματον bezieht sich auf das erste Kap. Des 1. B., wo er die Geistigkeit Gottes beweist, und gerade so mit den Mißdeutungen von πνευμα, wie hier von ασωματος, zu kämpfen hat. Vergl. IV. 2, 21.

14. βιβλοι εκκλησιαστικοι, offenbar kanonische Schriften, deren Merkmal er im Folgenden darin findet, daß sie einen ανηρ θεοπνευστος zum Verfasser haben.
15. Ob Origenes hiemit nur auf die stoische Lehre von einer Körperlichkeit Gottes anspielt, wie c. Cels. VIII, 49. εδε γαρ καθ'ημας σωμα ο θεος· ινα μη περιπεσωμεν οις περιπιπτουσιν ατοποις οι τα *Ζηνωνος* και *Χρυσιππου* φιλοσοφουντες; oder ob er eine bestimmte christliche Secte im Auge hat, ist schwer zu entscheiden. Das letztere erhält einige Wahrscheinlichkeit durch den Anfang B. 1, c. 1. und kann durch and. St. unterstützt werden, z. B. Sel. in Gen. ed. Rue, Tom. II. p. 25. ο Μελιτων συγγραμματα καταλελοιπως „περι του ενσωματον ειναι τον θεον." *Valesius* übersetzt hier, nach unserer Stelle offenbar unrichtig, mit de Incarnatione Dei. Dieser Melito war übrigens nach Euseb. IV, 26. Bischof in Sardes, und es ist nicht bekannt, daß er eine von der Kirche abweichende Secte gestiftet habe. Zwar spricht *Marcion* von einem leibhaften Gott, aber unter diesem versteht er nur den dem höchsten Gott untergeordneten, alttestamentlichen Gott; und gegen ihn mögen vorzüglich die Erklärungen gerichtet seyn, die Origenes von alttest. Stellen, die einen Anthropomorphismus enthalten, gibt. Es ist übrigens bekannt, wie schwer es auch den rechtgläubigen Lehrern der ersten Kirche wurde, sich von den anthropomorphischen Vorstellungen von Gott zu befreien und zur Idee reiner Geistigkeit zu erheben, wie sie Origenes im Folg. darstellt. Vgl. hiezu Neand. KG. I ,3. (p. 642. der ger. Ausg.) Ein merkwürdiges Beispiel ist noch *Tertullian,* der die Begriffe Wesen (Substanz) und Körperlichkeit verwechselnd, sich so ausdrückt (adv. Prax. 7.): quis negabit Deum corpus esse, etsi spiritus est? Spiritus enim *corpus sui generis* in sua effigie. Sed et invisibilia — habent apud Deum suum corpus et suam formam — quanto magis quod ex ipsius substantia missum est, *sine substantia non erit.* Auch *Cyrill* von Jerus. kämpft noch gegen die Vorstellungen von der Körperlichkeit Gottes, Catech. VI, 8. — Auf die Secte der Audäer, der syrischen Anthropomorphiten, von denen erst *Lactantius* (inst. IV, 30.) und *Theodoret* (Fab. haer. IV.) sprechen, kann Orig. nicht Rücksicht genommen haben, eben so wenig auf die ägyptischen Anthropomorphiten, da beide Secten später sind, und die letztere verkehrter Weise sogar aus dem Origenismus abgeleitet wird; s. *Huets* Origen. 1. II. c. 4, 1, 7.

16. Bei Joh. damasc. bloß: και τινα τα περι αυτους. S. Einleit., über ein hieher gehöriges Bruchstück.
17. Daß Origenes die platonische Idee von dem Belebtseyn der Gestirne (Tim. p. 36. de Legg. X.), die auch Philo nicht fremd ist, wirklich aufgenommen, zeigt er c. Cels. V, c. 10. sqq. wo er ihnen ebenfalls freien Willen und Erlösungsfähigkeit zuschreibt, wie hier 1. I, c. 7.
18. Πνευμα, Wehen; es sind wohl noch Anklänge jüdischer Vorstellungen vom רוח, die Origenes hier meint. Beinahe mit denselben Worten, wie hier c. 1. u. 2., widerlegt er den *Celsus* (VI, 71.), welcher den Christen Schuld zu geben scheint, sie verstehen unter πνευμα den durch die ganze Materie verbreiteten Weltgeist, was aber hieher keinen Bezug hat. Die obige Erklärung von πνευμα muß noch zu Cyrills Zeiten (350) in Umlauf gewesen seyn (Catech. VI, 8.).
19. Sp. S. subsistentia est intellectualis, et proprie subsistit et exstat muß im Grundtext υποστασις εστι νοητη και υφισταται ιδιως τε και υπαρχει lauten, was der Ansicht des Origenes, wenn wir die Stelle mit andern vergleichen, so wie seinem Ausdruck wohl angemessen ist, cf. Joh. I, 23. II, 5. ημεις μεντοιγε τρεις υποστασεις πειθομενοι τυγχανειν, τον Πατερα και τον Υιον και το πνευμα αγιον. X, 21. C. Cels. VIII, 12.
20. sentire — intelligere; αισθανεσθαι — εννοειν (oder κατανοειν), κοιναι εννοιαι bezeichnet bei Orig. allgemeine Begriffe, die jedem menschlichen Bewußtseyn angeboren sind. π. Αρχ. IV, 1. init. im Gegensatz zur Offenbarung. *Rößler* macht zu diesem §. eine einfältige Anm. mit dem Ausrufe: „Was soll man nun von Origenes denken?" und will gleich zu Vorr. 9. verbessern: *incorporeus an* secundam aliquem habitum deformatus an alterius naturae —damit der gute Mann sich nicht widerspreche. Ist doch dort die *Frage* gestellt: corporeus et — deformatus *an* alterius naturae, quam corpora? s. d. Anm.
21. *Rufin* gebraucht hier durchaus mens, womit er sonst immer νους übersetzt. Gerade vorher lesen ältere Ausg. ut ita dicam, *totus* mens: da es in allen Msc. heißt: ut ita dicam, ενας mens.
22. Was hier Origenes so bestimmt und eigentlich eifrig über die ursprüngliche Stärke der Vernunft im Gegensatz gegen die Sinne behauptet, hängt nothwendig mit seiner Lehre von der Präexistenz der Seelen zusammen. S. unten 4. Abschn.

23. εικων νοερα θεου, nach der Stelle exh. ad Mart. φιλοζωει ανθρωπος πεισμα λαβων περι ουσιας λογικης ψυχης, ως εχουσης τι συγγενες θεῳ· νοερα γαρ εκατερα και αορατα.
24. Es ist ziemlich, augenfällig, daß *Rufin* die eigentliche Antwort ausläßt; und er gesteht selbst, daß er einige Worte, die im Texte unvorsichtig gestellt gewesen, in der Uebersetzung vermieden, oder auf die katholische Vorstellung zurückgeführt habe (Inv. In Hieron. 1.). Die Auslassung, worüber ihn Hieron. bitter befehdet, wäre nun diese (H. ad Av. c. 3. und ganz gleichlautend in dem von Hieron. übersetzten Briefe des Epiphanius an Johannes von Jerusalem): »sicut enim incongruum est dicere, quod possit filius videre patrem, ita inconveniens est opinari, quod Spiritus sanctus possit videre filium.« Theils der Werth, den Hieron. auf die Stelle legt, theils die Bemerkung *Rufins*, daß seine Feinde statt: rationem quippe dabimus consequenter, in seine Uebersetzung eingeschaltet haben: »quia sicut filius patrem non videt, ita nec Sp. s. videt filium«, bestimmt mich, genannte Stelle als Hauptantwort des Origenes anzusehen, worin er dem Gegner scheinbar mehr einräumt, als er verlangt, und sie gerade am betreffenden Orte einzuschieben. Denn gerade so verschwindet das absichtlich Paradoxe schnell durch die gleich folgende Erläuterung. Daß Origenes übrigens in dieser Stelle nur den *Unterschied geistiger und sinnlicher Anschauung* scharf bezeichnen will, ist klar.
25. S. Cels. VII, 34. ακουσον Σολομωντος εν ταις Παροιμιαις λεγοντος· αισθησιν θειαν ευρησεις. Nach unsern LXX. επιγνωσιν θεου ευρ, um so mehr ein Beweis von der Aechtheit dieser Stelle, als nur Or. jene Lesart haben konnte. Ob er sie in den LXX. oder in einer andern Version fand, läßt sich nicht ausmachen. *Montfaucon* hat davon nichts.
26. Eine Originalstelle für diesen wichtigen Punkt in der Theologie des Origenes führt *Eus.* gegen *Marcellus* von Ancyra an. I, 4. ου γαρ ο θεος πατηρ ειναι ηρξατο κωλυομενος, ως οι πατερες γινομενοι ανθρωποις υπο του μη δυνασθαι πω πατερες ειναι. Ει γαρ αει τελειος ο θεος και παρεστιν αυτῳ δυναμις του πατερα αυτον ειναι, και καλον ———, τι αναβαλλεται, και εαυτον του καλου στηρισκειν; το αυτο μεντοιγε και περι του αγιου πνευματος λεκτεον. Vergl. in der Summ. Wied. §. 1. die Stelle aus *Athanasius* de decretis Nicaen. Syn.
27. Acta Pauli: *Orig.* in Joann. tom. 20, 12. *Eus.* Kg. 3, 3. 25. *Philastrius* haeres. 87. Etwas Anderes waren jedoch actus Pauli et Theclae.

Das Obige »hic est verbum animal vivens (λογος ζων wahrscheinlich) ist offenbar eine Entstellung des Ausdrucks: ζων γαρ ο λογος του θεου, Hebr. 4, 12.

28. Nothwendig mußte hier in der Uebersetzung des Ausdrucks λογος gewechselt werden, da die durch *Luther* auctorisirte Uebersetzung durch „Wort", dem Sinn offenbar widerstreitet, und doch im Bisherigen nicht vermieden werden konnte. *Rufin* sagt wohl aus gleichem Grunde verbum *vel ratio.*

29. „Leben, Tod" sind hier Bilder; mithin auch — „Auferstehung" (d. h. sittliche Umwandlung).

30. Eine bei Origenes u. a. V. sehr häufige Versinnlichung von der ewigen Zeugung Gottes, wozu *Huet* in den Origen. viele Beispiele anführt. Die Apol. Pamph. setzt hieher eine Stelle, die Hom. in Jer. IX, 4. so lautet: το απαυγασμα της δοξης γεγεννηται και ουχι γενναται· αλλ' οσον εστι το φως ποιητικον του απαυγασματος, επι τοσουτον γενναται το απαυγασμα της δοξης του θεου.

31. „Per adoptionem spiritus." *Rufin* scheint in dem wahrscheinlich zu Grund liegenden εισποιησις του πν. die Anspielung auf Gen, 2, 7. (ενεπνευσε το πνευμα) verkannt zu haben. An adoptio ist hier nicht zu denken.

32. „απορροια" hat *Rufin* beibehalten. „Emanatio" wäre auch nicht wohl passend. Ich habe *Luthers* unübertreffliche Uebersetzung gewählt. Nur scheint mir αγαθοτης hier nicht Güte, sondern „Vollkommenheit" zu heißen.

33. Sapientiam dicimus — subsistentiam habentem non alibi nisi in eo, qui est initium omnium, *ex quo et nata est quaeque* sapientia, quia *ipse* est, qui *solus est natura filius* — Origenes will hier auf das *ursprüngliche* Gegründetseyn der absoluten Weisheit in Gott, und damit auf ihre Identität mit der αρχη των παντων dem *Sohne* aufmerksam machen.

34. imago filii Dei) die εικων muß hier subjcetiv als das „Bild seyn" verstanden werden.

35. velut quaedam voluntas ejus ex mente procdens. Bei Clem. Al. paed. 3, c. ult. αγαθε πατρος αγαθον βελημα. Strom. V, p. 547. ed. Par. θελημα παντοκρατορικον. Tertull. De orat. 4. ipse erat voluntas et potestas patris, und selbst Athanasius or. 3. 4. c. Arian. βελη και βελημα τε πατρος. Hier also etwa: ως βελημα τι εκ του νε αυτε *εκπορευομενον*, ein Begriff, der bekanntlich viel später ausschließend auf den heil. Geist übertragen wurde.

36. Hieher gehört die Stelle des Hieronymus in dem Briefe an *Avitus:* in posterioribus (Origenes) „nihil absque Deo patre *infectum esse*

confirmans. Wie schon oben (Vorr. c. 4.) bemerkt wurde, entspricht diese Uebersetzung dem αγενητος mehr als *Rufin's* »ingenitum, i. e innatum.« Denn wenn auch *Hieronymus* unter infectus so viel als »increatus« verstand, wie de la Rue meint, so ist das ein Mißverstand des Textes. Offenbar aber widerspricht sich Rue selbst, wenn er sagt, Orig. verstehe hier unter αγενητος «qui solus ab alio non habet, ut sit«, weil, wie er selbst angibt, γενητος (von γινομαι) heiße, »habens ab aliquo, ut sit«, γεννητος dagegen (von γενναω) »genitus«, und dennoch die Uebers. „ingenitum, i. e. innatum" vertheidigt. Jenes ist richtig, und wenn wir infectus von fieri ganz für αγενητος von γινεσθαι, im Sinne des Origenes nehmen, so heißt es hier: „der den Grund seines Daseyns in sich selbst hat, das Absolute." Dieß ist der Vater, während Sohn und Geist den Grund ihres Daseyns im Vater haben, γενητοι sind. Dieß hindert übrigens den Origenes nicht, den Sohn und Geist für *gleich ewig* zu erklären, wie den Vater: was er im Bisherigen schon erläutert hat. Auch sind sie darum noch nicht *Geschöpfe* (κτισεις), wie *Rufin* und auch *Hieronymus* das Wort γενητος verstanden wissen wollen.

37. Aus dem Briefe des *Hier.* ad Avitum, wo er die Uebersetzung *Rufins* an dieser Stelle: Imago ergo est invisibilis Die patris *Salvator* noster, quantum ad ipsum quidem patrem *veritas* quantum autem ad nos — *imago* est etc. Verwirf und dafür setzt: „Filius, qui est imago invisibilis patris, comparatus patri, *non est veritas;* apud nos autem —— *imaginaria veritas videtur* etc." Eine sehr dankenswerthe Verbesserung. *Huetius,* der sich immer viel Mühe gibt, die Rechtgläubigkeit des Origenes zu retten, erklärt (Orig. lib. 2., q. 9. Nro. 8. u. 16.) zwar die Stelle von der leiblichen Erscheinung Christi: allein dafür spricht weder der Zusammenhang, noch die Benennungsweise σωτηρ (salvator), welche Orig. gar oft mit χριστος, υιος, λογος gleichbedeutend nimmt. Es ist auch nicht das einzige Mal, daß *Rufin* gerade das Gegentheil von dem ursprünglichen Texte gibt; vgl. c. 13, wo wir diesen noch haben. Ueberdieß stimmt ganz mit Hieronym. überein das Citat bei Augustin. de haeres. ad. Quod vult Deum, 43. — und der Anonym. bei Phot. cod. 117, οτι η εικων του θεου ως προς εκεινον, ου εστιν εικων, καθ'ο εικων, ουκ εστιν αληθεια. — *Rößler* übersetzt veritas „in der That des Vaters Bild", und verkennt so den Unterschied zwischen veritas ipas und imago veritatis gänzlich.

38. Die Stelle ist bei *Rufin* sehr unverständlich, kann übrigens nicht wohl einen andern Sinn haben, als: die Weisheit, um das Mittel der Offenbarung Gottes zu seyn, muß das göttliche Wesen selbst vollkommen in sich tragen, wie das Ebenbild desselben. So muß wenigstens das nachfolgende Gleichniß verstanden werden. Ueber dieß letztere ärgert sich *Hieronym.* gewaltig und rechnet es unter die gröbsten Irrthümer des Origenes. Uebrigens stimmt seine Uebersetzung mit *Rufins* überein. Nur die Beziehung der kleinern Säule auf die „exinanitio Christi" mag von letzterem herrühren, um das Anstößige des Gleichnisses zu mindern. Origenes spricht hier nicht von Christus als *Menschen,* sondern als *Logos* (s. Absch. 2, 1. 6.).
39. Die Bibelstellen, welche hier in den meisten Ausgaben folgen, und wodurch die virtus altera auf den Paraclet bezogen wird, hat Rue mit Recht ausgelassen, da sie in allen Msc. fehlen, und hier ganz unpassend wären.
40. *Inde trahens: Non est autem,* quando non fuerit. De la Rue aus den Msc. „*intra ens,* non est *ante* quando etc.", in den früheren Ausgaben, ist keine glückliche Conjectur. Denn es, handelt sich nicht um die *immanente* Kraft Gottes; sondern die altera virtus ist die ausgehende Kraft, die Kraft in ihrer Wirksamkeit, welche Orig. als *gleich ewig* darstellt mit der immanenten Kraft Gottes; weil diese nie ohne Wirksamkeit seyn, mithin auch nicht angefangen haben könne, zu wirken oder sich zu offenbaren, in der virtus altera, dem Hauche der Urkraft. Dieß wird im Folg. entwickelt; daher auch besser autem statt ante, und nach trahens ein Punkt. Ουκ εστι δε, οτε ουκ ην. Methodius (bei Photius cod. 235.) führt eine ganz hieher gehörige, oder doch sehr ähnliche Stelle von Origenes an: ει ουκ εστι δημιουργος ανευ δημιουργηματων, η ποιητης ανευ ποιηματων ουδε *παντοκρατωρ* ανευ κρατουμενων ─── αναγκη εξ αρχης αυτα υπο τε θεου γεγενησθαι, και μη ειναι χρονον, οτε ουκ ην ταυτα. Ει γαρ ην χρονος, οτε ουκ ην τα ποιηματα· επει των ποιηματων μη οντων ουδε ποιητης εστι, ορα οιον ασεβες ακολουθεω.
41. Sine servo, Msc. Wahrscheinlich hat Rufin hier δεσποτης nicht übersetzt, weil er schon vorher „dominus sine possessione« hat.
42. Justinian. ad Menam gibt diese Stelle „als Irrthum des Origenes": Πως δε ουκ ─── αρχοντι αυτω χρωμενα. Rufin gibt sie ziemlich wörtlich. Das Irrthümliche, das jener darin zu finden meint, ist die darin ausgesprochene Ansicht von der Ewigkeit der Schöpfung. Diese ist aber der Träger des ganzen Beweis des bei Orig. für die

Ewigkeit der Zeugung des Sohnes; mithin in seinem Systeme nothwendig gegründet.

43. Was Ruf. limpidus nennt, scheint mir im Texte ειλικρεινης zu heißen; das platonische Wort für „rein, abstract, an sich &c."
44. Vergleiche in Joh. II, 6. c. Cels. V, 11. Ganz betrüglich setzt hier Rufin hinzu „ea, quae per speculum de formatur." Die ganze folg. Stelle bei Justinian, die hieher gehört und deren Aechtheit Hieronym. bestätigt (ad Avit. „Deum patrem apellat bonum et perfectae bonitatis: filium non esse bonum (an sich), sed curam quandam et imaginem bonitatis, ut non dicatur *absolute bonus,* sed cum addidamento "pastor bonus etc.") hat mit dem vorhergehenden Kapitel gar keine Aehnlichkeit, sondern weist deutlich (wie Rufin selbst durch „Superius") auf das 6. Kap., wo sich R. dieselbe Fälschung mit der imago *veritatis,* wie hier, der *bonitatis* zu Schulden kommen ließ.
45. ουχ ως ο πατηρ απαραλλακτως αγαθος. So weit *Justinian.* Dafür setzt Rufin weiter unten an ganz unpassendem Orte das gerade Gegentheil: *„Neque* aut *distantia bonitatis* in filio est." Das Uebrige dieser Orinalstelle hat er weggelassen und fährt fort: Principalis namque bonitas sine dubio, ex qua filius natus: qui per omnia imago est Patris, procul dubio etiam bonitatis ejus imago convenienter dicetur. *Non* enim *alia* aliqua *secunda bonitatis* existit in filio praeter eam quae est in Patre. Unde —— dicit: Nemo bonus nisi unus Deus, Pater: —— *imago apellatur,* quia neque aliunde est nisi ex ipsa principali bonitate: ne altera bonitas quam ea quae est in Patre, in filio videatur. Hierauf der gesamte Widerspruch. Aus diesen aphoristischen Sätzen habe ich demjenigen, offenbar verkehrten und verdrehten Text herausgesucht, der sich schicklich an die Stelle bei Justinian anreihen läßt, und wahrscheinlich in anderer Form auf diese unmittelbar gefolgt ist. Was von principalis und secunda bonitas gesagt ist, erklärt sich aus dem folgenden „bonitatis ejus (patris) naturata in se refert" dahin, daß Orig. dem *Sohne zwar keine andere* (aliam der Art nach) aber gerade eine secundam, eine untergeordnete Vollkommenheit zuschreibt, was Rufin ganz durcheinander wirft.
46. De la Rue macht hier eine lange Anmerkung, um zu beweisen, daß die platonische Trinitätslehre von der kirchlichen toto coelo verschieden sey. Uebrigens nimmt er auch den Plotin und Numenius zu Hülfe. Daß Orig. auch auf den letztem und einige andere, die er neben Plato fleißig studierte, anspielt, ist mehr als

wahrscheinlich; den Philo zählt er schwerlich zu diesen, da er weiter unten »eos, qui in lege et prophetis versati sunt«, ehrenvoll ausnimmt.
47. Rue sieht hier einen Widerspruch gegen das Obige. Wenn nehmlich Orig. den δευτερον θεον des Plato (ep. ad Dionys. II.) als Sohn nehme, so müsse er auch in dem τριτον (ib.) den heil. Geist sehen. Allein Orig. hatte schwerlich diese Stelle im Auge. Er spricht nur vom *Logos*. Dann macht er auch sonst, z. B. gegen Celsus, nirgends auf eine Aehnlichkeit des heil. Geistes mit der platonischen Weltseele (dem τριτον θειον) aufmerksam; er muß also auch keine gefunden haben. Mithin ist die obige Stelle, wie sie Rufin gibt, ganz unverdächtig; zumal, da er an der Vergleichung des Logos mit dem platonischen keinen Anstoß nahm, warum sollte er hier etwas geändert haben?
48. Rufin hat: nisi excellentissimae omnium Trinitatis auctoritate, i. e. patris ———— cognominatione. Nun kommt weder das Wort τιας oder ein ähnliches in einer noch *griechisch* vorhandenen Schrift des Orig. vor, noch ist es wahrscheinlich, daß dieser am Anfang der Untersuchung vom heil. Geiste schon von einer ausgemachten Trinitas spreche, ohne im Folgenden (wo nur von den Wirkungen des Geistes die Rede ist) näher darauf einzugehen: selbst ohne in der Recapitulation am Ende des Buchs, wo er eigentlich von der Trinität spricht, dieses Wort zu gebrauchen. Rufin bringt es noch öfters, aber mir ist es sehr verdächtig. S. die Einleitung.
49. Dieses Buch kommt bei den K. V. unter verschiedenen Titeln vor: Ερμας und Ερμης, was übrigens nur Verschiedenheit des Dialects ist; liber Pastoris, Duae viae, Judicium petri (cf. Rufin. exp. in symb. apostol.) Pastor, Liber pastoris, nuncii poenitentiae (in einigen Manuscr. und frühern Ausg.), lauter Titel, die sich auf einen Theil des Inhalts beziehen. Rufin übersetzt hier: Pastoris qui dicitur, Angeli poenitentiae (nach dem verbesserten Texte). Das erste Buch enthält apocalyptische Visionen über die Schicksale der Kirche; daß zweite enthält eilf ascetische Vorschriften, wovon die vierte etwas von der Buße sagt, die sechste von „zwei Wegen und zwei Geistern" des Menschen (dem guten und bösen) handelt; im dritten werden jene Vorschriften mit Gleichnissen belegt. — Uebrigens hielten Origenes, Clemens und Andere große Stücke von dieser Schrift; ob aber der Verfasser jener Hermas Röm. 16, 14. sey, lassen sie unentschieden. Orig. zu dieser Stelle: *puto Hermam istum esse scriptorem illius libelli, qui Pastor appellatur,*

quae scr. valde utilis mihi videtur, et *puto* divinitus inspirata. Vergl. homil. 1. in Ψλ. 37. und Clem. Strom. 1. θειως η δυναμις η τω Ερμα λαλεσα. Hieronymus sagt sogar, sie sey bei mehreren griech. Kirchen öffentlich vorgelesen worden (demnach wäre sie nach Semler's Definition zum canon gehörig); er setzt aber hinzu: in canone non sunt. Euseb. setzt sie εντοις νοθοις. Daß sie *allgemein gebraucht*, aber nicht allgemein für göttlich gehalten werde, sagt Or. Comm. in Matth. t. XIV. und π. A. IV, 2, 4. nennt er es sogar ein υπο τινων καταφρονουμενον βιβλιον, Er selbst soll einen Commentar dazu geschrieben haben; zu welcher Angabe übrigens vielleicht nur das „διηγουμεθα το εν τω — ποιμενι κτλ." a. a. O. veranlaßt hat.

50. Mit dieser Stelle sucht Rufin (de adulterat. libr. Orig.) die Aechtheit des gleich folgenden zu widerlegen: „qui superius dixerat, nusquam inveniri in omni scriptura, ubi sp. s. factus vel creatus diceretur, *continuo* subjiceret, inter caeteras creaturas factum esse spiritum sanctum." Es ist also kein Zweifel, Rufin selbst gesteht es, daß hieher, sogleich nach der angeführten Bemerkung (nusquam inveniri etc.) die Behauptung gehört, die dem Orig. von Epiphanius (και το πνευμα το αγιον κριστον εισηγησατο (haer. 64, 5.). Justinian (in dem Erlaß selbst: οτι ο υιος και το αγιον πνευμα κτισματα εισι), Photius (s. Einl.), Augustin, Cedrenus, Suidas u. A. als Irrlehre Schuld gegeben wird. Und wie er seine Meinung ausdrückte und erhärte, dieß sehen wir klar im Comm. in Joh. II, 6. von dem es genügt folgendes herzusetzen: ταυτα δε επιπολυ εξητασται σαφεστερον ιδειν βουλομενοις, *πως, ει παντα δι αυτου εγενετο, και το πνευμα δι αυτου εγενετο.* in den Text konnte ich aus Mangel an größeren Fragmenten nur die Behauptung mit Bezug auf die letztere Stelle in Joh. aufnehmen, wie dieß im nächsten Patze geschieht. Es schließt sich aber der letzte Satz dieses §. in der rufinischen Uebersetzung sehr gut an, welcher ohnedieß nach der Regel „cognoscitur Origenis sermo ex auctoritatum abundantia" nicht zu verwerfen ist.

51. ο Εβραιος ελεγε. Hieron. apol. adv. Rufin. (ep. ed. Erasmi t. 2, p. 204): Ipse Origenes et Clemens et Eusebius atque alii complures, quando de scripturis aliqua disputant, et volunt approbare, quod dicunt, sic solent scribere: referebat mihi Hebraeus; certe etiam Origenes partiarchem *Huillum,* qui temporibus ejus fuit, nominat: et XXX. tom. In Esaj. Et Psam. LXXXXIX. —Die obige Stelle des Textes findet sich griechisch bei Justinian und Joh. von

Damaskus; Rufin hat sie wörtlich so. Die Erklärung, die Orig. gibt, erwähnt Hier. lib. 3. in Es. u. ep. ad Pammach. et Oceanum (ed. Erasm. 11, p. 192.) als eine expositio detestanda. Die LXX. haben in der zweiten Stelle Habac. 3, 2: εν μεσω δυο ζωων γνωσθηση. — Duorum animalium vel duorum vitarum gibt es Rufin, je nach der Lesart ζωων von ζωον, oder ζωων von ζωη. Im hebr. Texte steht nichts von all diesem; es heißt: והוה פעלך בקרב שנום היהו בקרב שנים תודע (Hab. 2, 4.).

52. Die Lehre von der Thätigkeit des Sohnes hat Rufin ganz weggelassen und das Uebrige entstellt. Glücklicherweise haben wir die ganze Stelle bei Justinian und bei Hieronym. — Οτι ist nur einleitend, und bezieht sich auf daß vorangegangene „beschreiben" was Rufin supplirt, ist überflüssig.

53. Von der προφητεια Adams spricht Orig. auch hom. 2. in Cant. Clem. Al. Str. I. p. 335. ed. par. Justin. Mart. ap. I, p. 73. u. A. Clem. bezieht sich nur auf die Worte Adams über die Eva und auf die Benennung der Thiergeschlechter.

54. Hier ist von Rufin eine dem bisherigen (§. 5.) ganz widersprechende Stelle interpolirt: Porro autem nihil in Trinitate majus minusve est dicendum, quum unius divinitatis fons verbo ac ratione sua teneat omnia, spiritu vero oris sui, quae digna sunt, sanctificatione, sanctificet etc.

55. His igitur de *unitate* Patris et Filii et Sp. s. *protestatis,* redeamus nunc ad eum ordinem, quem disserere coeperamus. So beginnt Rufin diesen §. Ich finde eine ganz andere Unitas in dem bisherigen als Rufin, und das „protersitatis" will mir fast verrathen, Ruf. habe uns wieder einiges „ex auris" im vorigen §. zur Befestigung der Rechtgläubigkeit aufgetischt. Dennoch habe ich so viel, als dem Sinne des Orig. nicht widerstreitet und seiner Neigung zu Wiederholungen zusagt, als ächt aufgenommen.

56. Rufin macht hier ein eigenes Cap. (IV.) mit der Ueberschrift »de diminutione vel lapsu«, ohne Zweifel aus *seiner* Feder; dem Origenes sind solche Abschweifungen gewohnt, zumal da, wo er im Vorangegangenen auf eine bestrittene, oder ihm eigenthümliche Vorstellung kommt. Hier ist der Anhang um so natürlicher, als Origenes das Geschäft des Geistes auf die Gnadenwirkungen und das innere Leben des Christen beschränkt. Er sagt deßwegen (§. 10.) volentes *divina* in nos *beneficia* demonstrare excessu quodam usi haec dicimus; auch fährt er im

nächsten Abschnitt fort: Post eam dissert, quam de Patre, et Filio et Sp. s. — digessimus. Ich betrachte daher das IV. Cap. nur als Fortsetzung vom III., und reihe es an die bisherigen §§. an. Rößler findet bemerkenswerth, daß Origenes gegen den Begriff *vom Falle* streite, nach welchem der Mensch auf einmal alle Erkenntniß des Wahren oder Neigung zum Guten verlieren könne, De la Rue meint ganz richtig, „dieß hänge mit seiner Lehre von der „unverlierbaren Willensfreiheit" zusammen, sey aber der katholischen Glaubenslehre *zuwider.*" Leider muß auch Huet das zugeben! Cf. Orig. lib. 2. qu. XI, 1. Daß Origenes an den Fall Adams gedacht, glaube ich nicht; er spricht hier nur von dem τελειος ανηρ, dem vollkommenen Christen, dem γνωστικος des Clemens (Strom. VI. p. 668. sqq.)

57. Origenes hat am Ende des vorigen §. von transferamus — und contemplemur gesprochen (wo ich vel — vel für ειτε — ειτε „mögen wir — oder" genommen habe, nicht η — η); er fühlt nun, daß er dadurch zu weit gienge, und daß er vorher noch im Allgemeinen von den sittlichen Attributen vernünftiger Wesen überhaupt reden muß.

58. Nach dem, was er in der Vorrede §. 5. darüber sagt, versteht er unter diesen εν μεςω und εν αγωνι die menschlichen Seelen. Da diese nach seinem System „gefallene Geister" sind (vgl. 2. Buch, 8. Abschn. 3. §.), wie die Dämonen, so betrachtet er im weitern Verlaufe das Menschengeschlecht als den Mittelstand, durch welchen die, die in die Reihe der Engel zurückkehren, so wie die, welche aus diesen in die untersten Regionen verstoßen werden, durchzugehen haben. Cf. Hieron. ad Pammachium adv. err. Joann. Hierus. unten zu §. 3.

59. Deutet er vielleicht die Vermuthungen an, daß P. diese *Benennungen* von den Gnostikern entlehnt und angewendet habe, um ihre Ansicht von Christus, als einem αιων, und dgl. zu bekämpfen, ohne ihnen dadurch dogmatischen Werth zu verleihen? Semler möchte insofern (V. 2. S. 183.) gegen Rößler Recht haben: „daß Origenes nicht zur Thenopeustie rechne, was er hier von den Engels-Klassen sage." Allein im Folgenden gründet er eine seiner eigenthümlichsten Ansichten auf diese Unterscheidungen; und es ist darum wahrscheinlicher, daß er mit dem nescio, unde nur das ausdrücken will, daß *diese Benennungen in den übrigen Schriften,* namentlich in der *alttestamentlichen* Engellehre, *nicht vorkommen.* Nach seiner Unterscheidung des tiefern (allegorischen)

Schriftsinns würde ihn übrigens auch die äußere (buchstäbliche) Beziehung dieser Namen auf gnostische Lehren nicht gehindert haben, seine christliche Speculation darauf zu bauen. Was die αγγελοι betrifft, so unterscheidet Origenes zwar αγιοι und εναντιοι. Dennoch ist jenes nicht der Gattungsbegriff, sondern, wie Hieron. ad Pamm. (Ex. II. 170.) aus Origenes anführt: angelos nomen esse, non naturae, und wie unten (cap. VIII.) erläutert wird, eine species, welche den θρονοις, αρχαις, εξουσιαις u. s. w. meistens subordinirt ist, so wie im folgenden §. 2. die αγγελοι διβολου dem πονηρος. Der Gattungsbegriff ist „κτισεις λογικαι" in αγγελοι liegt bei Origenes blos der Begriff des „Dienenden"; s. 7. Abschn. §. 1.

60. Unser biblischer Text hat nur „Jakob" weiter unten statt: Engel Gottes — „Kinder Israel." LXX. aber αγγελων του θεου. Die Schuld allegorisirender Spielerei fällt also hier auf die LXX. zurück, wenn nicht diese nach der Lesart בני אל übersetzt haben.

61. Es geht hieraus hervor, daß Origenes unter αι λογικαι φυσεις vorzugsweise die *Engel* versteht, da er von den Menschen dieses Prädikat erst zu beweisen sucht.

62. quibus certum est subesse substantias (υποστηναι υποστασεις).

63. Origenes gibt hier schon als Voraussetzung eine sinnreiche Erklärung von θρονοι.

64. trinitatis naturae, Ruf. Ich glaube θεια φυσις, oder φυσις της θεοτητος.

65. Hier läßt Rufin eine fühlbare Lücke. Nicht nur in dem Briefe ad Av., sondern in fast allen Briefen des Hieronymus, wo er auf den Origenes und sein Werk π. Αρχων zu sprechen kommt, ist die Ansicht vorausgesetzt: „rationales creaturas (hauptsächlich die menschlichen und dämonischen) per negligentiam ad terrena corpora esse delapsas." Dasselbe findet sich in dem Briefe des Epiphan. ad Joann. Hieros. „quod animae angeli fuerint in coelis, et postquam peccaverint in supernis, dejectas esse in istum mundum —— sic in corpora relegatas, poenas antiquorum luere peccatorum." Cf. Hieron. ad Pammachium, „docet Origenes, per scalam Jacob paulatim rationabiles creaturas ad ultimum gradum i. e. ad carnem et sanguinem descendere; nec fieri posse, ut de centenaris numero subito quis ad unum numerum praecipitetur, nisi per singulos numeros — perveniat: et tot mutare corpora, quot de coelo ad terram mutaverint mansiones id ad Pamm. et Oceanum. Apol. adv. Ruf. etc. Auch in der Folge dieses Werkes

setzt Origenes, wie wir finden werden, diese Behauptung voraus. Er muß es also irgendwo in der Schrift π. A. gesagt haben. Hier. weist dieser Behauptung ihre Stelle im Anfang dieses Abschnittes an, mit den Worten: Cumque venisset ad „rationales creaturas", atque dixisset eas per (etc. wie oben). Aber auch die nächstfolgenden §§. setzen jenes voraus. Denn die biblischen Belege sprechen für einen Fall, und zwar für den Fall eines Geistes ersten Ranges, der nach Origenes Erklärung „per negligentiam" in das materielle Daseyn heruntersank; Rufins Ueb. dagegen spricht am Schluß dieses §. nur von „principatum agere oder potestatem exercere *ex merito*, non per conditionis *praerogativam*, was nur einseitige Wiederholung des Gesagten ist und zum Folgenden in gar keiner Beziehung steht. Auch sind seine Ausdrücke hier sehr verdächtig. Ich glaube daher für die entschiedene, origeanische Behauptung keine passendere Stelle finden zu können, als hier, nachdem er aus der ursprünglichen Gleichheit und der gleichen Empfänglichkeit für das Gute und Böse die Selbstschuld des Falles der vernünftigen Wesen deducirt hat. Der Zusammenhang wird dieß rechtfertigen. Es ist übrigens nicht so zu verstehen, als ob alle Menschenseelen aus gefallenen Engeln entstehen; eine Auslegung, welcher sowohl Origenes selbst (im folg. Absch.), als namentlich auch Hier. ad Pam. adv. err. J. Hieros. (ad Ev. II. p. 170) entschieden widerspricht: „nec Origenes unquam dixit, ex angelis animas fieri, cum ipsos angelos *nomen esse officii* docebat, non naturae." Eine beachtenswerthe Bemerkung, die den Hier. selbst vor manchen Mißdeutungen des Folgenden hätte verwahren können. Vgl. die Anm. zu §. 1.
66. die nemliche Erklärung gibt er III. 2. und hom. in Num. IX. u. X. nach der einstimmigen Ansicht der älteren K. V., welche jedoch auch den eigentlichen Sinn jener Weissagung neben diesem bestehen lassen. De la Rue.
67. Die Stelle vom Luzifer nahm zwar auch Origenes wie viele andere Kirchen-Väter für die Lehre vom Fall des Teufels in Anspruch, nur läugnet er, daß er durch diesen Fall ganz ins absolute Gegentheil verwandelt sey. (Ebenso alt ist übrigens auch die Beziehung auf einen König von Babylon, der auch De la Rue, mit Berufung auf Dan. 5. beistimmt.)
68. Nach jener Stelle bei Hieron.: ens per negligentiam ad terrena corpora esse delapsas. Erst hier zieht Rufin auch die *impios* herbei, in „converteretur in pulverem, quod est proprie *impiorum*, ut et

propheta dicit, ex quo et princeps" u. s. w., wo offenbar der eigentliche Anknüpfungspunkt fehlt, und um so mehr vermißt wird, als nachher nur „mundi i. e. *terrenue habitationis*" fortgefahren wird. Ich habe daher die obige Stelle aus dem Fragment des H. ergänzt. Auch fahrt H. fort „etiam hoc addit: Grandis negligentiae est, — ut irrationabilium jumentorum possit corpori colligari". Dieß gehört offenbar zu der Stelle vom Drachen (Hiob 40, 20.) den Origenes für den Teufel erklärt, denn ferner heißt es: „et in consequentibus", (im *Nächst* folgenden), dieses nächstfolgende aber ist ein Fragment, das an das Ende dieses Abschnitts gehört, (s. unten).

69. S. (Job. 41, 1 ed. Vatic.) Αξεις δε δρακον τα εν αγκιστρω — von „apostatum" steht nichts in unsern Ausgaben, der weder in dem vatican. noch in dem alexandrin. Texte.
70. ενδεθηναι, sagt auch er in Johann. t. I. II. 17, τον διαβολον υλη και σωματι. Mit obiger Bemerkung kommt er nun auf das zurück, wovon er ausgegangen ist, die Unentschuldbarkeit aller vernünftigen Wesen dafür, daß sie gefallen. Und an diese Bemerkung reiht sich auch der Schluß um so füglicher an.
71. Hieronymus. „Quibus, inquit, moti disputationibus arbitramur sua sponte alios esse in numero sanctorum et ministerio Dei, alios ob culpam propriam de sanctimonia corruentes in tantam negligentiam corruisse, ut etiam in contrarias fortitudines verterentur". Dieses besteht *neben* dem (oben nachfolgenden) rufinischen Texte, welcher eine Anwendung davon *auf die Menschen* enthält, (gemäß §. 2. Ende).
72. Τελος (neutestamentlich) und αποτελησις (platonisch) ist dem patristischen Sprachgebrauch gleich eigen, und bezeichnet namentlich hier mehr die Wiederbringung, Wiedervereinigung des Ursprünglichen (αποκαταστασις, *ενωσις* των παντων s. später), als allgemein die Eschatologie (diese im 2. Buch, 10. 11. 12. Abschn.); jedoch auch jede hier nur in Bezug auf die *vernünftigen Wesen,* von denen gerade der vorhergehende Abschnitt handelt. Die Definition, welche Origenes voranstellt: „Finis vel consummatio rerum perfectarum consummatarumque esse videtur indicium", glaubte ich so verstehen zu müssen, daß indicium für αποδειξις, Darstellung steht, welche *active* Bedeutung ich passiv ausdrückte, το φαινεσθαι, αποδεικνυσθαι.

73. haeretica haec et contra fidem *ecclesiasticam* putet, in den älteren Ausgaben sogar *catholicam!* Als Origenes dieses schrieb, hatte weder er eine Verketzerung erfahren, noch war diese überhaupt schon zu *fürchten,* wie unter den allgem. Concilien. Freilich weicht er im Folgenden von der „ecclesiastica praedicatio" ab, und insofern läßt sich obige Verwahrung in Origenes Sinne wohl hören. Vergleiche die letzte Anm. des I. Buchs
74. de Trinitate, d. Rue. *determinate,* die Andern, dem Zusammenhang angemessener.
75. Hieron. drückt sich hier anders aus: Rursumque *nasci ex* fine principium et ex principio finem (rusumque ist nur Fortsetzungspartikel der Auszüge des Hieron. und gehört nicht dem Original an, wie Rue meint). Ich glaube, daß Rufin diesen Satz völlig ausgelassen, wie die meisten, die Hier. notirt. Der Rufinische Text muß vielmehr der Grund seyn, woraus Origenes den Satz bei Hieron. ableitet: nehmlich, aus Einem Anfang geht Alles zu Einem Ende; *Ende und Anfang fallen der Idee nach* zusammen; *mithin* „geht, aus dem Ende der Anfang, aus dem Anfang das Ende hervor." Ich habe darum des Hieron. Angabe *nach* der Entwicklung des ersteren Satzes (nach Rufin) — eingeschaltet.
76. ενωσις glaube ich hier für unitas lesen zu dürfen, nicht ενοτης.
77. Vergleichen wir die hierher gehörigen Stellen aus Justinian und Hieronymus ad. Av., so ergibt sich eine ziemliche Identität der letzten Hälfte des griechischen und der ersten des Textes von Hier. mit de, Rufinischen; wozu auch die in der Einleitung angeführte Stelle aus Joh. Damascenus gehört. Das Gemeinsame in allen diesen ist, „daß von den Gefallenen ein Theil den Bevorzugten werde untergeben seyn, um ihnen zu dienen und von diesen dazu gebildet und angeleitet zu werden, daß aus ihnen das Menschengeschlecht wieder erstehen könne." Nur wird die Eintheilung der Gefallenen dadurch erschwert, daß Just. hat: οι δε *πανυτι εκπεσοντες,* Hieronymus: Qui vero fluctuaverint et moti pedibus *nequnquam* corruerint, Rufin: qui de statu primae beatudinis moti quidem sunt, *non* tamen *irremediabiliter* moti, (und sodann dasselbe, was die beiden werden). Nehmen wir nun 1) diese Verschiedenheit des Ausdrucks in den beiden letztern, und zugleich ihre Uebereinstimmung dem Sinne nach, 2) ihr Verhältniß zu einander, da Hieron. hier den Rufin kritisirt; 3) daß Justin, ohne eine solche Absicht, überhaupt auch ohne den genauen Zusammenhang zu beachten — ercerpirt, 4) daß besonders jene

beiden nachher als dritte Classe die *gänzlich* Gefallenen aufführen, von deren Loos ganz anders geurtheilt wird; so müssen wir bei Justinian entweder ουδε πανυτι lesen, wie es wahrscheinlich auch ursprünglich geheißen haben mag; oder müssen wir annehmen, er habe der Kürze wegen die zweite und dritte Classe zusammengenommen, weil es ihm nur auf den Schluß ankam, den hier Origenes macht. De la Rue übersetzt wirklich das griech. Fragment „Qui vero non multum etc." hat aber „πανυτι." Dann scheint aber das Fragment auch am Anfang nicht genau: ο μεν τις ist kein deutlicher Gegensatz zum Folgenden: οι δε πανυτι επεσοντες: Jenes hat Ruf. vollständiger: ex his, qui in illo initio permanuerunt, quod futuro fini simile esse descripsimus, *quidem* — das Uebrige ist gleichlautend. Rufin ist hier um so weniger verdächtig, als Hieron. darüber nichts bemerkt, und doch das Folgende, in welchem Rufin gar nicht viel abweicht, summarisch wiedergibt. Auch konnte Justinian jene Beziehung auf das Frühere nicht aufnehmen, weil er dieses nicht angibt. Vereinigen wir nun die nicht widersprechenden Angaben, so erhalten wir 3 Classen: 1) die Beharrenden, deren Bestimmung ist, eine ταξις αγγελικη oder δυναμις αρχικη, oder εξουσια, oder θρονος, oder κυρεια; 2) die zwar Gefallenen, aber nicht Verlornen, welche den Ersten dienen werden, und aus welchen „συστησεται το των ανθρωπων γενος´." 3) die gänzlich Abgefallenen, der Teufel und sein Reich (8, 3.). Freilich dürfen wir das „permanserunt" beim Anfang dieses §. gemäß nicht streng nehmen, weil dort der Abfall in einem gewissen Grade bei Allen vorausgesetzt und gleichwohl nicht als Entwicklung, sondern als That des freien Willens betrachtet wird. Jedenfalls aber wird jener ersten Classe auch nach Justinians Fragm. eine vorzüglichere αξια, und βελτιονα κινηματα zugeschrieben. Die Menschheit dagegen stellt er gleich oben c. 5, 1. als Mittelzustand dar.

78. Hieron. sagt hier: Diaboli *fient*, et angeli ejus et pessimi daemones; nun spricht Origenes nicht von einer Zukunft, sondern von einem schon bestehenden Zustande der bösen Geister. Hieron. scheint aber zuviel davon auf die Menschen zu beziehen, denn weiter unten legt er ihm gar in den Mund „ex quo consequenter monstravi, omnes rationabiles creaturas *ex hominibus fieri.*" Dieß kann Origenes in Folge dessen, was er oben über die Classen der Geister sagt, und was auch Hier. anführt, in dieser Weise nicht gesagt haben. Er macht zwar am Ende den Schluß, daß alle Wesen

durch alle niederere oder höhere Stufen durchgehen können, um geläutert zu werden, daß gottlose Menschen in der andern Welt Teufel werden u. s. w., aber daraus kann jenes doch nicht gefolgert werden. Vielleicht hatte Origenes geschrieben: δι'ανθρωπων γενησονται, oder besser: διελευσονται, was ganz für die von Origenes angenommenen Durchgangsperioden paßte. So habe ich es dann auch unten übersetzt. Daß Hieronymus hier zu weit geht, beweist eine andere Stelle, wo er dem Origenes sogar die pythagoreische Seelenwanderung aufbürdet, wogegen sich dieser bestimmt erklärt, c. Cels. III. 75.

79. So glaube ich die Rufin. und Hieron. Uebersetzung vereinigt zu haben, ad ea, quae invisibilia sunt atque aeterna, jener; und ad angelorum fastigium, ad angelicam dignitatem dieser. Im Uebrigen stimmen sie hier überein. Nur den Schluß hat R. allgemein, H. mit besonderer Anwendung auf Menschen und Engel. Wahrscheinlich liegt beiden Aechtes zu Grunde: Rufin mag die besondere Anwendung bedenklich gefunden haben, weßwegen er sie wegließ; H. dagegen trieb diese zusehr auf die Spitze. So ist wohl auch übertrieben, was H. ad Pamm. et Ocean. (Ed. Erasm. II, 194.) sagt: Origenem sensisse, post multa secula atque unam omnium restitutionem, idipsum fore Gabrielem quod Diabolum, Paulum quod Caipham, virgines quod prostibulas, welche „Irrlehre" er besonders den Büchern περι Αρχων zuzuschreiben scheint, da er bald darauf hinzusetzt: denique vos, dum libros ejus π. α. haereticos confitemini, et in alios crimen transferre vultis. Hier. spricht hier etwas leidenschaftlich, um sich so gewisser von dem Vorwurf des Origenianismus zu reinigen. Wenigstens würde Origenes jene Beispiele nicht gebraucht haben, wenn auch die Consequenz seiner Ansicht sich soweit ausdehnen ließe. Allein er spricht ja überall nur von einer endlichen Wiederbringung des Guten (des Ursprünglichen), welche die Durchgangsperioden vorbereiten sollen.

80. Den Origenes veranlaßt hier sein oben (Abschnitt I, 1.) bemerkter Eifer für die Behauptung der *reinen Geistigkeit* Gottes, reine Geistigkeit nur Gott ausschließend zuzuschreiben. Hieron. dagegen läßt ihn das Gegentheil sagen: corporales quoque substantias penitus dilapsuras; aut certe in fine omnium hoc esse futura corpora, quod nunc est aether et coelum, et si quod aliud corpus sincerius et purius intelligi potest. Das letztere hat auch Rufin. Das erstere kann, wie selbst Hieron. durch sein „aut certe"

zugibt, Origenes hier nicht wohl gesagt haben: 1) wäre es seiner obigen Erklärung der biblischen Stellen zuwider, wo er ausdrücklich Erscheinungsformen und Grundwesen unterscheidet, und dieses das Bleibende nennt; 2) würde er sich unten II, 10. Abschn. und c. Cels. IV, 37. widersprechen, wo er sagt: διο δε την αναστασιν των νεκρων αποδεχομενοι *μεταβολας γινεσθαι φαμεν των ποιητων των εν σωμασιν*, und: υλην δεκτικην ειναι ποιοτητων, ων ο δημιουργος βουλεται, die Materie sey jeder Form fähig, die ihr der Schöpfer geben wolle. 3) Widerstreitet dem auch, was H. selbst von Or. Auferstehungslehre (ad Pammach. adv. err. Jo. Hier.) sagt: duplicem errorem, dieß die Meinung des Or., versari in ecclesia: simplices et philosarcas dicere, eadem ossa etc.; haereticos vero resurrectionem penitus negare. H. scheint wohl für Meinung des Or. genommen zu haben, was er nur proplematisch hinstellt (wie c. Cels. VI., 60. 61.); schon eingenommen, wie die Bemerkung lehrt, „quod cum ita sit, quid de resurrectionone sentiat, perspicuum est." Schwebend ist allerdings der Ausdruck des Origenes, daher schon Methodius ein Buch über die Auferstehung *gegen* Origenes schrieb. Allein nach seinen anderweitigen Erklärungen nahm er einen künftigen *ätherischen Körper* an, nur die υλη γηινη fand er mit dem höhern Daseyn unvereinbar (c. Cels. IV. 92.); außerdem schreibt er auch den Engeln feinere Luftkörper zu (ib. III, 35—37. Exh. ad mart. 25.).
81. Vierter Abschn. §. 3. ist dieß zwar nur von den vernünftigen Wesen bewiesen; allein Or. rechnet die Gestirne unter die *himmlischen*, d. h., nach seiner Vorstellung, vernünftigen Wesen. c. Cels. V, 10. sqq.
82. Die Valentinianer, Iren. Här. I, 6. Neand. I, 2. pag. 475 (ger. A.)
83. In unserer Bibel nicht zu finden.
84. „ultra omnem stoliditatem." Ruf. „animas esse — corporibus, quae *nos imperiti et rudes* luminaria mundi appellamus." Hier. ad Pammach.
85. Daß Or. unmittelbar nach dieser Stelle den Schluß zieht, dieß berechtigt doch wohl nicht zu der Annahme, daß Rufin die Erörterung dieser Stelle ausgelassen habe. Was konnte er auch Anstößiges für diesen gesagt haben, oder was überhaupt, das er nicht schon gesagt hätte? Aehnliche Beispiele finden sich öfters.
86. „dum hominis anima est," nicht, wie man übersetzt hat: so lange er lebt; es bezieht sich auf die im vorangehenden Abschnitt abgehandelte Metempsychose (c. 6, 2. 3.), wornach der Aufenthalt

in Körpern ein Läuterungsprozeß der Seelen ist, nach welchem sie wieder in eine höhere oder niedere Reihe von Wesen eintreten.
87. Der Beweis, den hier Orig. für die Präexistenz der Seelen führt, ruht, wie er selber gesteht, auf sehr schwachen Stützen. Conjecturas (υποθεσεις) nennt er sie, d. h. nicht sowohl Muthmaßungen, als, wie wir oben sehen, Schlüsse aus der Analogie. So sagt er dann in einem Fragment bei Just. (zum Ende dieses §.): οτι δε πρεσβυτερα η ψυχη του ηλιου της ενδεσεως αυτου της εις το σωμα, μετα *το συλλογισασθαι εκ συγκρισεως* ανθρωπου της προς αυτον, και εντευθεν απο των γραφων οιμαι αποδειξαι δυνασθαι. — Er kommt zwar weiter unten (2. B. 8. Cap.) noch einmal auf dieses Thema zurück; allein, ohne den Beweis für die Präexistenz besser zu begründen; welche er überhaupt seinem Systeme als nothwendig, mehr zu Grunde legt, als beweist. Uebrigens fehlt auf alle Fälle hier etwas; wenigstens die *Anwendung* des Beweises, den er von den Menschenseelen gibt, auf die Seelen der Gestirne. Eben diese hat nun Hier. ad Av. dem, was er aus dem nächsten §. excerpirt, vorangestellt, so, wie sie oben folgt. Womit sich vereinigen läßt, was der nehmliche aus π. A. anführt, ad Pamm. ed. Erasm. t. II. p. 170. sqq., worauf er ebenfalls die Stelle von der „Vanitas creaturae" folgen läßt.
88. Im Urtexte stehen die Subjecte in umgekehrter Ordnung, Röm. 8, 23.
89. Wörtlich so gibt diese Ansicht des Orig. auch Hieron. ad Pamm. ed. Erasm. II, p. 170.
90. Ruf. und Just. stimmen hier wörtlich zusammen. — Νομιζω γαρ οτι λεγοιαν. Erasmus macht in seiner Ausgabe des Origenes zu diesem Abschnitt folgende einzelne. Randglossen: non asseverat — inquirit — inquirit — inquirit — non asseverat — suspicatur — putat — arbitratur.
91. Offenbar hieher gehört, was Hier. ad. Av. gleich nach der Stelle von der vanitas creaturae als „ipsius verba, ne quis putet nostrum esse, quod dicimus" anführt; und Rufin hat vielleicht unter jene biblische Redensart von der Alleinheit zu verstecken gesucht, die aber aus dem Munde des Origenes eine zu unbestimmte Antwort auf die oben gestellte Frage wäre. Dieser scheint hier den Zeitpunkt der Alleinheit und das Ende der Welt als zwei verschiedene Ereignisse zu unterscheiden, was seiner Ansicht von der Aufeinanderfolge der Welten ganz gemäß ist. Die betreffende Stelle bei Hier. geht von in fine — bis zu ex his homines vel anglei

fient. Diese Zurückführung auf die Engel gibt nun dem Or. Gelegenheit, von den Engeln besonders zu sprechen. Er beginnt mit „Ομοιως δε και" (C. VIII.) d. h. wie nehmlich die im Körper eingeschlossenen Seelen je nach ihrem sittlichen Werthe zu verschiedenen Diensten in der andern Welt bestimmt werden. Schon der Anfang des nächsten ist also Beweises genug, daß Rufin den Schluß dieses Abschnitts weggelassen hat. Denn in dem, was er gibt, ist davon keine Rede. Ueberdieß macht H. die Ansicht des O. von dem versch. Range der Engel zu her seinigen (Apol. adv. Kuf. I. ed. Erasm. II, pag. 208.) mit der Verwahrung jedoch, daß dieß noch nicht heiße „angelos daemones et homines fieri". Mithin muß Origenes kurz vorher dieses sagt haben.

92. S. hiezu die Anm. des Antip. v. Bostra bei Joh. Damasc. in der Einleitung.
93. Die frühern Ausg. haben diesen Satz nicht, sondern fahren hier nach einem Colon fort: ne forte incurramus in ineptas et impias fabulas etc. Rue hat denselben aus den Msc. restituirt. Der ganze §. bezieht sich auf die Valentinianer Iren. 1, c. 6. Neand. II, 469. sqq. Es ist die Idee von den drei wesentlich verschiedenen Ordnungen (N. nennt sie einigemal weniger bezeichnend „Stufen," richtiger dagegen „Gattungen") des Seyns, unter drei gleich wesentlich verschiedenen Principien (dem Pleroma, dem Demiurg und dem Satan); 1) die φυσεις πνευματικαι, 2) die φ. ψυχικαι, 3) das αθεον oder die ουσια πολυσχιδης (in sich zerspalten). Dazu kommt die Idee vom Ορος, dem Geiste, der die Beschränkung der Wesen in ihrer Sphäre, die Grenzen jener drei Reiche festhält. Or. verwahrt sich nun gegen eine ähnliche Deutung seiner Rangordnungen, wie er sie in diesem und besonders im 5. Abschnitt gegeben hat, und sucht vielmehr jene aus den seinigen zu widerlegen.
94. „unter den menschlichen" sofern in der Menschheit das πνευματικον und ψυχικον vereinigt ist, liegt die Wesensverschiedenheit auch in ihr. Herekleon (Orig. in Joh. tom. 13, c. 16.) sagt auch, daß Valentin das Judenthum für das Reich des Demiurg, das Heidenthum für das des Satans gehalten. Vergl. übrigens Neand. 1. c. 476. fig.
95. Dieses in der Einleitung angeführte Fragment aus Joh. Damasc. setze ich hieher, weil es den allgemeinem Ausdruck bei Rufin leicht ergänzt; weil es der schicklichste Uebergang zu der weitern Entwicklung, und weil auch bei Joh. Dam. kurz vor demselben

Beziehung auf, I, 7, 1. genommen ist. In §. 3. findet es aus zwei Gründen keine Stelle: es ist dort mehr von der allgemeinen Fähigkeit aller Vernunftwesen zu beiden Gegensätzen die Rede, und die Uebereinstimmung zwischen Hieron. und Rufin bürgt dort für die Treue der Uebers. Daß in obiger Stelle auf I, 4, 4. 5. Beziehung genommen ist, bedarf kaum der Erinnerung. Die Uebersetzung Rufins lautet: quae utique omnia (ut ego existimo) consequentia hujus rationis, quam supra exposuimus, redarguit et confutat, per quam causa diversitatis et varietatis in singulis quibusque creaturis ostenditur ex ipsarum motibus vel dum malitiam, non ex dispensantis inexaequalitate descendere.

96. Ruf. spricht im Perfectum: fuit — voluit; Hier. ad Av. dagegen sagt: diabolum non *esse* incapacem virtutis; et tamen *necdum velle* capere virtutem. Jenes tritt der Orthodoxie nicht zu nahe, gehört aber nicht hieher; denn im folgenden Satze wird es als Beweis dessen gebraucht, was Hier. anführt. Rue meint, quasi innueret Adamantius, fore ut aliquando velit diabolus capere virtutem. Daß er dieß meine, hat er oben (5, 3.) deutlich genug gesagt.

97. ex assumatione vel *inspiratione* Sp. s. das letztere ist offenbar Erklärung des Ruf., gewöhnlich durch vel (nicht sive) verbunden. Or. sagte vielleicht προσποίησις, und darin liegt immer noch freie Bewegung genug, daß man nicht mit Rößler vermuthen darf, „Or. rede richtig nach protestantischen Grundsätzen." Uebrigens verderbt er sich die Freude in seiner Anm. selber, indem er richtig auf das folgende studio nostro et vitae merito (αξια?) verweist.

98. S. h. soweit es ohne Parteilichkeit und ohne Stören des freien Willens möglich ist.

99. ad humanum genus replendum. Or. betrachtet das Menschengeschlecht, soweit es der Erde angehört, als unbeseelt; welches erst mit Seelen von oben erfüllt werden muß.

100. Rufin hat hier wieder einiges Unverständliche von All-Einheit und spiritus und sanctitas und sapientia und a nullo penitus posse discerni untereinander geworfen. Noch verdächtiger aber wird diese letzte Zeile seiner Ueb., wenn man sieht, wie er in dem, was er zum Schlusse des Buches folgen läßt, sich nicht entblödet, gerade das Gegentheil von dem zu sagen, was Justin, ad Men. und Hier. ad Av. den Orig. am Schlusse dieses Buches sagen lassen; ja sogar dem Or. eine Strafpredigt hält, wobei er namentlich Bileams Esel die Ehre abspricht, ein solcher gefallener Geist zu seyn und dann schließt: „quas nos non solum non suscipimus, sed et omnes

has assertiones eorum *contra fidem nostram renientes* refutamus atque respuimus" (das Anathema sit im Munde des Origenes ist ein gewaltiger Anachronismus). „Veruntamen suo loco et tempore confutato hoc et perverso dogmate et depulso, ea quae de sanctis scripturis ab illis prolata sunt, qualiter intelligi debeant, exponemus." — Dagegen Hieronymus: Ad extremum (primi libri) sermone latissimo disputavit, angelum *sive* animam, *aut ceris* daemonem, quos unius asserit esse naturae sed diversarum voluntatum (dieß hat Origenes allerdings oben schon gesagt, und das sive, aut certe sind offenbar Folgerungen, welche Hieron. daraus macht), pro magnitudine negligentiae et stultitiae jumentum posse fieri: et pro (anstatt) dolore poenarum et ignis ardore (der Hölle) magis eligere ut brutum animal sit, et in *aequis habitet etc. Justin.* Η Ψυχη αποϱϱεουσα του καλε ──── αποθηϱιουται* — και αιϱειται πϱος το αλογωθηναι και *ευυδϱον βιον*, και ταχα κατ'αξιαν της επι πλειον πτωσεως της κακιας ενδυεται *σωματα ουδεη* (Rue vermuthet υδαϱη) τοιουδε ζωου αλογου. Jene Wasserkörper erinnern an den *Leviathan,* der dem Origenes oben im 4. Abschnitt das einzige Beispiel eines Versinkens in Thierkörper lieferte, nach seinem griech. Texte: „Αξεις δε δϱακοντα εν αγκιστϱω τον αποστατην". Wenigstens ließe sich ohne diese Beziehung gar nicht denken, wie Or. gerade auf corpora aquatilia, ευυδϱον βιον käme. Es ist also anzunehmen, daß Orig. im Texte wieder daran erinnert habe, was die Excerpte nicht haben, weil sie die frühere Stelle nicht hatten. Ich erlaube mir daher diese kleine Ergänzung aus dem Zusammenhang. Das ουδεη aber, wofür Rue liest (wässerigt), läßt sich vertheidigen, wenn für die Form ουδεης ein Analogon findet. Abzuleiten ist es von ουδας oder ουδος, Erde, Erdscholle: also „erdig, irdisch." Ist es aber auch fehlerhaft, so würde ich lieber verbessern ουδαια, was dasselbe bedeutet. Denn es steht hier και ταχα — *σωματα ουδεη* τοιουδε ζωου αλογου entgegen dem γιον ευυδϱον; welchen Gegensatz auch Hieron. ausdrückt: et in *aquis* habitet et fluctibus; ac *corpora* assumere *hujus vel illius pecoris*. Pecus ist offenbar „Landthier", wenn gleich bei Columella einmal pecus aquatile vorkommt. Dem Orig. ist nehmlich (c. Cels. III, 35, cf. Hieron. ad Pamm. ed. Erasm. II, p. 170.) der feinste Körper der *ätherische,* der weniger feine der *Luftkörper,* dann der *wässerigte,* und endlich der* erdigte:* daher jener Anticlimax. Uebrigens muß das ζωον αλογον nicht gerade eine Menschenseele gewesen seyn; Orig.

spricht allgemein von den „gefallenen Seelen" überhaupt, und mit deutlicher Hinweisung auf die Dämonen (vgl. 4. Abschn.) Daher thut auch Hieron. zuviel, wenn er weiter bemerkt, „ut nobis non solum quadrupedum sed et piscium corpora sint timenda (dieß ist wieder eine Consequenz, die Hier. zieht). Et ad extremum ne teneretur pythagorici dogmatis rem, qui asserit μετεμψυχωσιν, post *tam nefandam* disputationem, qua lectoris animum vulneravit: Haes, inquit, juxta nostram sententiam non sint dogmata, sed quaesita tantum ac projecta, ne penitus intractata viderentur. Γυμνασιας λογῳ και ου δοξης ταυτα προτιθεις (ως αν τις ειποι εκβιασαμενος την υπερ αυτου απολογιαν) sagt Photius (cod. 106.) vom Theognost, und setzt hinzu και αλλα αττα ωσπερ Ωριγενης. Uebrigens hält er ebenfalls Nichts auf diese, bei den alten Vätern häufige, καταφυγην του μη λεγειν ορθως. Daß übrigens solche Verwahrungen dem Origenes selbst zukommen, beweisen viele griechische Stellen, z. B. in Joh. tom. XIII, 22. ταυτα δε ουκ αποφαινομενοι λεγομεν, πολλης γαρ βασανου τα τηλικαυτα χρηζει, ιν'ευρεθῃ, ποτερον ουτως εχει η ετερως. Um so mehr mag es auffallen, daß auch Neander (Kg. III. S. 705.) in c. Cels. III, 75. gleichsam einen *Widerruf* dieser Meinung findet. Abgesehen von der polemischen Haltung jener Stelle, spricht Or. dort nur gegen die Wanderung der *Menschenseelen* nach pythagoräischer Ansicht, und empfiehlt VI, 21. die Lehre des Philo, welcher namentlich auch von Seelen in Luftkörpern redet (Opp. 11, p. 641.).

101. Rufin hat „seu." Dieß paßte nur zu der Lesart der frühern Ausgaben „ad terminum ac finem", wofür Rue aus den Msc. *inter initium* ac finem restituirt hat: dieß aber ist dem folgenden entgegengesetzt. Allein η muß nicht gerade sive heißen. Or. gebraucht es öfters für „und auch." Mit dem *Vor* und *Nach* beschäftigt sich besonders Cap. 2. 10. und 11.

102. ουτωδη ποικιλωτατου bis της εναδος απορρεοντων, bei Justin. Ad Men.

103. Dieser Zwischensatz steht nur bei Rufin. Just. ließ ihn vielleicht aus als unwesentlich, so wie er die Parenthese: Zumal wenn &c. weglassen mußte, weil er in Excerpten sich nicht auf etwas Früheres beziehen konnte, was er nicht hat. Verdächtig, als Interpolation sind die beiden Sätze nicht; letzterer um so weniger, als ein „caute lege" dabei steht (wahrscheinl. schon in den Manusc.). Ueber die *Wiederholungen* des Or., welche nun noch öfter

vorkommen werden, sagt Rufin in der Vorr. zu L.III. „brevitatis gratia aliqua ex his resecare commodum duxi;" was ihm wohl zu glauben ist, wenn man die Weitläufigkeit der griech. Väter kennt.
104. mentium qualitates (ποιοτητας). Justin, hat zwar auch diesen letzten Satz nicht, allein schon um dieser bisher ungebrauchten Redensart willen kann ich ihn nicht für rufinische Ausschmückung halten.
105. Das Verhältniß vom Geist und Seele wird unten C. VIII, 3. entwickelt.
106. „vi in aliud, quam motus mentis ageret, cogerentur", die früh. Ausg. „vel in aliud etc." was dem Or. Systeme doch besser entspräche. Allein ich glaube, daß hier R. absichtlich verdunkelt hat. Or. will wohl sagen: „es ist freier Wille, daß die Geister diese oder jene Richtung verfolgen; daß aber alle diese Richtungen der geistigen Naturen einander wechselsweise ergänzen und in Einklang bringen, ist Folge der *unwiderstehlichen Neigung* gegeneinander, durch welche ein höherer Plan sie beherrscht; die eigenthüml. Willensrichtung des Menschen ist von Natur selbstisch und isolirend, und daher dem Abfall geneigt: nur die Neigungen sind es, welche sie zusammenknüpfen, indem sie jener silbstischen Richtung eine Wendung geben auf die verwandte oder auf die entgegengesetzte, und dadurch diese alle zu einer Gesammtthätigkeit vereinigen."
107. Gegen die Ewigkeit der Materie argumentirt Or. auf gleiche Weise in dem griech. Fragment seines Commentars zur Genesis; ähnlich an mehreren Stellen c. Celsum. Es ist dieß auch das Hauptsächlichste, was er der griech. Philosophie zum Vorwurf macht, und seine folgende Erörterung zeigt, wie hoch er hierin nicht nur über jener, sondern selbst über vielen christlichen Philosophen seiner Zeit stand. Uebrigens läßt sich auch in der Mißbilligung seine hohe Achtung für jene Weisen nicht verkennen.
108. Rue citirt den 148. Ψ. υ. ς. dort findet sich zwar im hebr. Texte nur das zweite Hemistich, LXX. haben dagegen, wie hier, und wahrscheinlich das erste, aus Ψ, 33, 9. ergänzt, welche Stelle bei diesen ganz gleich mit jener lautet: αυτος ειπε και εγενηθησαν αυτος ενετειλατο και εκτισθησαν.
109. Hieher, und nicht wie Rößler meint, zum 1. Abschn. 3. gehört, was Hier. zunächst aus dem II. Buche citirt. Er führt nehmlich die obigen Fragen als Behauptungen des Origenes an, (mundos *asserit* innumerabiles), was sie allerdings im Folg. sind; dann sagt er „*post*

modicum (sc. spatium): Si omnia, ut ipse disputationis ordo compellit, sine corpore vixerint (ζωευαν) consumetur corporalis universa natura et redigetur in nihilum etc.)" welche Behauptung in den nächsten §. gehört, wo sie Ruf. ausgelassen. Uebrigens findet hier zwischen beiden kein Widerspruch statt. H. sagt von O. *„asserit mundos innumerabiles non juxta Epicurum uno tempore plurimos et sui similes sed* post* alterius finem esse alterius principium. Eigentlich ist Rufin hier genauer: denn nicht bloß *post* alterius finem, sondern selbst *das Ende* der einen ist nach O. allemal *der Anfang* einer folgenden Weltordnung, indem er ja die Fortdauer des Stoffes an sich nur unter verschiedenen Erscheinungsformen, je nach den verschiedenen Weltperioden (αιωνες) behauptet. Auch das ist irrig von H., daß er die erst angeführte Stelle dem O. als seinen Glauben aufbürdet, sie ist, wie §. 2. zeigen wird, bloße Consequenz, zu der ihn eine einmal angenommene, aber von ihm bestrittene, Voraussetzung führt (disputationis ordo nos *compellit*). Ich habe daher den folgenden §. in diesem Sinne berichtigt.

110. materia per *materiam* subsistat haben die frühern Editt. was Rößlern zu der unglücklichen Conjectur veranlaßt hat, es sey zu lesen materia per *animam* oder *anima* per materiam; und wer weiß, ob nicht diese luftige Conjectur Manchem sinnreich geschienen? Die Msc. haben intervalla.

111. Auch dieß, was H. ferner anführt mit den Worten, et post paululum: „Si haec non sunt contraria fidei (απιστα? Habere consequentiam videntur, R.) etc." ist Einwendung. Or. zieht aus den Prämissen des Gegners allerdings Schlüsse, welche er (am Ende dieses §.) für wahr hält: allein dieß nur durch eine Wendung, die Hier. nicht bezeichnet. Nach „universa natura solvetur in nihilum" hat H. ausgelassen: Sed videamus quid eis occurrat, qui hoc ita asserunt (R.); denn im Folg. hält Or. jener Meinung andere Gründe entgegen, wornach er die absolute Aufhebung der Körperwelt läugnet, und sie in eine relative verwandelt. Er setzt vernünftige Wesen voraus, welche stets des Rückfalls fähig, mithin nach seiner oben ausgesprochenen Ansicht eines Besserungszustandes *im Körper* immer wieder bedürftig sind: weil sie des freien Willens niemals verlustig gehen (a quibus nunquam aufertur liberi facultas arbitrii, R. ein Beisatz, den H. mit Unrecht ausläßt). So kommt er auf die Annahme einer *in's Unendliche fortgehenden Erneuerung* der Körperwelt (secundo iterum reparanda sit et creanda", R. quae rursus existet ob lapsum ration. creatt. — —

et pro varietate causarum diversos mundos fieri et elidi errores eorum, qui similes sui mundos esse contendunt, H.) Die Uebereinstimmung des Sinnes in beiden Versionen leuchtet ein; aber nach der Stellung der Sätze bei H. würde sich O. gerade widersprechen.

112. ita et, Ms. was die Edit. mit Recht verbessert haben in ita ut.
113. „in saeculum et adhuc" die Stelle, wo dieses stehen soll, ist mir unbekannt. Im Griech. muß es des Zusammenhangs wegen heißen: εις αιωνα και πορρω — ετι πορρω. —Nur Job. 20, 4. hat die Hexapla ed. Montf. απ αιωνος (aus Symm.), απο του ετι (aus den LXX.).
114. Ruf. macht hier die Zwischenbemerkung: quod enim latine mundum dicimus, graece κοσμος appellatur: κοσμος autem non solum mundum sed et ornamentum significat", und fährt fort Denique. — Aus diesem letzteren ist zu schließen, daß Or. mehrere Stellen angeführt habe, wo übrigens κοσμος nichts anders als „Schmuck" bedeutet; wie es auch in den beiden weiter angeführten St. übersetzt werden muß.
115. mundi *ratio*. Orig. nimmt also κοσμος hier ausdrücklich als Welt.
116. dieselben Worte des Clem. Roman. (ad Corinth. I.) citirt auch Cl. Alex. str. V. p. 586. undH. in Ephes. II, 2. Aehnliches findet sich bei Dionys. Alex. (Eus. hist. VII, 7.) ο πολυς και απεξαντος ανθρωποις ωκεανος.
117. Erasm. vermuthete hier ακηρατον und nachher στερεωμα, weil seine Codd. hier Lücken hatten, die Pariser haben απλανη durchaus.
118. Commentar in Genes. 1, 1.
119. Soweit Hier. in fast wörtlicher Uebereinstimmung mit Rufin: nur hat jener Spuren einer größeren Treue gegen das Original: z. B. quum subjecti Christo subjiciemur Deo etc., was R. auflöst: posteaquam Christo subjecta fuerint omnia et per Christum Deo patri, was nicht ganz in Origenes Sinne liegt. Am Schlusse fügt H. hinzu: Cum haec dicat, nonne manifestatione gentium sequitur errorem, et philosophorum deliramenta simpicitati ingerit christianae?
120. Beziehung auf Vorr., §. 4. Uebrigens befolgt er die Ordnung, in der er dort die Hauptpunkte der Kirchenlehre angibt, nicht streng. Denn er hat bisher von Mancherlei gesprochen, was dort erst später genannt wird. Die Bestreitung gilt bekanntlich den Gnostikern, die das Alte Test. nur als Werk des Demiurgs

werthschätzten, nicht des höchsten Gottes betrachten: vorzüglich den Marcioniten. Ganz unrichtig übersetzt Rößler, die Unterschrift, indem er *Gesetz,* und *Propheten* als die Entgegensetzung betrachtet.

121. Diese halten den Judengott, den Demiurg oder Weltschöpfer für den alle Andern *ausschließenden,* den höchsten Gott nicht anerkennenden Gott, qui eminentiorem ignorat Deum, geben aber ebendeßwegen nicht zu, daß Jesus diesen als seinen Vater bezeichne. „Creator Deus" übers. Rufin durchaus, was mir nur Erklärung statt des Wortes δημιουργος zu seyn scheint.

122. Diesen Satz hat H. fast wörtlich mit Rufin. Nur ist die Rede bei letzterem belebter, was natürlich in dem bloßen Auszug des erstern verwischt ist. Sed dicent, invisibilis est Deus. Et quid agetis? si invisib. eum esse dicitur per naturam — dagegen bloß: Restat, ut invis. sit Deus; si autem invis. Per naturam est etc.

123. Wiederum omnibus reliquis *creaturis,* was auch hier (wie Vorr. §. 2.) nicht streng zu nehmen ist. Vielleicht hieß es im Urtext: πασι τοις λοιποις ταις κτισεσι; übrigens würde auch ταις λοιπαις κτισεσι die Gottheit nicht gerade unter die κτισις miteinschließen, sondern wie oben zu erklären seyn.

124. ostendendum, übersetzt gewöhnlich Rufin. Ich glaube urtextlich setzen zu müssen δεικτον εστι, was etwas anderes ist als δεικτεον.

125. ist nicht mehr vorhanden.

126. De justo et bono (περι του δικαιου και του αγαθου sc. θεου, oder, was mir wahrscheinlicher, περι δικαιου (neutr.) και αγαθου (neutr.) „in dem Begriff Gottes"). Rößler ziemlich richtig: *„von dem Unterschied* unter (zwischen) dem gerechten und guten *Gott."* Der 5. Abschnitt ist nehmlich nur Fortsetzung des vorigen. Nur möchte ich des gleichfolgenden wegen („aliud esse justum, aliud bonum") noch die Ueberschrift als neutrum nehmen: dann heißt auch αγαθος hier nicht *gut,* sondern *gütig.* Orig. hält aber selbst die letztere Bedeutung nicht fest, sondern verwechselt in seiner Widerlegung (§. 3. .4.) beide Bedeutungen. Ausführlicher behandelt diesen Gegenstand der Dialog c. Marcionitas Sect. I—III. s. Einleit.

127. Or. argumentirt hier nach dem mathematischen Grundsatz: zwei Dinge, die einem dritten gleich sind, sind unter sich gleich. Dabei gebraucht er aber schon zweierlei Ausdrücke für eine Sache! bald αγαθον, bald αγαθοτης (bonum — bonitas, R.); und dann argumentirt er hier von einer Bedeutung des αγαθος, welche es im

Sinne der Häretiker hier nicht hat. Denn, nicht den Gegensatz von κακον soll es andeuten, sondern von δικαιος, δεινος; also =ευνους.
128. Restituetur, inquit, Sodoma in antiquum. Unvollständige Citation von Ezech. 16, 55. Σοδομα (και αι θυγατερες αυτης) αποκατασταθησονται καθως ησαν απ αρχης. LXX.
129. ο μεν νομος *αγιος* (Röm. 7, 12.) ist lectio vulgata.
130. im Sinne des Or. die Gnostiker unterschieden anders: *gerecht* und *gütig*. Man sieht wohl, wie Rößler bemerkt, daß die Widerlegung nicht trifft. Or. unterlegt den Gegnern einen ganz andern Begriff.
131. Die Gnostiker berufen sich also nach Or. eigenen Worten nur auf die Aussprüche des Herrn (im Evang.); er widerlegt sie aber aus dem A. Testament, was in ihren Augen eine petitio principii seyn mußte. Er fühlte das wohl selbst, da er so schnell auf Zeugnisse aus den Evang. übergeht.
132. Nicht unrichtig erklärt Rößler die Idee des Mittlers hier für eine metaphysische, nicht moralische. Der Logos heißt *μεσιτης* als *Organ der Weltschöpfung*, wie Or. selbst durch seine Bemerkung auf den Ap. Paulus zu verstehen gibt.
133. εγκαλουμεν Ιουδαιοις Ιησουν *μη νομισασι θεον* (die Ebioniten und Nazoräer) Cels. II, 9. Unten IV, 22. verspottet er die *Ebioniten* über ihren Namen.
134. Ημεις δε πειθομενοι ου *δοκησιν*, αλλαληθειαν ειναι και ενοργειαν κατα την Ιησου εν ανθρωποις επιδημιαν, c. Cels. VI, 19.
135. Rößler hält die letzten Sätze dieses §. Ohne Grund für rufinisch. Solche Verwahrungen hindern den O. nicht, sich nachher sehr bestimmt auszusprechen. Nach Guerikes's Urtheil enthält im Gegentheil dieser ganze §. „praeclara verba" (de schol. alex. catech. p. II. pag. 238.
136. Hieron. ad Ovit. Nulla alia anima, quae ad corpus descendit humanum puram et germanam similitudinem signi in se prioria expressit, nisi illa de qua salvator loquitur — ist hier eingeschaltet. εν ωσθαι τη ακρα μετοχη εκεινου nennt er dieß c. Celsum VI, 47. wo er als Schriftbeweise dieselben Stellen anführt, wie hier.
137. εν γαρ μαλιστα μετα την οικονομιαν γεγενη ται προς τον λογον θεου η ψυχη και το σωμα Ιησου. ib. II, 9. — Von den Seelen überhaupt lehrt Or. (Abschn. 8.) „sie seyen als νοες erschaffen, und werden durch ihren *Abfall* ψυχαι (παρα την αποπτωσιν — απο του ζην το πνευματι); vom dem νους Christi mußte er also nothwendig annehmen, daß er schon durch seine Verbindung mit dem λογος (ohne Abfall) ψυχη geworden, und als solche die ενσαρκωσις des

λογος möglich gemacht habe. Ψυχη enthält also hier nur den Begriff der Unselbstständigkeit im Gegensatz zu νους, welcher seine Selbständigkeit auf doppelte Weise verlieren kann; durch Versenkung ins Göttliche (wie dieser) oder durch Abfall von demselben.

138. Origenes ist weit entfernt, solchen Ausdrücken der Schrift objective Geltung zuzuschreiben, wie die Concordienformel thut, um darauf den Beweis für die communicatio idiomatum (Uebertragung der Eigenschaften selbst) zu gründen; vielmehr entschuldigt *er* die Uebertragung der Prädicata (αυχηματα) mit dem innigen *Zusammenhang* beider Naturen; in gleichem Sinne könne die Seele Christi, auch Ein Geist mit Gott heißen, da sie es wenigstens zu seyn verdiente.

139. Just. hat ein an den Anfang dieses Abschnitts gehöriges Fragment, welches Rufin bis auf die angeführte Stelle Ps. 45, 7. ganz weggelassen oder unkenntlich gemacht hat. Allein der Uebergang von der Bedingung der Vereinigung des Logos mit der ψυχη auf die wirkliche Menschwerdung Christi (δια τουτο και ανθρωπος γεγονε χριστος εξ ανθραγαθηματος τουτου τυχων) ist fast zu rasch bei jenem. Ich vermuthe daher an dieser Stelle einen Defekt, und habe den Anfang aus dem etwas undeutlichen Anfang bei Rufin, der aber der Orig. Ansicht ganz entspricht, so viel möglich zu ergänzen gesucht. Rufin hat: Quod autem dilectionis pefectio et meriti affectus sinceritas ei hanc inseparabilem fecerit cum Deo unitatem, ita ut non fortuita fuerit aut cum personae acceptione (προσωποληπτος cf. 1. Petr. 1, 17.) animae ejus assumptio sed virtutum suarum ei merito delata, audi ad eam (sc. animam) Prophetam dicentem: etc. Just. dagegen das Obige und: ως μαρτυρει ο προφητης λεγων etc.

140. Or. verwechselt hier zwei Stellen der LXX. Der Vordersatz ist aus Jes. 8, 4.; der Nachsatz aus 7, 16. lautet aber im Urtext anders.

141. Vielleicht ungenaue Reminiscenz des Orig. aus dem 9. V. des obengenannten Ps. LXX. Θεγατερες βασιλεων εν τη τιμη (oder οδμη ?) σε.

142. πνευμα προσωπου ημων χριστος κυριος συνεληφθη εν ταις διαφθοραις αυτων, ου (Ruf. Hat „cui") ειπαμεν εν τη σκεια αυτου ζησομεθα εν τοις εθνεσι. LXX. Threni 4, 20. Luther scheint רוח (in der Bedeutung von Esther 4, 14.) statt רוה gelesen zu haben.

143. In hujus namque *assumtionis sacramento* ——— Rufin?

144. Nach LXX. Ψ. 89m 51, 52. Μνηθητι κυριε του ονειδεισμε των δουλονσου, ——— ου ωνειδισαν το ανταλλαγμα του χριστου σου. Ruf. Memor esto opprobrii *mei*, Domine, quo exprobraverunt *me in* commutationem Christi tui. Der hebr. Text hat am Schlusse: גקבות כשיחך Fußstapfen i. e. Nachfolge.
145. „et de deitate" wahrscheinlich Zusatz von Rufin.
146. Anders lautet die von Pamphilus in der Apologie angeführte Stelle des Commentars zu Tit. 3, 10. Sunt, qui spiritum sanctum alium quidem dicant esse, qui fuit in prophetis, alium autem qui fuit in apostolis D. J. C. — Auch wird im 41. apostolischen Canon verdammt, wer auf 3 Paraclete tauft, und im Conc. Bracar. I, c. 2. die Gnostiker, welche eine dreifache Trinität annehmen. Erinnerte sich Orig. nicht deutlich, oder ist die Stelle bei Pamph. unächt? Oder bezieht er das Obige nur auf die *Marcioniten* und *Valentinianer*, die er ausdrücklich hier bekämpft.
147. So glaube ich den Sinn der Stelle per singulos — hoc efficitur vel hoc intelligitur ipse spiritus, am deutlichsten ausgedrückt zu haben. Semler erklärt: per singulos *quod* efficitur vel *quod* intelligitur, ipse *est* spir. Richtiger Rösler: efficit — intelligit ipse spir. Denn ohne Zweifel hat Rufin das Medium, welches hier eben die immanente Wirksamkeit bezeichnet, für ein Passivum angesehen und übersetzt. Ενεργειται η εννοειται (ενθυμειται) vermuthete ich das letztere als Erklärung des ersteren, daß nehmlich dieses nur ein geistiges Wirken und der Gedanke selbst sey. S. Comm. in Joh. t. II. ed. R. IV p. 60.
148. Rößler vermuthet hier eine Interpolation Ruf., die sich auf spätere Streitigkeiten bezöge. Die Montanisten können keineswegs gemeint seyn, da sie vom Paraclet sehr hohe Begriffe hatten: noch eher die strengen Gegner derselben, welche im Elfer die Verschiedenheit der Geistesgaben überhaupt läugneten; am wahrscheinlichsten die Manichäer, welche Mani für den Paraclet hielten.
149. Hier ist mir folgender (wahrscheinlich rufin.) Satz verdächtig: qui se eorum animabus infundens illuminare eos possit *de ratione ac fide trinitatis*. Erst nachher wird die Mittheilung des heiligen Geistes von Or. näher bestimmt, und zwar (§. 4.) dahin: docens majora quam voce proferri possunt etc. ut ita dixerim, quae ineffabilia sunt et quae non licet homini loqui i. e. *quae indicari* humano sermone

non possunt. Rufin hat wieder glücklicher Weise den Widerspruch, der hierin gegen seinen vermuthlichen Zusatz liegt, nicht bemerkt.
150. Bedeutende Abweichung vom Texte, eigentlich Paraphrase von Origenes.
151. παραιτεομαι, παραιτητης vermuthe ich im Urtexte, und Orig. scheint mit den letzten Worten auf eine apokryphische Stelle hinzudeuten, wo das erstere Wort gebraucht ist. „Deprecari enim patrem pro peccatis nostris *dicitur* (nach den Mscr.)" Uebrigens kann das λεγεται auch auf die vorausgehende Stelle bezogen und so verstanden werden: „es wird damit gesagt, es soll das heißen;" wie oft.
152. Ohne Zweifel παραμυθια für παρακλησις, und vorher παραμυθητης.
153. Gen. 1, 21. כל נפש החיה πασαν ψυχην ζωων etc. LXX.
154. Substantia φανταστικη et ορμητικη, quod latine, licet non tam proprie explanetur, dici tamen potest sensibilia et mobilis. Ruf. Herr Christian *Weiß* wird es erlauben, für die dem Orig. geläufige aristotelische Definition von Seele die seinige zu gebrauchen. Erasmus bemerkt: phantastica dici potest imaginativa, quod est intellectus: hermetica impulsiva, quod ad affectus pertinet. Ueber die Thierseelen erklärt sich Orig. näher tom. in Ψ. 1. (philoc. c. 2. ed Tarini p. 61.) τας ενυπαρχουσας ψυχας (εν τοις ελαχιστοις ζωοις), εκαστης ιδιωμα τι λαβουσης εν αυτη, ως εν αλογω σωτηριον „indem jede eine eigenthümliche Kraft, als Mittel ihrer Erhaltung in dem unvernünftigen Geschöpfe an sich gezogen." Nach dem Folgenden wäre dieß das *Blut*.
155. *η ψυχη* πασης σαρκος αιμα αυτου εστι LXX. Auch in den folgenden Stellen immer ψυχη.
156. Ο δε Ωρ. *την ψυχην μονην* ελεγεν *ανθρωπον* ειναι. Phot. Biblioth. cod. 234. (ed. Schott. p. 909).
157. נפ im Text επιστησω το προσωπον μου LXX. την ψυχην μου, Orig. denn Ruf. hat animam. Ohne diese Variante würde diese Stelle gar nicht passen.
158. Bekanntlich werden zwei andere Verse dieses Psalms (2 und 9.) in den Evangelien ausdrücklich angeführt.
159. „unicam meam" μονογενη μου, LXX. ψ. 22, 20. Or. führt auch den 19. Vers. ohne Abweichung an; jedoch ohne Beziehung auf den Zusammenhang.

160. Die Definition wird hier durch den Beisatz „rationabiliter" limitirt. Ist dieser von Rufin? oder wollte Or. selbst die Erklärung, die er vorher auf die Thiere angewendet hat, nicht unbedingt auch von den Engeln geltend machen? Daß letztere ist wahrscheinlicher.
161. Unde cum infantia cautione tractandum est ne forte — Hieron. vor der letzten Frage. Rufin hat dafür bloß: Aut si cum ad beatitudinem venerit etc., das Uebrige übereinstimmend. Ich fand es dem Zusammenhang angemessen, die Einschränkung (bei H.) erst auf die Frage folgen zu lassen; zumal, da Rufin, jedoch von allen nur dieser, die Antwort mit dem Satze einleitet: Sed videamus, ne forte possit hoc modo responderi, was ich nicht verwerfen konnte. — Die Antwort haben Justin. und Hieron. gleich; Rufin theils mit einigen erläuternden Beisätzen, wie gewöhnlich, z. B. statt ουκετιμενει ψυχη η σωθεισα ψυχη, cum jam salva facta fuerit *ex perfectionis partis suae vocabulo nuncupabitur*, wovon im Text nichts steht; am Schluß hat er sodann folgende Umschreibung: ita anima *quae periisse dicitur, videbitur* fuisse aliquando *cum* non *periisset et propter hoc* anima *diceretur* (statt αυτο και η ψυχη ην οτε ουκ ην ψυχη); quae rursum *ex perditione liberata* potest *iterum illud esse quod fuit antequam periret et anima diceretur* (st. και εσται οτε ουκ εσται ψυχη). Daß die Seele als ein απολωλος vorzugsweise ψυχη sey, dieß liegt schon in der Vergleichung, und wird nun im folgenden erst ausgeführt.
162. Diesen Zusatz (πυρ) haben die LXX. ed. Vatic. so wenig als der Urtext.
163. ψυχη von ψυχεσθαι. Diese Stelle führt auch Epiphan. ad Joann. Hieros. an: asserit animas secundum graecam etymologiam ψυχας απο του ψυχεσθαι idcirco vocitatus, quia de coelestibus ad inferiora venientes calorem pristinum amiserint.
164. Von da an findet sich der Schluß dieses §. bei Justin. und Hier. so zwar, daß der letzte Satz des justin. Fragments der erste bei Hieron. ist, und also beide Fragmente einander ergänzen. Uebrigens hat auch Rufin das justinianische Fragment mit einiger Umschreibung richtig, nur die Stelle von Esau u. s. w. hat er ganz übergangen.
165. Es heißt zwar „damnatum" allein Or. kann wohl Nichts Anderes als den Verlust der Erstgeburt und des Segens (Gen. 25, 33. 27, 36.) im Sinne haben. Dieser war eine nicht zunächst verdiente Strafe.
166. „requirendum est (oben für βασανιστεον), quod" —also οτι. Orig. will den Satz fragweise stellen, um nicht vorzugreifen; den

Gedanken selbst aber drückt er, seiner Ueberzeugung gemäß, dennoch bestimmt aus. Auch im folgenden Satz herrscht diese verdeckte Bestimmtheit.

167. „pertingit et pervenit ad omnem Dei virtutem, insertus ei." Rößler: ist — bei aller göttlichen Kraft und ihrer Erweisung. Ob aus dieser Stelle ein weiteres Merkmal der Lehre des Orig. vom Sohne genommen werden darf, wüßte ich nicht. Sie ist zu unbestimmt und eigentlich nur eine Ausflucht aus einer exegetischen Klemme, weiter nichts.
168. „ob huius sacramenti (μυστριου) indictum."
169. Nach LXX. Der Text hat תנּים Wasserschlange, als תנוב
170. Nach den frühern Ausgaben (auch bei Rößler) fängt dieser Abschnitt erst mit §. 3. an, und führt bloß die Ueberschrift „de mundo." Die zwei ersten §§. sind noch beim vorangehenden Abschnitt offenbar unrichtig. Die erweiterte Ueberschrift aber halte ich unbedenklich für einen spätern Zusatz von der Hand eines denkenden Abschreibers, dem in diesem Abschnitt, etwas mehr als von der Welt überhaupt enthalten schien. Dasselbe findet aber auch oben im ersten und dritten Abschnitt dieses Buches Statt, die ebenso kurz überschrieben sind. Ueberhaupt aber ist bei Orig. der Ursprung der Welt und die Verschiedenheit der Willensrichtung (d. h. die Möglichkeit des Bösen) immer nur Eine untrennbare Frage.
171. „putandum est" das Folgende ist aus Justin. Rufin hat im Grunde das Nehmliche, ausgenommen, daß er, was Or. von der Beschränktheit der göttlichen Schöpfungskraft sagt, bloß auf das Geschaffene bezieht, und ihn nur von einer Beschränkung der göttlichen Vorsorge, welche eine unendliche Schöpfung nicht umfassen könnte, sprechen läßt. Außerdem aber hat Rufin eine Schriftstelle, welche in den Zusammenhang paßt.
172. Dieser Satz geht bei Rufin, dem bei Justin. nächstfolgenden voraus, und erklärt das folgende: Πεποιηκε τοινυν — — deßwegen ist er hier eingeschaltet; der Absicht, die Justin. bei dem Auszug der Stelle hatte, konnte die Berufung auf die Schrift nicht dienen; darum ließ er sie aus. Es ist doch nicht denkbar, daß Rufin der (kezerischen) Meinung des Or. mit einem Schriftbeweise zu Hülfe komme.
173. κατακοσμησαι, einwelten (κοσμος).

174. id est, Mscr. de la Rue. Die Ausgaben vor ihm haben: sicut. Auch τετ εστι könnte so viel heißen als „zum Beispiel."
175. Die ganze Stelle, die mir verdächtig scheint, lautet so: nisi ipsum verbam ac sapientiam et justitiam, qui est unigenitas filius Dei, prostrati ac supplices deprecamur, qui per gratiam suam sensibus se norstris infundens obscura illuminare, clausa patefacere pandereque dinetur arcana: si tamen inveniatur tam digne vel petere vel quaerere vel pulsare ut vel petentes accipere mereamur, vel quaerentes invenire, vel pulsantibus jubeatur aperiri. Orig. will zwar nicht eigenmächtig entscheiden, obwohl er diese Frage schon oben (2. B. 1. Abschn.) entschieden hat; aber es ist namentlich in diesem Werk nicht, und nach der angeführten Stelle um so weniger seine Art, sich sosehr zu verwahren. Dagegen benützt Rufin, wie der Schluß des ersten B. hinlänglich beweist, solche Uebergänge, um seine Declamationen einzuschalten.
176. omni justitia ac ratione, al. *omnium*. Ich vermuthe καθολου τω δικαιοτητος λογω. Nachher: rationem autem dico generalem (καθολικον ?)
177. Aus der hier (zumal in den frühern Ausgaben und auch bei Rue) unklaren Uebersetzung Rufins läßt sich der ursprüngliche Text so finden: Or. will die Worte des Apostels wiederholen, aber auf die ουρανια, επιγεια und υπογεια angewendet wissen, deßwegen begleitet er sie das zweitemal mit einer kurzen Paraphrase, „Similiter mihi videtur, sicut ibi ait, „„„cum enim nondum nati fuissent, neque aliud egissent boni vel mali"""" ita etiam de caeteris omnibus dici posse „„„, cum enim nondum *creata* essent, neque egissent aliquid boni vel mali, ut secundum electionem Dei propositum maneat"""" (sicut putant quidam) facta sunt illa quidem coelestia haec autem terrestria, et alia inferna — „„„non ex operibus (ut putant illi) sed ex eo qui vocavit. — Putant (ηγουνται) hat offenbar die Bedeutung von εξηγουνται; er bezeichnet damit eine eigene Auslegung der von ihm benutzten Stelle, die er bald nachher anders erklärt. Die „quidam" und „illi" können Niemand seyn, als die Marcioniten, Valentinianer u. a., mit denen er oben zu thun hat. Or. sagt: der erste Punkt „μηπω γαρ γεννηθεντων μηδε πραξαντων τι αγαθον η κακον" läßt sich unbedingt auf Alles anwenden: μηπω γαρ *πεποιημενων* etc.; der zweite: „Ινα κατ εκλογην του Θεου προθεσις μενη" wenigstens nach der Meinung der Häretiker (ως δοκουσι τινες) „γεγενηται ταμεν ουρανια, τα δε επιγεια, τα δε αλλα

υπογεια." (Dieß bezieht sich auf die προθεσις); ebenso ist das Letzte: ουκ εξ εργων nur nach der Meinung der Häretiker (ut *illi putant*) unbedingt zu nehmen. Deßwegen folgt gleich nach „quid ergo dicemus", der Zusatz: „*si haec ita sunt?*"

178. Die eingeklammerten Worte haben die früh. Ausg. am Anfang des §. 4. als Ueberschrift des Eilften Abschnitts. Rue fand aber dort in den Msc. durchaus keine Unterbrechung und fuhr deßwegen mit den §§. dieses Abschnitts bis zum Abschn. „von den Verheißungen" fort. Die Ueberschrift des ehmals eilften Absch. setzte er wahrscheinlich zu der des Zehnten hinzu. Denn er würde, wenn sie in den Manuscripten schon da stünde, nicht versäumt haben, dieß zu bemerken, da er sonst auch die unbedeutendste Abweichung anmerkt. Deßwegen sind diese Worte als unächt oben eingeklammert.

179. Wir haben davon nur Fragmente, 2 griechische bei Methodius, und 2 lateinische in der Apologie des Pamphilius. Diese sind hier berücksichtigt.

180. Mit Unrecht schließt daraus Mosheim (Bücher g. Cels. S. 519.), „daß die Ketzer sich an der Schrift des Orig. geärgert haben."

181. hier haben Rue's Manuscr. noch: sicut certe necesse est, was in allen frühern Ausgaben nicht steht, und auch nicht hieher gehört. Es könnte zwar rufinischer, wohl aber auch Zusatz von der Hand eines rechtgläubigen Abschreibers seyn.

182. virtus et gratia. Es fehlte dem Rufin der rechte Ausdruck für χαρις = χαρισμα. In solchen Fällen braucht er immer zwei Worte.

183. „Corpora" in alles Msc. Dieß ist wohl bei Orig. eine dem Ort zu Liebe gemachte Variante. Oben steht caro.

184. Die Chiliasten (s. Einl.), die „simplices et philosarcae" Hier. ad Pamm., απλουστεροι, fragm. de resurr. Diese betrachtet Orig. als die inneren Gegner einer vernünftigen Auferstehungslehre. Gegen beide, die äußern und innern Gegner, die Häretiker sowohl als die Chiliasten, macht er (Select. in. Ps. 11. 534.) geltend: χρη σωσαι τε (zwar) και την των αρχαιων παραδοσιν, (die kirchliche Lehre gegen die Läugner der Auferstehung), και (aber auch gegen die fleischliche Auferstehung), και (aber auch gegen die fleischliche Auslegung), φυλαξασθαι εμπεσειν εις φλυαριαν πτωχων νοηματων, αδυνατων τε αμα και θεου αναξιων. Aber eben um dieser Unterscheidung willen kam er bei den letztern selbst in den Geruch der Ketzerei.

185. „insita ratio ea, quae substantiam continet corporalem", λογος σπερματος c. Cels. VII, 32. und wörtlich wie hier ib. V, 23. ου φαμεν το διαφθαρεν σωμα επαναρχεσθαι εις την εξ αρχης φυσιν, ως ουδε τον διαφθαρεντα αοκκον του σιτου επανερχεσθαι εις τον κοκκον του σιτου. *Λεγομεν γαρ ωσπερ επι του κοκκου του σιτου εγειρεται σταχυς ουτω λογος τις εγκειται τω σωματι, αφ ου μη φθειρομενου εγειρεται το σωμα εν αφθαρσια.* Diese beiden angeführten Stellen sind in Uebereinstimmung mit dem obigen Abschnitt die Hauptstellen für die Auferst. Lehre des Orig. Das größere Fragm. de resurr. behandelt nur die *Erscheinungen* Verstorbener unter den Lebenden. Das andere sagt: και ημας αρα εξιστασθαι μελλοντας αγγελοις αναγκη δη *σαρκων* ωσαυτως εκεινοις *γυμνους εσεσθαι* δειν — wie hier.
186. Zur Bestätigung dient eine Stelle aus Orig. Comm. in Ps. I, welche Epiph. Haeres. 64, 14. aufbewahrt hat. Αναγκαιον γαρ, την ψυχην εν τοποις σωματικοις υπαρχουσαν κεχρησθαι σωμασι καταλληλοις τοις τοποις, και ωσπερ, εν θαλασση ζην ημας ενυδρους γενομενους ει εχρην, παντως εδει παραπλησιαν εχειν και την αλλην ιχθυων καταστασιν, ουτω μελλοντας κληρονομειν βασιλειαν ουρανων — αναγκαιον *χρησθαι σωμασι πνευματικοις, ουχι του ειδους* του προτερου *αφανιζομενου,* και επι το ενδοξοτερον γενηται η αυτου προπη, ωσπερ εν το Ιησου ειδος και Μωσεως και Ηλιου ουχ ετερον εν τῃ μεταμορφωσει, παρ' ο ην. Cf. Pamph. apol. VII, 7. Andere, wie Justinian (dieser jedoch bloß, weil die palästinischen Mönche das behaupteten), Nikephorus XVII, 27. und der in der Einleitung bezeichnete Antipater von Bostra, geben dem Or. auch den Irrthum Schuld, daß er „sphärische Leiber der Auferstandenen" (εν τη αναστασει σφαιροειδη τα των ανθρωπων εγειρεσθαι σωματα) angenommen habe. Hingegen spricht Hieron., der wohl Gelegenheit hiezu hatte in ep. ad Pammachium (61, 10.), nirgends davon und Antipater selbst schreibt angeblichen Irrthum Mehreren zu „εκ της εξωθεν περιλαλουντες σοφιας (Plato und Xenophanes) φασι u. s. w. (Joh. damasc. s. parall. p. 764.); auch sagt Just. ει τις λεγει η εχει κτλ." Ohne Zweifel hat sich Orig. darüber nirgends ausgesprochen, wenn nicht in der Schrift über die Auferstehung. Die Berufung auf π. Ευχ. 31. wo die επουρανια σωματα σφαιροειδη *Himmelskörper,* Gestirne sind, ist ein Irrthum.
187. et qualitas et quantitas cibi *contraria* (εναντιωμα, αναρμοστια?) Msc.

188. Orig. trennt hier εν ημερα vom Vorangehenden nicht; vielmehr bezieht er κατηγ. und απολογομενων eben auf den Tag des Gerichtes.
189. Eine Anspielung auf diese Darstellung der Höllenstrafen ist wohl die Stelle des Hier. in Ephes., I, 3. „quia igitur sunt plerique, qui dicunt, non futura pro pro peccatis esse supplicia, nec extrinsecus adhibenda tormenta, sed *ipsum peccatum* et *conscientiam delicti* esse pro poena." Unter „plerique" meint er sehr häufig den Or. und dessen Anhänger, weil er aus großer Achtung vor demselben ihn bei einer unkatholischen Lehrmeinung nicht gerne nennt. Genauer führt Hier. die obige Stelle (ad Av.) mit folgenden Worten an: „Ignes quoque gehennae et tormenta, quae scr. s. peccatoribus comminatur, non ponit in suppliciis, sed in conscienta peccatorum, quando Dei virtute et potentia omnis memoria delictorum ante oculos nostros ponitur, *et veluti ex quibusdam seminibus in anima derelictis universa vitiorum seges exoritur,* et quicquid feceramus in vita vel turpe vel impium, omnis eorum in conspectu nostro pictura describitur, ac *praeteritas voluptates* mens *intuens* conscientiae punitur ardore et poenitudinis stimulis confoditur." Bei der sonstigen wörtlichen Uebereinstimmung dieses Fragments mit der ruf. Uebersetzung halte ich auch die im Druck hervorgehobenen Worte, welche Rufin nicht hat, für urtextlich, und habe sie daher am gehörigen Orte eingereiht.
190. immutatis affectibus — ich vermuthe αλλοιωμενων των παθεων und möchte αλαιοω hierfür „entfremden, entfernen" nehmen. Denn zu einer *Veränderung* der Leidenschaft gibt Orig. keinen Grund an. Jedenfalls wäre nach seiner Ansicht die veränderte immer noch an sich schon Strafe; was hier nicht seyn soll.
191. *adjutoria* lanquentibus adhibent βοηθητικα (denn die LXX. haben εσονται βοηθεια, worauf sich Or. bezieht) ohne Zweifel = θεραπευτικα, welches das ärztliche Verfahren überhaupt bezeichnet; *stärkende* Mittel können nach der angeführten Schriftstelle nicht gemeint seyn.
192. vgl. Rufin die LXX. Και, das Uebrige gleich.
193. Abweichend von den LXX., welche haben καθαρισει τους υιους Δευι, hat Rufin: „Fundet purgatos filios Juda."
194. Dieser Satz ist ächt origenisch, und keineswegs durch die bei Hier. erhaltene Stelle „nisi forte corpus hoc pingue, atque terrenum caligo et tenebrae nominandae sunt, per quod cosummato hoc mundo, cum necesse fuerit in alium transire mundum, rursum

nascendi sumet exordia" (wie de la Rue meint) zu ersetzen. Die letztere besteht für sich, und bildet eine eigene, dritte Interpretation des obigen Ausdrucks. Ich habe sie daher vor dem weitern Beispiel, das Or. anführt (Similiter et de *carcere*) eingeschaltet. Es fragt sich dabei nur, welches Subject man zu „sumet nascendi exordia" denken soll: entweder corpus, das heißt redivivum, denn zu perquod gehört auch ein corpus, aber hoc pinque; oder aliquis homo? Im Grunde hat dieß auf das Verständniß und die Uebersetzung wenig Einfluß. Daß die vergehende Welt der jedesmal entstehenden, die Keime liefere, ist ein Satz des Origenes.

195. περι επαγγελιων, so ist auch das Werk betitelt, welches Dionysius, der Schüler des Or. nach der Widerlegung der Korakion (255.) schrieb, und worin er Or. Sätze weiter ausführt und vertheidigt.

196. Es sind hier Worte zu erklären, die an sich in der rufin. Untersuchung keinen guten Sinn geben, und nur aus der Entgegensetzung verstanden werden können. Diese ist: sensus judaicus — Apostolorum sensus. Dort ist superficies quaedam legis literae, resurrectio carnalis, urbs terrana, vitae hujus conversatio, naturalis *rei ipsius cupiditas* — ; hier dagegen theoria scripturarum, veritatis et sapientiae cibi et pocula, sanctorum civitas, lapis vivus, *species ipsa* panis *vitae ratio et intelligentiae*. Die zuletzt hervorgehobenen Worte gleichbedeutend zu nehmen, dazu veranlaßt den Orig. besonders die angeführte Schriftstelle (Deut. 8, 3.) und die Vieldeutigkeit des Wortes λογος. Dieß bezieht er immerhin zu αρτος (λογος αρτου) und das ist ihm im Gegensatz zur res ipsa, dem gewöhnlichen αρτος, das Ideelle, Geistige, ιδεα του αρτου, (Rufin ungeschickt: species); und dieser „geistige Genuß" ist eben wieder λογος (ratio et intelligentia), die Einsicht in den *Grund* der Welt und in die Tiefen der Gottheit, wie er im obigen §. weiter entwickelt wird.

197. νους ist hier das geistige Princip, aber doch unterschieden vom πνευμα, das hier in einem ziemlich allgemeinen Sinn genommen wird.

198. diversitas gentium, unstreitig διαφορα των εθνεων sowohl Auszeichnung *vor*, als Feindschaft *mit* den Heiden.

199. singuli *populi* Rufin hat hier offenbar das Wort δημοι mißverstanden.

200. cujus forma erat in Moyse. Die frühern Ausgaben hatten „cujus formae (τυποι) erant (nehmlich die Priester u. s. w.) *immo sentiet,*

quae sit veritas etc. Eine Verbesserung aus dem richtigern forma erat IMMOSE ET — wie die Pariser Mscr. haben.
201. qui vel illis affectus sit hominibus, vel istis contentiosa aemulatio. Man könnte freilich auch illis zu hominibus beziehen, aber in diesem Zusammenhang vermuthe ich ταις μεν (sc. δυναμεσι) ταις δε — und τοις ανθρωποις statt: εις ανθρωπους. Vielleicht war das letzte die richtige Lesart im Original.
202. quaedam virtutes assoriantur, et aliis— depelluntur. Die Anspielung auf Zaubermittel läßt sich, besonders wegen des gleich folgenden, nicht verkennen.
203. Rößler schließt hieraus, daß die Reihe von Fragen, die Orig. oben vorlegt, dasjenige enthalte, was „sein und seiner Zeitgenossen Wißbegierde vornehmlich beschäftigt hat, oder was man sonst für wichtige Probleme angesehen haben mag." — Unlateinisch war die frühere Lesart: *Quod* nunc enim — quaeritur, tunc autem videbitur, die auch Rößler stehen läßt.
204. Rufin führt die ganze Stelle wörtlich an; allein die Hauptsache davon, die allein hieher gehört, secundum principem potestatis aeris hujus, ist in den Ausgaben vor Rue weggeblieben. Die Worte finden sich in allen Mscr.
205. Eph. 1, 20, 21. Vergl. B. I. Abschn. 6.
206. intuebitur *rationabiles intelligilesque substantias* facie ad faciem H. ad Av. Rue verbessert intuebimur, weil vorangeht Cum tantum profecerimus —— ut fuerimus; allein ohne Grund. Das Subject ist mens et sensus ad perfectum veniens; auch bei Rufin (meus jam perfecta, nequaquam ultra carnalibus sensibus impedia etc.). Daß Hieron. hier wörtlicher übersetzt, als Rufin, ist auf den ersten Anblick klar. Dieser wollte übrigens nur dem „forsitan ne animae quidem fuerimus" ausweichen, und zwar so: natura rationabilis, non *sicut* in carne vel corpore et anima in hac vita *crescebat* etc. Mens et sensus gebrauchen die beiden Uebersetzer für „νους" worunter hier Or. das Wesen und die eigenthümliche Kraft des πνευμα versteht, eigentlich das reine Selbstbewußtsein.
207. περι αυτεξουσιου, denselben Titel hat Rufin: de arbitrii libertate, und gleich zu Anfang den Uebergang vom Ende des zweiten Buchs zum dritten: Talila quaedam de repromissionibus sentienda etc., an dessen Aechheit, bei der wortgetreuen Uebersetzung des Folgenden, nicht zu zweifeln ist. Der ganze übrige Abschnitt findet sich griechisch in der Philokalie, von der er das 20. Cap. ausmacht; was aber hier noch weiter zu der Ueberschrift gehört, scheint mir

ein Zusatz von der Hand der Sammler zu seyn, und zwar für den besondern Zweck, zu welchem sie die Sammlung veranstalteten. Ein Cod. aus der thuanischen Bibliothek hat noch ατινα εστι ταυτα.

208. τους ακουοντας entspricht dem vorausgehenden κηρυγματι, dessen Begriff die „Predigt" ist.

209. υπο (nach den Par. Mscr.) φυσεως και ψυχης συνεχεται. φυσις als äußerliche, ψυχη als innerliche Bedingung des Lebens. Rufin: per naturalem vitam vel (?) per annam.

210. φαντασιας εγγινομενης, cum eis voluntas quaedam vel incitamentum affuerit, Rufin. Ein Beweis, daß er mit der phantasia nicht recht wohin? wußte. φαντασια ist bei Aristoteles und besonders bei den Neuplatonikern und Alex. das Vermögen sinnliche Eindrücke aufzunehmen, und zu Vorstellungen zu bilden, dann auch die Empfindung, Vorstellung selbst. Ganz falsch aber übersetzt Jarinus in der Philocalia p. 266. „ingenita specie" Das Angeborne ist die ορμη, die durch die φαντασια geweckt wird.

211. φυσεως φανταστικης τεταγμενως κινουσης την ορμην) hiemit unterscheidet Orig. die φυσις φανταστικη ausdrücklich von der φαντασια. Jene ist das Angeborne, was dem Instinkt zu Grunde liegt, und ihm seine Richtung gibt, die Empfindungsfähigkeit und Vorstellungskraft.

212. Vergl. περι ευχης, c. 6., wo Orig. die Gegner der Lehre von der Freiheit auf dieselbe Weise ad absurdum führt.

213. Rößler entdeckt hierin einen directen Widerspruch gegen die protestantische Lehre vom natürlichen Verderben. Schrecklich! Denn *Rufin* sagt: qui ad *naturalem corporis intemperiem* culparum refert causas. — Orig. vorher το δε τουτον (ερεθισμων) ουτως ημιν γινομενων εξωθεν αιτιασθαι ——und hier ψιλην την κατασκευην αιτιασθαι. Vom „natürlichen Verderben" (das bei Orig. freilich einen andern Sinn hat, als in den symb. BB.) wird nachher die Rede seyn. ψιλη γατασκευη ist die unbewaffnete, bloßgestellte, daher leichtverführbare Sinnlichkeit; gegenüber den ερεθισμοις, den äußerlichen Reizen, der Verführung selbst, die er im Vorhergehenden besprochen.

214. και τα εξης haben die Verf. der Philokalie; Or. pflegt sonst alle Stellen ganz anzuführen, auch wo es nicht nöthig wäre. Das ganze Gleichniß wäre freilich zu lang; Auch hat Rufin et cetera — et reliqua — etc. an denselben Stellen.

215. και η πεισμονη εκ του καλεντος και ουκ εξ ημων, Anspielung auf V. 11. nicht wirkliche Citation. Die Ordnung der angeführten Stellen

beweist, daß Orig. aus dem Gedächtniß citirt. Daher auch (Mark. 4, 12) βλεποντες μη βλεπωσι.
216. Codd. Thuani haben über diesem §. die Aufschrift: τι εσκληρυνε ο θεος την καρδιαν φαραω; um aufmerksam zu machen.
217. πνευματικοι — χοϊκοι, er meint also unter den ετεροδοξοις wohl die Basilidianer. Sonst ist der Gegensatz πνευμ. und υλικοι. Cf. Dial. c. Marc. 14 und IV, 1.
218. ει δε απειθει τις, χρεια σκληρυνεσθαι. Ich glaube nach Rufin (quodsi hoc ei erat per naturam, *quid* adhuc ei opus erat indurari) verbessern zu müssen: ει δε απειθει, τι χρεια etc.
219. Rufin hat hier noch den erklärenden Beisatz: qui naturas bonas vel malas, id est terrenas vel spiritales commotiones, fabulis introducunt, ex quibus fieri dicunt, ut vel salvetur unusquisque vel pereat. Offenbar aus dem obigen entnommen, und verdächtig durch das Folgende respondendum est etiam „his qui Deum legis justum tantummodo volunt non etiam bonum" — anstatt επαπορητεον δε προς τους νομιζοντας νενοηκεναι το „εσκληρυνε." ? Die Gegner sind immerhin die Marcioniten, deren Unterscheidung des gütig und gerecht er oben (11, 5.) bekämpft.
220. και τι πορςτιθεμενον τουτο ποιειν §. 10 folgt ου προτιθεμενος σκληρυνειν, welches einen viel bessern Sinn gibt: auch hat Rufin hier quid prospiciente, während Tarin übersetzt quidquid addere.
221. γυμνη τη κεφαλη. Diese Redensart ist häufig bei Chrysostomus und bei Gregor, z. B. Apolog. 1. γυμνη τη κεφαλη το δη λεγομενον χωρουντες προς πασαν ανομιαν. Nicht so bei attischen Schriftstellern.
222. ης το τελος hat Luther unrichtig übersetzt „welche man zuletzt" richtiger Tarinus an d. St. „cujus vectigal."
223. Tarin schlägt vor, τον υετον zu lesen statt τον υοντα; ganz unnöthig, denn gerade dadurch will Or. die Anwendbarkeit des Gleichnisses auf Gott, dessen ενεργεια im Regen ist, andeuten.
224. Rufin scheint mir das ως προς την αθανασιαν της ψυχης hier nicht richtig erklärt zu haben: quoniam quidem immortalis est anima, cujus curam et providentiam gerit. Zwar kommt προς in dieser Bedeutung vor. Siehe darüber Vig. ed. Herm. p. 665. 666. Das ως heißt hier aber auch nicht, „daß, damit" (wie Tarin übersetzt), sondern ως προς (oder nach andern Msc. προς) gehört ως *συνοισοντος* ——— του μη ταχυ συνεργασθηναι — αλλα βραδιον etc. Dieses του ist von beiden Uebersetzern ganz übersehen worden, während es doch das Subject zu συνοισοντος angibt.

225. Rufin hat umschreibend, breve tempus, quod intra *sexaginta* fere aut si quid amplius annos concluditur für das einzige Wort πεντηκονταετιαν.
226. Vorher φυσις νοερα, hier λογικη ψυχη. Jenes ist die Gattung, dieses die Species.
227. ετι. Die Ausgabe von Tarin hat dieß nicht. Der Satz wäre aber ohne dasselbe ganz unverständlich; denn auf αποκλειεται kann das της ενταυθα ζωης nicht bezogen werden. Rufin: *brevitate temporis* hujus vitae. Tarin: quemadmodum (ωσπερ) ab hac vita — excluditur. Das ωσπερ ist aber hier s. v. a. ωσει (Vig. p. 561).
228. γεωργος, nicht δημιουργος, wie Tarin hat. Auch Rufin: agricola.
229. Ich lese mit den thuanischen Ms. επιβουλαι statt επιβολαι. Zwar heißt beides „Vorhaben, Absicht", aber jenes paßt besser zu προαιρεσεις und zu dem Vorangehenden: ου βεβουλη ται (η ψυχη).
230. διτοσωνδε ohne Zweifel fehlt hier ein Wort, wie κακων, oder desgl. Rufin: pluribus plagis.
231. εις ον (ου) καταληγει η οικονομια του φαραω. So verbessere ich nach Rufin: in qua submersione *non* utique putandum est finitam esse *erga Pharaonem providentiam* Dei; und gemäß dem Folgenden. Das οικονομια hat Tarin ganz mißverstanden; er übersetzt Pharaonis administratio. Wird doch in dem nächsten Satze vorher *Gott o οικονομος αριστος* genannt, und kommt das Wort οικονομειν in diesem Sinn noch öfter vor. Das ου nach ον kann durch Abschreiber leicht ausgefallen seyn.
232. τουτων ουτως ακουειν δη λεγοντες. Ms. δει, Rue vermuthet δειν. Rufin: intelligi oportere. Also δειν.
233. Man erinnere sich, daß es nicht dieselben Gegner sind, die nach Or. einen bloß gerechten Gott im A. Testament annehmen, und die ihm die Willensfreiheit zu beschränken scheinen. Er selbst unterscheidet sie oben §§. 8. 9. Daher beweist diese Inversion hier nichts« Aber Orig. kommt gern auf dieses Cap. zurück.
234. ειπερ εαυτους χαλεποις περιπεσοντες, Tarin. ειπερ αν τοις χαλεποις περιπεσοντες, de la Rue. ει παρ εαυτοις χαλεποις περι πεσοντες Codd. Thuan. Für diese Lesart spricht Rufin, der hier immer wörtlich übersetzt: maxime si internis visceribus (παρ εαυτοις) validius morbus grassatur; und das, daß sie keine Teutologie ist.
235. τους εξω, im gnostischen Sinne. Bald nachher werden entgegengesetzt οι εσω.
236. Für diesen Satz hat Rufin zwei, mit einigen Worten aus dem Obigen und der Anführung der Stelle Matth. 7, 6., womit er bloß

den Schluß des Vorigen auseinandersetzt, die weitere Vermuthung des Orig. aber nicht berührt.

237. Matth. 11, 21.

238. Die Herausgeber sehen unrichtig ein Colon nach τηρειν, und trennen *περι θεου και χρ. αυτου* von *το ευσεβες*. Bekanntlich wird ευσεβεω mit *περι* (und προς oder εις) construirt. Das αυτου bezieht Tarin gleich unrichtig auf θεου („ejus").

239. των μεσων) τα αδιαφορα, ουδετερα, το μεταξυ αρετης και κακιας, der Stoiker.

240. ῳδη των αναβαθμων, wie die LXX. ψ. 127.

241. Ungemein poetisch hat dieß Rufin ausgeführt: urbem gravi hostium obsidione circumdatam, minaces inferri machinas muris, vallo, telis, ignibus, cunctisque bellorum instrumentis, quibus exciia parantur, urgeri etc. Doch, dieß ist eine seiner unschuldigsten Fälschungen.

242. ουχι δε (και ματην) το τρεχειν; muß natürlich fragweise genommen werden, was die Codd. Thuan. durch die hier eingeschlossenen Worte anzudeuten scheinen. Tarin citirt zu diesem Satze Aristot. Ethik. I, 6.

243. προς τουτοις ην το θελειν — εστι, και φασι τινες — Tarin. Besser de la Rue: ην, was er mit Sequitur deinde übersetzt. Ην s. v. a. εαν zu lesen, verbietet der folgende Indicativ; ην bezieht sich auf §. 7., wo obige Schriftstelle gleich nach Röm. 9, 16. angeführt ist. Vielleicht schrieb Orig. Προς τουτοις ην του· το θελειν κτλ. Wie §. 8. ιδωμεν ουν και περι του· ορ ουν κτλ. und a. a. O.

244. τρχειν, wenn es die richtige Lesart ist, wäre im Gedanken an die vorige Stelle verschrieben. Rufin aber hat perficere. Mithin muß in seinem Exemplar ενεργειν gestanden haben. Alles übrige hat er hier wörtlich wiedergegeben.

245. S. §. 8.

246. Rufin hat diese Stellen so getreu wiedergegeben, daß ich die Anmerkung des Tarin nicht verstehe; aliter haec Theologi, aliter Rufinus interpretantur. Rufin übersetzt: Concluditur ex hoc, quia prius gestorum unius cuiusque causa praecedit et pro meritis — r. b. ουχ αρχηθεν κατα την προγνωσιν.

247. ωστε ουκ.) Einige Msc. ωσπερ ουκ; ohne Zweifel, weil man diese negative Folgerung widersprechend fand. De la Rue verbessert mit vollem Rechte ωστε ουν. Rufin: Unde — igitur.

248. Diese Stelle heißt bei Hier. Sin autem semel recipimus, quod ex pracedentibus causis aliud vas in honorem aliud in contumeliam creatum, cur non recurramus ad animae arcanum (εις τον περι ψυχης τοπον ανελθοντας, gibt R. durch „endem etiam de animarum ratione sentire" wenigstens richtiger als H.), et intelligamus, eam egisse antiquitus (πρεσβυτερα αιτια sc. νοειν, Rue: et hoc esse in causa, Rufin), propter quod in altero dilecta, in altero odio habita sit, antequam in Jacob *corpore suppantaret* (εις Ιακωβ προ της ενσωματωσεως) et in Esau *planta teneretur a fratre* (και εις Ησαυ προ του εις την κοιλιαν της Ρεβηκκας γενεσθαι). Diese Ausdrücke hat Hieron. aus II, 9, 7. entlehnt, auf welches Or. mit τον π. ψ. τοπον zurückweist. Denn für den griech. Text spricht auch Rufin, obgleich dieser nur den letztern Ausdruck mit Jakob verbindet: quod Jacob dilectus est, etiam dum (st. προ) adhuc in ventre matris haberetur: und von Esau nichts sagt. Origenes sucht hier die oben (II, 8, 3.) vorgetragene Lehre von der Präexistenz der Seele mit einem neuen Beweise, der sich ihm eigentlich darbietet, zu stützen.

249. πρεσβυτερα αιτια πεποιηκε wäre ganz *gegen* den Sinn des Origenes: es muß κατα supplirt werden. Rufin: *secundum* praeteritas meritorum causas. Hieron. Ut autem aliae animae fierent in honorem, aliae in contumeliam, materiarum causarumque merita praecesserunt, d. h. εξ ενος φυραματος κατα πρεσβυτερα αιτια.

250. Das αποκρινεσθαι und ανταποκρινεσθαι ist hier ein Wortspiel. Mit rechten und antworten ist es nicht so deutlich gegeben.

251. Rufinischer Zusatz? Die Philokalie hat den Satz nicht.

252. Rufin hat hier wieder einen ganzen Satz mehr: Secundam nostram vero assertionem, qua ex praecedentibus causis Deum dicimus vel ad honorem vasa, vel ad contumeliam facere, in nullo approbatio Dei justitiae coarctatur. *Possibile namque est* (Δυνατον μεντοιγε) u. s. w. wie oben. Für die Aechtheit jenes Satzes, oder etwas ähnlichen, könnte sowohl μεντοιγε das sonst keine Beziehung hätte; als des Hieron. „juxta nos autem ex pracedentibus" etc. (wie oben) angeführt werden. Dennoch behalte ich den Text der Philokalie und erkläre mir das μεντοιγε, das allerdings limitirend ist, aus einer Aposiopese (einer Auslassung des von Rufin eingeschalteten Satzes), die im Griechischen häufig, und Nachahmung des Dialogs ist.

253. γενομενον lese ich statt γενομενων, wie nachher.

254. γενομενον lese ich statt γενομενων, wie nachher.

255. Nach Rufin: usque quo ad summum omnium perveniunt gradum: und nachher: et usque ad altimum profundum malitiae demergi. An der Aechtheit ist hier nicht zu zweifeln, da Or. in den gleichfolgenden Sätzen, welche die Philokalie ebenfalls nicht hat (nach Hier. und Ruf.) die beiden Extreme der freien Willensrichtung noch weiter auseinandersetzt. Daß der Mensch ein Ideal von Tugend oder ein Teufel werden könne, schien schon den Verf. der Philokalie gegen den Kirchenglauben zu streiten. Ein anderer Grund der Auslassung läßt sich nicht denken; „quoniam alia plurima, quae Sane non multo saniora sunt, ab iisdem retenta sunt" sagt Rue. Er meint die Präexistenz und die unverlierbare Selbstbestimmung, το αει αυτεξουσιον.

256. Rufin hat: nequitiae modo et adversariis potestatibus exaequentur. Modus wäre das *höchste* Maas, das Ideal der Schlechtigkeit. Hieron. bloß ut et contrariae fortitudines fiant. Dagegen fehlt bei Rufin im Folgenden das „ex inimicis contrariisque virtutibus" — und, statt „ad locum transeant *optimorum* schreibt er nur reparari posse ad bonum. Im Uebrigen stimmen beide Versionen bis zum Schluß des §. überein. Hier. setzt dann hinzu: Quibus dictis conatur (Origenes) ostendere, homines i. e. animas posse fieri daemones et rursum daemones in anglicam redigi potestatem.

257. Hier endet das eine Fragment in der Philokalie, übereinstimmend mit Rufins Uebersetzung. In den folgenden Abschnitten dieses Buchs haben wir außer Einem kleinen Stücke bei Justin, und einigen bei Hieron. bloß die Rufinische Fides punica. Doch, wir kennen ihn jetzt, und wissen, daß er nicht halb so schlimm ist, als ihn Huet (Orig. II, quaest. 9. u. a.) und Semler hinstellen. Huet wirft ihm gar vor, er habe den Orig. zu dem bösen Pelagianer gemacht. Das ist umgekehrt; der pelagianischen Denkart des Rufin verdanken wir es, daß er uns den ganzen ersten Abschnitt so getreu geliefert hat, einen wichtigen Beitrag, wie wir gesehen, theils zur Bestätigung, theils zur Berichtigung des griechischen Textes. Wäre er ein Augustiner gewesen, er hätte es uns so leicht nicht gemacht.

258. בשח פטירת, αναβασις oder αναληψις Μωυσεως, wovon Clem. Alex. Strom. VI, S. 679. Auch Athanasius und die Acta Syn. Nicen.: primae II, 18. führen sie an. Nicephorus: sie sie habe 1400 Verse. Judas (V. 9.) erwähnt zwar der Sache, aber nicht des Buches.

259. Rufin: angelus exterminator, vielleicht mit Beziehung auf Ex. 12, 11. 12. Ein entsprechender Ausdruck kommt jedoch auch hier bei den LXX. nicht vor.
260. αποπομπαιος nennen die LXX. den Sündenbock, der in die Wüste geschickt wird. Im Griechischen ist es soviel als αποτροπαιος, αλεξικακος sc. θεος, eine Gottheit, die Unglück abwendet, was den Orig. auf seine Ansicht der Stelle gebracht haben muß. Rufin: apopompaeus, id est transmissor.
261. *abutitur* Deus — allein das griech. καταχρηται hat nicht immer die schlimme Bedeutung: auch abutor nicht.
262. Dieß ist die wörtliche Uebersetzung der LXX. und Rufins, freilich etwas unverständlich. Für μεγαλα hat Rufin multa. Das dictum probans liegt nicht sowohl in πνευμα, als in εξουσιαζοντος, welches Or. in gleicher Bedeutung wie die εξουσιας, δυναμεις (εναντιας) nimmt.
263. Schon die Gnostiker des 2. Jahrh. erklärten diese Stelle von den bösen Geistern, die mit dem Aeon, des Lichtreichs kämpften, und seine Kreuzigung herbeiführten, Semlers Beitr. B. 2. S. 195. So im dritten Jahrh. Mani, Neand. K. Gsch. II, S. 563.
264. Nach III, 1, 21.
265. Vel post quae gesta adversus quas pugnet, post quae vero adversus alias (andere: adversus matias) ist eine schlechte Uebersetzung des griechischen Idioms: μεθ α μεν πεπραγμενα ανθ ων μεν αγωνιζεται, μεθ α δε ανθων δε. — Die πεπραγμενα, versteht sich, sind gute Thaten, die zum Widerstand Kraft geben.
266. Ich habe hier drei Fragsätze — unnütze Wiederhohlung des bereits gesagten — übergangen, weil ich sie für Ausschmückung oder Erläuterung von der Hand Rufins halte, dergleichen er auch im 1. Abschnitt viele einschaltet.
267. Nach dem LXX. ευθυμιον ανθρωπου — εγκαταλειμμα ενθυμιου. Völlig abweichend vom Urtext.
268. S. oben die Anm. zu dieser Stelle.
269. So versteht hier Or. αντιληψις (Auffassen mit den Sinnen, dem Verstande) nach dem Hebr. ist es Anfassen, Ergreifen, daher Stütze, Hülfe; ebenso nimmt er αναβασεις εν τη καρδια. Das διεθετο am Schlusse des Verses (auch im cod. Alex.) hat Orig. um der Anwendung willen übersehen.
270. Anfang und Ende dieses §. sind in der Erasmischen Ausgabe sehr verstümmelt. So wie Rue denselben aus den Manuscr. hergestellt hat, entspricht er ganz der Origenischen Auslegungsweise.

271. quorum nullus: es folgt kein Nachsatz mehr; mithin hat entweder Rufin τουτων vor sich gehabt, oder Origenes über den vielen angeführten Stellen den Nachsatz, der übrigens schon in jenem Zwischensatze enthalten war, verschwiegen.
272. οτι ενισχυσας *μετα* Θεου, LXX. Gen. 32, 28. was Rufin mit invaluit ad Deum übersetzt, wahrscheinlich, um es dem Schlusse anzupassen: perducit ad Deum (προσαγει τῳ θεῳ?).
273. sui propositi obedientia (της αυτων προαιρεσεως πεισμονη?) setzt Orig. bei, um den Einwurf gelegentlich abzuwehren, daß Menschen, deren sich die bösen Mächte als Werkzeuge bedienen, diesen nicht widerstehen können.
274. Die ältern Ausgaben beginnen hier einen neuen Abschnitt, mit der Aufschrift: de triplici sapientia. Die Pariser Cod. bei Rue haben keine Unterbrechung. Zwar der vorangehende Abschnitt schließt mit der gewöhnlichen Uebergangsformel zu einem neuen; und die Pariser Msc. haben auch unten (Abschn. 5) keine Ueberschrift, wo sie doch nicht entbehrlich scheinen kann; allein hier ist nur eine kurze Abschweifung, von welcher Orig. schon im nächsten §. (9.) wieder einlenkt, die Aufschrift paßt also nur zu diesem §., und nicht einmal zu diesem, weil Orig. nicht von einer sapientia triplex spricht, sondern die sapientia principum zu einer vielfältigen macht, und bei der s. Dei es jedenfalls dahingestellt seyn läßt, ob man Eine oder zwei aus ihr machen will. Auch ist meines Wissens die triplex sapientia kein Glaubensartikel aus Orig. Zeitalter, der unter den „αρχαις" aufgeführt seyn müßte. Endlich fährt er C. IV. also fort: sufficiant ista — diserta a nobis de *iis virtutibus, quae* generi humano *adversantur;* bis dahin geht also der Abschnitt „von den feindlichen Mächten."
275. sciat denke, ich aus dem vorigen Hinzu: denn, wenn man tradebat dazu zieht, so ist wieder kein Unterschied angegeben im *Besitze* der Weisheit, von dem die Rede ist.
276. Judorum, wie schon Semler statt Judaeorum vorgeschlagen, ist wirklich die Lesart der bessern Cod. „Scientia excelsi" heißt hier der Brahmismus.
277. Ignorantes, quia obtegeretur intrinsecus ist die richtige Lesart, die schon Semler und Rößler vermutheten.
278. Rufin hat hier den Ausdruck ενεργειαι beibehalten und durch „i. e. virtutes spirituales aliquae" erklärt. — Auch eine Spur der Aechtheit dieses Stücks.

279. quos magos vel maleficos dicunt. So sagt Suet in Nero C, 16, von ihren Meinungen superstitia malefica. Im griech. Text stand ohne Zweifel μαγους η γοητας (welches bekanntlich auch „Betrüger" überhaupt bedeutet); denn beide Ausdrücke bezeichnen die nehmliche Erscheinung in der ersten Kirche.
280. divinis responsis ministrabant; ich vermuthe τοις θειοις χρησμοις υπηρετησαν.
281. Sed et hoc requirendum etc. So führt Hier. ad Av. diese Stelle an, übereinstimmend mit Rufin fast in den Worten. Rue sagt in Beziehung auf das Fragment bei Hier.: quod revera hoc loco dixisse Originem, fidem facit Rufeni interpretatio. Die richtige Ansicht von dem Verhältniß beider Personen.
282. Rufin hat „antequam plasmaretur", hie LXX. aller Codd. προ τουμε πλασαι σε. Also ist jenes Wohl ein Uebersetzungsfehler, Hieron. hat dieses Citat übergangen, weil es ihm um die Ansicht des Orig. nicht um deren biblischen Beweis zu thun war.
283. *et* in divinos atque hariolos (was hier gleichbedeutend ist, θεομαντεις, ιερεις) inspirantur, II., alios vero a pueris divinasse historiarum fides declarat, Ruf., von dem ich das *alios,* im Gegensatz zu den Besessenen überhaupt, aufnehme.
284. daemon Pythonicus, II. quem Pythonem nominant, i. e. ventricolum, Ruf. ventricorsum, bei Genebrard, ventriloquum, Rue. Jedenfalls ist der Zusatz vom Uebersetzer, und Hinweisung auf die Schlange Pytho. Daher vielleicht ventricolam.
285. Soweit Hier. Rufin ist kürzer, schwärzt aber ein sicut scripturae sanctae asserunt, *nostra quoque fides continet* ein, das gar nicht in die Deduction des Orig. paßt.
286. Rufin übersetzt so wörtlich, daß die Uebers. ohne Rückübersetzung unverständlich ist. *De his* quae suggeruntur, interdum etiam *in hoc* existere anteriores nativitatis corporeae causae putandae sunt, d. h. A δε — και εν τουτω ποτε — προτεραι της ενσωματωσεως αιτιαι. Zwar lesen mehrere Ms. anterioris, was aber wohl nur Verbesserung ist. Der Sinn bleibt übrigens derselbe, ob ich lese: προτεραι (προ) της, d. h. η η ενσωμ. oder: προτερας ενσωματωσεως; nur sagt Or. nicht gerade, daß die Seele in ihrem vorirdischen Daseyn auch „eingekörpert" sey.
287. Wenn nicht die so oft wiederkehrende Verwahrung der freien sittlichen Thätigkeit gegenüber von fremder Einwirkung in diesen Worten läge, so möchte ich den Schluß für rufinische Nutzanwendung halten.

288. Einige Pariser Msc. haben keine Unterbrechung. Rue zieht den ersten Satz bis adversantur noch zum vorigen Abschnitt. Allein Orig. recapitulirt immer am Anfang eines neuen (vergl. den Anfang des zweiten und des dritten Buches), und geht dann auf den Inhalt des folgenden über; so hier.
289. per substantiam stünde überflüssig; dafür hat Rue aus Par. Man. per singulos. — Rufin hat diesen Satz mit dem vorangehenden confundirt, den er unrichtig als Vordersatz zu diesem betrachtete.
290. Ohne Zweifel deutet Orig. damit auf den Dualism. der Gnostiker überhaupt, nicht bloß auf den des Basilides, der zuerst diese Unterscheidung gemacht. Auch Tatian spricht von einer Doppelseele, einer sterblichen und einer unsterblichen: πρ. ελλητας, C. 12.
291. Nach dem Marcionismus. (Neand. I. S. 528.).
292. Die platonische ψυχη λογικη und αλογος, und die Eintheilung der letzteren in θυμος und οργη oder υβρις. Orig. führt sie auch c. Cels. V, 6, 7. unter Plato's Namen an. Das Ganze beruht auf der poetischen Einkleidung im Phädrus, C. 25—37. Daraus entstand die Meinung von einer dreifachen Seele, welche in der interessanten Schrift δοξαι περι ψυχης (aus dem 4. Jahrhundert) also charakterisirt wird: μη απορειτω δε τις την *ιδιοτικην αποριαν εκεινην· τι ουν τρεις ψυχας εχομεν, και υπο τριων ψυχων διοικουμεθα; λεγω γαρ, οτι ωσπερ ενωθεισα η ψυχη τω σωματι τουτω, δοκει μεν εν τι πραγμα ποιειν, κατ αληθειαν δε ουκ εν τι εστιν ουτω τη τε αλογω και τη φυτικη συνημμενη μιανειεν τινα συνεργειαν* (so möchte ich für σονεχειαν lesen) *ποιει δια την συναφειαν.* Der Verfasser nimmt eine vernünftige, eine thierische und eine Pflanzenseele im Menschen zugleich an, und will sich gegen *jenes Mißverständniß* einer solchen Triplicität verwahren. Seine Schrift steht als Anhang in Tarins Ausgabe der Philokalie.
293. Die Unterscheidung ist ψυχη πνευματικη, ουρανια — und υλικη, γηινη. Uebrigens ist nicht bekannt, ob die Gnostiker, die diese Unterscheidung machten, sich gerade auf die Seele Jakobs, Jeremias und Johannes beriefen. Dieß sind wohl Belege, die Orig. aus dem Früheren hieher zieht.
294. Die Worte Röm. 7, 9. εζων χωρις νομου ποτε, sagt Orig. Comm. in ep. ad. Rom. ed. Rue Vol. IV. p. 549. ed. Erasmi, II, p. 441.) bezogen die Pythagorizantes haeretici (Neander KG. I, S. 454. macht daraus „Basilides") auf den Zustand der Seelen in

animalibus, avibus vel piscibus, ehe sie in menschliche Leiber einträten. Ob Origenes die nehmlichen auch hier im Sinne habe, will ich nicht entscheiden.

295. So hat diese Stelle Rufin.
296. Einige Ausgaben haben hier unpassend „spir. sancto."
297. σαρκικοι — πνευματικοι. Bisher spricht Orig. im Sinne der Gnostiker. Die Einwendungen, die er darauf macht, sind aphoristisch hingeworfen. Dieß ist zwar öfter die Weise des Disputirens bei Orig., aber doch scheint mir, Rufin habe den Sinn dieser psychologischen Untersuchung nicht ganz gefaßt, und uns bei dem besten Willen eine mangelhafte Uebersetzung dieses Abschnitts geliefert. Denn daß Orig. selbst sich zu dieser Meinung bekenne (wie einige Dogmenhistoriker lehren), ist nicht bloß mit dem Schluß dieses Abschnitts „hoc solis haereticis placet, et nos es singulis personis quae dici possunt, diputationis causa de singulis dogmatibus protulimus", sondern auch mit der eben entwickelten Ansicht von der Seele (II, 8. 9. §. 5. wo der gnostischen Unterscheidung förmlich widersprochen wird) nicht zu vereinigen.
298. voluntas animae, quae extrinsecus nominatur (της εξω καλουμενης? denn auf voluntas kann dieß nicht wohl bezogen werden, da gleich darauf folgt): quam voluntatem nolens nos facere Ap. War nun das εξω eine eigene Bezeichnung in dieser Sache, oder steht es für κατω, wie oben öfters anima *inferior*? der Zusammenhang erfordert dieses.
299. quoniam, nicht quomodo; denn dieser Satz enthält die Antwort und die eigentliche Meinung des Origenes.
300. obedire — carni) in den ältern Edit. Obtinere) bei Rue; nur muß dann carnem gelesen werden; und der Sinn ist derselbe.
301. denselben Gedanken, den hier Orig. der Unterstützung der gnostischen Ansicht leiht, hat er oben III, 1, §. 12. und περι ευχης C. 29. ausgeführt.
302. II, 8, 3. 4. Orig. will eigentlich damit nur zeigen, daß seine Ansicht auch auf die vorgetragene Hypothese von einer Doppelseele anwendbar sey. Daß er es mit der zweiten Ansicht halte, läßt die bessere Begründung dieser errathen.
303. quod rectius vel, *utilius* eligatur, wie nachher: quod verum et utile est — hier ist das utile nicht im gemeinen Sinn: der Nützlichkeit, sondern als χρηστον, das Gute an sich, zu fassen.

304. Orig. führt die entgegenstehende Hypothese von der Doppelseele auf ein absurdum, daß er häufig gebraucht. Und ebendieß spricht dafür, daß hier seine wahre Meinung gesagt ist.
305. Auch hier fehlt in einigen Par. Ms. die Aufschrift.
306. Nobis autem placet, bis zu Ende dieses §. bei Hier. mit Rufin ganz gleichlautend. Rößler meint, Orig. wolle mit dem *Nos* den Rechtgläubigen überhaupt diesen Grundsatz aufdringen. Allein es ist bloß Schriftstellermanier, und bezieht sich auf das Frühere II, 3, 4. Freilich konnte Orig. hier nicht voraussehen, daß er um solcher Sätze willen von seinen Gegnern, wie von Methodius, der diese Stelle besonders heraushebt (Photius cod. 235.), mit dem Namen eines *Centauren* beehrt werden würde.
307. Hieron. hat: quod loquatur et dicat: er las also ο anstatt ος, was die LXX. hier statt τις gebrauchen. Rufin: sed quis loquetur etc.
308. Rufin setzt hier weitläufig auseinander, daß dieses Wort von den Lateinern ungeschickt durch constitutio übersetzt werde, indem es eigentlich dejectio bedeute.
309. die Worte stehen *Matth.* 24, 21.
310. „daß das Ende dem Anfang gleich sey" I, 6, 2.
311. So nur kann in die verderbte Stelle bei Rufin Sinn gebracht werden, wenn sie lautet: arbitror, quoniam quidem finis et consummatio sanctorum in his erit, quae non videntur —, ex ipsius consummationis contemplatione, sicut in superioribus frequenter ostendimus, simile et initium rationabiles (nicht irrat.) creaturas habuisse censendum esse. Et si tale initium habuerint, qualem finem sperant, fuerunt sine dubio jam ab initio in his, quae non videntur at aeterna sunt. Und hier, wo Rufin fortfährt: de superioribus ad inferiora descensus est etc. glaube ich das Fragment bei Hier. ad Av. einschalten zu müssen: divinitus habitaculum etc. das von der rufinischen Interpretation hinlänglich unterstützt wird, und mit ihr am Ende zusammenläuft in der Anführung der Stelle Röm. 8, 20.
312. novit i. e. εγνω = decrevit. „Deus artifex" haben beide.
313. Soweit Hieronymus.
314. Rufin; er macht aber „vel sol, vel luna, vel stella, vel angeli" zum Subject dieses Satzes, weil er die Unterscheidung Dieser und Jener nicht aufgenommen hat.
315. Hier. nach vorausgeschicktem „et iterum": das Folgende ist wieder nach Rufin. Hier. konnte es nicht aufnehmen, weil er den Anfang des §. nicht hatte, zu dem es den nothwendigen Schluß bildet.

316. Rue läßt unrichtig den §. 5. erst hier beginnen. Dieser Satz ist Entwicklung des Vorangehenden, und daher bei Hier., dem es hier bloß um einen Beleg der Ansicht von der Präexistenz und dem Falle aus derselben zu thun war, ganz fragmentarisch gegeben, so: *quem* rerum ordinem et totam mundi providentiam, dum alia virt. subl. corrunt, aliae paulatim labuntur etc. Dazu Muß das Zeitwort bei Rufin *„non intelligentes quidam — arbitrati sunt" gezogen werden. Die Zwischensätze sind bei Hier. — für ihn Hauptsache — mehr auseinandergehalten. Nur, scheint er mir, was ohne Zweifel partic. praet. war (Rufin hat eorum, qui) unrichtig in's Praesens gesetzt zu haben.
317. jam tunc *ab origine* mundi) Rufin. Dem System gemäß muß das heißen: εκ των προτερον κατεγνωσμενων αιτιων. Vgl. III, 1, 21., wo er beweist, daß die Folgen nicht αρχηθεν, nicht von der ursprünglichen Schöpfung herrühren.
318. Daß Christus durch seinen Gehorsam bis zum Tod den Sieg über seine Feinde errungen habe, erklärt Orig. auch gegen Celsus 1, 8. Ueber die Ansicht von der Wiederherstellung der geistlichen Regierungskunst ist ib. III, 62. zu vergleichen, επεμφθη ουν θεος λογος καθο μεν ιατρος τοις αμαρτωλοις, καθο δε διδασκαλος θειων μυστηριων τοις ηδη καθαροις και μηκετι αμαρτανουσιν. Die obige Entwicklung ist auch an sich eigenthümlich genug, um für ächt origenisch zu gelten.
319. Rufin läßt hier abermals eine Lücke, indem er schnell auf den Schluß des Abschnitts überspringt. Einigermaßen kann sie durch das hier eingeschaltete Fragment, bei Hieron. ad Av. ergänzt werden, das im zweiten Satze dem letzten des Rufin entspricht, welcher bei diesem so lautet: Quomodo autem unusquisque debeat dispensari ———— soli Deo cognitum est etc. bei Hieron. Dagegen: nullusque alius diversis casibus ———— potest merito dispensare, — nisi solus conditor omnium Deus: etc. So bürgt auch hier die Abweichung des Rufin für die Aechtheit des Fragments. Daß uns vor diesem Schluß noch etwas verloren gegangen sey, mag ich wohl zugeben: doch folgt das aus dem Uebergang: ex quo sequitur etc. nicht geradezu (man setze nur den Schluß III, 1.); und auf alle Fälle kann der Verlust nicht bedeutend seyn. De la Rue hat unpassend alle Fragmente zu diesem Abschnitt in §. 4. vereinigt.
320. Diesen gewiß nicht unächten Beisatz verdanken wir Rufin; im Uebrigen gibt er von dispensari debeat eine weitläufige Erklärung aus dem Obigen, die er durch „id est" wohl als eigene Zuthat

bezeichnet. Ganz aus dem rufinischen Zeitalter aber ist der Schluß „*sp. s. qui ab ipso patre procedit,* qui *est gloria aeterna in saecula.* Amen."

321. εικων, und ομοιοτης wird von Orig. anders als von den übrigen griech. Vätern unterschieden. Nur Tatian (προς ελλ.) nimmt schon beide Ausdrücke als Bezeichnung eines göttlichen Lebensprincips; bei Orig. ist dieß εικων, und die ομοιοτης die Vollendung desselben, s. unten in der summar. Wiederholung. die Stelle aus Athanas. de decr. Syn. Nic. Das Wort Aehnlichkeit entspricht nicht ganz.

322. So citirt Rufin: si vero revelatum nobis fuerit *de Salvatore, sine dubio dicetis,* im Texte „εαν δε φανερωθη, οιδαμεν οτι" — Schön Wetstein hat in seiner Ausgabe des N. Testaments diese Abweichung bemerkt.

323. Gar gut schließt sich hier das Fragment bei Hieron. an. Rufin stellt die folgenden Frage so: in quo inquiritur a nonnullis, an ratio naturae corpore quamvis exprugatae — vel ad similitudinis dignitatem vel an uvitatis proprietatem non videatur obsistere: quod naturae divinae, quae utique incorporea est, nec similis videatur dici corporea natura posse, nec unum cum ea vere ac merito designare, maxime cum *id, quod unem est filius cum patre, ad naturas proprietatem* referendum *fidei veritas* doceat: und hat damit den Grund der Frage ziemlich richtig angegeben. Die letzten Worte sind offenbar rufinisch (ein Seitenblick auf die ομοουσια, von der hier nicht die Rede ist); aus dem übrigen jedoch glaube ich eine Lücke, die Hieron. durch «et paulo post" vor der Stelle Röm. 8, 21. andeutet, ergänzen zu müssen. Daß Or. zweierlei Ansichten hier (wie c. Cels. V, 15.) vorträgt, was er am Schlusse erklärt, geht auch aus den Bemerkungen des Hieron. ad Av. zur Genüge hervor, und es ist seine Gewohnheit, jede Schlußfolgerung auf die Spitze zu treiben; so hier die Vernichtung der Materie, während er nachher eine fortbestehende „materia spiritalis in unum corpus mundissimum mutanda" (Hier.) als das Mittel des Einswerdens mit Gott oder der endlichen ομοιωσις betrachtet. — Es steht also auch hier mit der Glaubwürdigkeit des Rufin nicht so bedenklich, wie Rue meint, welcher besonders das für Fälschung erklärt, daß er den Orig. in §. 3. Andern zuschreiben, und §. 6. widerlegen lasse, was doch nach Hieron. seine eigene Ansicht sey; wenn man nur die beiden Ansichten, die Orig. vorträgt, gehörig auseinanderhält. Als entscheidende norm betrachte ich die Stellen in Matth. XIII, 1. und c. Cels. IV, 21, wo Orig. der Verzehrung der Materie ganz

consequent den rein sittlichen Zweck der Vernichtung des Bösen und Erneuerung der Welt unterlegt; so wie das, daß Hieron. der doch hier so genau ist, der rufin. Uebersetzung von I, 6, 4. (welches man sehe) Nichts entgegengestellt hat, und glaube, daß Origenes mehr der zweiten Ansicht, die er vorträgt, zugethan war.

324. Ein Beweis, daß wir mit diesen Bruchstücken den §. 1. vollständig haben, mag das seyn, daß sich, was uns Justinian aus dem folgenden aufbehalten hat, genau an das Obige anschließt.

325. Ein Fragment bei Justinian, λεγομενον του θεου παντα γινεσθαι εν πασι, ωσπερ ου δυναμεθα κακιαν καταλιπειν, ουτε θεος γινεται παντα εν πασι, ουτε αλογα ζωα, ινα μη και εν κακια ο θεος γινηται και εν αλογοις ζωοις· αλλ' ουδε αψυχα, ινα μη και εν αυτοις ο θεος, οτε παντα γινεται. Ουτως ουδε σωματα, ατινα τῃ ιδιᾳ φυσει *αψυχα* εστιν. Rufin mit einigen Aenderungen: Cum in fine Deum esse omnia et in omnibus promittatur, non est putandum ad illum finem venire animalia vel pecoribus vel bestiis deus inesse designetur: sed nec ligna vel lapides, ut in his quoque Deus esse dicatur. Ita nec *ullam* quidem *malitiam* ad illum finem putandum et pervenire, ne, dum in omnibus esse dicatur, etiam in aliquo *vasculo* esse dicatur. Der letzte Satz ist eine absichtliche Verwirrung, wodurch Rufin dem Schlußsatze des Or. ausweichen wollte. Vasculum, Gefäß, Scherbe, paßt wohl auf αψυχα, σωματα; steht aber in keiner Beziehung zur *malitia*.

326. Hier macht nun Rufin wieder eine Einlenkung um den Satz „aus de Ende geht wieder der Anfang hervor", zu bemänteln; die weder mit dem Vorhergehenden noch mit dem nachfolgenden zusammenhängt, und überhaupt gar nicht in diese Entwicklung, wo nur von der Fortdauer der Körperwelt die Rede ist, gehört: Sic ergo finis ad principium reparatus et rerum exitus collatus initiis restituet illum statum, quem tunc habuit natura rationabilis cum de ligno sciendi bonum et malum comedere non egebat, ut, amoto omni malitiae sensu et ad sincerum purumque deterso, solus qui est unus bonus deus hic ei fiat omnia: cum nusquam mors, nusquam aculeus mortis, nusquam omnio malum, tunc vere deus erit in omnibus omnia.

327. „putant quidam"; setzt Rufin hinzu, „aluoquin existimant gloriam summae beatitudinis impediri, si materialis substantiae interseratur admixtio." Ich halte übrigens mit Rue dafür, daß das Fragment bei Hieron.: neque dubium est, quin post quaedam intervalla —— qui

exordii amisere virtutem" hieher gehöre und also Orig. selbst rede; aus zwei Gründen: 1) weil Hieron. gleich darauf von der *disputatio longissima* spricht, qua omnem creaturam in spiritualia corpora et tenuia dicit esse mutandam, also den gleichfolgenden §§. — 2) weil Rufin den obigen §. schließt: De qua re plenius a nobis, quae in superioribus occurrere potuerunt, pertractata atque digesta sunt; dieß konnte Or. von dem Inhalt des Fragments wohl sagen; nicht sowohl von der Störung der Seligkeit durch die Materie, von der er noch nicht gesprochen hat.

328. principium plasmationis Dei. Plasmatio ist ein bei Hieron. beliebter und wahrscheinlich von ihm gemachter Ausdruck, aus πλασμα welches vielleicht im Grundtexte stand. Was hier das principium (απαρχη oder πρωτογεννημα? vergl. in Joh. Tom. I, 3.) bedeute, ist nicht ganz klar. Ich verstehe es so, eine Veranlassung zu einer abermaligen, neuen Schöpfung.

329. Diesen Satz habe ich zur Ergänzung der Schlußfolgerung des Or. aus der weitern Bemerkung des Hier. gezogen: „Quibus dictis quid aliud conatur ostendere nisi hujus mundi peccatores in alio mundo posse diabolum et daemones fieri, (nur soviel war in dem Vorangehenden gesagt; die Antithese ist): et rursum nunc daemones in alio mundo posse vel angelos vel homines procreari?"

330. daß Orig. uns auch diese zweite Ansicht in ihrer ganzen Ausdehnung gegeben habe, beweisen die schon oben angeführten Worte des Hieron.

331. prout rerum status vacaverit, et meritum rationabilis naturae poposcerit — sagt Rufin, etwas undeutlich, um die Meinung des Orig. von einer successiven Metamorphose der Körper durch die verschiedenen Aeonen hindurch (c. Cels. IV, 6, 10.) die augenscheinlich darin liegt, zu verhüllen. Hieron. sagt bloß: cunctam substantiam in unum corpus mundissimum et omni splendore purius esse convertendam, atque tale, quale nunc humana mens non possit cogitare.

332. Rufin sagt hier (unpassend): *vel fidei* vel veritatis ratio. Unter der πιστις ist das πληθος mitbegriffen, aber nicht unter dem αληθης λογος.

333. Denique ab *imperitis* et *infidelibus* — existimatur. Sollte Orig. so gesprochen haben? Ich zweifle, wenn ich die Briefe des Hier. lese. Das 6. Buch gegen Cels. verräth zwar eine Unsicherheit seiner Ansicht über die Auferstehung; aber hier, in diesem

Zusammenhang, kann er doch nur *problematisch* von der folgenden Ansicht reden.

334. Circuli platonici, bemerkt Erasmus. Allein des Orig. Meinung nähert sich hierin der stoischen. Vergl. c. Cels. V, 3, 8., wo er dem Platon ausdrücklich widerspricht.
335. Diese Worte findet de la Rue im Widerstreit mit denen des Fragments bei Hieron. Allein einmal gibt sie Orig. nur als exegetische Folgerung, und dann entwickelt er hier eine ganz andere Ansicht, entgegen derjenigen, die das Fragment betrifft.
336. Rufin: *Non* enim secundum quosdam Graecos — *fides ecclesiae* (al. necessario) *recipit*. Orig. beugt selten vor, am wenigsten, wenn es seine Griechen angeht, zumal, wenn er sie wie hier widerlegen will.
337. Gnostische Unterscheidung von ψυχικος und πνευματικος („homo animalis — spiritualis").
338. pro ministerio animae animalia — δια της ψυχης θεραπειαν ψυχικον σωμα. Auch nachher: cum *anima* Deo adjuncta.
339. Rerum merita.
340. Nach Hieron., Rufin hat bloß *tunc consequenter* etiam natura corporea illud summum et cui nihil addi possit, recipiet statum. Der Anfang bei Hieron. „et erit Deus omnia in omnibus", um das folgende ut (ωστε) zu bestimmen, scheint mir dem Vorangehenden entnommen zu seyn. Der Schluß dagegen: in divinam scilicet, qua nulla est melior könnte eine Consequenz von Hieron. seyn. Doch liegt sie im Sinne des Origenes.
341. So lautet der Titel bei Rufin und in der Philokalie (c. 1.); nur ist in letzterer noch hinzugesetzt: και πως ταυτην αναγνωστεον και νοητεον· τις τε ο της εν αυτη ασαφειας λογος, και του κατα το ρητον εν τισιν αδυνατου η αλογου (über die rechte Art, sie zu lesen und zu verstehen, über die Gründe ihrer Dunkelheit, und warum manches nach dem Buchstaben unmöglich oder widersinnig sey), dieß letztere gewiß, wo nicht Alles, von der Hand der Sammler.
342. κοιναι εννοιαι — εναργεια των βλεπομενων] jenes gibt Rufin durch communis intellectus — dieses umschreibt er (ich glaube, richtig) durch: visibiliter de invisibilibus pronuntiare, denn es bezieht sich auf die Analogie der Natur, wie das Erstere auf die abstracten Verstandesbegriffe, und beides zusammen macht überall die Grundlage des Vernunftbeweises bei Origenes aus, dem er den Schriftbeweis an die Seite setzt. Wenn irgend etwas, so muß diese Stelle über die Frage aufklären, ob Orig. die Vernunft als eine

besondere Offenbarungs-Quelle der πιστις gegenübergestellt habe. Er schreibt ein Buch für Heiden, die den christlichen Unterricht genießen wollen; das müssen wir festhalten. Diesen macht er die christliche Wahrheit erst auf dem heidnischen, d. h. Verstandeswege klar und zugänglich, dann belegt er sie mit Zeugnissen aus der Schrift, und zwar, wie er selbst öfters sagt (vgl. 1, 4, 4.), mehr für die Gläubigen. Für die Heiden muß er nun noch besonders die Beweiskraft der Schrift erhärten (λογῳ κρατυνειν); und dieß thut er so gut, wie heut zu Tage ein Apologet auf dem Katheder. Ich weiß nicht, ob Rößler aus diesem Grunde es „der Mühe werth" findet, „die Art zu bedenken, wie der Verf. die göttliche Eingebung der heiligen Schrift beweist."

343. eine Επιτομη ein Compendium in usum scholarium sollte das Ganze seyn; daher: ολιγα ως εν επιτομῃ διαλαβωμεν.

344. και πρωτον γε του — ρητοις χρησασθαι, Rue verbessert προ του γε; ohne Noth, denn der Superlativ statt des Comparativs ist auch den classischen Schriften nicht fremd (Beispiele bei Herm. ad Virg. ed. 2. pag. 718.), und besonders den Hellenisten geläufig, Ev. Joann. 1, 15. 15, 18, πρωτος μου st. προτερους μου· vgl. Macc. 7, 21. πλειστην η εμπροσθεν.

345. Ob Orig. diese einleitende Bemerkung aus Clem. Strom. 6, extr. entlehnt habe, mag dahin gestellt seyn; aber das verstehe ich nicht, wie Tarin sagen kann: totum hoc prooemium Rufinus contorsit et ut solet in alia omnia abiit; da er doch gerade hier ganz wörtlich übersetzt hat.

346. η κατα την οικουμενην *ημων*, nach den Paris. Codd.

347. τους νομιζομενους θεους, Rufin ungenau: quos putabant Deos; Tarin sagt richtig: vox illa majus quid sonat. Es sind die, ους η πολις νομιζει θεους, wie in der Anklage des Socrates.

348. Die Stelle M. 24, 14. fehlt in der Philokalie.

349. Verwechslung mit der Parallelstelle Luc. 13, 26.; weil es ihm nur um das „πολλοι ερουσι κυριε" zu thun ist; Rufin hat die gleiche Lesart.

350. Das שלה in der vielbesprochenen Stelle Gen. 49, 10. nach der Lesart „ῳ αποκειται." Die gewöhnlichen Ausgaben der LXX., so wie andere griechische und latein. Väter lesen τα αποκειμενα αυτῳ. Breitinger hat die Lesart des Orig. in den Text aufgenommen. Weiter unten dagegen hat Or. die letztere zweimal.

351. εθναρχην Rufin. Chrys. hom. c. Jud. et Gent. »quod Christus sit Deus« gedenkt eines Patriarchen der Juden; auch Or. in einem Fragment seines Commentars über die Psalmen sagt, er habe den Patriarchen Juttus gesprochen. Eines solchen erwähnen ferner Cyrill v. Jer., Hieronymus und Theodoret, nach dessen Aeußerung der Patriarch sich für einen Sprößling Davids ausgab. Uebrigens waren es zwei, der eine residirte in Jerusalem, der andere in Babylon. Der letztere steckt vielleicht in dem in εθναρχης, als episcopus in partibus *infidelium*.
352. Irenäus I, 3, 3. gibt diese Meinung den Valentinianern als Irrthum Schuld. Uebrigens findet sie sich auch bei Clem. (Strom. I, 340.) und Tertullian (adv. Jud. 18.). Sie nehmen das 15. Jahr des Tiber, in welchem Christus nach Lucas getauft wurde, auch als das Todesjahr desselben.
353. Sehr poetisch gibt Rufin das εαλωκοτες: velut exuviae quaedam victoriae ejus exstitimus.
354. ει και, dafür hat eine Handschr. και ει — zumal, da oder wenn — Mir scheint aber dieser Satz nothwendig zu ουκ απιστησομεν zu gehören, und ein anderer Ausdruck für das obige τολμημα ου κατ' ανθρωπον και επιταγμα θεου zu seyn. So auch Rufin: invenimus nihil in hac causa humanis viribus, sed totum divina virtute et providentia procreatum (τερατα πεποιηκασι), etc.
355. Die rufinische Uebersetzung ist hier wieder viel richtiger als die zu wörtliche von Tarin. — Or. schließt von der Erfüllung der Weissagung zurück auf deren Göttlichkeit.
356. Ich glaubte das χρεοκοπειται genau geben zu müssen; es wird sonst vom Schuldenaufheben, Bankeroutiren gebraucht. Wenn ich sonst, hier und in spätern Stellen, die *Neander* in der Kircheng. I, 3. angeführt hat, mit ihm wörtlich übereinstimme, so ist dieß Folge des wortgetreuen Übersetzens.
357. Eine Par. Handschr. hat κατα αποκαλυψιν μυστηριου anstatt και αποκαλυψιν εμποιησει μυστ. etc. Mit jener Lesart harmonirt Rufin: *secundum* revelationem mysterii, davor aber eingeschaltet: postquam patefacta fuerit, was überflüssig ist.
358. Rufin macht hier einen Abschnitt (die Philokalie hat keinen) mit der Aufschrift: quod multi spirutualiter non intelligentes scripturas et male intelligentes in haereses declinarunt: offenbar aus dem ersten Satz entnommen. Ich zog den erstern Ausdruck dieses Satzes vor, den auch die Philokalie am Anfang hat (Note zu c. 1, §. 1.).

359. και τυφλοις αναβλεψιν, hat ein Par. Msc. Zach. 6, 10. 12. enthält hievon nichts.
360. πριν γνωναι η προελεσθαι. Die Stelle Jes. 7, 15. LXX. πριν η γνωναι προελεσθαι — nachher εκλεξασθαι· was auch ein Cod. Par. statt εκλεξαμενον hat (male meint de la Rue). Das Letztere kann ebensowohl ächt seyn, als das Partic. φαγοντα, für φαγεται, weil es die Construction mit ορωντες verlangt. Im Uebrigen gibt die wörtliche Citation einen bessern Sinn.
361. Nach der gewöhnlichen Lesart επεσε Σαουλ, wo die Cod. keine Variante haben; „επνιγε τον Σαουλ", nach Orig. Rufin: suffacabat Saul.
362. S. über diesen Abschnitt überhaupt: Note zu II, 5. 1.
363. εχομενοις, Msc. Auch Rufin: observantibus — illam regulam. Bei Rößler ist die ganze Stelle corrupt. Ich möchte lesen εχομενως, welches häufig mit dem Gen. in obiger Bedeutung vorkommt. Das erstere kann nicht zu dem vorangehenden πειθομενοις gehören, sondern es müßte ημιν zu υποδεικτεον supplirt werden.
364. του κανονος της Ιησου Χριστου κατα διαδοχην των Αποστολων ουρανιου εκκλησιας. Ich kann Rufins und Rößlers Uebersetzung („regulam, quam a Jesu Christo traditum sibi Apostoli per successionem posteris quoque suis santam ecclesiam docentibus tradiderunt") hierin, nicht finden. Rößler konnte auch dieser Uebers. nur beistimmen, weil er unrichtig του κανονος του I. X. las. Orig. leitet die Auctorität der Kirche (ουρανιος εκκλ.) durch die Apostel auf Christum zurück, weil Christus selbst eine Kirche nicht gestiftet hat.
365. Ohne höheren Aufschluß des „νους πνευματικος", wie aus §. 11. erhellen wird.
366. επικρυψιν απορρητων μυστ. — εμφαινομενην, 1. Cod. reg. welche Lesart ich für älter halte, als εμφαινομενων, weil auch Rufin damit übereinstimmt *»tantam inesse* occultationem ineffebilium sacramentorum«, und weil sie einen schönen Gegensatz bildet zu επικρυψιν, den freilich Rufin übersehen hat. — Auch Hieron. ad Paulin. sagt von der Off. Joh.: tot habet sacramenta, quot verba.
367. Rufin las τινι als Fragwort — δοξαιεν αν ειναι. Dann ist das folg. Part. absolut. zu übersetzen mit: *obgleich* auch hier u. s. w.
368. ως δι' οπης — ου βραχειαν αφορμην παρεχοντων, Rufin gerade das Gegentheil: ut per eas quasi breve receptaculum immensae lucis claritas videatur infundi.

369. Eine nachträgliche Bemerkung gegen die Läugner der Auctorität des A. T. (§. 8.), die er im folg. §. nicht weiter berührt. Daher Rufin: in hoc loco, *licet per excessum quendam,* inquirendum ab his tamen puto, qui dicunt (das Weitere wie oben), und am Anfang des §. 11. „Ut dicere coeperamus etc."
370. τοις προβαλλομενοις σοι. So auch LXX. nach den Alex. Codd. Für. εν βουλη κ. γνωσει bei Orig., haben sie dagegen *εις* βουλην κ. γνωσιν.
371. Clem. Strom. 6, S. 641. nennt die λεξεις und ονοματα das „σωμα των γραφων."
372. Die Lesart νομοθετησει für νουθετησει (bei 1. Cod. reg.) ist unpassend: auch Rufin hat commoneat.
373. *παρα* θεον επιγραψασθαι wofür mehrere Hdschr. *πατερα* θ. ε., womit auch Rufin übereinstimmt „Deum patrem habere"; wie es der Zusammenhang verlangt. επιγραφεσθαι=profiteri nomen etc. ist bekannt.
374. ουρανιου fehlt in den Hdschr. Rufin: sponso *coelesti,* welches Beiwort hier nothwendig ist.
375. Eigentlich „über d. B." Allein die Allegorie mit τας εξω πολεις erfordert es so. Ein Codex hat εξω του γραμμ. εξισταμενος st. ηδη τ. γρ. εξισταμενος.
376. και. Nur 1. Cod. reg. hat η (nach dem N. T.), was Rue aufgenommen hat. Der Text des N. T. auch κατα καθαρισμον hier: επι καθαρισμῳ.
377. τελειος ist hier mehr als „gerade" Zahl: ohne Zweifel mit Hindeutung auf die Reihen der Aeonen.
378. 1. Cod. reg. und ed. Runei hat νομον (Gebot) statt τοπον.
379. πνευματικης fehlt in den meisten Hdschr.
380. In mehreren Hdschr. fehlt εν βρωσει und steht vorher ημας. Zwei Pariser Msc. und Rufin folgen dem Texte des N. T.
381. Auch hier haben die meisten abweichend: υποδειγμα σι.
382. Nach alexandrin. Eintheilung; sonst 1 Kön. 19, 10.
383. των κατα τους ανθρωπους πραγματων gibt Rufin: earum rerum quae *inter* homines vel *de* hominibus geruntur und scheint die Pragmata als den Inhalt und Gegenstand, nicht als Hülle der Mysteria anzusehen. Ich glaube, mit Recht: denn diese nennt Or. την κατα την λεξιν ιστοριαν, und die Parenthese wäre bei dieser Bedeutung unnöthig. Er spricht also hier vom psychischen Sinn welcher die ολα της *βουλης αυτου* δογματα (die Heilslehre) enthält, und leitet aus dem Zusammenhang dieser mit der höhern Welt im folgenden

Satz die Nothwendigkeit eines noch höhern, pneumatischen Sinnes ab.
384. της πλουσιας και σοφης περι θεου αληθειας.
385. ποιας φυσεως, Rufin: de sacramentis filii Dei.
386. τουτων — Eine Hdschr. und ed. Rue hat τουτου (μονογενους?) ενεργεια.
387. Rufin: de creaturis rationabilibus, tam coelestibus quam terrenis (συγγενων και των αλλων).
388. Orig. faßt also auch hier den psychischen und pneumatischen Sinn unter *eine* Absicht (σκοπος) des Geistes zusammen.
389. γραπτης νομοθεσιας, dafür beide Codd. Thuani: γραφης νομοθ. Allein νομοθεσιος ist kein Adjectiv.
390. Προεκειτο γαρ, και το ενδυμα (λεγω δε το σωμ.) ποιησαι ουκ ανωφελες, δυναμενον τε τους πολλους, ως χωρουσι, βελτιουν. Προεκειτο entspricht dem obigen σκοπος ην τῳ πνευματι. Tarin macht nach ενδυμα ein Punkt. — Zu diesem §. vergl. c. Cels, IV, 49. Hom. XI. in Num.
391. Ganz unbrauchbar ist die Lesart der CC. Th. αφαθα ταχθηναι für εγκαταταχθηναι.
392. παντη. Andere Hdschr. παντες.
393. *μη* κινουμενοι απο του γραμματος. Tarin bezieht das μη zu μηδεν θειοτερον μαθωμεν, und übersetzt neve, affecti a litera, nihil divinius percipiamus; allein das Erstere entspricht dem Vorangehenden ως *μηδεν* θεου αξιον μανθανοντες. Rufin scheint κινεισθαι auf die σκανδαλα und προσκομματα, welche zum Nachdenken wecken sollen, zu beziehen und übersetzt, indem er den Satz positiv ausdrückt, das κινουμενοι durch: ut *extrusos* nos *et exclusos* revocet ad alterius initium viae etc. Rue gibt μη κινουμενοι απο richtig durch penitus dahaerentes.
394. Alles dieß hat auch Rufin fast wörtlich so. In der Philok. stehen die letzten Worte περι του δειν του θεου αξιον νουν εις τα τοιαυτα ζητειν, als Ueberschrift für die folgenden §§. Ohne Zweifel durch Mißverstand der Abschreiber.
395. των προσυφασμενων — μη γεγενημενων. Eine Hdschr. gibt zu μη γεγενημενην, zu ιστοριαν bezogen; worüber Tarin ausruft: imploro fidem codicum.
396. η νομοθεσια και αι εντολαι die 5 Bücher Mosis.
397. Auch bei Justin. ad M.

398. απο τουδε του, nemlich του καλου και πονηρου. Ebendarum ist diese Lesart der andern „υπο του ξυλου" vorzuziehen.
399. Es ist nicht nöthig, mit Tarin und de la Rue zu ergänzen: τι προσωπον θεου και τι το εξερχεσθαι u. s. w. indem man in gleichem Sinne wohl sagen kann ζητειν προσωπον θεου και το εξερχεσθαι.
400. υπερ του συγκαταθεσθαι, συνυφαινεσθαι ταις — ιστοριαις u. s. w. Unnöthig, ja unpassend ist die Vermuthung Tarins, nach συγκαταθεσθαι sey και ausgefallen; und irrig die Uebersetzung composita et connexa iis. Aus gleichem Irthum ist συνυφαινεσθαι in Einer Hdschr. ausgelassen. Συγκατατιθεμαι, med. eig. „beistimmen"; wo gewöhnlich so δοξαν fehlt.
401. Ganz mit Unrecht tadelt Tarin Rufins Uebersetzung, und setzt dafür oportebat — patribus mandari, ut filios interficerent, vel iis, a quibus alebantur. Πατερας αυτων κελευεσθαι αναιρεισθαι η τους παρ'οις τρεφονται.
402. τραγελαφος· Plato gebraucht das Wort für Chimäre. Lev. 4. und 15. haben durchaus die LXX. χιμαρα.
403. προσφερεσθαι, Rufin: coli (?).
404. Eine Hdschr. Irrig: Θεοδοσιος. Es ist einer der angeblichen Messiasse. Orig. in Matth. 27. c. Cels. 1, 57.
405. „*Sed* et illud, setzt Rufin noch hinzu, quomodo possibile videbitur observari, in his praecipue locis, *ubi acerrima hyems gelu et pruinis,* ut neque duas tunicas, neque calceamenta quis habere debeat?" Rufinische Poesie? Doch könnte der Satz in der Philokalie durch Versehen ausgefallen seyn, weil auch der folgende mit Αλλα και anfängt, wie der angeführte.
406. Sonst: αδυνατον απο του ευαγγ. εστι λαβειν — was Tarin übersetzt: neque potest id ab Evangelio intelligi — δεξιον οφθαλμον σκανδαλιζοντα. Ein Cod. reg. hat εκβαλειν, und Rufin: ut oculus dexter — eruatur. Derselbe Cod. hat nachher ανεβεκτεον την αιτιαν statt ανεκτεαν τ. α. Gleich darauf steht αναφερων την αιτιαν in allen Hdschr.
407. επιδιδοντα εαυτον το (lies τω, Cod. Th.) επισπασθαι. Josephus sagt von den Juden XII, 6. και την των αιδοιων περιτομην επεκαλυψαν ως αν ειεν και τα περι την αποδοσιν ελληνες, und Epiphan de pond. et mens. nennt das dazu gebrauchte Werkzeug σπαθιστηρ (richtiger wohl σπατιστηρ von σπατιζω).
408. Mehrere Codd. παρα statt περι. Ruf. *de.* Ich möchte das folgende η οτι auslassen, und das vorhergehende für „weil" nehmen; also:

"oder, weil Einiges, was von dem Erlöser geschrieben steht, nicht im eigentlichen Sinn erfüllt worden ist, so dürfe man kein Gesetz und keine Vorschrift von ihm beobachten." Der Parallelism. ist sehr dafür. Nur steht vorher ειπει für „weil."

409. Rufin bloß: singuli eorum.
410. Ganz falsch übersetzt Tarin: *siquidem* ambitioni singula haec servare possunt, ita ut *ab* altitudine sapientiae Dei nudus literae sensus non recedat; wo es heißt: ει και παρα τοις φιλοτιμοτεροις δυναται σωζειν εκαστον αυτων, μετα του μη αθετεισθαι την κατα το ρητον εντολην, βαθη θεου σοφιας. Rufin hat diese Stelle ausgelassen.
411. Φιλοτιμητεον. Tarin hat dafür φιλοτιμησαμενος, und deßwegen abermals ohne Sinn übersetzt. Rufin hat auch hier sich am leichtesten aus der Verlegenheit gezogen, durch Weglassen. Uebrigens kann diese, in allen übrigen Hdschr. verdorbene Stelle nur nach Cod. Coislin. Richtig hergestellt werden; ολον τον νουν φιλοτιμητεον καταλαμβανειν, συνειροντα τον περι των κατα την λεξιν αδυνατων λογον *νοητως* τοις ου μονον ουκ αδυνατοις, αλλα και αληθεσι κατα ιστοριαν, συναλληγορουμενοις τοις οσον επι τη λεξει μη γεγενημενοις.
412. Von hier bis zu Ende des § 14. fehlt Rufins Uebersetzung.
413. Hier seht Rufin noch weiter hinzu: de qua putamus etiam prophetas mysticis quibusdam narrationibus locutos, cum aliqua vel de Juda vel de Jerusalem prophetarunt, vel si que sanctae historiae illa vel illa occursionum genera Judaeae vel Hierusalem praedicant accidisse; während er das Uebrige wörtlich gibt.
414. Εαν (nicht ει) θεου ως θεου ακουωμεν, und für das erstere θεου möchte ich mit de la Rue Παυλου vorziehen, da Rufin übersetzt: si Pauli verba quasi Christi in eo loquentia audivimus. Die verdorbene Lesart in den meisten Hdschr. ist εκ θεου u. s. w.
415. Das Folgende bis §. 16. ist aus Rufin. Die Philokalisten deuten die Lücke an durch „και μεθ'ετερα."
416. Hier beginnt auch Hieronymus wieder seine Auszüge (ep. ad Avit.) mit den Worten: In quarto quoque libro, qui operis ejus extremus est, haec ab ecclesia Christi *damnanda* interirit. Dann folgt die Uebersetzung einiger Stellen. — Erasmus: cave, — Tarin: hic Originem *humane* et caute tracta!
417. Rufin setzt hinzu: alii in sinum Abrahae; weder die Philok. noch Hieron. hat dieses. Auch spricht Origenes nur von Straforten.

418. „De coelestis Hierusalem administratione" setzt *Hieron.* erklärend hinzu.
419. Hier hat Rufin weiter: Nam illis *infernae* hic morientium animae dicuntur. Credo ab hanc distinctionem infernus inferior a scriptura nominatur in psalmis (36, 13.): quia liberasti animam meam ex inferno inferiori (εξ αδου κατωτατου LXX.). Es ist schwer, diese zwei Sätze zu verwerfen. Die Phil. und Hieron. haben sie nicht. Jene hat aber hier manche Lücken; dieser könnte es absichtlich weggelassen haben, weil er die „damnanda" nicht durch eine Bibelstelle belegt wissen wollte, die bei der unpoetischen Ansicht von den Psalmen in damaliger Zeit immerhin die Meinung des Orig. unterstützen konnte. Und dann ist gerade die obige Bemerkung ein ächt origenischer Einfall. Ich habe sie deswegen, und weil doch der Zusammenhang des Textes der Philokalie nicht unterbrochen werden kann, weiter unten nach dem Fragment bei Hieron. gesetzt, welchem offenbar der erstere Satz des Rufin entnommen ist.
420. Wieder eine Lücke der Philokalie bis zu den Worten „Solches liegt also, wie wir meinen", welche durch das Nächstfolgende aus Rufin und Hieron. ausgefüllt ist. An der Aechtheit dieses Stückes ist um so weniger zu zweifeln, als Hieron. ein nach diesem eingeschaltetes Fragment zur Ergänzung und Erläuterung des Rufinischen Textes darbietet, welches mit diesem ziemlich übereinstimmt, und beide auf die verschiedenen coelestes mansiones animarum (die Stationen bis zum Himmel) bei Orig. hom. in Num. XXVII. gleichsam hinweisen.
421. Die drei nächsten Perioden sind eingeschaltet: die erste wörtlich nach Hieronym. „Et quia comparavimus, —— traderentur." Der folgende Satz ist von H. so angezeigt: *Quibus dictis nititur approbare, et firmamentum* —— *aliis coelum sit.* Für die erstern Worte habe ich die Schlußformel gesetzt „So — also", und das Uebrige als wortgetreuen Auszug betrachtet, an welchen sich dann sehr passend der dritte Satz aus dem obigen Rufinischen anschließt (s. die vorletzte Anm.) Anders können die verschiedenen Bruchstücke nicht wohl ungezwungen in Zusammenhang gebracht werden.
422. So fährt Rufin fort; und im nächsten Satz schließen sich wieder die Worte der Philokalie an: κεκρυπται ως ηγουμεθα, εν ταις ιστοριαις ταυτα, u, s. f. bis zu Ende des §. 16 gleichlautend mit Rufin.

423. αληθινων, wahr in einer höhern Ordnung der Dinge.
424. της ψυχης. S. Einl.
425. Die §§. 17. 18. nach Rufin und zwei Fragmente bei Hieron.
426. Nec hac disputatione (§. 16.) contentus, dicit: in fine omnium rerum, quando ad coelestem Hierusalem reversuri sumus „*adversarium fortitudienem* contra populum Dei *bella* consurgere: *non sit* eorum *otiosa* virtus, sed *exerceantur ad proelia* et habeant materiam roboris, quam ut consequi non possint, nisi fortes primum adversariis institerint, quos ratione et ordine et solertia repugnandi in *Numerorum libro* legimus esse superatos." Hieron. „Qui possunt *adversus illos hostes inimicosque bellare, quos* sedenti a dextris suis filio *subjicit pater,* ut destruat omnem potestatem ac principatum: ut per hos militum suorum numeros, qui Deo militantes *non se implicant negotiis secularibus,* adversarii regna subvertat, a quibus scuta fidei circumferantur et sapientiae tela vibrentur, etiam in quibus spei et salutis galea coruscet, ac lorica charitatis Deo plenum muniat pectus. Tales mihi videntur milites indicari et *ad hujuscemodi bella praeparari* jubentur." Rufin. Hieron. berichtet zwar blos summarisch; doch glaubte ich die einzelnen Ausdrücke von ihm aufnehmen zu müssen und die Ausschmückungen Rufins dafür entbehren zu können.
427. Hieron. fährt fort: Cumque dixisset juxta Joannis apocalypsin evangelium sempiternum, i. e. futurum in coelis tantum praecedere hoc nostrum evang., quantum Christi praedicatio legis veteris sacramenta, ad extremum intulit (quod et cogitasse sacrilegum est) pro salute daemonum Christum etiam in aëre et in supernis locis esse passurum. Et licet ille non dixerit, tamen, quod consequens sit, intelligitur: sicut pro hominibus homo factus est, ut homines liberaret, sic et pro daemonum salute deum futurum id quod sunt hi, ad quos venturus est liberandos: (nehmlich daemonem, ich darf es ja wohl sagen). Quod ne fortisan de nostro sensu putemur asserere, *ipsius verba* ponenda sunt. Dann folgt, was oben bis zu Ende des §. Davon hat auch Rufin noch etwas (bis dahin, wo das griech. Fragment bei Just. anfängt) und zwar noch etwas mehr aus Threni 4, 20. Ita enim dixit propheta de eo: „Spiritus vultus nostri Christus dominus, cui diximus, quia in umbra ejus vivemus in gentibus", cum scilicet ab evangelio temporali dignos omnes sanctos ad Ev. aeternum transferet. Allein Rufin ist von hier an ganz unzuverläßig.
428. Ceremoniarum, H. Rufin hat bonorum.

429. *Justinian* bis aufs Wort gleichlautend mit Hieron.
430. γενεσθαι τας και εξης εως συντελειας του παντος αιωνος. Für τας ist zu lesen τε; dagegen ist Huets Conjectur επι für εως (weil Hieron. *in consummatione* sagt) überflüssig und sogar gegen den Sinn. — Die folgende Zeile hat das griech. Fragment nicht mehr.
431. Die Philokalie hat noch ein Bruchstück (was de la Rue nicht benützt hat), an dessen Schluß sich das Weitere bei Rufin gut anschließt; ich habe es daher diesem vorangehen lassen (§. 19. ganz). Daß es nicht früher stehen kann, zeigt der Inhalt.
432. θνητη υποστασις.
433. Obwohl και steht, so ist doch gerade hier σοφια und λογος, (I, 2, 1—5.) gleich bedeutend, und και steht nur Wegen, der vielen Genitive, anstatt bloßer Apposition.
434. Dasselbe sagt er hom. in Exod. 1, 4.
435. εκ του πληρωματος αυτου, vergl. I, 2, 8. 9.
436. Tarin nimmt das Folgende als Citat zu λεγουσι. Ich wüßte keine Bibelstelle dafür; und es bedarf keiner.
437. οντι καλῳ λιθῳ, CC. Dagegen 1 Cod. Thuan. αντιβολῳ λιθῳ, was ohne Zweifel eine Vermuthung, übrigens sinnreich ist. Anstatt καλῳ wäre jedenfalls noch passender κακῳ. Neanders Uebersetzung dieser Stelle (KG. I. S. 633.) führt auf die Vermuthung gleichsam.
438. Tarin übersetzt „τον λιθον — εχειν νοηματα" durch sententiis inesse lapidem. Doch wir scheiden mit dem nächsten Satze von ihm, und können sagen, daß wir auch gegen ihn beobachtet haben, was er über Rufin sagt: „ab Origine quam longe deflecteret, quid toties monerem? Minime vero committendum, ut haec, quantulacunque sunt, *alienae industriae reprehensione crescerent.*"
439. Hier schließt sich Rufin an (§. 26. ed. Rue): Verum in his omnibus sufficiat nobis *sensum* nostrum *regulae pietatis optare* et ita sentire de S. Sp. verbis, quod non secundum humanae fragilitatis eloquium nitet sermo compositus, sed sicut scriptum est, omnis gloria regis intrinsecus est, et divinorum sensuum thesaurus intra fragile vasculum vilis literae continetur inclusus. Dieß ist ungefähr Wiederholung des §. 19. Das Folgende kann theils der vielen Stellen aus der Bibel, theils der Berufung auf den „Hebraeus doctor" wegen, nicht unächt seyn: ich habe es daher wörtlich im §. 20. wiedergegeben.
440. Habraeus doctor. Vergl. I, 3, 4.

441. gloria tua Ruf. obgleich die LXX. δοξας αυτου.
442. Vergl. §. 17.
443. Dem Anschein nach könnte dieser Zusatz bloß eine Anmerkung des Uebersetzers (Rufins) seyn: allein er entspricht dem, was Orig. in d. Vorr. §. 8. 9. über die Unangemessenheit des Wortes ασωματος sagt, und es liegt in seiner Art, solche Nachträge zu machen. Vielleicht wollte er am Verlauf des 2. Abschnitts jene Frage besonders erörtern, und fand nirgends Veranlassung dazu.
444. Dem Anschein nach könnte dieser Zusatz bloß eine Anmerkung des Uebersetzers (Rufins) seyn: allein er entspricht dem, was Orig. in d. Vorr. §. 8. 9. über die Unangemessenheit des Wortes ασωματος sagt, und es liegt in seiner Art, solche Nachträge zu machen. Vielleicht wollte er am Verlauf des 2. Abschnitts jene Frage besonders erörtern, und fand nirgends Veranlassung dazu.
445. trinitatis, setzt Rufin hinzu, was gar nicht hieher gehört.
446. Ανακεφαλαιωσις, „de patre et filio et spiritu sancto et caeteris quae superius dicta sunt." Die lateinischen Worte scheinen mir von Rufin hinzugesetzt zu seyn. Das Ganze ist eine Wiederholung aller vier Bücher, und kann nicht, wie von de la Rue geschieht, zum vierten gezählt werden. Daß Rößler und vor ihm schon Scultetus (Medulla theol. patr. 6, 4.) zweifeln wollen, ob diese Anakephalaiosis von Orig. selbst herrühre, verdient kaum Erwähnung, da schon Athanasius und Euseb. Stellen aus ihr, als von Orig. anführen. — Huet weist den Zweifel des Scultet „nullo adducto argumento, ut nullo auctore submixum", zurück. — Die zwei ersten Sätze finden wir vollständig griechisch bei Euseb. in der Schrift adv. Marc. Ancyr., wo er diesen über den Sinn der Stelle des Orig. besser unterrichtet, da Marcellus glaube, Orig. erkenne im Sohne eine substantiell verschiedene, δευτεραν υποθεσιν. Uebrigens ist die rufinische Uebersetzung mit diesem Fragment ganz gleichlautend.
447. προβαλων — προβολη, Dieses wird auch vom *Treiben* der Knospen gebraucht, hier aber im Sinne von Gebären „οποια τα των ζωων γεννηματα." Rufin: praelatio.
448. Huet hält diese Worte für unterschoben, weil Sozomenus sagt: προτερον παρ'ετερου μη ειρημενον τολμησαι (Arius) εν εκκλησια αποφηνασθαι· „τον υιον του θεου εξ ουκ οντων γεγενησθαι." Allein Sozomenus irrt, denn Athanas. de decr. Syn. Nic. p.233. führt ausdrücklich als Orig. Worte an: Ει εστιν εικων του θεου του

αορατου, αορατος εικων, εγω δε τολμησας προσθειην αν, οτι και ομοιοτης τυγχανων του πατρος *ουκ εστιν οτε ουκ ην*. Ποτε γαρ ο θεος ο κατα τον Ιωαννην φως λεγομενος· —— απαυγασμα ουκ ειχε; u. s. w. (wie sie nachher aufgenommen sind) zum Theil übereinstimmend mit Rufin, dessen einzelne Abweichungen sogleich angegeben werden. — Die obigen Worte lauten in der lat. Uebers. aut ex nullis substantibus filium procreatum a patre, und dazu noch: „id est extra substantiam suam"; ist dieß nicht Erklärung Rufins? Es paßt offenbar nicht zum Folgenden und stört den Zusammenhang.

449. Hier folgt das Fragment. Rufin hat bloß: Sed et Joannes indicat, quia Deus lux est, et „Paulus designat quia filius *splendor* lucis aeternae sit" (dieß hat er wohl nur zu näherer Erklärung des απαυγασμα hinzugefügt; die Stelle ist oben I, 2. schon weit ausgeführt). Sicut ergo lux nunquam sine splendore esse potuit, ita *nec filius* quidem *sine patre* — (gerade das Umgekehrte soll bewiesen werden) — qui et *figura expressa substantiae* ejus etc., was im Griech. heißt της αρρητου και ακατονομαστου και αφθεγκτου *υποστασεως* του πατρος *εικων, ο χαρακτηρ* κτλ.

450. Quomodo ergo potest dici, quia fuit aliquando, quando non fuit filius? Nihil enim aliud est, nisi dicere, quia etc. Im Griech. κατανοειτω γαρ ... Das übrige ist so übereinstimmend, daß ich keinen Anstand nehmen konnte, das, was Rufin mehr sagt, daran anzureihen: cum in his omnibus perfecte Dei patris substantia censeatur: non enim ab eo dirimi haec, vel ab ejus possunt unquam substantia separari. Quae quidem quamvis intellectu multa esse dicantur, re tamen et substantia unum sunt, in quibus plenitudo est divinitatis. Auch fährt Athanas. fort mit einem Ausdruck, welcher stets eine kleine Auslassung anzeigt; mithin gehört, was Athan. weiter anführt, *nach* den letzten Worten des Rufin, und ist wiederum von diesem ausgelassen worden: „Αλλ'ου θεμις εστι ουδε ακινδυνον δια την ασθενειαν ημων, το οσον εφ'ημιν αποστερεισθαι τον θεον του αει συνοντος αυτω λογου μονογενους, σοφιας οντος, η προσεχαιρεν· ουτω γαρ ουδε αει χαιρων νοηθησεται.". So weit Athanasius. Das Fernere ist nach Rufin.

451. Divinitas — also θειοτης; denn für θεοτης setzt Rufin deitas. Zwar wird auch jenes im Sinne des letztem gebraucht; allein bei Orig. findet schon in Bezug auf den *Logos*, noch mehr aber in Bezug auf *Christum* (§. 3. am Ende) ein Unterschied statt.

452. Einige Codd. haben aeternitatis, andere trinitatis. Orig. hat aber von dem heiligen Geiste kein Wort gesagt. Ohne Zweifel ist also hier das oben erwähnte Wort „θεοτητος" zu sehen.
453. His repetitis, vielleicht επαναλαβοντες, wie am Anfang, oder weil auch dort Rufin διεξελθειν durch repetere übersetzt, διεξελθοντες. Denn Orig. hat hier auch Neues gesagt.
454. Davides vero, totius trinitatis mysterium in universorum conditione significans, mein durchgehender Verdacht gegen dergleichen Bemühungen erhebt sich auch hier. Denn wenn das πνευμα εκ του στοματος αυτου den Orig. veranlassen konnte, in dieser Stelle auch eine Mitwirkung des Geistes bei der Schöpfung zu finden, so hätte er nicht oben I. 3, 7. gerade diese Stelle als Beleg dafür beigebracht, daß der Logos sein vorzüglichstes Geschäft in der Schöpfung, der heilige Geist aber in der *Heiligung* habe; indem er eben das δυναμις αυτων in gleichem Sinne wie θρονοι, εξουσιαι nimmt, und ausdrücklich das zweite Glied des Verses gar nicht auf die Schöpfung, sondern auf die Heiligen bezieht. Der Parallelismus bekümmerte ihn wenig. Auch spricht hier Orig. einzig nur von dem Sohne: wie hätte er also beiläufig auch den Geist und das ganze „trinitatis mysterium" zuziehen können? Dieß ist widersprechend. Hat nun Orig. die Stelle des Psalms citirt, so konnte er sie nicht anders auslegen, als oben I, 3, 7. Er hat sie aber hier bei der Kürze der Citate gar nicht ausgelegt, oder etwas Anderes dazu bemerkt, als uns Rufin gibt.
455. Sed inter utrumque *cauta* debet esse pietatis *confessio*. „Schon das cauta ist gar nicht dem Orig. angemessen; und vollends die Confessio. Uebrigens gibt hier Orig. ein allgemeines Kriterium für die πιστις in seinem Sinne.
456. voluntates et dispensationes (gew. οικονομιας)
457. χριστος.
458. in eo soll ohne Zweifel heißen: in Deo.
459. sapientes vel rationabiles bezieht sich auf λογος und σωμα, — σαφοι η λογικοι.
460. Unum enim atque idem est, spiritus sancti participium sumere, quod es patris et filii, quippe quum una et et incorporea natura sit trinitatis. Ruf. Was ich weglasse, weil es dem Sinne des Orig. so wenig entspricht, als es für sich einen Sinn hat.
461. omnis rationabilis creatura participio indiget *trinitatis*. Vielmehr ist ein stehender Satz des Or. πασα κτισις λογικη μετεχει του λογου.
462. φαγεται ωσει χορτον την υλην. LXX.

463. non ab omnibus in auctoritate habentur: da er vorher von scripturis canonicis spricht, vielleicht: ουδε πασιν ομολογουμενον.
464. αορατος και ακατασκευαστος, LXX.
465. Rufin setzt erklärend: atomos, vel ea, quae in partes venire non possunt, vel ea quae in aequales partes veniunt.
466. der Veränderlichkeit und Theilbarkeit. Rufin hat hier Neque — extra qualitates secundum proprietatem subjicient, was vielleicht so lautete: εξω των ποιοτητων των κατα την ιδιοτητα υποθησουσιν. Denn bei so metaphysischen Dingen übersetzt Rufin nur zu wörtlich.
467. vel *humorem seminis naturalis* in carnem solidam ossaque converti; wo er *das* „oben gezeigt" hat, weiß ich nicht; wenigstens II, 1, 4. steht nichts davon.
468. II, 2, 2. qualitas (ποιοτης).
469. Der Beweis soll für die Qualitäten geführt werden, wird aber für die „accidentia" geführt.
470. id quod sujacet — το υποκειμενον — das Substrat.
471. Wegen des Folgenden habe ich die Lesart des Cod. *Alexandr.* το ακατεργαστον *σου* οι οφθαλμοι *μου* vorgezogen.
472. digne colere statt digne capere, welches Orig. gleichdarauf den Geschöpfen abspricht.
473. "Solus enim pater novit patrem, et solus sp. s. perscrutatur etiam alta Dei. Hieher gehört ein Fragment bei Hieron. „Rursumque blasphemans de filio sic locutus est: Si enim patrem cognoscit filius, videtur in eo, quod novit patrem, eum comprehendere: — — — Sin autem comprehensionem eam dicamus, ut non solum sensu quis et sapientia et virtute et potentia cuncta teneat, qui cognovit: non possumus dicere, quod comprehendat filius patrem. Und hier beginnt ein Fragment bei Justin, ganz wörtlich übereinstimmend mit Hieron. ει δε ο πατηρ εμπεριεχει κτλ. schließend mit: ωστε και εν τω νοειν ο πατηρ μειζονως και τρανοτερως και τελειοτερως νοειται υφ'εαυτου, η υπο του υιου (perfectius et purius a se cognoscitur, quam a filio). Alles dieß hat Rufin ganz weggelassen: die Bemerkung über den heiligen Geist gehört wiederum gar nicht an diese Stelle.
474. Zum Beweis, daß hier vollständiger Zusammenhang ist, sagt Hier. vor diesem Satze: Et ut sciremus causas, quibus pater comprehendat filium, et filius patrem non queat comprehendere, haec verba *subnectit* (schließt unmittelbar an): "Curiosus lector

inquirat, das griechische Fragment bloß: Αλλος δε τις ζητησει — Uebrigens läßt dagegen Hieron. das μειζονως unübersetzt: es ist also auf, das curiosus nicht zu bauen.

475. Nisi quis putet posse vel assertionibus ostendere, quod possit rationabilis natura absque ullo corpore vitam degere. Sed quam difficile sit et quam paene impossibile intellectui nostro, in superioribus singula disserentes ostendimus. — Hieron. sagt: Μετεμψυχωσιν quoque et abolitionem corporum per hoc rursus entire convincitur: „Si quis autem poturerit ostendere, incorporalem rationabilemque naturam u. s. w. — bis successione variari. Auch Hieron. spricht von „si potuerit" „nulli dubium"; es ist somit der zweite Satz bei Rufin die Berufung auf II, 2. wo wir allerdings das finden, bei dem schwankenden Ausdruck des Or. über die Auferstehung wenigstens wahrscheinlich und zulässig.

476. principaliter, αρχηθεν, eig. urbeständlich.

477. Sine dubio unius substantiae est, uniusque naturae. Diese Ausdrücke weisen auf einen unbestimmtem Begriff im Grundtext. Wenn Rufin. de adult. libr. Orig. behauptet, Orig. habe den Sohn mit dem Vater für ομοουσιος erklärt, so kann gerade diese Stelle, wo vielleicht ein solcher Ausdruck zu Grunde liegt, über die Bedeutung der origenischen Homousie entscheiden. S. jedoch die Einl. über dieses Wort.

478. Hieron. bestätigt die Folgerung hieraus als ächt mit den Worten: Et ne parvum putaremus impietatem eorum, quae praemiserat, in ejusdem voluminis (des vierten Buches) fine conjungit: omnes rationabiles naturas, i. e. patrem et filium et sp. s., angelos, potestates, dominationes caeterasque virtutes, ipsum quoque hominem secundum animae dignitatem *unis esse substantiae."* — Ruf.: Si ergo coelestes virtutes intellectualis lucis, i. e. *divinae naturae* per hoc de ipsa sanctificatione partcipatione (das ist rufinisch), *participium sumserunt,* et ita sunt unius naturae adinvicem uniusque substantiae, incorruptae autem sunt et immortales coelestes virtutes: immortalis sine dubio et incorrupta erit etiam humanae naturae substantia. — Schärfer und bestimmter ist der Ausdruck bei Hieron. indem er fortfährt: „Intellectualem, *inquit* (Origenes), rationabilemque naturam *sentit* Deus etc. (Sentire gebraucht er ohne Zweifel für μετεχειν.) Ich mußte die Uebers. des Hieron. vorziehen. In gleicher Bedeutung nimmt das ομοουσιος Clem. (Sir. II, p. 392. Par.)

479. „Unum addit verbum *quodammodo,* setzt Hieron. hinzu, ut tanti sacrilegi crimen effugeret: et qui in alio loco non vult filium et sp. s. de patris esse substantia, ne divinitatem in partes secare viedatur, naturam omnipotentis Dei angelis hominibusque largitur." Gerade diese Beobachtung hätte den Hieron. auf das richtige Verständniß dieser Stelle führen sollen.
480. Non solum autem, sed quoniam — fährt Rufin fort (ου μην αλλ'επει) — die Ausgaben von Genebrard und Erasmus haben irrig das Gegentheil: Non autem sicut patris et filii etc.
481. Dieß glaube ich zur Vollendung der Schlußreihe aus dem zuerst angeführten Satze von Rufin, den er offenbar aus dem Ganzen zusammengezogen hat, hieher setzen zu müssen. — Die folgende Nutzanwendung gehört zwar nicht nothwendig hieher, ist aber dem Or. wenigstens nicht fremd.
482. Κατ'εικονα γεγονως. (cf. Athanas. de incarnat. 13.) ist bei den Kirchenvätern so viel als κατα λογον: dieser ist εικων θεου και ομοιοτης, der Mensch nur κατ'εικονα, c. Cels. VI, 7, 4. und Rößlers Lehrbegr. S. 148. ff.
483. Daß die εικων von Keinem auf den Körper bezogen worden sey, sagt Orig. ebenfalls a. a. O.
484. animi prudentia soll ohne Zweifel της ψυχης σωφροσυνη seyn.
485. virtus, sapientia, disciplina — ανδρεια, σοφια, παιδευσις?
486. Rufin setzt in Parenthese: solus enim Deus pater et filius unigenitus ejus et spiritus sanctus non solum erorum, quae creavit, verum etiam sui scientiam tenet. Nachher hat er „ad intellectum perfectiorem"; die Voraussetzung erfordert aber perfectissimum: denn der progressus ad *perfectiorem* gehört mit zu dieser.
487. insensibilia esse, quae intellectualia sunt (Αναισθητα τα νοερα).
488. „Αισθησιν θειαν ευρησεις", c. Cels. VIII, 34. Inwiefern daraus auf die Aechtheit der ganzen Stelle zu schließen ist, siehe in der Anm. zu I, 1, 9.
489. secundum hanc formam, quam supra exposimus, sentiendum est; womit er den kirchlichen Lehrinhalt der Vorrede meint.

Printed in Poland
by Amazon Fulfillment
Poland Sp. z o.o., Wrocław